Jenseits von Rif und Ruhr

Andreas Pott • Khatima Bouras-Ostmann
Rahim Hajji • Soraya Moket (Hrsg.)

Jenseits von Rif und Ruhr

50 Jahre marokkanische Migration nach Deutschland

 Springer VS

Herausgeber
Andreas Pott
Universität Osnabrück
Deutschland

Khatima Bouras-Ostmann
Ruhr-Universität Bochum
Deutschland

Rahim Hajji
Hochschule Magdeburg-Stendal
Deutschland

Soraya Moket
Ramesch – Forum für Interkulturelle
    Begegnung
Saarbrücken, Deutschland

Gedruckt mit Unterstützung der Marokkanischen Botschaft in Berlin und der Fondation Hassan II

ISBN 978-3-658-00898-7   ISBN 978-3-658-00899-4 (eBook)
DOI 10.1007/978-3-658-00899-4

Die Deutsche Nationalbibliothek verzeichnet diese Publikation in der Deutschen Nationalbibliografie; detaillierte bibliografische Daten sind im Internet über http://dnb.d-nb.de abrufbar.

Springer VS

Lektorat: Dr. Cori Mackrodt, Daniel Hawig

Gedruckt auf säurefreiem und chlorfrei gebleichtem Papier

Springer Fachmedien Wiesbaden ist Teil der Fachverlagsgruppe Springer Science+Business Media
(www.springer.com)

Inhalt

50 Jahre marokkanische Migration – eine interdisziplinäre Bestandsaufnahme

Khatima Bouras-Ostmann, Rahim Hajji, Soraya Moket und Andreas Pott

Die Unterzeichnung des Abkommens über die „vorübergehende Beschäftigung marokkanischer Arbeitnehmer in der Bundesrepublik Deutschland" am 21. Mai 1963 schuf die rechtlichen Rahmenbedingungen für deutsche Unternehmen, um marokkanische Arbeitskräfte anzuwerben. Gleichzeitig bot sich marokkanischen Arbeitskräften damit die Möglichkeit, auf die schwierige wirtschaftliche Situation in Marokko zu reagieren und zum Zwecke der Arbeitsaufnahme nach Deutschland zu reisen. Hier angekommen, leisteten die marokkanischen Migranten in den Folgejahren einen wichtigen Beitrag zum „deutschen Wirtschaftswunder".

Über ein halbes Jahrhundert ist es her, dass die Vereinbarung zwischen der deutschen und der marokkanischen Regierung unterzeichnet wurde. Aus der „vorübergehenden Beschäftigung" marokkanischer „Gastarbeiter" ist längst eine vielschichtige Einwanderungsgeschichte geworden. Den frühen Bergwerksarbeitern, die überwiegend aus dem Rif-Gebirge im Nordosten Marokkos kamen und mehrheitlich im Kohlebergbau im Ruhrgebiet Beschäftigung fanden, folgten nicht nur Frauen und Kinder, sondern später auch hoch qualifizierte Bildungsmigranten. Ebenso trugen erfolgreiche Aufstiegsprozesse in der zweiten und dritten Generation dazu bei, dass die Gruppe der marokkanischen Migrantinnen und Migranten, ihrer Kinder und Enkel heute ähnlich heterogen wie die Migrationsgesellschaft insgesamt ist. Vom ungelernten Arbeiter bis zum gut verdienenden Unternehmer oder zur erfolgreichen Akademikerin finden sich auf (fast) allen Statuspositionen der Gesellschaft Menschen marokkanischer Herkunft.

Auf die Heterogenität und die Leistungen der marokkanischen Migranten[1] und ihrer Nachkommen hinzuweisen, heißt nicht, bestehende soziale Ungleichheiten

---

1 Aus Gründen der sprachlichen Vereinfachung und der besseren Lesbarkeit wird in diesem Band überwiegend – aber nicht ausschließlich – die männliche Form verwendet, sofern die Autoren und Autorinnen keine anderweitigen Formulierungen gewählt haben

zu ignorieren. Denn auch das gehört zur widersprüchlichen Normalität der Migrationsgesellschaft: dass es nicht nur normal geworden ist, dass Migrantinnen und Migranten heute in fast allen Bereichen der Gesellschaft vorkommen und ebendiese Bereiche mitgestalten. Sondern dass das Leben eines nach wie vor viel zu großen Teils der Bevölkerung mit Migrationshintergrund bis heute durch Ungleichbehandlungen und Benachteiligungen gekennzeichnet ist. Neben der statistisch nachweisbaren sozioökonomischen Benachteiligung im Allgemeinen ist insbesondere die wenig erfolgreiche Beteiligung vieler marokkanischer Schülerinnen und Schüler am Bildungssystem zu nennen. Die Bildungsungleichheit ist ein empirisches Faktum, das in Zeiten von Bildungsaufmerksamkeit, demographischem Wandel und Fachkräftemangel eigentlich zum Skandal taugen sollte. Dazu freilich bedürfte es der Einsicht, dass Bildungskarrieren von Kindern und Jugendlichen immer auch das Produkt des sie beschulenden Bildungssystems sind, das seinerseits bis heute die Gründe für schulischen Misserfolg primär bei den Kindern und ihren Familien sucht. Außerdem lassen sich fortbestehende Ungleichheiten erst dann kritisieren und erfolgreich überwinden, wenn sie auch als solche erkannt werden. Doch ebenso wie die Leistungen vieler marokkanischer Migrantinnen und Migranten werden die spezifischen Schwierigkeiten, mit denen andere marokkanische Migranten und ihre Kinder alltäglich umgehen müssen (z. B. beim Schriftspracherwerb), allzu oft übersehen. Auch über manche Besonderheiten der marokkanischen Migration nach Deutschland (wie z. B. ihre starke räumliche Konzentration) ist zumindest im öffentlichen Migrationsdiskurs überraschend wenig bekannt.

Während sich Politik und Massenmedien häufig den großen Migrantengruppen in Deutschland, allen voran den türkischen Einwanderern, widmen, werden Marokkanerinnen und Marokkaner öffentlich kaum beachtet oder als Gruppe herausgehoben. Beispiele wie die medial mehrfach kommentierte Verleihung des Erich-Maria-Remarque-Friedenspreises der Stadt Osnabrück an den marokkanischen Schriftsteller, Migranten und Intellektuellen *Tahar Ben Jelloun* im Jahr 2011 oder die TV-Auftritte des in Bielefeld aufgewachsenen Comedians marokkanischer Abstammung *Abdelkarim Zemhoute* bilden nach wie vor eher die Ausnahme als die Regel.

Von der im Migrationsdiskurs bis heute dominierenden Problemperspektive, die auf Themenfelder wie Kulturdifferenz, Islam oder seit den 2000er Jahren auf Islamismus und Terrorismus fokussiert, werden Menschen marokkanischer Herkunft in Deutschland gleichwohl erfasst. Hier ist neben der Islamdebatte im Allgemeinen

---

oder – wie in dieser Einleitung zumindest teilweise – beide Geschlechter nennen oder abwechseln. Soweit nicht näher spezifiziert sind mit der männlichen Form stets beide Geschlechter gemeint.

vor allem an die Berichterstattung über den nach den Anschlägen vom 11. September 2001 verurteilten marokkanischen „Terrorhelfer" aus Hamburg, Mounir al-Motassadeq, zu denken. Oder an die diversen semantischen Verweise auf den marokkanischen Migrationshintergrund der an den terroristischen Anschlägen in Madrid im März 2004 beteiligten Attentäter sowie des islamistischen Mörders Theo van Goghs in Amsterdam (November 2004), die auch in deutschsprachigen Massenmedien vorkamen. Spätestens seit dieser Zeit begleitet die stereotype Verknüpfung von Kultur, Islam und Terrorismus manche Wahrnehmung marokkanischer Migranten in Deutschland, ein Umstand, von dem wiederum der Humor Abdelkarim Zemhoutes profitiert.

Dass die öffentliche Wahrnehmung marokkanischer Migrantinnen und Migranten und ihrer Nachkommen so einseitig und beschränkt ist, dürfte auch mit der relativ kleinen Gruppengröße zusammenhängen. Mit geschätzten knapp 170.000 Personen stellt die marokkanische Bevölkerungsgruppe nur ca. 1 % aller Personen mit Migrationshintergrund in Deutschland.[2] Damit bilden die Marokkanerinnen und Marokkaner in Deutschland eine kleine Minderheit, während sie in Frankreich, den Niederlanden und Europa insgesamt zu den größten Migrantengruppen gehören (de Haas 2009). Ob der doppelte Minderheitenstatus – Minderheit als Migranten sowie Minderheit unter den Migranten – neben seiner statistischen Aussage auch eine spezifische Rahmenbedingung für das Leben der marokkanischen Community in Deutschland darstellt, die z. B. Integrationsprozesse eher befördert oder erschwert, gehört zu den offenen Fragen der Migrationsforschung.

Auch hier, in der interdisziplinären Migrationsforschung, genießt die marokkanische Migration nach Deutschland nur eine partielle Aufmerksamkeit. Im Vergleich zu anderen Migrationen und Migrantengruppen beschäftigen sich nur relativ wenige Untersuchungen mit der marokkanischen Migration nach Deutschland, mit ihren regionalen, gesellschaftlichen, familiären und persönlichen Folgen oder den durch Migration gestifteten neuen marokkanisch-deutschen Lebenswelten und Beziehungen. Neben einigen frühen sozialwissenschaftlichen Studien zur sozialen Lage und zur soziokulturellen Situation marokkanischer Migranten (z. B. Plücken-Opolka 1985; Waltner 1988; Weber 1992) fallen zwei disziplinäre Schwerpunkte bei der Erforschung der marokkanischen Migration nach Deutschland auf: Pionierarbeit haben insbesondere die sprachwissenschaftliche und die geographische Forschung geleistet.

Maas und Mehlem untersuchten als Sprachwissenschaftler unter anderem die Varietäten des Berberischen, die marokkanische Umgangssprache Darija sowie –

---

2   Bevölkerung mit Migrationshintergrund in Deutschland 2011: 19,5 % der 81,75 Millionen Einwohner; Quelle: Statistisches Bundesamt: Mikrozensus.

vor dem Hintergrund der spezifischen schriftkulturellen Ressourcen und Barrieren marokkanischer Kinder in Deutschland – den Sprachausbau in der marokkanischen Diaspora (vgl. Maas/Mehlem 1999, 2003, 2005). Geographische Forschungen hingegen befassten sich mit drei anderen Besonderheiten der marokkanischen Migration: erstens mit der regional sehr ungleichen Verteilung der marokkanischen Migrantenbevölkerung und ihrer Konzentration auf den Agglomerationsraum Rhein-Ruhr in Nordrhein-Westfalen sowie das Rhein-Main-Gebiet in Hessen (Berriane/Popp 1998; Kagermeier 2004); zweitens mit dem Einfluss der internationalen Arbeitsmigration auf die marokkanischen Herkunftsgebiete, insbesondere auf die Provinz Nador im Rif-Gebirge im Nordosten Marokkos (Kagermeier 1995; Berriane/Hopfinger 1996); und drittens mit der vom Umfang her nicht unerheblichen Rückwanderung und ihren Folgen für die Regionalentwicklung (Berriane/ Hopfinger/Kagermeier/Popp 1996; Popp/Bencherifa 2000).

Mit diesen Arbeiten wurde schon früh eine Perspektive eröffnet, welche die Verflechtungen zwischen Herkunfts- und Zielregionen der internationalen Migration in den Blick nimmt. Transnationale Handlungen kennzeichnen die marokkanisch-deutschen bzw. marokkanisch-europäischen Migrationsbeziehungen seit Anbeginn: Sie reichen von den Rücküberweisungen der „Gastarbeiter" aus Deutschland über plurilokale grenzüberschreitende Netzwerke der Migranten und ihrer Familien, Remigrationen und zirkuläre Mobilitäten bis hin zu Gegenbewegungen wie der Gentrifizierung marokkanischer Altstädte durch europäische Lifestyle-Migranten (de Haas 2007; Escher/Petermann 2011).

Trotz aller Erkenntnisse der vorliegenden wissenschaftlichen Untersuchungen ist das Wissen über die marokkanische Migration und ihre Folgen insgesamt doch noch sehr unvollständig. Dies gilt umso mehr, wenn man von der eingangs skizzierten Heterogenität der marokkanischen Migrantengruppe und ihrer Erfahrungen ausgeht. Wenig ist zum Beispiel über den aktuellen Stand der Integration bekannt, über die Folgen des deutsch-berberischen Sprachkontakts, die familiären Veränderungen in der Migration, den Wandel kultureller Identitäten, die literarischen Werke marokkanischer Migranten, das Wirken marokkanischer Intellektueller oder über deutsch-marokkanische Akademiker, die sich von Deutschland aus in Projekten zur nachhaltigen Entwicklung in Marokko engagieren.

Daher nahmen die Herausgeber das 50jährige Jubiläum der Unterzeichnung des deutsch-marokkanischen Anwerbeabkommens zum Anlass, zusammen mit ausgewählten Expertinnen und Experten verschiedener Disziplinen einen Sammelband zu erarbeiten, der eine breit angelegte Bestandsaufnahme der marokkanischen Migration nach Deutschland und ihrer Folgen unternimmt. Offenbar ist dieser Gegenstand in mehrfacher Hinsicht *jenseits* der frühen Koordinaten *Rif und Ruhr* zu suchen. Das gemeinsam verfolgte Ziel ist die Ergänzung des bisher nur lückenhaften Wissens über marokkanische Migrantinnen und Migranten in Deutschland. Dazu gehört die Sichtbarmachung der Potentiale, die mit den verschiedenen Formen der marokkanischen Migration verbunden sind, ebenso wie die Erkundung der spezifischen Lebensbedingungen und Identitäten dieser in Deutschland vergleichsweise kleinen Minderheit. Institutionell unterstützt wurde das Vorhaben durch das *Deutsch-Marokkanische Kompetenznetzwerk (DMK e. V.)* und das *Institut für Migrationsforschung und Interkulturelle Studien (IMIS)* der Universität Osnabrück. Diese Kooperation zwischen einem wissenschaftlichen Forschungszentrum und einer zivilgesellschaftlichen Organisation entstand aus dem geteilten Interesse an der marokkanischen Migration und der Überzeugung, durch die gemeinsame Auseinandersetzung mit den unterschiedlichen Facetten des Phänomens Impulse sowohl für die interdisziplinäre Migrationsforschung als auch für eine differenziertere öffentliche Wahrnehmung und Diskussion geben zu können.

Etwas ungewöhnlich, aber intendiert ist die große Spannweite der versammelten Disziplinen, Ansätze und Themen. In dem Bestreben, die marokkanische Migration nach Deutschland und ihre komplexen Folgen als Querschnittsphänomen, das selbstverständlicher Bestandteil ganz verschiedener Bereiche der Migrationsgesellschaft geworden ist, zu untersuchen, vereint der Sammelband sozial-, sprach-, literatur-, geschichts-, kultur- und migrationswissenschaftliche Perspektiven. Die Beiträge verfolgen empirische und vergleichende Fragestellungen. Die vorgenommenen Analysen erlauben vielfältige Einblicke in die historische Entwicklung der marokkanischen Einwanderung, in das Leben der marokkostämmigen Bevölkerung in Deutschland, in die gegenwärtigen Integrationsverhältnisse – auch im Vergleich zu anderen Migrantengruppen – sowie in die durch Migration geschaffenen Beziehungen zwischen Deutschland und Marokko. Auf der Basis ihrer Untersuchung und Einordnung der marokkanischen Einwanderung identifizieren die Beiträge an verschiedenen Stellen weiteren Forschungsbedarf. Außerdem werfen sie, indirekt und durch die Linse der marokkanischen Migration in Deutschland, einen Blick auf die deutsche Einwanderungsgesellschaft insgesamt. So gibt dieser Überblick zur marokkanischen Migration exemplarisch Auskunft über das Leben, über Identitäten, Aktivitäten und grenzüberschreitende Beziehungen in der Migrationsgesellschaft.

Zu den typischen Dynamiken einer durch Migration und transnationale Beziehungen geprägten Gesellschaft gehören der permanente Wandel und das permanente Neu-Aushandeln ihrer Zugehörigkeits- und Identitätskategorien. Sollte man in unserem Fall von „Marokkanern in Deutschland" (und „Marokkanerinnen"!) oder besser von „marokkanischen Migrantinnen und Migranten" oder „Einwanderern" sprechen? Werden auch die Kinder und Enkel der Einwanderer von dem Begriff „Migranten" noch erfasst oder eher ungewollt ethnisiert? Wird der Terminus „Einwanderer" den ebenfalls stattfindenden Prozessen der Rückwanderung und der zirkulären Migration gerecht? Verdoppelt der Begriff „Deutsch-Marokkaner" das Ethnisierungs-, Festschreibungs- und Pauschalisierungsproblem nicht eher, als er es löst? Wird die mit ihm mitgeteilte Mischidentität auch von den so Beschriebenen geteilt? Führen die Neologismen „marokkanischstämmig" oder „marokkostämmig" nicht mehr ethno-nationales Zuordnungsdenken mit sich, als ihren Nutzern lieb ist? Machen es die politisch-korrekten und im amtlichen Sprachgebrauch üblichen Bezeichnungen „marokkanische Mitbürger" sowie „Bevölkerung", „Menschen" oder „Personen mit Migrationshintergrund" besser? Oder kehren sie die Intention der Nicht-Diskriminierung durch die erneute Sichtbarmachung der „Migrationsanderen" (Mecheril 2004) nicht in ihr Gegenteil, so dass man – mit dem Comedian Abdel-karim Zemhoute – auch gleich vom „Migrationsvordergrund" sprechen könnte, der manche Menschen fast unausweichlich als Identitätsmarker kennzeichnet?

Werden diese Fragen als Ausdruck der Verflüssigung, der zunehmenden Nicht-Eindeutigkeit und der kontinuierlichen Veränderung von Identitäten im Zeitalter von Globalisierung und Migration (Castles et al. 2014) aufgefasst, erscheint es wenig vielversprechend, einen „richtigen" Begriff zu suchen. Die Aufmerksamkeit wäre vielmehr auf die verschiedenen, teilweise auch miteinander konkurrierenden Selbst- und Fremdzuschreibungen zu richten, die als mehr oder weniger mächtige Identitätspolitiken Bestandteil der alltäglichen Gestaltung von Migrationsbeziehungen sind. Um diesen nie abgeschlossenen Konstruktionsprozess sichtbar zu machen und zu seiner Reflexion anzuregen, wurde in diesem Sammelband auf eine einheitliche Schreibweise bewusst verzichtet.

Inhaltlich ist der Band in fünf Teile gegliedert:

Er beginnt mit einer Rahmung – **Anfänge und Folgen der marokkanisch-deutschen Migrationsbeziehungen** –, die von der Vorgeschichte des Anwerbeabkommens bis zu heutigen Strukturmerkmalen der marokkanischen Migrantenbevölkerung in Deutschland als einer indirekten Folge der marokkanischen Migrationsgeschichte reicht. *Ulf-Dieter Klemm* rekonstruiert die Hintergründe und Entstehungsbedingungen des Anwerbevertrags zwischen Deutschland und Marokko. Er zeigt auf der Grundlage von Archivakten, wie hartnäckige marokkanische Diplomaten und Regierungsvertreter den Vertragsabschluss mit der deutschen Seite aushandelten. *Khatima Bouras-Ostmann* gibt auf der Basis statistischer Daten einen allgemeinen und thematisch umfangreichen Überblick über die Sozialstruktur und heutige Lebenssituation der in Deutschland lebenden Menschen mit marokkanischem Migrationshintergrund.

Vor dem Hintergrund des deskriptiven Überblicks im Beitrag von Bouras-Ostmann analysieren die folgenden drei Aufsätze ausgewählte **Dimensionen der Integra-**

tion. Während *Daniel Ehebrecht, Rahim Hajji und Andreas Pott* die gesellschaftliche Teilhabe anhand der Berufsausbildung und der Arbeitsmarktintegration beleuchten und hierbei die Bevölkerung mit marokkanischem Migrationshintergrund mit der Bevölkerung türkischer, italienischer, iranischer und polnischer Herkunft vergleichen, untersuchen *Thomas Kemper und Spogmai Pazun* die zentrale Voraussetzung für eine chancengleiche Partizipation am Arbeitsmarkt und am gesellschaftlichen Wohlstand: i.e. die Bildungsbeteiligung und den Schulerfolg marokkanischer Schülerinnen und Schüler. Auf Basis amtlicher Schulstatistiken weisen sie deutliche Bildungsdisparitäten im Vergleich zu Schülern ohne Migrationshintergrund nach, insbesondere was den vergleichsweise seltenen Gymnasial- und den bis heute sehr hohen Sonderschulbesuch betrifft. Zugleich finden sie Hinweise auf Potentiale marokkanischer Schüler, die jedoch bisher aufgrund der frühzeitigen Selektion im deutschen Schulsystem nicht erkannt und gefördert werden. *Sarah Carol, Rahim Hajji und Ruud Koopmans* schließlich analysieren die sprachliche Integration, die interethnischen Kontakte und die viel beachtete Religiosität der marokkanischstämmigen Bevölkerung. Sie vergleichen die Ausprägung dieser gesellschaftlichen Teilhabedimensionen mit derjenigen von Menschen türkischer und deutscher Herkunft. Zur Erklärung der identifizierten Unterschiede berücksichtigen sie sowohl herkunftslandspezifische als auch gruppen- und aufnahmelandspezifische Einflussfaktoren.

Der Buchteil **Sprache in der Migration** widmet sich den Formen und der Bedeutung von Sprache und Sprachen im Kontext der marokkanischer Migration. *Utz Maas* steckt in seinem Beitrag das spannungsgeladene Feld von Migration und Sprache unter Berücksichtigung des Herkunfts- und des Aufnahmelandes systematisch ab. Vor dem Hintergrund der Differenzierung von gesprochener und geschriebener Sprache einerseits sowie von Familien-, außerhäuslicher Umgangs- und arabischer, sakral genutzter Schriftsprache zeigt er, dass der Sprachausbau von Kindern in Marokko gänzlich anders abläuft als von Kindern marokkanischer Herkunft in Deutschland. Ein „muttersprachlicher Ergänzungsunterricht" in Deutschland, der Schriftarabisch lehrt, sitzt einem folgenschweren Missverständnis auf, da er die sprachkulturellen Ressourcen und die Bedeutung der berberischen Varietäten der marokkanischen Kinder und ihrer Familien verkennt. *Naima Tahiri* blickt in die entgegengesetzte Richtung. Sie untersucht nicht die Bedeutung von Sprache und Spracherwerb bzw. Sprachausbau für die migrierenden Menschen, ihre Kommunikationsfähigkeit oder ihre Integration, sondern umgekehrt die Bedeutung von im Migrationskontext kommunizierenden Menschen (d.h. von Trägern des Kontaktes zwischen zwei oder mehr Sprachen) für den Wandel ihrer Herkunftssprache. So zeigt sie anhand einer empirischen Studie, wie sich die von marokkanischen Migranten aus der Rif-Region gesprochene Berbersprache Tarifit durch den deutsch-berberischen Sprachkontakt im Migrationskontext unter den sprachlichen Bedingungen der deutschen Aufnahmegesellschaft verändert. *Maike Didero und Carmella Pfaffenbach* behandeln die Sprachkompetenzen von Marokkostämmigen als Bestandteil des inkorporierten kulturellen Kapitals. Sie zeigen auf Basis von Interviews mit marokkanischen Einwanderern, dass ihre Sprachkompetenzen (Mehrsprachigkeit, Schriftsprachekompetenz) variieren, je nachdem, ob es sich um die seinerzeit angeworbenen „Gastarbeiter" oder ihre Ehefrauen bzw. Heiratsmigrantinnen, um Angehörige der zweiten Generation oder um die seit den 1990er Jahren in zunehmender Zahl migrierenden Studentenmigranten handelt. Außerdem illustrieren sie den engen Zusammenhang zwischen Sprachkompetenz und beruflicher Integration.

In der Sektion **Literat(ur)en und Öffentlichkeit** werden die literarische Verarbeitung von Migrationserfahrungen sowie die Rolle, die marokkostämmige Schriftsteller für die öffentliche Wahrnehmung von Marokkanern in Deutschland spielen, behandelt. *Zakariae Soltani* bespricht in seiner literaturwissenschaftlichen Analyse die Werke der marokkanischen Migranten Mustapha El Hajaj sowie Fawzi Boubia, die beide den migrationsbedingten „Verlust von Selbstverständlichkeiten" – allerdings in zwei unterschiedlichen Entwicklungsphasen der marokkanischen Migrantenliteratur – beschreiben. *Ronald Perlwitz* beschäftigt sich in seinem Essay mit der Bedeutung des bekannten marokkanischen Literaten (und Migranten) Tahar Ben Jelloun als Denker, gesellschaftlicher Vermittler und Kommentator der Ereignisse in der „arabischen Welt". Er untersucht, wie Ben Jelloun das deutsche Bild des marokkanischen Intellektuellen prägt. Perlwitz' Reflexion der öffentlichen und medialen Rezeption dieses marokkanischen Denkers und Dichters verdeutlicht die ungenutzten Potentiale derartiger Stimmen für eine im Zeitalter der Globalisierung und Migration überfällige Kritik an der zu simplen Vorstellung der Überlegenheit einer universal gesetzten westlichen Moderne.

Der abschließende Buchteil **Transnationale Beziehungen** geht auf unterschiedliche Aspekte grenzüberschreitenden Handelns ein. *Elise Pape* rekonstruiert in ihrer qualitativen Studie die transnationalen Erfahrungen in Familien marokkanischer Herkunft in Deutschland und Frankreich sowie die Beziehungen dieser Migrantinnen und Migranten in und zu Europa. Der Bezug zu Europa resultiert nicht nur aus der Migrationserfahrung und aus transnationalen Praktiken (wie grenzüberschreitenden Eheschließungen innerhalb Europas), sondern auch aus der Kolonialerfahrung und der daraus erwachsenen Bedeutung eines „historischen Transnationalismus". *Ines Braune* dekonstruiert mit ihrer ethnographischen Studie über die unterschiedlichen Lebens- und Migrationswege dreier Marokkaner, die zum Germanistikstudium nach Deutschland kamen, den homogenisierenden Begriff der Bildungsmigranten. Sie zeichnet nach, dass die drei Studierenden zum einen aus ganz unterschiedlichen Motiven und mit unterschiedlichen Erwartungen an ihren Studienaufenthalt migrierten und zum anderen Folgeentscheidungen aufgrund ihrer je unterschiedlichen sozialen Einbindung im Zielkontext sowie der konkreten Erfahrungen und Erlebnisse im Prozess der Migration trafen. Derart gelingt es ihr, die Kontingenz von Migrations-, Bleibe- und Rückwanderungsentscheidungen zu verdeutlichen. Eine andere Form transnationaler Beziehungen nehmen *Rahim Hajji und Soraya Moket* unter die Lupe. In ihrem Beitrag unterziehen sie die entwicklungsbezogenen Aktivitäten von marokkanischstämmigen Fachkräften, die sich ehrenamtlich auf vielfältige Weise und in verschiedenen Projekten von Deutschland aus in Marokko engagieren, einer multivariaten Analyse. Sie können nachweisen, dass das entwicklungsbezogene Engagement nicht nur mit den Qualifikationen der beteiligten Migranten, sondern auch mit den gesellschaftlichen Teilbereichen, auf die das Engagement in Marokko gerichtet ist, korrespondiert. *Mohamed Berriane* beschließt die fünfte Sektion und den gesamten Sammelband mit einer inspirierenden Perspektivenumkehr. Auf Grundlage verschiedener empirischer Untersuchungen und unter Berücksichtigung unterschiedlicher historischer, politischer und gesellschaftlicher Konstellationen untersucht er die Formen und Folgen der marokkanischen Migration nach Deutschland und Europa aus der Sicht Marokkos. Den Schwerpunkt legt er dabei auf die in die transnationalen Migrationsbeziehungen einbezogenen marokkanischen Regionen und Orte.

Literatur

Berriane, M., & Hopfinger, H. (1996). *Auswirkungen von internationalen Arbeitskräftewanderungen auf Prozesse der Mikro-Urbanisation in den Herkunftsgebieten: Die Geburt einer Kleinstadt in den Außenbezirken von Nador/Nordostmarokko*. Gotha: Justus Perther Verlag.

Berriane, M., & Popp, H. (Hrsg.) (1998). *Migrations internationales entre le Maghreb et l'Europe – les effets sur les pays de destination et d'origine* (Maghreb-Studien 10). Passau: L.I.S. Verlag.

Berriane, M., Hopfinger, H., Kagermeier, A., & Popp, H. (Hrsg.) (1996). *Remigration Nador I: Regionalanalyse der Provinz Nador (Marokko)* (Maghreb-Studien 5). Passau: Passavia Universitätsverlag.

Castles, S., de Haas, H., & Miller, M.J. (2014). *The Age of Migration: International Population Movements in the Modern World* (5. Aufl.). Palgrave: London.

De Haas, H. (2007). Morocco's Migration Experience: A Transitional Perspective. *International Migration 45 (4)*, 39-69.

De Haas, H. (2009). Marokko (*focus Migration – Länderprofile*). http://www.bpb.de/gesellschaft/migration/dossier-migration/57704/hintergrund. Zugegriffen: 12.08.2014.

Escher, A. & Petermann, S. (2011). Marrakech Gentrification und Cosmopolitanism. In: J. Gertel & I. Breuer (Hrsg.), *Alltagsmobilitäten. Aufbruch marokkanischer Lebenswelten* (357-372). Bielefeld: Transcript.

Kagermeier, A. (1995). *Remigration Nador II: Der tertiäre Sektor im ländlichen Raum der Provinz Nador (Marokko) unter dem Einfluß der Arbeitsmigration* (Maghreb-Studien 6) Passau: Passavia Universitätsverlag.

Kagermeier, A. (2004). Marokkanische Migration nach Deutschland. Charakteristika und Perspektiven. In: G. Meyer (Hrsg.), *Die arabische Welt im Spiegel der Kulturgeographie* (442-447). Mainz: Zentrum für Forschung zur Arabischen Welt.

Maas, U., & Mehlem, U. (1999). Sprache und Migration in Marokko und in der marokkanischen Diaspora in Deutschland. *IMIS-Beiträge 11*, 65-105.

Maas, U., & Mehlem, U. (2003). *Schriftkulturelle Ressourcen und Barrieren bei marokkanischen Kindern in Deutschland (Abschlussbericht zu einem Projekt der VolkswagenStiftung)* (Materialien zur Migrationsforschung 1). Osnabrück: IMIS.

Maas, U., & Mehlem, U. (2005). *Schriftkulturelle Ausdrucksformen der Identitätsbildung bei marokkanischen Kindern und Jugendlichen in Marokko.* Osnabrück: IMIS.

Mecheril, P. (2004). *Einführung in die Migrationspädagogik.* Weinheim/Basel: Beltz.

Plücken-Opolka, R. (1985). *Zur sozialen Lage marokkanischer Familien in der Bundesrepublik Deutschland.* Berlin: Express-Edition.

Popp, H., & Bencherifa, A. (2000). *Remigration Nador III: Landwirtschaftliche Entwicklung in der Provinz Nador (Marokko) unter dem Einfluss der Arbeitsemigration* (Maghreb-Studien 7). Passau: Passavia Universitätsverlag.

Waltner, P. (1988). *Migration und soziokultureller Wandel in einer nordmarokkanischen Provinz. Strukturelle und kulturelle Aspekte der Aus- und Rückwanderung marokkanischer Arbeitskräfte vor dem Hintergrund von Unterentwicklung und wiedererwachtem islamischem Selbstbewusstsein. Eine empirische Untersuchung* (Dissertation). Zürich.

Weber, A. (1992). *Zur soziokulturellen Situation der Marokkanerinnnen und Marokkaner in Frankfurt am Main.* Frankfurt a. M.

Teil 1
Anfänge und Folgen der marokkanisch-deutschen Migrationsbeziehungen

Vom Rif an die Ruhr
Vorgeschichte und Entwicklung der deutsch-marokkanischen Vereinbarung über die Anwerbung und Vermittlung von Arbeitskräften vom 21. Mai 1963

Ulf-Dieter Klemm

1 „Wirtschaftswunder"

Ab 1952 beginnt in der Bundesrepublik Deutschland eine wirtschaftliche Entwicklung (jährliche Wachstumsraten von durchschnittlich 7,6 %), die als das „Wirtschaftswunder" in die Geschichte eingegangen ist. Trotz des Zustroms von zahlreichen Flüchtlingen braucht die westdeutsche Industrie dringend Arbeitskräfte. Bereits 1955, zehn Jahre nach Ende des Zweiten Weltkriegs, schließt die Bundesregierung das erste Abkommen zur Anwerbung von ausländischen Arbeitskräften ab, und zwar mit Italien. 1960 folgen entsprechende Abkommen mit Spanien und Griechenland, 1961 mit der Türkei. Später kommen neben Marokko (1963) noch Portugal (1964), Tunesien (1965) und Jugoslawien (1968) hinzu. 1973 erfolgt, ausgelöst durch die Ölkrise und die folgende Wirtschaftsflaute, der sogenannte Anwerbestopp, der bedeutet, dass die entsprechenden Vereinbarungen nicht mehr fortgesetzt werden.

Bekanntlich hat der Anwerbestopp nicht dazu geführt, dass der Zuzug ausländischer Arbeitskräfte abnahm. Im Gegenteil, trotz des von offizieller Seite verkündeten Mantras, dass Deutschland kein Einwanderungsland sei, begannen viele der sogenannten Gastarbeiter sich dauerhaft niederzulassen. Sie wurden – und mehr noch ihre Kinder und Enkel – zu Bürgern „mit Migrationshintergrund" und haben das Leben in Deutschland nachhaltig beeinflusst und bereichert.

2 Ein marokkanischer Vorstoß

Wir schreiben das Jahr 1959. Das Königreich Marokko hat seit drei Jahren das spanisch-französische Protektorat abgeschüttelt. Die Bevölkerung wächst sprunghaft – in nur 50 Jahren von ca. 11,5 Millionen auf heute über 30 Millionen. Insbesondere

im Norden des Landes schließen zahlreiche von ausländischen Firmen betriebene
Minen. Marokko braucht dringend Arbeitsplätze.[1]

Das Auswärtige Amt (AA) in Bonn teilt dem Generalkonsulat Casablanca mit,
am 27.07.1959 habe der Botschaftssekretär der marokkanischen Botschaft in Bonn,
Dr. Abdellatif Abdel-Wahhab, im AA vorgesprochen und den Vorschlag unterbreitet,
ein Abkommen über die Anwerbung marokkanischer Arbeitskräfte abzuschließen.
Dies ist die erste Erwähnung des Themas in den Akten.

Die Reaktion des zuständigen Bundesarbeitsministerium (BMA) erfolgt am
01.09.1959 gegenüber dem AA: kein Bedarf. Der Vorschlag wird abgelehnt. Am
08.10.1959 legt das BMA folgende Begründung nach: Der Präsident des Bundesamtes
für Arbeitsvermittlung und Arbeitslosenversicherung (BAVAV, heute: Bundesagentur für Arbeit) schließe sich der Auffassung des BMA an. Er weise darauf hin,
dass große deutsche Unternehmen, die schon in erheblichem Umfang italienische
Arbeitskräfte beschäftigen, dazu neigten, sich auf eine in der Nationalität homogene
Ausländergruppe zu beschränken, da hierdurch die betriebliche Eingliederung und
Betreuung erleichtert werde.

Die marokkanische Botschaft lässt sich nicht entmutigen. Anfang April 1960
wiederholt Dr. Abdel-Wahhab seinen Vorschlag direkt im BMA. Dieses bleibt
bei seiner Ablehnung, bietet aber den Abschluss einer Vereinbarung über die
Übernahme von bis zu tausend Jungarbeitern zu Lehrzwecken für ein Jahr an, die
allerdings eine abgeschlossene Berufsausbildung und Kenntnisse der deutschen
Sprache voraussetzt. Dies löst das marokkanische Problem nicht.

Am 06.09.1960 sucht der marokkanische Botschafter El Fassi Staatssekretär (StS)
Carstens auf, den späteren Bundespräsidenten. Dies bleibt nicht ohne Wirkung. Das
AA schreibt unter Hinweis auf die Demarche des Botschafters dem BMA, dass es
aus politischen Gründen nicht möglich sei, darauf eine negative Antwort zu erteilen. Zwar käme der Abschluss eines Anwerbeabkommens wie mit Italien, Spanien
und Griechenland nicht in Frage, aber man könne die Botschaft per Note über die
gesetzlichen Bestimmungen über die Vermittlung von Ausländern zum Zwecke
der Beschäftigung in der Bundesrepublik informieren.[2] In der Tat bestand schon
damals die Möglichkeit für Ausländer, mit Zustimmung des Arbeitsamtes einen

---

1   Die Ausarbeitung erfolgte auf Grundlage der Archivakten *Akten B 85* Bd. 878-879 (V6-83.
     SZV 90.21 „Abkommen über die Anwerbung und Vermittlung von Arbeitskräften mit
     Marokko"), Laufzeit 1959-1966, Bd. 625 (V6-80.55 90.21 „Beschäftigung ausländischer
     Arbeiter in Deutschland, Marokko, u. a.: Einreisesichtvermerke"), Laufzeit 1959-1965. Die
     Akten sind chronologisch geordnet, aber nicht paginiert. Die jeweiligen Belege finden
     sich, sofern nicht in Fußnoten angegeben, an den im Text genannten Fundstellen.

2   Schreiben des Auswärtigen Amtes (AA) an das Bundesministerium für Arbeit und
     Sozialordnung (BMA) vom 19.09.1960

individuellen Arbeitsvertrag mit einem deutschen Unternehmen abzuschließen. Und einigen Marokkanern gelang dies auch. Dies setzte aber Kontakte und Kenntnisse voraus, welche wohl nur die wenigsten marokkanischen Arbeitslosen hatten. Einen Monat später erinnert der marokkanische Botschafter den StS im AA an die ausstehende Antwort. Zur Begründung der Dringlichkeit wies er darauf hin, dass immer wieder marokkanische Arbeitskräfte ohne Arbeitserlaubnis einreisten und polizeilich abgeschoben würden. Sie erschienen dann mittellos in der Botschaft, die dadurch in eine schwierige Lage gerate. Die Antwort des BMA vom 03.11.1960 ist wieder negativ. Man habe bereits entsprechende Anfragen aus Pakistan, dem Iran, Syrien, Afghanistan, Libyen, Ägypten, Zypern, Tunesien und weiteren Staaten abgelehnt und könne keine Berufungsgrundlage schaffen. Beruflich nicht oder nur unvollkommen ausgebildete, der deutschen Sprache unkundige, milieufremde ausländische Arbeitnehmer würden von den Betrieben eher als belastend denn als nützlich angesehen. Hinzu kämen finanzielle Sonderlasten für Reisekosten, Fürsorge- und Betreuungsmaßnahmen zur Eingewöhnung und Wohnunterbringung. Auch gebe es einen laufenden Zustrom deutscher Flüchtlinge aus der SBZ, der sowjetischen Besatzungszone, wie die DDR damals offiziell genannt wurde. Innerhalb des AA meldet sich ein Referat und weist auf den Vorrang der OEEC-Staaten (heute OECD) hin gemäß einem Beschluss des Rates vom 20.12.1956. Die OEEC verfügten noch über weit größere Reserven an Arbeitskräften, als die Bundesrepublik jemals benötigen werde.

3   Ein Machtwort des Ministers

Zwei Jahre gehen ins Land, ohne dass sich den Akten Nennenswertes entnehmen ließe. Inzwischen wird am 13. August 1961 in Berlin eine Mauer gebaut, die den Strom von arbeitswilligen Flüchtlingen aus der DDR jäh unterbricht. Am 15.10.1962 empfängt Bundesarbeitsminister Theodor Blank seinen marokkanischen Kollegen, Abdelkader Benjelloun, und sagt ihm den Abschluss einer Vereinbarung über die Anwerbung von Arbeitskräften zu. Deutschland sei vor allem an Bergleuten interessiert. Der marokkanische Minister schlug vor, von 20.000 Arbeitskräften auszugehen und zunächst 5.000 zu vermitteln. Die Minister einigten sich, dass die Verhandlungen über die Vereinbarung so bald wie möglich beginnen sollten.[3]

---

3   Aufzeichnung des BMA über das Ergebnis vom 19.10.1962

Bei der Sitzung des Interministeriellen Arbeitskreises für die Beschäftigung ausländischer Arbeitnehmer vier Tage später unterrichtet der Vertreter des BMA seine überraschten Kollegen über die Entwicklung und teilt mit, dass sein Minister ferner zugesagt habe, dass die illegal eingereisten marokkanischen Arbeitnehmer in Deutschland bleiben könnten. Dies sei Sache der Länder, bemerkt der Vertreter des Bundesinnenministeriums (BMI).

In einer internen Aufzeichnung des AA wird festgehalten: Obwohl der Bundesminister für Arbeit und Sozialordnung an sich für die Abgabe derartiger Erklärungen an einen ausländischen Staat nicht zuständig war, erscheine es aus politischen Gründen nicht möglich, diese Zusage zu ignorieren. Es sei daher beabsichtigt, mit Marokko in Verhandlungen einzutreten.[4]

Im Interministeriellen Arbeitskreis besteht der Vertreter des BMI auf einem Kabinettsbeschluss, da eine Abweichung von der Linie des Arbeitskreises vorliege. Es werden Überlegungen angestellt, wie man die „an sich nicht erwünschte" Zusage durch eine entsprechende Beschränkung des deutschen Zugeständnisses modifizieren könne. Später weist der Vertreter des BMI darauf hin, dass gemäß der Berichterstattung der Botschaft Rabat unter den marokkanischen Bergleuten zahlreiche Analphabeten seien und dass nach den bergpolizeilichen Vorschriften solche Personen nicht im Bergbau beschäftigt werden dürfen.[5]

Bei einer Ressortbesprechung zur Vorbereitung der Verhandlungen am 5. November 1962 stellt sich heraus, dass bereits ca. 4.000 Marokkaner eine Arbeits- und Aufenthaltserlaubnis in Deutschland haben. Damals bestand keine Visumspflicht, sie war im Jahr 1957 durch Notenwechsel abgeschafft worden. Daher war eine Einreise als Tourist möglich gewesen, wenn auch nicht legal, wenn ihr eigentliches Ziel die Arbeitsaufnahme war.[6]

Das BMI wird gebeten, auf die Länder einzuwirken, dass keine Ausweisungen mehr erfolgen. Das BMA erklärt, dass man vor allem an Bergleuten interessiert sei, da der deutsche Kohlebergbau stark auf ausländische Arbeitnehmer angewiesen sei. In Marokko gebe es 600.000 Arbeitslose. Da Gruben im Norden Marokkos geschlossen wurden, seien Bergleute frei. Man einigt sich, dass erstens in der Bundesrepublik lebende Marokkaner in Deutschland bleiben dürfen und nach zwei Jahren zurückkehren und zweitens marokkanische Bergarbeiter für zwei Jahre „hereingenommen" werden.

---

4   Aufzeichnung Ref. 505 an den Leiter der Rechtsabteilung (D5) vom 07.11.1962
5   Aufzeichnung BMA über die Sitzung des Interministeriellen Ausschusses vom 13.12.1962
6   Aufzeichnung des BMA über die Ressortbesprechung vom 05.11.1962

4 „Wilde" Rekrutierung führt zu Problemen

Eine Regelung der Anwerbung war überfällig geworden, nachdem die Konsulate angewiesen worden waren, Analphabeten das Visum zur Arbeitsaufnahme in deutschen Bergwerken zu verweigern. Laut Bericht der Botschaft Rabat vom 03.01.1963 gibt es unter den arbeitslosen marokkanischen Bergleuten kaum jemanden, der lesen und schreiben kann. Seit Monaten hätten aber deutsche Bergwerksunternehmen bereits arbeitslose Bergleute rekrutiert, ohne Kenntnisse einer Sprache in Wort und Schrift zu verlangen. Im November 1962 waren sogar Vorstandsmitglieder von Bergwerksunternehmen samt Personalleitern in die Rekrutierungsgebiete Nordmarokkos gekommen, um sich von der Qualifikation der Arbeiter zu überzeugen.

„In den letzten Tagen häufen sich Fälle", so die Botschaft, „wo zurückgewiesene Bewerber mit ordnungsgemäßen Papieren vor den Konsularstellen eine drohende Haltung einnehmen. Der Leiter der Außenstelle Tanger berichtet, dass etwa 20 angeworbene Bergleute, denen das Visum verweigert werden musste, auf ihren Koffern vor dem Konsulat sitzen bleiben und die Konsulatsangehörigen bedrohen." Der Bericht fährt fort: „Die Bewerber sind oft seit Jahren arbeitslos und leben am Rand des Existenzminimums. Sie haben in jedem Fall, ehe sie zur Visumserteilung bei den Konsularstellen erscheinen, erhebliche Aufwendungen für die Ausstellung eines Reisepasses, zur Erlangung des *avis favorable* der Botschaft und des marokkanischen Arbeitsministeriums sowie für die ärztliche Untersuchung aufbringen müssen und dabei oft letzte Ersparnisse aufgebraucht. Die Abweisung zerstört ihre Hoffnung auf einen menschenwürdigen Lebenserwerb. Hinweise auf die Erfordernisse der Grubensicherheit begegnen dem Einwand, dass Verwandte der Bewerber, die genauso wenig lesen und schreiben können, bereits im deutschen Bergbau tätig seien."

Zur Betonung, wie dringlich eine Regelung des Problems sei, führt die Botschaft aus: „Die Gefahr, dass die Handelsvertretung der SBZ in Casablanca hiervon erfährt und die Angelegenheit propagandistisch auswertet, liegt auf der Hand. Auch muss damit gerechnet werden, dass die marokkanischen Gewerkschaften den Fall aufgreifen, um ihn zu einer politischen Kampagne gegen die Arbeitsmarktpolitik der Regierung zu benutzen, wobei es dann auch zu Angriffen gegen die Bundesregierung kommen dürfte."

Schließlich meldet sich eines der Unternehmen, die auf eigene Faust Kumpel eingestellt hatten, und erklärt: „Wir sind nach wie vor bereit, diejenigen Marokkaner, die von uns eine Beschäftigungs- und Aufenthaltszusicherung erhalten haben, zu den in den Bescheinigungen genannten Bedingungen zu beschäftigen. Soweit die

Zusicherung keine Einschränkung wegen der Sprachkenntnisse enthält, werden wir auch Sprachunkundige einstellen."[7]

Der Bericht der Botschaft und die Zusicherungen des Unternehmens verfehlten ihre Wirkung offenbar nicht. Denn fortan war die Frage der vorhandenen Sprachkenntnisse kein Thema mehr.

5   Die Bundesregierung entscheidet

Am 28. Februar 1963 wird die gemeinsame Kabinettsvorlage des BMA und des AA von der Bundesregierung beschlossen. Zur Begründung wird ausgeführt, dass die vom BMI geltend gemachte Grundsatzentscheidung der Bundesressorts, keine Anwerbevereinbarung mit außereuropäischen Staaten abzuschließen, unter besonderen Umständen Ausnahmen zulasse. Da der deutsche Kohlebergbau einen dringenden Bedarf an Facharbeitern habe und diese in Marokko gewonnen werden könnten, lägen solche Umstände vor. Der deutsche Bergbau habe mit marokkanischen Arbeitnehmern bisher gute Erfahrungen gemacht.[8]

Die Bundesregierung stimmt einer Anwerbevereinbarung mit der Regierung des Königreiches Marokko unter folgenden Bedingungen zu:

a. Die Hereinnahme marokkanischer Arbeitnehmer beschränkt sich auf bergbautaugliche Arbeitskräfte für den deutschen Steinkohlebergbau. Die Gesamtzahl der anzuwerbenden Arbeitskräfte richtet sich nach den Bedarfsmeldungen der Bergwerksgesellschaften.
b. Die Anwerbung ist unter verantwortlicher Mitwirkung der BAVAV durch die interessierten Bergwerksgesellschaften durchzuführen.
c. Den Bundesländern wird die Bundesregierung empfehlen, die Aufenthaltserlaubnis für die bis Ende 1962 unbefugt in das Bundesgebiet eingereisten marokkanischen Arbeitnehmer nachträglich zu erteilen, sofern nicht im Einzelfall zwingende Gründe der öffentlichen Ordnung, Sicherheit oder Gesundheit entgegenstehen.
d. Die marokkanische Regierung verpflichtet sich, die Ausreise solcher marokkanischer Arbeitnehmer in das Bundesgebiet zu verhindern, denen keine Aufenthalts- und Arbeitserlaubnis durch die deutschen Dienststellen zugesichert worden ist.

---

7   Fernschreiben des Eschweiler Bergwerkvereins an das BMA vom 11.01.1963
8   Ministervorlage des Ref. 505 (AA) vom 22.01.1963 und Vermerk Ref. 505 vom 28.02.1963

e. Die marokkanische Regierung verpflichtet sich, die in der Bundesrepublik befindlichen marokkanischen Arbeitnehmer und ihre Familien, die eine Aufenthaltserlaubnis für das Bundesgebiet nicht oder nicht mehr besitzen, jederzeit formlos zurückzunehmen oder für ihre Heimbeförderung Sorge zu tragen.

Wenig später meldet sich die Bundesvereinigung der deutschen Arbeitgeberverbände (BDA) beim AA: Laut Mitteilung des Hauptverbandes des deutschen Baugewerbes sind allein im Baugewerbe in Nordrhein-Westfalen schon jetzt 1.600-2.000 Marokkaner beschäftigt. Die Betriebe bezeichnen die marokkanischen Arbeitnehmer als außergewöhnlich gut. Sie seien fleißig und anspruchslos und würden keinen Alkohol trinken, seien daher sehr disziplinierte Arbeitskräfte. Der Verband sei an weiterer Anwerbung von Marokkanern interessiert.[9]

6 Die ersten Anwerbeaktionen

Die Verhandlungen finden vom 14. bis 21. Mai 1963 in Bonn statt. Verhandlungsführer auf marokkanischer Seite ist Botschafter Abdeljalil, sein deutscher Gegenpart Ministerialdirigent Professor Meyer-Lindenberg aus dem AA. Das Ergebnis besteht aus der deutsch-marokkanischen Vereinbarung, einer Anlage I zum Anwendungsbereich sowie einem Musterarbeitsvertrag als Anlage II. (Eine Kopie dieser folgenreichen Vertragsurkunde samt ihren Anlagen – Anwendungsbereich und Musterarbeitsvertrag – ist im Anhang dieses Buches zu finden.) Nach Abschluss der Verhandlungen heißt es in der Staatssekretärsvorlage: „Die Vereinbarung hat sich in der Form weitgehend den marokkanischen Wünschen angepasst, in der Sache durch die Beschränkung ihres Anwendungsbereichs auf den deutschen Kohlebergbau gemäß Anlage I der Vereinbarung den sachlichen Erfordernissen der Bundesressorts entsprochen."[10]

Vom 15. bis 23. Juli 1963 finden in Marokko Vorgespräche zur Vorbereitung der Anwerbung statt. Danach sollen die ärztlichen Untersuchungen nach Möglichkeit in den beiden Krankenhäusern in Oujda und Nador vorgenommen werden. Geplant ist die Auswahl von 500 Arbeitnehmern in vier Wochen. Die Arbeitsverträge müssen in Deutsch und Arabisch ausgefüllt werden, Informationsmaterial soll in den drei Sprachen Arabisch, Spanisch und Französisch zur Verfügung gestellt werden, „damit ein möglichst großer Teil der Bewerber in der Lage ist, sich die

---

9 Schreiben BDA an das Auswärtige Amt vom 03.04.1963
10 Staatssekretärsvorlage der Abt. 5 (AA) vom 22.05.1963

erforderlichen Aufschlüsse zu verschaffen".[11] Mit Rücksicht auf das verbreitete Analphabetentum hatte das marokkanische Arbeitsministerium darum gebeten, den Zechen nahezulegen, in den ersten Tagen ihrer Anwesenheit den Marokkanern am Betriebsort den Inhalt der Merkblätter, der Arbeitsordnung usw. mündlich vortragen zu lassen.[12]

Das marokkanische Arbeitsministerium veranlasst durch die Arbeitsämter Oujda und Nador die Vorauslese geeigneter Bewerber, die nach Möglichkeit bereits Erfahrung im Bergbau haben sollen. Arbeitstäglich sollen der Auswahlgruppe 25 Interessenten vorgestellt werden.

Im April 1964 fand die zweite Rekrutierungsaktion in Oujda, Nador, Fès und Ksar-es-Souk (Er Rachidia) statt, im September/Oktober 1964 die dritte. Insgesamt wurden mit den drei Anwerbeaktionen 2.700 Marokkaner für den Kohlebergbau vermittelt. Mit 48,9 % der vorgestellten Kandidaten konnten Verträge abgeschlossen werden, wobei die besten Ergebnisse im Raum Nordmarokko erzielt wurden. Die Reise nach Deutschland erfolgt über Tanger durch Spanien und Frankreich.[13]

7   Die Anwerbevereinbarung wird geöffnet

Die Anwerbevereinbarung war etwas über ein Jahr alt, als Botschafter Abdeljalil im AA die Erweiterung der Anwerbung über den Bergbau hinaus ansprach. Die Vereinbarung sehe diese Möglichkeit vor, falls beide Seiten zustimmen (Art. 12). Seine Botschaft habe ein Problem mit der Rückführung von illegal eingereisten Staatsangehörigen. Die Botschaft gebe den Betroffenen Passersatzdokumente und Eisenbahnkarten, könne aber Repatriierungen wegen der finanziellen Belastung nicht im großen Umfang durchführen. Verschiedene illegale Agenturen, betrieben von Deutschen wie Marokkanern, beschäftigten sich mit der Vermittlung marok-kanischer Arbeitskräfte. Sie arbeiteten im Auftrag deutscher Unternehmen, für die sie zum Preis von 500 DM pro Person Marokkaner nach Deutschland vermittelten. Seine Botschaft könne für die nach Deutschland geschleusten Landsleute keine Verantwortung übernehmen. Einige deutsche Dienststellen würden illegal einge-reiste Marokkaner ohne vorherige Verständigung der Botschaft auf dem Luftweg nach Marokko zurück transportieren. Die Botschaft erhalte dann die Rechnungen

---

11 Für die Bergleute aus dem Rif, deren Muttersprache die Berbersprache Tarifit ist, dürfte das von begrenztem Nutzen gewesen sein.
12 Schreiben des BVAV an das BMA vom 29.08.1963
13 Bericht der Botschaft Rabat vom 29.04.1964

der Fluggesellschaft. Gegenwärtig häuften sich in der Botschaft viele Rechnungen, was ihn in eine schwierige Lage bringe.[14]
Der Interministerielle Arbeitskreis lehnte am 27.08.1964 die Erweiterung der Vereinbarung ab. Zur Abschiebeproblematik wurde festgestellt, dass die marokkanische Regierung lediglich die Reisekosten bis nach Marseille übernehme. Dies sei zu wenig, da Ausgewiesene aus Frankreich zurückkämen. In Zukunft sollen die Ausländerbehörden die marokkanische Botschaft unterrichten und erst nach Fristablauf den teureren Luftweg wählen.[15]
Wenige Monate später bringt der bevorstehende Staatsbesuch von König Hassan II Bewegung in das marokkanische Anliegen. In Antizipation einer entsprechenden königlichen Frage wird wohlwollende Prüfung in Aussicht gestellt. Allerdings würde die gegenwärtige Lage auf dem europäischen Arbeitsmarkt die weitere Hereinnahme von Arbeitskräften aus außereuropäischen Ländern sehr beschränken. Es arbeiteten zu dieser Zeit 4.000-5.000 Marokkaner im Bergbau. Darüber hinaus lebten ca. 4.000 weitere Marokkaner im Bundesgebiet, die zum großen Teil illegal eingewandert waren. Sie lebten vorwiegend in Nordrhein-Westfalen, das bereit sei, ihren Aufenthalt zu legalisieren.[16] Die Botschaft Rabat berichtete, die Hereinnahme von 2.000-3.000 tunesischen Arbeitskräften auf der Grundlage der inzwischen geschlossenen deutsch-tunesischen Anwerbevereinbarung werde in Marokko mit großer Aufmerksamkeit beobachtet. Die marokkanische Seite rechne in Zukunft mit stärkerem Engagement der deutschen Privatindustrie in Marokko und hoffe deshalb, im Wege der Ausweitung der Vereinbarung marokkanische Arbeitnehmer in größerer Zahl zur Aus- und Fortbildung bei interessierten deutschen Firmen unterbringen zu können. Der innenpolitische Hintergrund in Marokko stelle sich folgendermaßen dar: Zu den ca. 500.000 Arbeitslosen müsse man ca. 1,5 Millionen chronisch unterbeschäftigte Männer addieren. Jährlich kämen 100.000-120.000 neue Arbeitskräfte hinzu, für die es im Lande keine Arbeitsmöglichkeit gebe. Sie verstärkten den sozialen Zündstoff.[17]
Der neue Arbeitsminister Katzer hatte in einem Gespräch mit dem ebenfalls neuen marokkanischen Arbeitsminister, Boutaleb, am 29.11.1965 zugesagt, die Wünsche der marokkanischen Regierung in Bezug auf die Erweiterung der Anwerbevereinbarung, die Legalisierung der illegal eingereisten marokkanischen Arbeitnehmer

---

14 Vermerk MDg Meyer-Lindenberg vom 31.07.1964
15 Vermerk AA (Ref. V 6) vom 29.08.1964
16 Zuschrift Ref. V 6 an I B 4 vom 26.02.1965
17 Bericht der Botschaft Rabat vom 18.11.1965 (vor dem Hintergrund von Unruhen in Casablanca mit zahlreichen Toten)

sowie die Bildung einer Gemischten deutsch-marokkanischen Kommission gem. Art. 12 Anwerbevereinbarung prüfen zu lassen.[18]

Beim Besuch des StS im marokkanischen Arbeitsministerium, Bennis, am 26.01.1966 in Bonn einigte man sich, die Gemischte Kommission noch im Februar zusammentreten zu lassen. Zu diesem Zeitpunkt lebten schon 9.150 Marokkaner im Bundesgebiet, davon 6.350 in NRW und 2.100 in Hessen.[19]

Die Gemischte Kommission tagte vom 15. bis zum 21.02.1966 in Rabat und einigte sich auf eine Zusatzvereinbarung zur Anwerbevereinbarung, mit der die Anwerbung für alle Zweige der Wirtschaft geöffnet wurde. Sie wurde am 04.03.1966 vom deutschen Botschafter Voigt und von Bundesarbeitsminister Katzer unterzeichnet, der zur Feier des 10. Jahrestages der Unabhängigkeit nach Rabat gereist war. In einem Begleitschreiben zur Zusatzvereinbarung teilte Botschafter Voigt mit, dass deutschen Arbeitgebern ab sofort die Genehmigung zur Anwerbung von bis zu 3.000 Arbeitnehmern erteilt werde. Wenn diese Zahl erreicht wird oder binnen einer angemessenen Frist nicht erreicht wird, trete die Gemischte Kommission auf Antrag einer der beiden Seiten zusammen, um die Lage „im Geiste der deutsch-marokkanischen Zusammenarbeit" zu prüfen.[20]

8   Ausblick

Im Gespräch mit Bundesarbeitsminister Katzer sprach Arbeitsminister Boutaleb die Einbeziehung marokkanischer Arbeitnehmer in die Sozialleistungen – insbesondere die Familienleistungen – an. Er forderte die Gleichstellung mit deutschen Arbeitnehmern. Bundesminister Katzer erwiderte, dass dies nur in Bezug auf Kindergeld gehe, da kein Sozialversicherungsabkommen zwischen Deutschland und Marokko bestehe. Er sei aber bereit, ein solches wohlwollend zu prüfen. Damit wurde ein neues Kapitel eröffnet, das erst am 25.03.1981 mit der Zeichnung des Abkommens über soziale Sicherheit abgeschlossen wurde.[21]

Was vor fünfzig Jahren mit der Vermittlung von wenigen Tausend marokkanischen Bergleuten für deutsche Kohlebergwerke begann, hat sich zu einer beachtlichen Migration entwickelt. Die Marokkaner in Deutschland sind zu einem wichtigen und dynamischen Teil der Wohnbevölkerung geworden. Die Ausländerstatistik des

---

18   Aufzeichnung BMA über Sitzung des Interministeriellen Arbeitskreises vom 21.01.1966
19   Vermerk des BMA vom 26.01.1966
20   Bericht der Botschaft Rabat vom 17.03.1966
21   Bundesgesetzblatt II, 550, 571

Statistischen Bundesamtes gibt zum 31.12.2011 die Zahl von 63.037 Marokkanern in Deutschland an. Aus dieser Statistik fallen diejenigen heraus, die sich haben einbürgern lassen, die also zu Deutschen „mit Migrationshintergrund" geworden sind, auch wenn sie ihre marokkanische Staatsangehörigkeit beibehalten. Auf Grundlage der Haushaltsstichprobe im Zensus von 2011 leben knapp 170.000 „Personen mit marokkanischem Migrationshintergrund" in der Bundesrepublik (mit oder ohne marokkanische Staatsangehörigkeit; vgl. den Beitrag von Bouras-Ostmann in diesem Band, Kapitel 2.2).

Auch für Marokko sind die Landsleute im fernen Norden ein großer Gewinn. Deren Überweisungen stärken die marokkanische Zahlungsbilanz und bringen Investitionen in einen in der Vergangenheit vernachlässigten Landesteil. Die Rückkehrer bringen *know how* und wichtige Erfahrungen mit. Die Kinder und Enkel der „Angeworbenen", oft sozial aufgestiegen mit Berufsausbildungen und Universitätsabschlüssen, sind ein unersetzliches Bindeglied zwischen beiden Ländern.

Deutschland sei kein Einwanderungsland, hieß es viele Jahre lang. Die Geschichte hat gezeigt, dass dies nicht stimmt. Darüber kann man sich – 50 Jahre nach Abschluss des Anwerbeabkommens mit Marokko – nur freuen.

Marokkaner in Deutschland – ein Überblick[1]

Khatima Bouras-Ostmann

1   Einleitung

In Bonn am Rhein wurde am 21. Mai 1963 das Anwerbeabkommen zwischen der Bundesrepublik Deutschland und dem Königreich Marokko paraphiert (vgl. den Beitrag von Klemm in diesem Band). Dieses besondere Ereignis jährte sich 2013 zum fünfzigsten Male. Die deutsch-marokkanische Vereinbarung zielte auf die Gewinnung von marokkanischen Arbeitskräften für den deutschen Steinkohlebergbau. Der Aufenthaltstitel für die marokkanischen Arbeiter war auf diesen Zweck beschränkt. Der mit ihnen für mindestens ein Jahr abzuschließende Arbeitsvertrag stellte die Arbeitnehmer aus Marokko mit ihren deutschen Kollegen bezüglich Tarifvertrag, Entlohnung, Arbeitszeiten, Urlaub und Arbeitsschutz ausdrücklich gleich. Der Arbeitgeber hatte die Kosten der Anreise zu tragen und für einen Sprachkurs sowie die Anlernung der neuen Mitarbeiter zu sorgen. Die vom Arbeitsamt zu prüfende kostenpflichtige Unterbringung war in Bergmannsheimen mit zwei bis drei Personen pro Zimmer vorgesehen. Außerdem wurden in der Anwerbevereinbarung Maßnahmen zur Eindämmung der illegalen Einwanderung von Arbeitskräften mit Touristenvisa festgelegt. Die Vertragsurkunde ist im Anhang dieses Buches wiedergegeben.

Die deutsch-marokkanische Vereinbarung fiel in eine Periode der Rekrutierung zahlreicher „Gastarbeiter", die zur Deckung des Arbeitskräftemangels in der Bundesrepublik Deutschland zwischen 1955 und 1968 aus Italien, Griechenland, Spanien, der Türkei, Marokko, Portugal, Tunesien und dem ehemaligen Jugoslawien angeworben wurden. Der Aufenthalt im Gastland war für die überwiegend männlichen Emigranten zunächst ein Provisorium, um ihre finanzielle Lage

---

[1]   Der vorliegende Artikel beruht in Teilen auf einem in französischer Sprache erschienenen Beitrag (vgl. Bouras-Ostmann 2014).

zu verbessern. In der öffentlichen Diskussion stehen die Migrantinnen meist allenfalls als Ehefrauen der ökonomisch aktiven Ehemänner im Blick. Dies gilt für marokkanische ebenso wie für andere Migrantinnen. Die Blickverengung ist erstaunlich, denn bereits 1970 waren rund ein Drittel der registrierten ausländischen Beschäftigten Frauen. In der Zeit von 1960 bis 1973 versechzehnfachte sich ihre Zahl von 43.000 auf über 700.000. Auch für die meisten Migrantinnen war also die Erwerbsarbeit der Hauptzweck ihres Aufenthalts in Deutschland. Im Jahre 1970 war mit rund 55 % mehr als die Hälfte aller in der Bundesrepublik lebenden ausländischen Frauen erwerbstätig. Sie waren vor allem in der Nahrungs- und Genussmittelindustrie sowie in der Textilbranche beschäftigt. Aber auch für den immer prekärer werdenden Bereich hauswirtschaftlicher Dienstleistungen wurden zahlreiche Migrantinnen angeworben (Mattes 2005). Die männlichen Immigranten waren dagegen vornehmlich für den Industriesektor bestimmt, insbesondere für den Straßenbau, Bergbau sowie die Eisen- und Stahlindustrie.

Die Mehrheit der heute in der Bundesrepublik lebenden Marokkaner stammt aus dem Rifgebiet im Norden und aus der Gegend um Oujda im Nordosten Marokkos. Die Rifregion entwickelte durch den Eisenerzhandel ein besonderes Verhältnis zu Deutschland. Nach dem Anwerbestopp im Jahre 1973 holten viele Migranten ihre Familien in die Bundesrepublik nach, weshalb die Zahl der marokkanischen Migranten in der Bundesrepublik weiter zunahm. Seit den 1990er Jahren erfasste die Migration aus Marokko nach Deutschland auch andere Regionen Marokkos, so etwa Fès, Tanger, Rabat, Casablanca oder Marrakech (vgl. den Beitrag von Berriane in diesem Band).

Anders als im Falle anderer Migrantengruppen ist vergleichsweise wenig über das Leben marokkanischer Migranten in Deutschland bekannt. Dem Schließen dieser Wissenslücke widmen sich verschiedene Aufsätze des vorliegenden Bandes. Das Ziel dieses Beitrags ist es, einen ersten deskriptiven Überblick über die Struktur der Bevölkerungsgruppe marokkanischer Mitbürger[2] in Deutschland zu geben. Dabei werden insbesondere die demographischen Aspekte dieser Minderheit, ihre sozioökonomische Situation, ihre Bildungspartizipation sowie ihre Kontakte mit Marokko und ihr transnationales Engagement dargestellt.

---

2   Der Begriff „Mitbürger" wird hier im Sinne des französischen „Citoyen" verwendet. In dieser Bedeutung umfasst er sowohl Deutsche mit oder ohne Migrationshintergrund als auch Ausländer, ohne dass diese die deutsche Staatsbürgerschaft besitzen müssen. Anspruch an jeden „Citoyen" ist der Einsatz für die freiheitlich-demokratischen Grundwerte der Gesellschaft und für die Republik (vgl. Wihtol de Wenden 2010, 129ff).

2 Demographische Entwicklung

2.1 Ausländische Bevölkerung in der Bundesrepublik

In der Bundesrepublik Deutschland lebten 2011 etwa 7,5 Millionen Ausländer. Dies entsprach rund 9 % der Gesamtbevölkerung. Mitbürger türkischer Nationalität bildeten mit 1,8 Millionen (23 %) die größte Gruppe (vgl. Abbildung 1). Danach folgten Mitbürger aus dem Gebiet des ehemaligen Jugoslawiens mit 12 %, aus Italien mit 8 % und aus Polen mit 7 % (Statistisches Bundesamt 2012b). Da viele Migranten inzwischen die deutsche Staatsbürgerschaft angenommen haben, weisen alle auf der Staatsangehörigkeit basierenden Statistiken nur eine begrenzte Aussagekraft auf, was insbesondere für nachfolgende Generationen gilt. Erweiterte Beschreibungs-

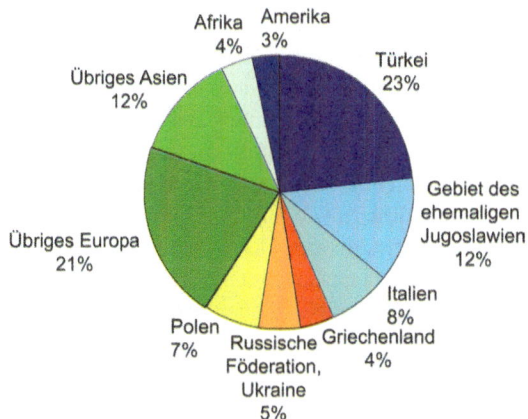

Abb. 1 Ausländische Bevölkerung in der Bundesrepublik im Jahre 2011

Quelle: Eigene Darstellung nach Statistisches Bundesamt 2012b

möglichkeiten bietet der Mikrozensus, der auch den Migrationshintergrund erfasst.[3] Nach dem Mikrozensus haben mehr als 19 % der Bevölkerung der Bundesrepublik einen Migrationshintergrund im engeren Sinne (Statistisches Bundesamt 2012j).

---

3   In der Bundesrepublik basiert der Mikrozensus auf der großen Volkszählung und Fortschreibung durch regelmäßige Stichproben von etwa 1 % der Bevölkerung. Aus Gründen des Fragenkatalogs und Stichprobenumfangs sind nicht zu allen Themenbereichen und auch nicht für alle Herkunftsländer jährliche Daten verfügbar, wobei insbesondere auch

Die Migration nach Deutschland ist stark europäisch geprägt. In den letzten Jahren setzte ein verstärkter Zuzug aus osteuropäischen Ländern ein, besonders aus den der Europäischen Union beigetretenen Staaten Polen, Ungarn, Bulgarien und Rumänien. Auch aus den von der Finanz- und Wirtschaftskrise besonders betroffenen südeuropäischen Ländern erhöhte sich die Zuwanderung in der jüngsten Vergangenheit erheblich. Aus Griechenland wanderten z. B. im Jahre 2011 90 % und aus Spanien 52 % mehr Personen nach Deutschland als 2010. Außerdem nahm die Bundesrepublik seit 1950 mehr als 4,5 Millionen Spätaussiedler auf, die als deutsche Staatsbürger jedoch nicht in die Ausländerstatistik eingehen (Statistisches Bundesamt 2012h).

2.2 Bevölkerungsentwicklung der marokkanischen Immigranten

Die Zahl der Mitbürger marokkanischer Herkunft in der Bundesrepublik nimmt fast kontinuierlich zu (vgl. Abbildung 2). In den bundesdeutschen Statistiken werden Personen mit doppelter Staatsbürgerschaft als Deutsche und nicht als Ausländer geführt, soweit sie die deutsche Staatsbürgerschaft besitzen. Mit einem ausgeschöpften Einbürgerungspotential[4] von 8,6 % im Jahre 2011 ließen sich Marokkaner fast dreimal so häufig einbürgern wie Türken. Damit nimmt Marokko auch den Spitzenplatz bei den nordafrikanischen Ländern ein. Wenn davon ausgegangen wird, dass die Annahme der Staatsbürgerschaft ein starkes Indiz für Integration darstellt, zeigen die Mitbürger marokkanischer Herkunft somit eine besonders hohe Integrationsbereitschaft (Statistisches Bundesamt 2012d). Für die Einschätzung der Größe dieser Migrantengruppe ist folglich neben der Zahl marokkanischer Staatsbürger auch die Zahl der Einbürgerungen zu betrachten.

---

die sprachlichen Herausforderungen bei der Erhebung zu berücksichtigen sind. Um die Anonymisierung der Daten und eine ausreichend große Stichprobe sicherzustellen, müssen daher für spezielle Auswertungen aus dem Mikrozensus häufig Merkmalsausprägungen gruppiert oder mehrere Jahre zusammengefasst werden. Durch die Hochrechnung aus der Stichprobe auf die Grundgesamtheit kann es grundsätzlich zu erheblich höheren statistischen Schwankungen als bei Vollerhebungen kommen. Daher ist der Mikrozensus eine sinnvolle Ergänzung mit allerdings signifikanten Einschränkungen (Statistisches Bundesamt 2013a).

4   Das ausgeschöpfte Einbürgerungspotential beschreibt die Relation zwischen der Anzahl der Einbürgerungen und der Anzahl der seit mindestens zehn Jahren in Deutschland lebenden Ausländer. Damit berücksichtigt es die für eine Einbürgerung zu erfüllenden rechtlichen Voraussetzungen besser als die Einbürgerungsquote (Statistisches Bundesamt 2012d, 6).

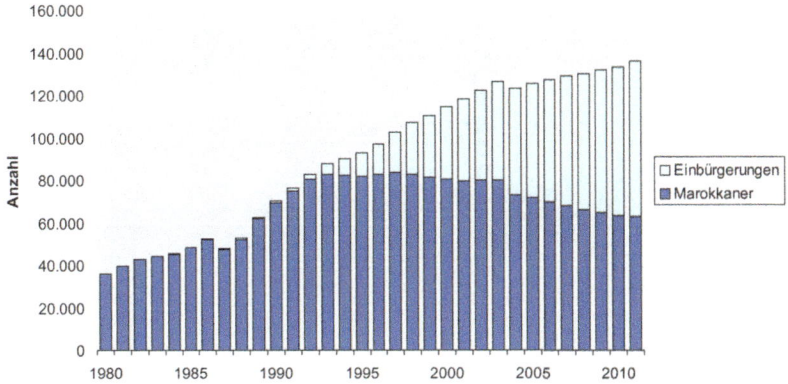

Abb. 2 Marokkanische Staatsbürger und kumulierte Einbürgerungen

Quelle: Eigene Darstellung nach Statistisches Bundesamt 2012b, 2012d

Zusätzlich wären auch die Geburten und Sterbefälle unter den eingebürgerten Marokkanern zu berücksichtigen. Familien mit marokkanischem Migrationshintergrund sind meist größer als die durchschnittliche deutsche Familie (Bouras 2006; Hajji 2009). Die Geburtenrate von Kindern marokkanischer Väter betrug im Jahr 2011 3,2 % und ist seit 2001 eher gestiegen. Für Kinder marokkanischer Mütter lag sie 2011 sogar bei 3,9 % (Statistisches Bundesamt 2012b, 2012i). Nach der Hochrechnung aus der Haushaltsstichprobe im Zensus von 2011 leben etwa 169.000 Mitbürger mit marokkanischem Migrationshintergrund in der Bundesrepublik (Statistisches Bundesamt 2014). Die Fortschreibung des Mikrozensus kommt zu etwas niedrigeren Zahlen (Statistisches Bundesamt 2013b).

Nach wie vor findet eine Zuwanderung von Marokkanern in die Bundesrepublik statt (vgl. Abbildung 3). Im Jahre 2011 standen 1.455 Fortzügen und Sterbefällen 3.911 Zuzüge und Geburten gegenüber. Der geringe Anteil von Geburten und Zuzügen marokkanischer Kinder unter 5 Jahren erklärt sich daraus, dass in Deutschland geborene Kinder meist automatisch zunächst die deutsche Staatsbürgerschaft erhalten. Der Anteil der mit dem beruflichen Ruhestand nach Marokko zurückkehrenden Migranten ist offensichtlich gering (Statistisches Bundesamt 2012d). Die geringe Rückkehrneigung dürfte auch mit der meist stark in Deutschland verwurzelten zweiten und dritten Generation zusammenhängen (Bouras 2006).

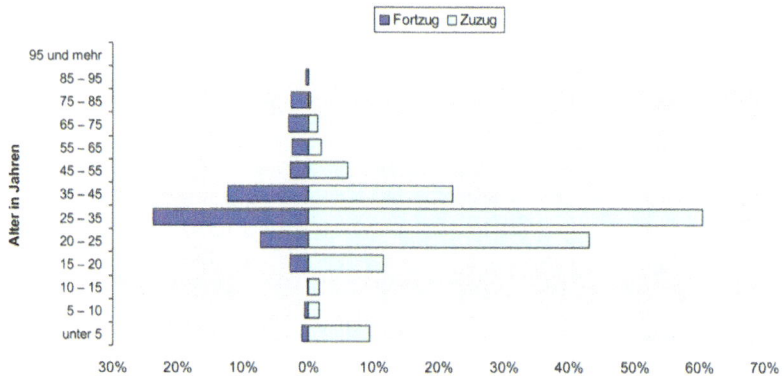

Abb. 3 Bewegungsbilanz marokkanischer Staatsbürger im Jahre 2011

Quelle: Eigene Darstellung nach Statistisches Bundesamt 2012d

Nach dem Anwerbestopp im Jahre 1973 erfolgte die Migration aus Marokko in die Bundesrepublik zunächst über die Familienzusammenführung. Heute scheinen die Gründe in erster Linie in der Eheschließung oder einem Studium in Deutschland zu liegen. Dies spiegelt sich unter anderem im deutlichen Zuzug in dieser Altersgruppe wider. Die Auswirkungen der kürzlich eingeführten blauen Karte für die Migration hochqualifizierter Arbeitskräfte sind heute noch nicht zu erkennen. Bislang wird diese vor allem von Migranten aus Indien, China und Russland genutzt (Bundesministerium des Inneren 2013).

2.3   Altersverteilung der Marokkaner

Die Alterspyramide der in Deutschland lebenden Marokkaner zeigt einen hohen Anteil von jungen Erwachsenen zwischen 20 und 45 Jahren (vgl. Abbildung 4). Kinder und Jugendliche sind kaum vertreten, da die in der Bundesrepublik geborenen Kinder seit der Reform des Staatsangehörigkeitsgesetzes im Jahre 2000 meist die deutsche Staatsbürgerschaft erhalten:

> „Durch die Geburt erwirbt ein Kind die deutsche Staatsangehörigkeit, wenn ein Elternteil die deutsche Staatsangehörigkeit besitzt. [...] Durch die Geburt im Inland erwirbt ein Kind ausländischer Eltern die deutsche Staatsangehörigkeit, wenn ein Elternteil

seit acht Jahren rechtmäßig seinen gewöhnlichen Aufenthalt im Inland hat und ein unbefristetes Aufenthaltsrecht [...] besitzt" (Bundesministerium der Justiz 2012).

Der geringere Anteil der Frauen unter den Senioren mag auf die erst etwa fünfzig-jährige Migrationsgeschichte und einen traditionell geprägten Altersunterschied zwischen den Ehepartnern zurückzuführen sein.

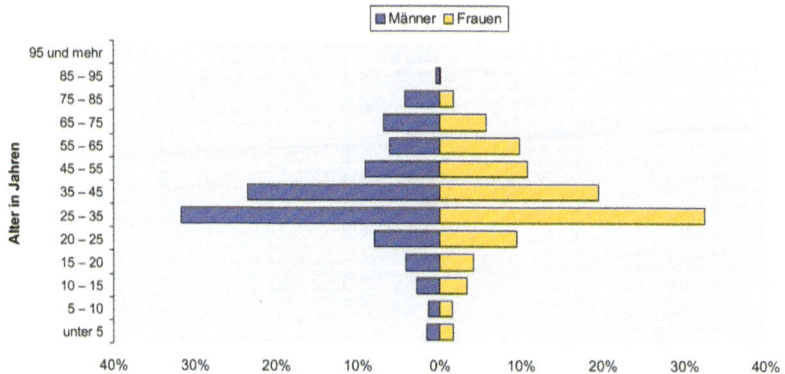

Abb. 4   Altersverteilung der marokkanischen Staatsbürger in der Bundesrepublik im Jahre 2011

Quelle: Eigene Darstellung nach Statistisches Bundesamt 2012b

Die Gesamtbevölkerung der Bundesrepublik zeigt eine starke Tendenz zur Über-
alterung (vgl. Abbildung 5). Dies führt bekanntlich zu Schwierigkeiten bei der Al-
tersversorgung. Im Vergleich hierzu sind die aus Marokko stammenden Migranten
erheblich jünger und können zur Alterssicherung der deutschen Gesellschaft im
Generationenvertrag beitragen.

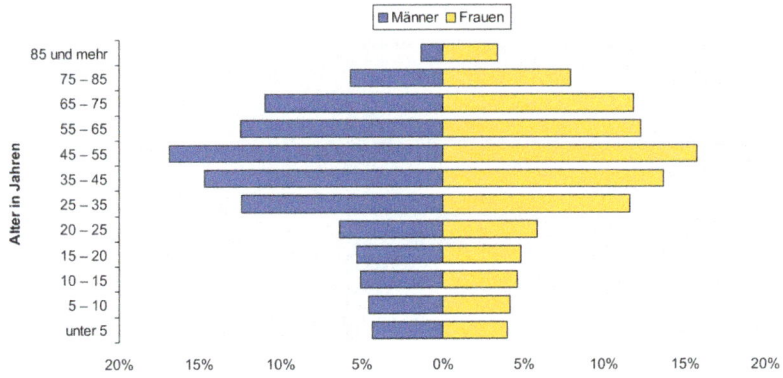

Abb. 5   Altersverteilung der bundesdeutschen Bevölkerung im Jahre 2010

Quelle: Eigene Darstellung nach Statistisches Bundesamt 2012c

2.4 Entwicklung der Geschlechterverteilung

Entsprechend der frühen Arbeitsanforderungen war die marokkanische Migration in die Bundesrepublik zunächst überwiegend maskulin geprägt (vgl. Abbildung 6). Im Rahmen der Familienzusammenführung holten dann viele Männer ihre Frauen und Kinder nach. Interessanterweise sind auch die zum Studium nach Deutschland kommenden Marokkaner überwiegend männlichen Geschlechts (Statistisches Bundesamt 2012k). Auch hier zeigt sich der starke Einfluss der Einbürgerungen auf die Statistiken (vgl. Abbildung 2).

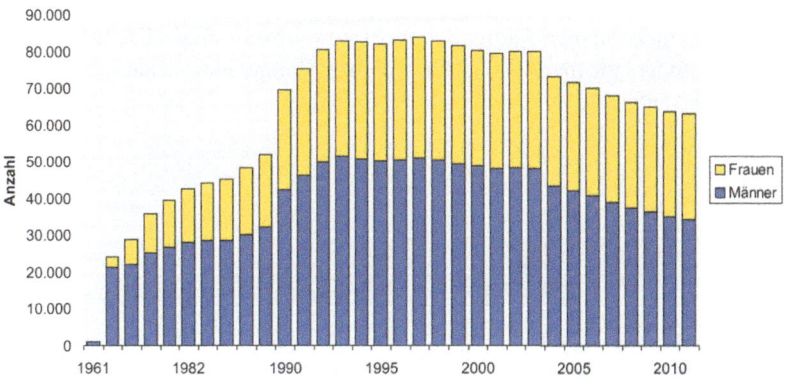

Abb. 6   Marokkanische Staatsbürger nach Geschlecht

Quelle: Eigene Darstellung nach Statistisches Bundesamt 2007, 2012k

2.5 Eheschließungen in der Bundesrepublik

Marokkanische Männer und Frauen heiraten in der Bundesrepublik fast ausnahmslos Partner mit deutscher Staatsbürgerschaft oder der anderer Länder der Europäischen Union (vgl. Abbildung 7 und Abbildung 8). In der insgesamt niedrigeren Zahl der Eheschließungen marokkanischer Frauen spiegelt sich auch ihr geringerer Anteil an der bundesdeutschen Bevölkerung wider. In vielen Fällen hat der Partner oder die Partnerin mit deutscher oder anderer europäischer Staatsbürgerschaft selbst einen maghrebinischen Migrationshintergrund. Auf der anderen Seite heiraten marokkanischstämmige Mitbürger häufiger als türkischstämmige einen Partner nichtmarokkanischer Herkunft; 31 % der in Deutschland aufgewachsenen Mitbürger mit marokkanischem Migrationshintergrund heiraten einen in Marokko aufgewachsenen Partner, während dies bei türkischstämmigen bei 40 % der Fall ist. Insbesondere die marokkanischstämmigen Männer entscheiden sich für eine in Marokko aufgewachsene Partnerin (Hajji 2009).

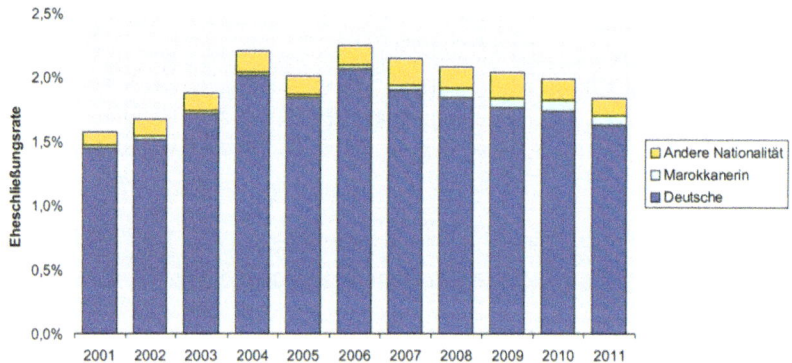

Abb. 7   Eheschließungen von Männern marokkanischer Staatsbürgerschaft

Quelle: Eigene Darstellung nach Statistisches Bundesamt 2012g

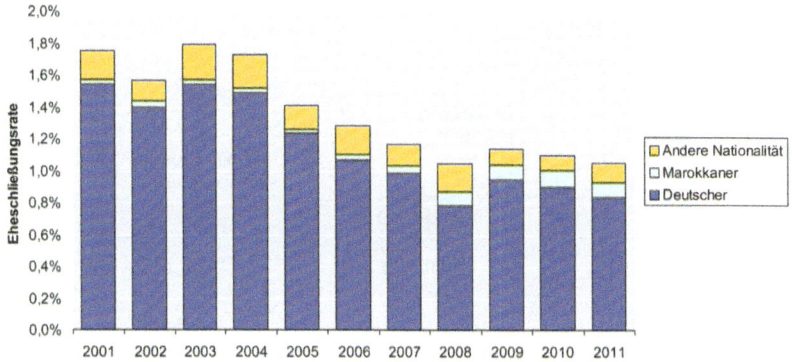

Abb. 8   Eheschließungen von Frauen marokkanischer Staatsbürgerschaft

Quelle: Eigene Darstellung nach Statistisches Bundesamt 2012g

2.6   Regionale Verteilung der Marokkaner in der Bundesrepublik

In Deutschland konzentrieren sich mehr als 50 % der marokkanischen Immigranten auf das Bundesland Nordrhein-Westfalen, etwa 25 % leben in Hessen (vgl. Abbildung 9). Dies erklärt sich aus der Geschichte der Anwerbung, bei der zunächst insbesondere Arbeitskräfte für den Bergbau sowie die Stahl- und Automobilindustrie gesucht wurden (Berriane et al. 1996). Diese Branchen sind im Gebiet von Rhein-Ruhr und Rhein-Main besonders stark vertreten. In den neuen Bundesländern ist ein großer Teil der heute dort lebenden Marokkaner erst zum Studium nach Deutschland eingereist (Statistisches Bundesamt 2012f).

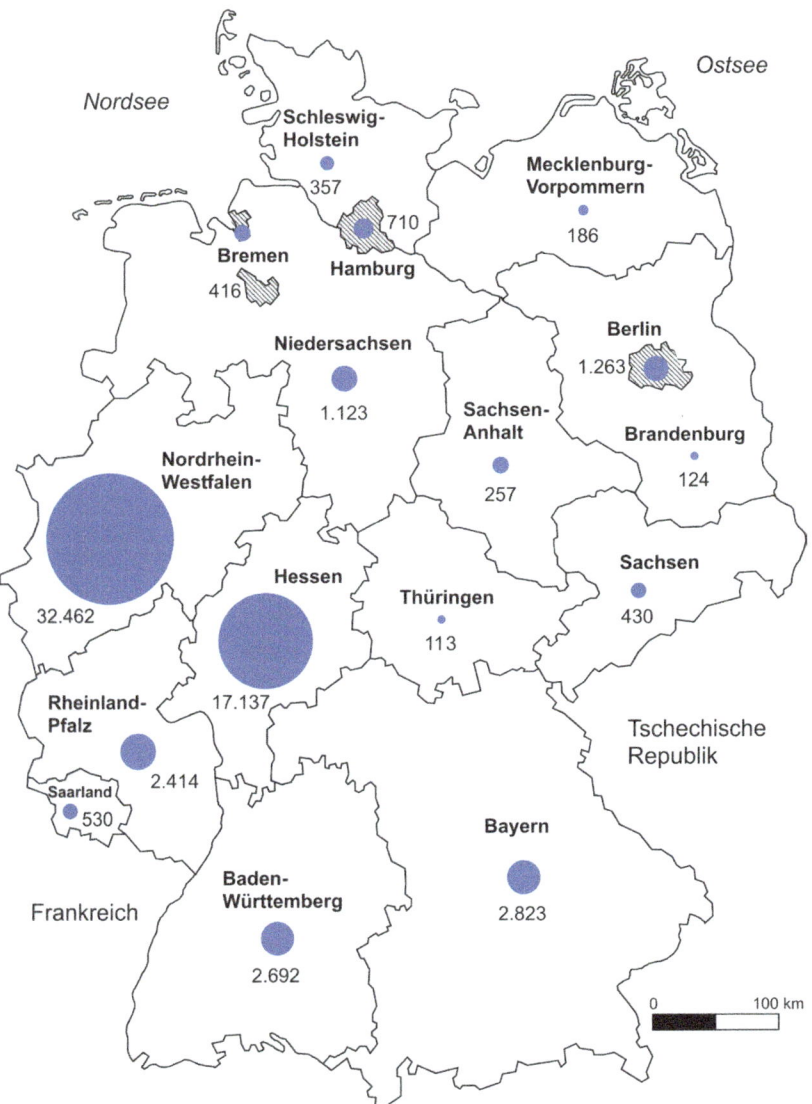

Abb. 9   Regionale Verteilung der marokkanischen Bevölkerung in der Bundesrepublik
im Jahre 2011

Quelle: Eigene Darstellung nach Statistisches Bundesamt 2012b; Basiskarte: Kober-Küm-
merly+Frey 2005

3 Zur sozioökonomischen Situation marokkanischer Migranten

Hinsichtlich der Beschäftigungsbranchen der marokkanischen Arbeitnehmer ist im Laufe der Jahre eine starke Verlagerung festzustellen. Während die ersten Anwerbungen für den Steinkohlebergbau erfolgten, der häufig noch zum primären Sektor gezählt wird, lag der Schwerpunkt bald darauf im sekundären Sektor mit der verarbeitenden Industrie und dem Baugewerbe (vgl. Abbildung 10). Heute dominiert die Dienstleistungsbranche des tertiären Sektors mit 76 % (vgl. Abbildung 11). Nach dem Mikrozensus gilt dies auch für die Mitbürger mit marokkanischem Migrationshintergrund insgesamt. Von ihnen waren in 2010 und 2011 rund 75 % im Bereich Dienstleistungen, 20 % im verarbeitenden Gewerbe und 4 % im Baugewerbe tätig.

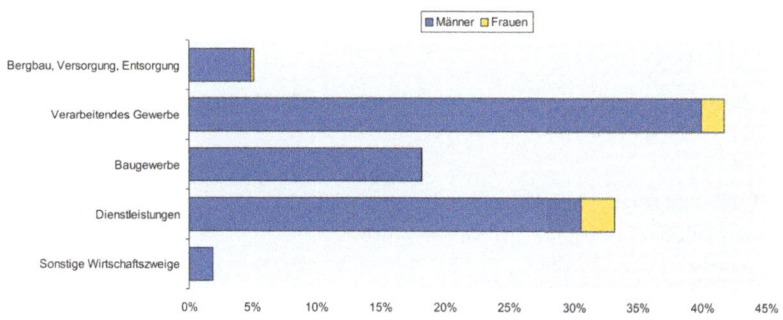

Abb. 10 Sozialversicherungspflichtig beschäftigte Marokkaner nach Wirtschaftsabschnitten 1980

Quelle: Eigene Darstellung nach Bundesagentur für Arbeit 2012a

Im Dienstleistungsbereich sind marokkanische Migranten insbesondere in den Wirtschaftsabschnitten Handel, Gastgewerbe, Logistik, Gesundheitswesen und sonstige Dienstleistungen tätig (vgl. Tabelle 1). Mehr als ein Fünftel der sozialversicherungspflichtig beschäftigten Marokkaner sind Frauen. Sie sind vor allem im Gesundheitswesen und Handel vertreten. In den Heil- und Pflegeberufen sind sie sogar stärker präsent als die marokkanischen Männer. Aufgrund der familiären Pflichten sind viele Frauen aber nur geringfügig mit weniger als 450 Euro Arbeitsentgelt monatlich beschäftigt und daher nicht sozialversicherungspflichtig (Bundesagentur für Arbeit 2012a, 2012b; Statistisches Bundesamt 2013b).

46 Khatima Bouras-Ostmann

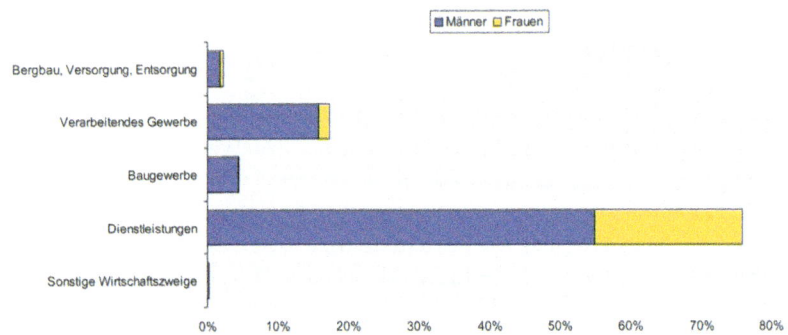

Abb. 11 Sozialversicherungspflichtig beschäftigte Marokkaner nach Wirtschaftsabschnitten 2011

Quelle: Eigene Darstellung nach Bundesagentur für Arbeit 2012b

Tabelle 1 Sozialversicherungspflichtig beschäftigte Marokkaner nach Wirtschaftsabschnitten 2011

		Insgesamt	Männer	Frauen
A	Land- und Forstwirtschaft, Fischerei	0,2 %	*	*
B	Bergbau, Gewinnung von Steinen und Erden	0,2 %	0,2 %	0,0 %
C	Verarbeitendes Gewerbe	17,3 %	15,8 %	1,5 %
D	Energieversorgung	0,3 %	0,3 %	0,0 %
E	Wasserversorgung, Abwasser/Abfall, Umweltverschmutzung	1,7 %	*	*
F	Baugewerbe	4,4 %	4,3 %	0,1 %
G	Handel, Instandhaltung und Reparatur von KFZ	12,8 %	9,1 %	3,7 %
H	Verkehr und Lagerei	9,0 %	8,5 %	0,6 %
I	Gastgewerbe	12,0 %	9,2 %	2,8 %
J	Information und Kommunikation	2,2 %	1,8 %	0,3 %
K	Finanz- und Versicherungsdienstleistungen	0,7 %	0,4 %	0,3 %
L	Grundstücks- und Wohnungswesen	0,3 %	0,2 %	0,1 %
M	Freiberufler, wissenschaftliche und technische Dienstleistungen	3,3 %	2,6 %	0,7 %
N	Sonstige wirtschaftliche Dienstleistungen	22,4 %	16,3 %	6,1 %
O	Öffentliche Verwaltung, Verteidigung, Sozialversicherung	1,7 %	1,1 %	0,6 %
P	Erziehung und Unterricht	1,8 %	1,2 %	0,6 %

Q	Gesundheits- und Sozialwesen	6,3 %	2,1 %	4,2 %
R	Kunst, Unterhaltung und Erholung	0,7 %	0,6 %	0,1 %
S	Erbringung von sonstigen Dienstleistungen	2,3 %	1,7 %	0,6 %
T	Private Haushalte	0,1 %	*	*
U	Exterritoriale Organisationen und Körperschaften	0,2 %	0,2 %	0,1 %
9	Keine Zuordnung möglich	*	*	0,0 %
Insgesamt		100,0 %	77,3 %	22,7 %

Quelle: Eigene Darstellung nach Bundesagentur für Arbeit 2012b

Die Verschiebung einer Volkswirtschaft vom primären über den sekundären hin zum tertiären Sektor betrachtet die Wirtschaftstheorie als einen normalen und erwarteten Prozess. Allerdings ist dieser bei den marokkanischen Mitbürgern in einem sehr hohen Maße erfolgt (Bundesagentur für Arbeit 2012a, 2012b). Dieser Vorgang bringt für die betroffenen Arbeitnehmer auch besondere Gefahren mit sich. Insbesondere Arbeitskräfte mit geringer fachlicher Qualifikation sind im Dienstleistungsbereich besonders einfach ersetzbar. Aufgrund geringerer irreversibler Investitionskosten werden Dienstleistungsbereiche häufig neu eingerichtet und bei unzureichender Rentabilität auch schnell wieder eingestellt.

Wie im Falle der Verlagerung von Arbeitsplätzen im produzierenden Sektor (Fuchs et al. 2013), nimmt der internationale Wettbewerb in Deutschland auch im Bereich der höher qualifizierten Dienstleistungen zu. Viele deutsche Firmen setzen gut ausgebildete Spezialisten aus Indien, China, Russland oder der Ukraine in Deutschland oder von ihren ausländischen Zweigniederlassungen aus ein. Deutsche Krankenkassen schließen Verträge mit osteuropäischen Kliniken zur dortigen Behandlung ihrer Versicherten. Diese Entwicklungen haben Konsequenzen für die Beschäftigungsverhältnisse der betroffenen Arbeitnehmer in Deutschland und die Arbeitsmarktsituation im Allgemeinen. So hat die Arbeitslosigkeit der marokkanischen Migranten in den letzten Jahren erheblich zugenommen. Bezogen auf die Gesamtzahl der sozialversicherungspflichtig beschäftigten Arbeitnehmer und Arbeitslosen lag die Arbeitslosenquote bei den Mitbürgern marokkanischer Herkunft in den Jahren 2010 und 2011 bei 17,7 %. Dies entspricht dem Niveau bei den Mitbürgern aus anderen klassischen Anwerbeländern, wie Griechenland oder Italien. Noch höher liegen die Arbeitslosenquoten bei Mitbürgern aus einigen Ländern Osteuropas.

Jedoch haben anscheinend insbesondere neu zugereiste Marokkaner Schwierigkeiten, auf dem deutschen Arbeitsmarkt Fuß zu fassen. Für marokkanische Mitbürger ohne deutsche Staatsangehörigkeit lag die Arbeitslosenquote im Jahr

Tabelle 2 Arbeitslose nach Alter und Geschlecht für ausgewählte Staatsangehörigkeiten im Jahre 2012

	Insgesamt	Deutsche	Ausländer	Griechenland	Italien	Marokko	Polen	Russische Föderation	Serbien	Türkei	Ukraine
Arbeitslose	2.839.821	2.360.273	475.560	16.223	31.457	7.672	27.237	17.938	21.314	142.149	11.655
Männer	1.533.529	1.284.357	246.804	9.225	19.598	4.367	9.205	6.902	11.821	79.218	4.369
Frauen	1.306.292	1.075.916	228.756	6.998	11.859	3.305	18.032	11.036	9.493	62.931	7.286
15 - 24 Jahre	251.834	216.064	35.264	1.140	2.402	440	1.629	575	2.300	13.481	392
25 - 49 Jahre	1.666.401	1.330.251	333.639	10.399	18.737	6.084	19.222	11.586	14.551	106.270	6.898
50 - 64 Jahre	920.253	812.782	106.500	4.681	10.299	1.148	6.380	5.770	4.447	22.378	4.360
Arbeitslosenquote	8,9 %	8,1 %	17,6 %	13,8 %	13,7 %	26,9 %	13,2 %	24,1 %	27,2 %	21,8 %	29,2 %
Männer	8,9 %	8,3 %	15,3 %	12,9 %	13,1 %	21,4 %	8,7 %	20,6 %	26,2 %	18,3 %	27,3 %
Frauen	8,9 %	8,0 %	21,0 %	15,2 %	14,9 %	40,7 %	18,1 %	26,8 %	28,5 %	28,6 %	30,4 %

Quelle: Eigene Darstellung nach Bundesagentur für Arbeit 2013

2012 bei 26,9 % (vgl. Tabelle 2). Besonders prekär ist die Beschäftigungssituation bei den marokkanischen Frauen mit einer Arbeitslosenquote von 40,7 %. Gerade im Bereich niedrig qualifizierter Tätigkeiten wurden in der Bundesrepublik in den letzten Jahren zahlreiche Stellen abgebaut.

4 Bildungspartizipation und sprachliche Kompetenz marokkanischer Zuwanderer

4.1 Bildung und Integration

Für eine erfolgreiche Integration sind sowohl die sozialen Kontexte der Aufnahmegesellschaft als auch die Fähigkeiten und Handlungen der Migranten von Bedeutung. Eine wichtige Voraussetzung für die Integration in der Gesellschaft und heute speziell auf dem Arbeitsmarkt ist die Bildungspartizipation. Ohne ausreichende Bildung sind Sozialisation und beruflicher Erfolg in einer Leistungsgesellschaft kaum erreichbar. Die *International Standard Classification of Education* unterscheidet sieben Bildungsniveaus, die von den niedrigen Niveaus des Kindergartens und der Grundschule über die mittleren Niveaus der Sekundarstufe I und II bis hin zu den hohen Niveaus, die Hochschulabschluss sowie wissenschaftliche Promotion und Habilitation umfassen, reichen (Garcia Calderon 2009).

Wie die meisten Gastarbeiter, die in den 1960er und 1970er Jahren in die Bundesrepublik kamen, verfügte auch ein großer Teil der marokkanischen Zuwanderer nur über ein sehr geringes Bildungsniveau. Häufig konnten die frühen Gastarbeiter weder lesen noch schreiben (Chattou 1998). Die Bildungssituation stellt sich heute für die in Marokko geborenen Mitbürger deutlich besser dar. Gemäß der Fortschreibung der großen Volkszählung über den Mikrozensus hatten sie gemittelt für die Jahre 2010 und 2011 zu 14 % eine hohe, zu 38 % eine mittlere und zu 48 % eine niedrige Bildungsqualifikation. Hierbei sind große Unterschiede zwischen marokkanischen Migranten mit und ohne deutsche Staatsbürgerschaft festzustellen. Letztere verfügen lediglich zu 9 % über eine hohe Bildungsqualifikation, zu 35 % über eine mittlere und zu 56 % über eine niedrige Bildungsqualifikation. Höher qualifizierte Marokkaner lassen sich also eher einbürgern. Da die zum Studium nach Deutschland kommenden Marokkaner mindestens über eine mittlere Bildungsqualifikation verfügen, scheinen viele der übrigen neuen Immigranten aus eher bildungsfernen Bevölkerungsschichten Marokkos zu stammen (Statistisches Bundesamt 2013b).

Besonders wichtig ist aber, dass trotz aller Fortschritte die Bildungspartizipation gerade der in Deutschland geborenen Kinder marokkanischer Migranten besonderer Förderung bedarf. Denn sie verfügen nur zu rund 6 % über eine hohe, zu 44 % über eine mittlere und zu 50 % lediglich über eine niedrige Bildungsqualifikation (Statistisches Bundesamt 2013b). Zum Vergleich hatten 15 % der Deutschen ohne direkten Migrationshintergrund 2011 eine hohe, 70 % eine mittlere und nur 16 % eine niedrige Bildungsqualifikation (Statistisches Bundesamt 2012a). Die vergleichsweise niedrige Bildungsqualifikation kennzeichnet auch die Gesamtheit der Bevölkerung mit Migrationshintergrund in Deutschland. Da eine hohe Bildungsqualifikation die Möglichkeit einer erfolgreichen beruflichen Laufbahn wesentlich beeinflusst, stellt die Verbesserung der Bildungsbeteiligung aller Bevölkerungsgruppen in Deutschland eine große und wichtige Herausforderung für die Zukunft dar.

4.2 Marokkanische Schüler an Schulen in Deutschland

Der Bildungsstand der in Deutschland lebenden marokkanischen Migrantenkinder hat sich im Laufe der Jahrzehnte deutlich verbessert. Wie bei den Nachkommen von Zuwanderern aus anderen klassischen Anwerbeländern liegen die besuchten Schulformen und erreichten Schulabschlüsse aber immer noch deutlich unter denen deutscher Mitschüler (vgl. Abbildung 12). Während nahezu die Hälfte der deutschen Schüler das Gymnasium besucht, sind die marokkanischen Schüler vor allem an der Haupt- und Gesamtschule anzutreffen. Der Anteil der Sonderschüler ist bei den marokkanischen Migrantenkindern fast doppelt so hoch wie bei den deutschen Schülern. Bei diesen amtlichen Statistiken muss allerdings wieder berücksichtigt werden, dass sie nicht auf das Herkunftsland, sondern auf die deutsche Staatsangehörigkeit abstellen, also eingebürgerte Kinder mit Migrationshintergrund nicht unter den marokkanischen Schülern ausgewiesen werden (Statistisches Bundesamt 2012e).

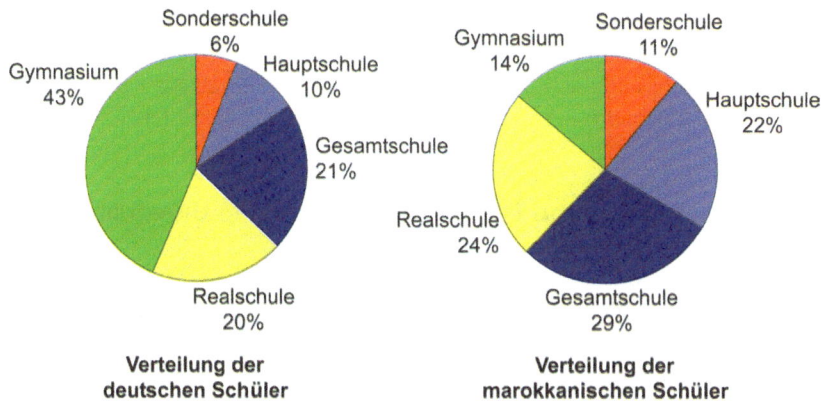

Abb. 12 Verteilung deutscher und marokkanischer Schüler an weiterführenden allgemeinbildenden Schulen im Schuljahr 2011/12

Quelle: Eigene Darstellung nach Statistisches Bundesamt 2012e

Der im internationalen Vergleich hohe Einfluss von Herkunft und sozialer Schicht auf den schulischen und beruflichen Erfolg in der Bundesrepublik wird in der wissenschaftlichen Diskussion oftmals kritisiert. In einem selektiven Schulsystem ist die frühe Orientierung der Schüler nach Schulformen sicherlich nicht von Vorteil für Migrantenkinder, die in den ersten Schuljahren mit zahlreichen Schwierigkeiten konfrontiert sind. Diese werden nicht selten unter ihren eigentlichen intellektuellen Fähigkeiten Real-, Haupt- und Sonderschulzweigen zugeordnet und können entsprechend nur unter großen Mühen später noch höhere Bildungsabschlüsse erreichen (Müller 1996). Erschwerend kommt hinzu, dass auch Eltern mit marokkanischem Migrationshintergrund in der Regel mit dem deutschen Schulsystem wenig vertraut sind und ihren Kindern aufgrund ihres eigenen defizitären Bildungsniveaus schulisch nur begrenzt Hilfestellung leisten können. Für professionelle Nachhilfe sind in den kinderreichen Migrantenfamilien meist keine ausreichenden finanziellen Mittel vorhanden.

Obwohl von den befragten Jugendlichen und jungen Erwachsenen mit marokkanischem Migrationshintergrund 71 % die Hauptschule besuchen, wünschen sich 88 % von ihnen einen akademischen Abschluss. Dagegen halten lediglich 3 % den erfolgreichen Abschluss der Hauptschule für ausreichend (Bouras 2006). Dies macht deutlich, dass den Migrantenkindern die Wichtigkeit einer guten Qualifikation für das Berufsleben sehr bewusst ist, wenn sie auch nicht alle über Möglichkeiten verfügen, diese zu erreichen. Daher ist es von entscheidender Wichtigkeit, die bestehende soziale Selektion im Bildungssystem abzubauen und eine gute Ausbildung aller Bevölkerungsmitglieder innerhalb der persönlichen Begabungen unabhängig von gesellschaftlicher Provenienz und sozialem Umfeld sicherzustellen.

4.3 Marokkanische Studenten an deutschen Universitäten

Von den im Wintersemester 2011/12 an deutschen Universitäten eingeschriebenen marokkanischen Studenten haben 89 % als Bildungsausländer ihren Schulabschluss nicht in der Bundesrepublik erworben (vgl. Abbildung 13). Der Anteil marokkanischer Studentinnen ist seit dem Wintersemester 1975/76 von 4 % auf 18 % gestiegen (Roggenthin 1998; Statistisches Bundesamt 2012f).

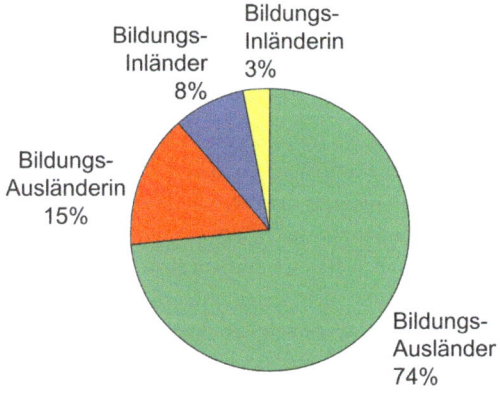

Abb. 13 Marokkanische Studenten an deutschen Hochschulen im Wintersemester 2011/12

Quelle: Eigene Darstellung nach Statistisches Bundesamt 2012f

Während deutsche Studenten mehrheitlich Universitäten bevorzugen, entschieden sich im Wintersemester 2011/12 mehr als zwei Drittel der in der Bundesrepublik studierenden marokkanischen Studenten für eine Fachhochschule (vgl. Abbildung 14). Bei den jungen marokkanischen Frauen ist die Präferenz für ein Fachhochschulstudium allerdings nicht ganz so ausgeprägt wie bei den jungen Männern (Statistisches Bundesamt 2012f).

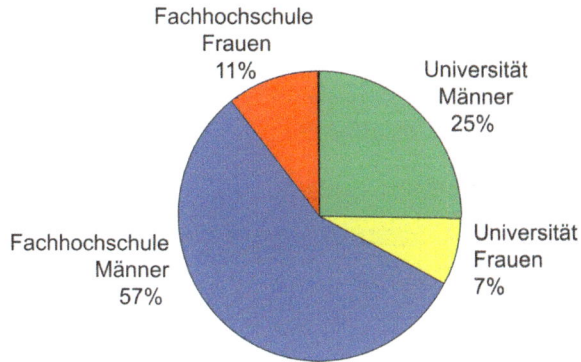

Abb. 14 Marokkanische Studierende nach Hochschularten im Wintersemester 2011/12

Quelle: Eigene Darstellung nach Statistisches Bundesamt 2012f

Insbesondere das exzellente Niveau vieler deutscher Hochschulen und ihre ausgezeichnete Ausstattung ziehen Studenten aus Marokko an. Vor allem im Bereich der Technologie, der Naturwissenschaften und der Geisteswissenschaften haben die deutschen Hochschulen einen sehr guten Ruf. Marokkanische Studenten schätzen in Deutschland an erster Stelle die Ingenieurwissenschaften; im Wintersemester 2011/2012 waren 50 % von ihnen in diesem Studienbereich eingeschrieben (vgl. Abbildung 15). Danach folgten die Fächergruppen Naturwissenschaften und Mathematik mit 19 % sowie Wirtschafts- und Sozialwissenschaften mit 18 %. Auch Sprachen und Kulturwissenschaften stehen bei marokkanischen Studenten hoch im Kurs. Wohl aufgrund der restriktiven Zulassungsbeschränkungen können nur wenige marokkanische Medizinstudenten gezählt werden. Der Anteil der marokkanischen Studentinnen ist in den Wirtschafts- und Sozialwissenschaften am höchsten (Statistisches Bundesamt 2012f).

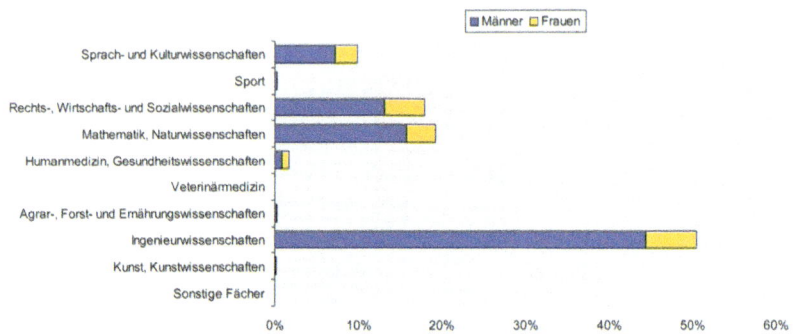

Abb. 15 Fächergruppen der marokkanischen Studenten im Wintersemester 2011/12

Quelle: Eigene Darstellung nach Statistisches Bundesamt 2012f

Das Studienspektrum ist bei deutschen Studenten differenzierter (vgl. Abbildung 16). Sie studieren vor allem Wirtschafts- und Sozialwissenschaften sowie Sprach- und Kulturwissenschaften. Danach erst folgen Ingenieurwissenschaften sowie Naturwissenschaften und Mathematik. Weibliche und männliche Studenten mit deutscher Staatsangehörigkeit sind etwa gleich stark vertreten (Statistisches Bundesamt 2012f).

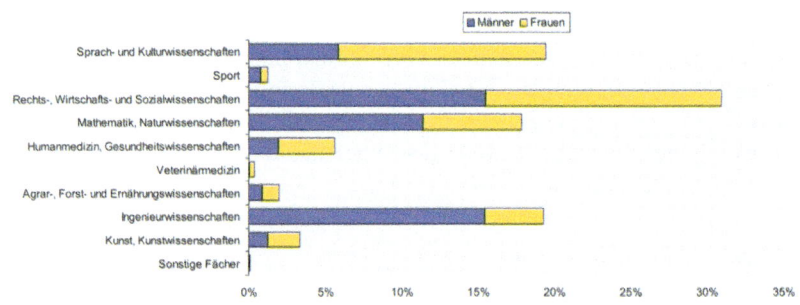

Abb. 16 Fächergruppen der deutschen Studenten im Wintersemester 2011/12

Quelle: Eigene Darstellung nach Statistisches Bundesamt 2012f

Bezüglich der bevorzugten Bundesländer für das Studium hat sich ein interessanter Wandel vollzogen. In den 1980er und 1990er Jahren studierten die marokkanischen Studenten überwiegend in den Bundesländern Nordrhein-Westfalen und Hessen, wo der größte Teil marokkanischstämmiger Migranten lebt (Kerouach 1998). Dagegen absolvierte im Wintersemester 2011/12 mehr als die Hälfte der marokkanischen Teilnehmer eines Studienkollegs dieses in den neuen Bundesländern (vgl. Abbildung 17). Dies mag auch mit den Zulassungsprozeduren der Hochschulen zusammenhängen, da die deutschen Studenten mehrheitlich ein Studium in den alten Bundesländern vorziehen (Statistisches Bundesamt 2012f). Außerdem sind die Lebenshaltungskosten in den neuen Bundesländern teilweise deutlich günstiger.

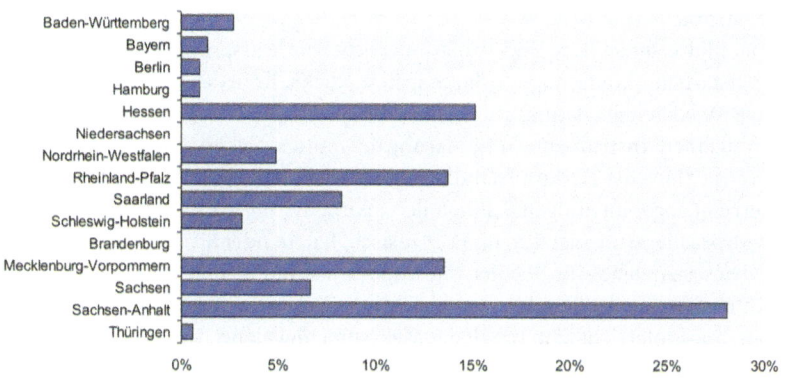

Abb. 17 Marokkanische Studenten im Studienkolleg im Wintersemester 2011/12

Quelle: Eigene Darstellung nach Statistisches Bundesamt 2012f

4.4 Sprachliche Identität der jüngeren Generation

In Marokko als mehrsprachigem Land ist heute Arabisch die Amtssprache und Berberisch eine Nationalsprache. In Bildung und Wirtschaft ist auch Französisch nach wie vor stark präsent. Für Kinder mit marokkanischem Migrationshintergrund ist meist Berberisch oder Arabisch die Muttersprache. Dies gilt natürlich für die erste, aber interessanterweise auch für die zweite und nicht selten die dritte Generation in der Bundesrepublik. Deutsch sprechen die Kinder im täglichen Sprachgebrauch praktisch wie deutsche Muttersprachler, und auch untereinander verwenden die Geschwister oftmals bevorzugt die deutsche Sprache. Dennoch legen viele in der

Bundesrepublik geborene Eltern großen Wert darauf, ihren Kindern die eigene Muttersprache zu tradieren.

In berberophonen Familien verfügen die Kinder in der Regel nur über beschränkte Möglichkeiten, ihre Muttersprache zu erlernen, da sie vorwiegend von den Eltern und anderen Verwandten im Familienkreis gesprochen und im sonstigen Alltag eher selten verwendet wird. Für Migrantenkinder aus arabophonen Familien stellt sich die Situation etwas einfacher dar. Sie können ihre Muttersprache auch über weitere Kanäle, wie in Deutschland verfügbare marokkanische Medien, den „Muttersprachlichen Ergänzungsunterricht" oder im Rahmen religiöser Unterweisung in der Moschee erlernen. Auch Kinder aus berberophonen Familien verfügen teilweise über nahezu muttersprachliche Kenntnisse im Arabischen. Ebenso vermitteln einige berberophone Eltern ihren Kindern durchaus Arabisch als Erstsprache (Bouras 2006).

Der Muttersprachliche Ergänzungsunterricht wurde ursprünglich eingeführt, um den Gastarbeiterkindern die geplante spätere Rückkehr in das Heimatland und die dortige Wiedereingliederung zu erleichtern. Im Laufe der Jahrzehnte wandelte er sich dann zu einem Instrument zur Förderung der muttersprachlichen Kompetenz und der Vermittlung der Herkunftslandkultur. Inzwischen kann der Muttersprachliche Unterricht sogar an einigen Schulen der Sekundarstufe als Ersatz für eine zweite Fremdsprache, etwa anstelle von Französisch, Latein oder Spanisch, gewählt werden. Dieses Angebot für Schüler mit Migrationshintergrund soll an erster Stelle die Integration in das Schulsystem erleichtern. Zudem trägt der Muttersprachliche Ergänzungsunterricht zum Erhalt der Mehrsprachigkeit bei. Des Weiteren bietet er Orientierungshilfen in der kulturell komplexen Lebenswirklichkeit von Familie, Schule und Berufsvorbereitung. Die Teilnahme am Muttersprachlichen Unterricht ist freiwillig. Dieser wird allerdings erst ab einer gewissen Gruppengröße und nicht an allen Schulen angeboten.

Für marokkanische Migrantenkinder wird der Muttersprachliche Ergänzungsunterricht nur in Arabisch angeboten. Aber auch viele der in Deutschland mehrheitlich berberophonen marokkanischen Eltern begrüßen diese Möglichkeit für ihre Kinder, mehr über die Verkehrssprache und Kultur ihrer Heimat zu erfahren (Maas/Mehlem 1999; Bouras 2006). Von 122 im Rahmen einer wissenschaftlichen Studie zu Mehrsprachigkeit und Schulerfolg bei marokkanischen Migrantenkindern befragten Jugendlichen zwischen 11 und 29 Jahren interessierte sich mehr als die Hälfte für eine Verbesserung ihrer Sprachkenntnisse in Arabisch oder Berberisch, wobei 60 % von ihnen in Deutschland geboren wurden (vgl. Abbildung 18). Mit 52 % rangierte Arabisch noch vor der in der heutigen Berufswelt fast unabdingbaren englischen Sprache mit 43 %. Für marokkanische Migrantenkinder sind Arabisch und Berberisch wichtige Sprachen zur Kommunikation mit der Heimat und dienen als transnationale Netzwerksprachen zur weltweiten Kontaktpflege mit Verwandten und Freunden marokkanischer Herkunft (Bouras 2006).

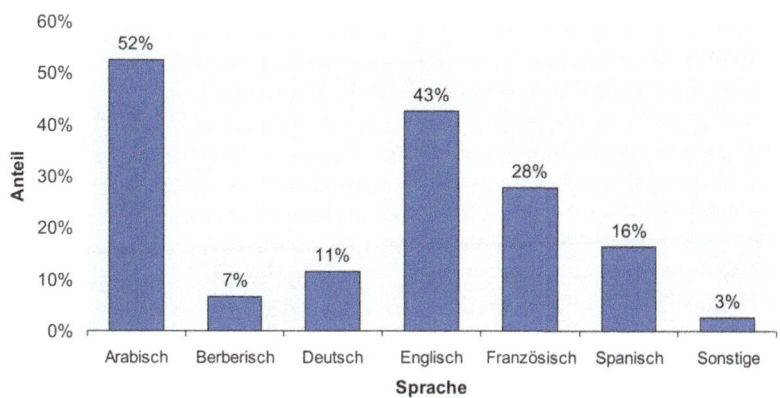

Abb. 18 Gewünschte Sprachförderung

Quelle: Eigene Darstellung nach Bouras 2006

5 Kontakte mit Marokko

Zu Beginn der Migration nach Deutschland in den 1950er und 1960er Jahren stellte die Kontaktpflege mit der Heimat marokkanische Zuwanderer noch vor große Schwierigkeiten. Die Kommunikationssituation hat sich seitdem erheblich verbessert. Inzwischen verfügen auch in den ländlichen Gebieten Marokkos die meisten Verwandten über ein Telefon, so dass fast alle Emigranten diese Möglichkeit nutzen. Vor allem die jüngere Generation nutzt auch Kurznachrichten über das Mobiltelefon. Dazu kommt in immer stärkerem Maße die Korrespondenz über das kostengünstige stationäre oder mobile Internet.

Viele Migranten pflegen ihre Kontakte zu Marokko besonders während der Urlaubsbesuche. Von 122 befragten Jugendlichen reist die Mehrheit mindestens einmal jährlich nach Marokko (vgl. Abbildung 19). Eltern nehmen ihre jüngeren Kinder grundsätzlich mit in den Urlaub, während Jugendliche aufgrund anderer schulischer oder beruflicher Pflichten nicht immer abkömmlich sind (Bouras 2006). Entgegen mancher Annahmen scheint die Verbundenheit der Migranten mit Marokko im Laufe der Jahre nicht abgenommen zu haben. Hierzu tragen auch die Aktivitäten staatlicher und privater marokkanischer Organisationen für die jüngere Generation zum besseren Kennenlernen Marokkos bei.

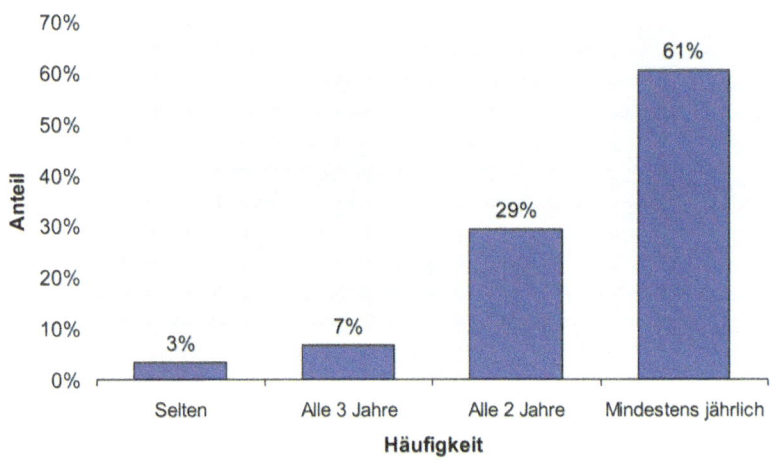

Abb. 19 Besuchshäufigkeit in Marokko

Quelle: Eigene Darstellung nach Bouras 2006

6   Politische Partizipation und transnationales Engagement

6.1   Politische Partizipation in der Bundesrepublik

Im Vergleich zu anderen Migrantengruppen sind die Mitbürger marokkanischer Herkunft im politischen Entscheidungsprozess der Bundesrepublik noch deutlich unterrepräsentiert. Sie lassen sich zum Beispiel nur selten in den Betriebsrat ihrer Firma oder in regionale Ausländerbeiräte wählen. Noch unbekannt ist, ob dies mit der geringen Größe ihrer Gruppe oder anderen Faktoren zusammenhängt.

Integration wird gelebt durch eine Kombination von gesellschaftlichen Pflichten und Rechten zum Wohle der Gesamtgesellschaft. Die marokkanischen Zuwanderer

der ersten Generation konzentrierten sich meist auf den Aufbau einer auskömmli-
chen ökonomischen Situation. Die jüngere Generation der marokkanischstämmigen
Mitbürger partizipiert aber stärker am politischen Geschehen und übernimmt zum
Beispiel selbst Verantwortung in den großen deutschen Volksparteien. Dies ist ein
Zeichen für die zunehmende Integration und Identifikation mit der Bundesrepu-
blik. Auch die politischen Parteien gehen ihrerseits seit einigen Jahren stärker auf
Mitbürger mit Migrationshintergrund sowie ihre spezifischen Bedürfnisse ein und
fördern ihr politisches Engagement (Müssig/Worbs 2012).

6.2   Engagement für Deutschland und Marokko

Neben der Mitgliedschaft in einer deutschen Partei engagieren sich marokkanische
Migranten in den letzten Jahren verstärkt in privaten Vereinigungen zur Förderung
der positiven Entwicklung Deutschlands und Marokkos. Diese Migrantenselbstor-
ganisationen leisten nicht nur einen wichtigen Beitrag zur Integration, indem sie
durch praktische Orientierungshilfen und Unterstützung sowie durch Kontakte und
soziale Netzwerke den Integrationsprozess in Deutschland unterstützen, sondern
auch zur internationalen und transnationalen Vernetzung. Zu diesen Organisationen gehört das Deutsch-Marokkanische Kompetenznetzwerk (vgl. den Beitrag
von Hajji/Moket in diesem Band).

Während in den Anfängen der marokkanischen Migrationsgeschichte bevorzugt
Migrantenvereinigungen zur Kulturpflege und Förderung des geselligen Beisam-
menseins gegründet wurden, gibt es inzwischen auch zahlreiche Initiativen zur
Vernetzung hochqualifizierter marokkanischstämmiger Migranten untereinander
sowie zur Vernetzung Deutschlands mit Marokko. Neben die Unterstützung von in
Not geratenen anderen Migranten durch Immigranten der Gastarbeitergeneration
sowie die Hilfe für Bekannte und Verwandte in der Heimat durch Sachspenden
oder Überweisungen sind heute Förderprojekte in vielen Bereichen der Gesellschaft
getreten. Dieser Wandel ist wohl nicht zuletzt auf die verbesserte Ausbildung der
jüngeren Generation und die Zuwanderung von Akademikern zurückzuführen.

In Kooperation mit verschiedenen privaten und staatlichen Institutionen werden
längerfristige gemeinnützige Projekte in Deutschland und Marokko durchgeführt.
Die gesellschaftliche und wirtschaftliche Entwicklung wird regional und überre-
gional in zahlreichen Bereichen gefördert. Zu den in den letzten Jahren initiierten
transnationalen Projekten zählen insbesondere Kooperationen in den Bereichen
Integration, Förderung des wissenschaftlichen Austausches, Verbesserung der
medizinischen Versorgung, Umweltschutz und Nutzung erneuerbarer Energien.
Durch die gemeinsamen Aktivitäten werden die Beziehungen zwischen Deutschland

und Marokko intensiviert und die wirtschaftliche Zusammenarbeit gestärkt. Dieses Entwicklungspotential sollte in Zukunft noch stärker beachtet werden.

Literatur

Auswärtiges Amt (Hrsg.) (1963). *Deutsch-marokkanische Vereinbarung vom 21. Mai 1963 über die vorübergehende Beschäftigung marokkanischer Arbeitnehmer in der BRD*. Bonn.
Berriane, M., Hopfinger, H., Kagermeier, A., & Popp, H. (Hrsg.) (1996). *Remigration Nador I: Regionalanalyse der Provinz Nador (Marokko)*. Passau: Passavia Universitätsverlag.
Berriane, M., & Popp, H. (Hrsg.) (1998). *Migrations internationales entre le Maghreb et l'Europe – les effets sur les pays de destination et d'origine* (Maghreb-Studien 10). Passau: L.I.S. Verlag.
Bouras, K. (2006). *Mehrsprachigkeit und Schulerfolg bei Migrantenkindern. Soziolinguistische Untersuchungen zur Bildungslaufbahn und mündlichen Sprachkompetenz am Beispiel von Kindern marokkanischer Migranten*. Hamburg: Dr. Kovač.
Bouras-Ostmann, K. (2014). Les Marocains d'Allemagne. In: M. Berriane (Hrsg.), *Marocains de l'Extérieur 2013* (191-217). Rabat: Fondation Hassan II pour les Marocains Résidant à l'Etranger.
Bundesagentur für Arbeit (2012a). *Sozialversicherungspflichtig Beschäftigte. Sozialversicherungspflichtig beschäftigte Marokkaner am Arbeitsort nach Wirtschaftsabschnitten WZ73*. Nürnberg.
Bundesagentur für Arbeit (2012b). *Sozialversicherungspflichtig Beschäftigte. Sozialversicherungspflichtig beschäftigte Marokkaner am Arbeitsort nach Wirtschaftsabschnitten WZ2008*. Nürnberg.
Bundesagentur für Arbeit (2013). *Arbeitsmarkt in Zahlen. Arbeitsuchende und Arbeitslose nach Staatsangehörigkeit Dezember 2012*. Nürnberg.
Bundesministerium des Inneren (2013). *Migration und Integration Zuwanderung. Bundesinnenminister Friedrich zieht nach sechs Monaten Blaue Karte eine positive Bilanz*. Berlin.
Bundesministerium der Justiz (2012). *Staatsangehörigkeitsgesetz*. Berlin.
Chattou, Z. (1998). *Migrations marocaines en Europe, le paradoxe des itinéraires*. Paris: L'Harmattan.
Fuchs, W., Ungeheuer, U., & Rademacher, M. (Hrsg.) (2013). *VDI Nachrichten 67 (17)*.
Garcia Calderon, R. (2009). *International Standard Classification on Education. Expert Group Meeting on International Economic and Social Classifications*. Montreal: United Nations Educational, Scientific and Cultural Organization Institute for Statistics.
Hajji, R. (2009). *Sozialisationsprozesse in Familien mit marokkanischem Migrationshintergrund*. Leverkusen: Budrich UniPress.
Kerouach, B. (1998). Migration estudiantine récente du Maroc vers l'Allemagne. In: M. Berriane & H. Popp (Hrsg.), *Migrations internationales entre le Maghreb et l'Europe – les effets sur les pays de destination et d'origine* (Maghreb-Studien 10) (75-85). Passau: L.I.S. Verlag.
Kober-Kümmerly+Frey (Hrsg.) (2005). *Basiskarten*. Düsseldorf: Kober-Kümmerly+Frey Media.

Maas, U., & Mehlem, U. (1999). Sprache und Migration in Marokko und in der marokkanischen Diaspora in Deutschland. *IMIS Beiträge 11*, 65-105.

Mattes, M. (2005). *Gastarbeiterinnen in der Bundesrepublik. Anwerbepolitik, Migration und Geschlecht in den 50er bis 70er Jahren*. Frankfurt a.M.: Campus.

Müller, R. (1996). Sozialpsychologische Variablen des schulischen Zweitspracherwerbs von Migrantenkindern. In: H. Schneider & J. Hollenweger (Hrsg.), *Mehrsprachigkeit und Fremdsprachigkeit – Arbeit für die Sonderpädagogik?* (33-89). Luzern: SZH/CSPS.

Müssig, S., & Worbs, S. (2012). *Politische Einstellungen und politische Partizipation von Migranten in Deutschland. Working Paper 46*. In: Bundesamt für Migration und Flüchtlinge (Hrsg.), *Integrationsreport. Teil 10*. Nürnberg.

Roggenthin, H. (1998). À propos de la situation sociale des étudiants Marocains dans l'agglomération de Francfort-Mayence-Wiesbaden. In: M. Berriane & H. Popp (Hrsg.), *Migrations internationales entre le Maghreb et l'Europe – les effets sur les pays de destination et d'origine* (Maghreb-Studien 10) (87-93). Passau: L.I.S. Verlag.

Statistisches Bundesamt (Hrsg.) (2007). *Marokkanische Staatsangehörige 1967 bis 2006*. Wiesbaden.

Statistisches Bundesamt (Hrsg.) (2012a). *Bildungsstand der Bevölkerung*. Wiesbaden.

Statistisches Bundesamt (Hrsg.) (2012b). *Bevölkerung und Erwerbstätigkeit. Ausländische Bevölkerung. Ergebnisse des Ausländerzentralregisters 2011* (Fachserie 1, Reihe 2). Wiesbaden.

Statistisches Bundesamt (Hrsg.) (2012c). *Bevölkerung und Erwerbstätigkeit. Bevölkerungsfortschreibung* (Fachserie 1, Reihe 1.3). Wiesbaden.

Statistisches Bundesamt (Hrsg.) (2012d). *Bevölkerung und Erwerbstätigkeit. Einbürgerungen 2011* (Fachserie 1, Reihe 2.1). Wiesbaden.

Statistisches Bundesamt (Hrsg.) (2012e). *Bildung und Kultur. Allgemeinbildende Schulen. Schuljahr 2011/2012* (Fachserie 11, Reihe 1). Wiesbaden.

Statistisches Bundesamt (Hrsg.) (2012f). *Bildung und Kultur. Studierende an Hochschulen. Wintersemester 2011/2012* (Fachserie 11, Reihe 4.1). Wiesbaden.

Statistisches Bundesamt (Hrsg.) (2012g). *Eheschließungen nach Staatsangehörigkeit 2001 bis 2011*. Wiesbaden.

Statistisches Bundesamt (Hrsg.) (2012h). *Hohe Zuwanderung nach Deutschland im Jahr 2011*. Wiesbaden.

Statistisches Bundesamt (Hrsg.) (2012i). *Lebendgeborene 2001 bis 2011 nach der Staatsangehörigkeit der Eltern*. Wiesbaden.

Statistisches Bundesamt (Hrsg.) (2012j). *Statistisches Jahrbuch. Deutschland und Internationales 2012*. Wiesbaden.

Statistisches Bundesamt (Hrsg.) (2012k). *Türkische und Marokkanische Bevölkerung nach Bundesländern im Jahr 1961*. Wiesbaden.

Statistisches Bundesamt (Hrsg.) (2013a). *Mikrozensus 2012. Qualitätsbericht*. Wiesbaden.

Statistisches Bundesamt (Hrsg.) (2013b). *Strukturdaten zur Bevölkerung mit marokkanischen Wurzeln in Deutschland – Mittelwerte der Jahre 2010-2011*. Wiesbaden.

Statistisches Bundesamt (Hrsg.) (2014). *Zensus 9. Mai 2011. Personen nach Migrationshintergrund für Deutschland – Hochrechnung aus der Haushaltsstichprobe*. Wiesbaden.

Wihtol de Wenden, C. (2010). *La question migratoire au XXIe siècle. Migrants, réfugiés et relations internationales*. Paris: Presses de la Fondation Nationale des Sciences Politiques.

Teil 2
Dimensionen der Integration

Einwanderungsbedingungen und gesellschaftliche Teilhabechancen
Berufsausbildung und Arbeitsmarktintegration im Gruppenvergleich

Daniel Ehebrecht, Rahim Hajji und Andreas Pott

1 Einleitung

Die umfangreiche und vielseitige Zuwanderung seit dem Ende des Zweiten Weltkriegs hat dazu geführt, dass in Deutschland heute etwa jeder Fünfte eine Einwanderungsgeschichte erzählen kann. Das sind insgesamt rund 16 Millionen Menschen, unter denen sich mit einem Umfang von ca. 170.000 Personen auch Menschen mit marokkanischer Staatsangehörigkeit bzw. mit marokkanischer Herkunft befinden (vgl. dazu den Beitrag von Bouras-Ostmann in diesem Band, Kapitel 2.2). Die Marokkanischstämmigen gehören zu denjenigen Einwanderungsgruppen, die bereits im Kontext der Gastarbeiterzuwanderung nach Deutschland migriert sind. Später erfolgte die marokkanische Zuwanderung vor allem im Rahmen des Familiennachzugs oder auch in Form von Bildungsmigration (vgl. z.B. de Haas 2007; Hajji 2009).

In unserem Beitrag wollen wir dem Verlauf sowie den Bedingungen dieses Migrationsprozesses nachgehen und nach dem Stand der Integration marokkanischstämmiger Zuwanderer in Deutschland fragen. Um zu ermitteln, wie die Teilhabechancen von marokkanischstämmigen Menschen und deren Nachkommen in der Aufnahmegesellschaft gegenwärtig verteilt sind, wird die Lage der Marokkanischstämmigen im Vergleich zu anderen Einwanderungsgruppen und zu Menschen ohne Migrationshintergrund betrachtet. Zu den ausgewählten Vergleichsgruppen zählen die Türkischstämmigen (als größte und meistuntersuchte Einwanderungsgruppe in Deutschland), die Italienischstämmigen (als europäische Vergleichsgruppe, die ebenfalls bereits im Zuge der Gastarbeiteranwerbung zugewandert ist), die Iranischstämmigen (politische Exilanten und Bildungsmigranten) sowie die Polnischstämmigen, deren Einwanderung jeweils unter spezifischen Bedingungen erfolgte.

In Anknüpfung an Bommes (2004) gehen wir von der Überlegung aus, dass die Integration in die gesellschaftlichen Subsysteme Erziehung/Bildung und Wirtschaft maßgeblich die gesellschaftliche Teilhabe beeinflusst. Deshalb werden in diesem Beitrag insbesondere die berufliche Qualifikation und die Arbeitsmarktintegration behandelt. Als Grundlage der empirisch beschreibenden und vergleichenden Untersuchung dienen die Daten des Statistischen Bundesamtes und des Mikrozensus 2009.

Im Folgenden wird zunächst der Begriff der Integration reflektiert und auf die zwei für die Lebensführung in der modernen Gesellschaft zentralen Funktionssysteme Erziehung und Wirtschaft spezifiziert. Daran schließt sich eine Beschreibung des Verlaufs und der Bedingungen der Einwanderung von Marokkanern sowie ausgewählter Vergleichsgruppen an, bevor eine exemplarische Betrachtung ihrer gesellschaftlichen Teilhabechancen erfolgt. In einer abschließenden Betrachtung werden die wesentlichen Ergebnisse der Untersuchung diskutiert und offene Fragestellungen herausgearbeitet.

2   Zum Begriff der Integration

Unter Integration ist dem Sachverständigenrat deutscher Stiftungen für Integration und Migration zufolge „[...] die empirisch messbare Teilhabe an den zentralen Bereichen des gesellschaftlichen Lebens" zu verstehen (SVR 2012, 117). Zu diesen zentralen Bereichen zählt Bommes (2004, 39ff.) neben der Familie die Arbeit bzw. das Wirtschaftssystem sowie den Bereich der Erziehung und Bildung. Er unterscheidet diese Kontexte von anderen gesellschaftlichen Teilbereichen. Über die Familie werden Kindern grundlegende Handlungs- und Kommunikations- und damit gesellschaftliche Teilhabekompetenzen vermittelt. Arbeit hat in der modernen Gesellschaft eine zentrale Funktion, weil sie qua Inklusion in das Wirtschaftssystem den Zugang zu wesentlichen gesellschaftlichen Ressourcen (vor allem Geld, Reputation und Einfluss) ermöglicht und damit die Voraussetzung zur selbstständigen Lebensführung schafft. Die Chance, am Arbeitsmarkt einer Gesellschaft erfolgreich zu partizipieren, hängt wiederum von der erfahrenen Erziehung und der individuellen Bildungskarriere ab; die im Erziehungs- und Bildungssystem erlangten Zertifikate stellen in der Regel die formalen Voraussetzungen für den erfolgreichen Eintritt in den Arbeitsmarkt und die Ausführung einer Berufstätigkeit dar.

Die herausragende Stellung dieser Bereiche erklärt sich daraus, dass eine unzureichende oder stark eingeschränkte Beteiligung an den gesellschaftlichen Funktionssystemen Erziehung/Bildung und Wirtschaft weitreichende Konsequenzen für die alltägliche Lebensführung hat. Wer sich nicht artikulieren kann, über kein entsprechendes Wissen verfügt, seine Rechte nicht kennt und nicht die materiellen Mittel hat, kann nicht oder nur eingeschränkt juristischen Beistand fordern, sich gesund ernähren, medizinische Behandlung ersuchen oder alltäglich konsumieren und sich hinreichend informieren. Die Folgen der Exklusion oder der nur eingeschränkten Inklusion in das Erziehungs- und Wirtschaftssystem kumulieren folglich. Dagegen hätte ein Verzicht auf die aktive Teilnahme an Funktionssystemen wie der Politik, der Religion oder dem Sport vergleichsweise geringe unmittelbare Folgen.

Weil die moderne Gesellschaft in funktionale Teilsysteme differenziert ist, die unter ihren je spezifischen Teilnahmebedingungen Menschen auch nur systemspezifisch *inkludieren* (als Schüler in der Schule, Kunde im Geschäft, Patient im Krankenhaus, Wähler in der Politik usw.), ist der Kompaktbegriff *Integration* nicht unproblematisch. Er suggeriert, Menschen könnten (als Ganze) mehr oder weniger stark *in die Gesellschaft* (als Ganze) integriert sein, wo doch Personen nur und stets in eine Vielzahl unterschiedlicher Teilsysteme inkludiert sind. Aus diesem Grund wird aus gesellschafts- bzw. systemtheoretischer Perspektive vorgeschlagen, den recht unscharfen Begriff der Integration durch den operational und analytisch präziseren Begriff der *Inklusion* zu ersetzen (Bommes 1999; Pott 2001). Für unsere Zwecke genügt es hingegen, Integration im dargestellten differenzierungs- und inklusionstheoretischen Sinne zu verstehen, mithin von Teil-Integrationen bzw. einer je spezifischen Teilhabe an einzelnen Teilbereichen der Gesellschaft auszugehen. Der Umfang der gesellschaftlichen *Integration* einer Person ließe sich dann an den Lebensverhältnissen ablesen, die den obigen Erläuterungen entsprechend das kumulative Resultat der Teilhabechancen bzw. der Inklusionen in die Teilbereiche der modernen Gesellschaft sind (Bommes 2004, 37ff.).

Vor diesem Hintergrund werden in unserer Untersuchung die Chancen und Formen der Teilhabe an den wichtigen Teilsystemen Erziehung/Bildung und Wirtschaft analysiert – und zwar anhand der Berufs(aus)bildung sowie ausgewählter Aspekte der Arbeitsmarktintegration. Hinweise auf die Lebensverhältnisse der marokkanischen Migrationsbevölkerung und der Vergleichsgruppen werden außerdem anhand des Armutsrisikos ermittelt, welches sich aufgrund der Abweichungen vom nationalen Durchschnittseinkommen ergibt. Um Anhaltspunkte für eine Erklärung der gruppenspezifisch möglicherweise verschiedenartig verlaufenden Inklusions- bzw. Integrationsprozesse zu erhalten, werden die unterschiedlichen Verläufe und historischen Bedingungen der Zuwanderung berücksichtigt.

3   Migrationsverläufe und Einwanderungsbedingungen

Die Zuwanderung nach Deutschland ist seit den 1950er Jahren immer wieder durch verschiedene gesellschaftliche Entwicklungen und politische Steuerungsversuche beeinflusst worden, die sich auf die hier dargestellten Vergleichsgruppen teils differenziert auswirkten (vgl. Abbildung 1). Die umfangreiche Zuwanderung von ausländischen Arbeitskräften begann mit den bilateralen Abkommen zur Anwerbung von Gastarbeitern, die den Arbeitskräftebedarf während des schnellen Wirtschaftswachstums zwischen den 1950er und 1970er Jahren decken sollten. Der erste Kontrakt wurde 1955 mit Italien abgeschlossen. Die Türkei schloss 1961 und Marokko 1963 einen Anwerbevertrag mit Deutschland (de Haas 2007, 45; González-Ferrer 2007, 12).

Aus dieser historischen Situation heraus erklären sich die hohen Salden der italienischen und türkischen Zuwanderung zwischen 1960 und 1973. Auch die – quantitativ geringere – marokkanische Zuwanderung dieser Zeit wurde so möglich (vgl. dazu den Beitrag von Klemm in diesem Band). Die im Jahr 1966 in der Bundesrepublik einsetzende erste Wirtschaftskrise führte dann zwischenzeitlich zu negativen Wanderungssalden. Erstmals seit dem Beginn der Gastarbeiterzuwanderung wanderten mehr marokkanisch-, türkisch- sowie vor allem italienischstämmige Migranten aus als ein.

Ein genereller Einschnitt der Wanderungssalden erfolgte im Kontext der globalen Wirtschaftskrise der 1970er Jahre: Nach dem so genannten Ölpreisschock von 1973 fand die Einwanderung von marokkanisch-, türkisch- und italienischstämmigen Gastarbeitern nach Deutschland ein Ende, als die deutsche Regierung als Reaktion auf die sinkende Nachfrage der Wirtschaft nach Arbeitskräften einen Anwerbestopp verhängte. Damit war die Einwanderung jedoch nicht beendet, denn viele der Gastarbeiter verlagerten ihren Lebensmittelpunkt nun dauerhaft nach Deutschland. Obwohl zahlreiche Gastarbeiter ihre Ehepartner bereits vor dem Anwerbestopp nach Deutschland geholt hatten, entwickelte sich in dessen Folge eine zweite Einwanderungsphase, die im Zeichen der Familienzusammenführung stand. Des Weiteren bewegte auch die Kindergeldreform von 1975 die Gastarbeiter dazu, ihre Kinder nach Deutschland zu holen, da die gesetzlichen Reformen vorsahen, dass nur diejenigen Kinder staatliche Zuschüsse erhielten, die in Deutschland lebten (vgl. Constant/Massey 2002; González-Ferrer 2007).

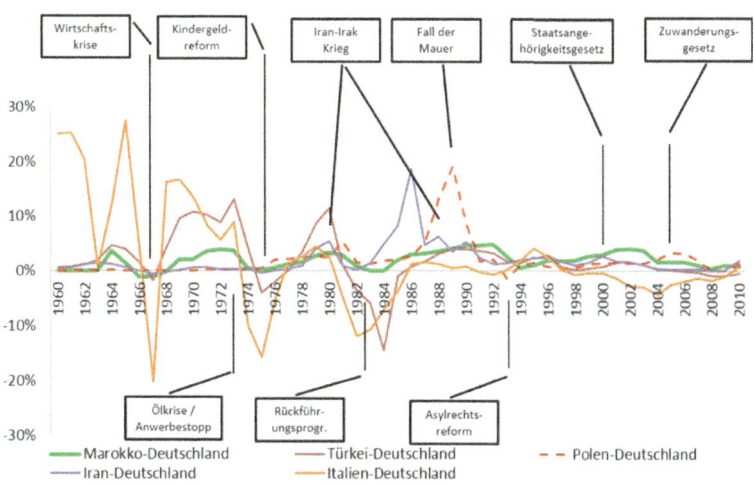

Abb. 1   Wanderungssalden und -phasen ausgewählter Gruppen

Quelle: Eigene Berechnungen und Darstellung nach Statistisches Bundesamt 2012, Wanderungsstatistik

Anfang der 1980er Jahre versuchte die damalige liberal-konservative Regierung, die Zahl der Ausländer in Deutschland durch ein Rückkehrförderungsgesetz zu mindern. Die Regierung offerierte Ausländern eine Prämie, wenn diese wieder ins Herkunftsland zurückkehrten. Zwar verließen infolgedessen allein im Jahr 1984 rund 300.000 Gastarbeiter die Bundesrepublik (Motte 1999, 165f.), was auch die rückläufigen bzw. stagnierenden Wanderungssalden der türkisch-, italienisch- und marokkanischstämmigen Personen in dieser Phase erklärt. Insgesamt betrachtet verfehlte das Gesetz allerdings seine beabsichtigte Wirkung und führte nicht zu einer umfangreichen Rückkehr ehemaliger Gastarbeiter (Bommes 1997, 273).

In dieser Zeit nahm die Einwanderung iranischstämmiger Zuwanderer im Kontext der iranischen Revolution 1979 und der kriegerischen Auseinandersetzungen zwischen Iran und Irak Mitte der 1980er Jahre zweimal sprunghaft zu. Es wanderten insbesondere hochqualifizierte Menschen aus dem Iran nach Deutschland aus (vgl. z. B. Jannat 2005). Des Weiteren lässt sich Ende der 1980er Jahre ein starker Anstieg der Zuwanderung polnischstämmiger Einwanderer beobachten, die im Zusammenhang mit dem Ende des Kalten Krieges und dem Fall der Mauer zu sehen ist.

Die in Abbildung 1 angedeuteten rechtlichen Einschränkungen durch die Asylrechtsreform in den 1990er Jahren sowie das Zuwanderungsgesetz und das Staatsangehörigkeitsgesetz seit der Jahrtausendwende hatten dagegen keine größeren Effekte für die Entwicklung der Wanderungssalden der hier dargestellten Gruppen. Das hängt damit zusammen, dass die Asylrechtsreform die Einwanderung nach Deutschland restriktiver regulierte, das Einwanderungsgesetz weiterhin hohe Anforderungen an potenzielle Zuwanderer stellte und das Staatsangehörigkeitsgesetz sich lediglich auf die bereits in Deutschland lebenden Einwanderer und deren Nachkommen bezog.

Betrachtet man nun die Zeiträume der Zuwanderung im Zusammenhang mit dem Herkunftsland und ausgewählten Einwanderungsmerkmalen, so lassen sich einige Parallelen zwischen den Gruppen, aber auch Unterschiede feststellen (Tabelle 1). Die Gastarbeitereinwanderung war sehr stark männlich geprägt. Zwischen 1960 und 1969 waren die marokkanischen Einwanderer in 92 %, die türkischen in 62 % und die italienischen in 67 % der Fälle Männer. Anders im Falle der Polen, bei denen es sich anfangs oft um so genannte Aussiedler(innen), die deutscher Herkunft waren und infolge der historischen Entwicklungen nach dem Ende des Zweiten Weltkrieges nach Deutschland übersiedelten, handelte. Die polnische Einwanderungsgruppe zeichnet sich bis 1969 durch ihren hohen Anteil an Frauen (56 %) und Unter-16-Jährigen (67 %) aus. Seit den 1980er Jahren und dann insbesondere seit dem Fall der Mauer wächst und altert die Gruppe der polnischen Zuwanderer deutlich.

Nach 1969 änderte sich die Zusammensetzung der Einwanderergruppen. Für die Gastarbeiterländer nahm der Anteil an Kindern zunächst deutlich zu: So waren in der Zeit zwischen 1970 und 1979 viele der türkischen (48 %), italienischen (35 %) und marokkanischen (32 %) Einwanderer 15 Jahre und jünger. Bei den Marokkanischstämmigen stieg der Anteil im Zeitraum zwischen 1980 und 1989 auf 47 % an, während der Anteil bei den Türkisch- und Italienischstämmigen in diesem Zeitraum bereits auf 42 % bzw. auf 26 % zurückfiel. Es ist anzunehmen, dass die zunehmende Migration von Kindern durch den Zeitpunkt des Anwerbevertrags beeinflusst war. Italien hatte schon in den 1950er Jahren und Marokko sowie die Türkei in den 1960er Jahren das Anwerbeabkommen mit Deutschland abgeschlossen. Daher setzte bei den Einwanderern aus Marokko und der Türkei im Vergleich zu denen aus Italien der Nachzug der Kinder später ein.

Tabelle 1 Merkmale der Migranten aus ausgewählten Vergleichsgruppen

Einwanderungsmerkmal / -jahr		Herkunftsland der Migranten				
		Marokko	Türkei	Italien	Iran	Polen
Männer in %	bis 1959[1]	100%	64%	72%	91%	41%
	1960 bis 1969[2]	92%	62%	67%	77%	44%
	1970 bis 1979	52%	52%	61%	79%	47%
	1980 bis 1989	55%	50%	58%	59%	48%
	1990 bis 1999	62%	51%	59%	53%	39%
	2000 bis 2009	57%	53%	61%	50%	43%
	Gesamt	59%	52%	62%	58%	45%
Abitur in %	bis 1959[1]	0%	0%	13%	100%	9%
	1960 bis 1969[2]	0%	5%	3%	74%	16%
	1970 bis 1979	9%	6%	5%	86%	21%
	1980 bis 1989	16%	7%	7%	69%	30%
	1990 bis 1999	37%	7%	12%	52%	27%
	2000 bis 2009	40%	15%	43%	58%	32%
	Gesamt	28%	7%	10%	64%	28%
unter 16 Jahren in %	bis 1959[1]	0%	38%	28%	7%	57%
	1960 bis 1969[2]	5%	24%	34%	15%	67%
	1970 bis 1979	32%	48%	35%	16%	35%
	1980 bis 1989	47%	42%	26%	25%	32%
	1990 bis 1999	12%	27%	23%	27%	27%
	2000 bis 2009	3%	13%	18%	16%	16%
	Gesamt	18%	36%	29%	22%	30%
Verlusterfahrung in %	bis 1959[1][3]	n.b	n.b	n.b	n.b	n.b
	1960 bis 1969[2]	0%	4%	5%	0%	1%
	1970 bis 1979	8%	15%	3%	3%	1%
	1980 bis 1989	19%	13%	5%	2%	4%
	1990 bis 1999	5%	8%	5%	8%	4%
	2000 bis 2009	3%	7%	2%	7%	4%
	Gesamt	7%	11%	4%	5%	4%

Daten gewichtet; nur Einwanderer
Hinweis:
1) Die Anzahl der befragten Marokkanisch-, Türkisch- und Iranischstämmigen ist sehr klein. Ergebnis ist mit Vorsicht zu bewerten.
2) Die Anzahl der befragten Marokkanisch- und Iranischstämmigen ist sehr klein. Ergebnis ist mit Vorsicht zu bewerten.
3) Die Verlusterfahrung der Einwanderer vor 1960 lässt sich aufgrund des Fragestimulus nicht berechnen.
Quelle: Eigene Darstellung nach Mikrozensus 2009

Mit der zunehmenden Migration von Kindern ab ca. 1970 wuchs für die ma-
rokkanisch- und türkischstämmigen Einwanderer auch die migrationsbedingte
Trennungserfahrung. Das heißt, dass Eltern(-teile) schon früher nach Deutschland
ausgewandert waren und ihre Kinder dann später nachholten. Dieses führte teilweise
zu konfliktbelasteten Eltern-Kind-Beziehungen. Denn die Kinder, die von ihren
Eltern zunächst zurückgelassen worden waren, sahen ihre Eltern in vielen Fällen
nicht mehr als Erziehungsberechtigte an, weil in der Zeit des Elternverlusts häufig
die Großeltern diese Rolle übernommen hatten (Hajji 2008). So hatten 19 % der
eingewanderten Marokkanisch- und 13 % der eingewanderten Türkischstämmigen
im Zeitraum von 1980 bis 1989 eine familiäre Verlusterfahrung.

Betrachtet man das schulische Qualifikationsniveau der Eingewanderten, so ist
festzustellen, dass die Iranischstämmigen über die Dekaden hinweg den höchsten Anteil an Abiturienten aufweisen, gefolgt von den aus Polen stammenden
Einwanderern. Bei den Türkisch-, Marokkanisch- und Italienischstämmigen ist
diesbezüglich eine teils hohe Dynamik zu erkennen: Während die marokkanischen
und italienischen Einwanderer zu Beginn der Gastarbeitermigration noch einen
geringeren Anteil an Abiturienten aufwiesen, stieg der Anteil in den letzten beiden
Dekaden stark an und lag zuletzt bei 40 % respektive 43 %. Der entsprechende Anteil
der Türkischstämmigen lag bei nur 15 %. Insbesondere die marokkanische und die
italienische Migration wandelte sich folglich von einer Einwanderung schulisch
gering Qualifizierter hin zu einer Einwanderung von schulisch höher Qualifizierten.

4   Die gesellschaftlichen Teilhabechancen von Marokkanischstämmigen und ausgewählten Vergleichsgruppen

Im Folgenden werden anhand ausgewählter Merkmale die gesellschaftlichen
Teilhabechancen und -formen der Einwanderungsgruppen beschrieben. Zunächst
wird die berufliche Ausbildungssituation, dann die Arbeitsmarktintegration und
abschließend das Armutsrisiko betrachtet. Der berufliche Ausbildungsabschluss
wird als Indikator für die Teilhabe am Berufsbildungssystem gedeutet; die Er-
werbsquote, das berufliche Tätigkeitsfeld und das Nettoeinkommen als Indikator
für die Teilhabe am Arbeitsmarkt. Und das Armutsrisiko wird als Indikator für
die kumulativen gesellschaftlichen Exklusionen interpretiert.

4.1 Berufliche Ausbildungssituation und berufliche Abschlüsse

Tabelle 2 zeigt die Berufsausbildungssituation differenziert nach Migrantengruppe und Generation für Jugendliche zwischen 15 und 30 Jahren, welche sich nicht mehr in der schulischen Ausbildung befinden. Die Betrachtung der beruflichen Ausbildungssituation von Jugendlichen erlaubt es einzuschätzen, welche Chancen für junge Erwachsene dieser Teilgruppen auf dem Arbeitsmarkt bereits bestehen.

Tabelle 2 Berufsausbildungssituation für Jugendliche aus ausgewählten Gruppen

		Herkunftsland der Migranten				
	ohne Migrations-hintergrund	Marokko	Türkei	Italien	Iran	Polen
Gesamt						
ohne Berufsabschluss	10%	41%	35%	22%	23%	17%
Berufsabschluss	55%	24%	30%	46%	32%	52%
Studium; Ausbildung; Berufsvorbereitung	35%	35%	35%	33%	44%	31%
...davon						
in der Berufsvorbereitung	*5%*	*9%*	*16%*	*11%*	*5%*	*7%*
in der Berufsausbildung	*53%*	*28%*	*59%*	*67%*	*27%*	*48%*
im Studium	*42%*	*63%*	*25%*	*22%*	*69%*	*44%*
erste Generation						
ohne Berufsabschluss		44%	56%	33%	24%	23%
Berufsabschluss		22%	26%	40%	36%	57%
Studium; Ausbildung; Berufsvorbereitung		34%	18%	27%	39%	20%
...davon						
in der Berufsvorbereitung		*2%*	*12%*	*15%*	*4%*	*9%*
in der Berufsausbildung		*14%*	*55%*	*39%*	*23%*	*30%*
im Studium		*84%*	*32%*	*45%*	*73%*	*61%*
zweite Generation (Nachkommen)						
ohne Berufsabschluss		34%	26%	18%	20%	13%
Berufsabschluss		29%	32%	47%	23%	49%
Studium; Ausbildung; Berufsvorbereitung		37%	42%	35%	58%	39%
...davon						
in der Berufsvorbereitung		*22%*	*17%*	*10%*	*7%*	*7%*
in der Berufsausbildung		*57%*	*59%*	*75%*	*34%*	*55%*
im Studium		*21%*	*24%*	*15%*	*59%*	*38%*

Daten gewichtet; nur Befragte, die nicht mehr in einer schulischen Ausbildung sind und älter als 15 Jahre und jünger als 30 Jahre alt sind

Quelle: Eigene Darstellung nach Mikrozensus 2009

Schaut man auf die Berufsausbildungssituation insgesamt, so ist festzuhalten, dass hier der Anteil der Jugendlichen ohne einen Berufsabschluss in den Vergleichsgruppen höher liegt, als bei Jugendlichen ohne Migrationshintergrund (10 %). Der

Anteil der Jugendlichen ohne Berufsabschluss variiert zwischen 41 % bei den Marokkanischstämmigen und 17 % bei den Polnischstämmigen. Die entsprechenden Anteile der Türkisch- (35 %), Iranisch- (23 %) und Italienischstämmigen (22 %) liegen zwischen diesen Werten. Damit gehören die Marokkanisch- zusammen mit den Türkischstämmigen zu der Gruppe, die einen sehr hohen Anteil an beruflich unqualifizierten Jugendlichen aufweist.

Auffällige Unterschiede finden sich des Weiteren bei den Jugendlichen, die sich im Studium, in der Berufsvorbereitung oder der Berufsausbildung befinden: Die Anteile bei den Jugendlichen ohne Migrationshintergrund liegen bei 53 % für eine Berufsausbildung und 42 % für ein Studium. Diesen Werten kommen nur die Anteile der Polnischstämmigen nahe (48 % bzw. 44 %). In den übrigen Vergleichsgruppen liegen dagegen deutliche Unterschiede vor. Ein Anteil von 67 % der italienischstämmigen Jugendlichen macht eine Berufsausbildung, aber nur 22 % befinden sich in einem Studium. Ähnlich verhält es sich bei den Türkischstämmigen (59 % bzw. 25 %). Bei den Iranischstämmigen sind diese Anteile gegensätzlich verteilt: 27 % haben eine Berufsausbildung aufgenommen, während der Anteil der Studierenden mit 69 % im Vergleich zu allen Gruppen am größten ist. Die Marokkanischstämmigen weisen mit 63 % ebenfalls einen hohen Anteil an Studierenden auf, wohingegen aber nur 28 % eine Berufsausbildung aufgenommen haben. Insbesondere bei der Betrachtung der Marokkanisch- und Iranischstämmigen kann man daher von einer Bipolarität zwischen jugendlichen Einwanderern mit einer hohen beruflichen Ausbildungsaspiration und jenen mit fehlenden beruflichen Qualifizierungstiteln sprechen.

Der intergenerationelle Vergleich zeigt, dass Jugendliche mit Migrationserfahrung insgesamt deutlich höhere Anteile an fehlenden beruflichen Ausbildungstiteln aufweisen als Jugendliche der zweiten Generation. Die Türkischstämmigen weisen mit 56 % den höchsten Anteil auf, gefolgt von den Marokkanisch- (44 %), Italienisch- (33 %), Iranisch- (24 %) und Polnischstämmigen (23 %). Obwohl die Werte für die zweite Generation durchweg geringer ausfallen, weisen auch die jugendlichen Nachkommen der marokkanischen Einwanderer weiterhin auffallend hohe Werte fehlender beruflicher Qualifikationstitel auf (34 %) – ebenso, jedoch in geringerem Ausmaße, die Nachkommen der Türkisch- (26 %), Iranisch- (20 %) und Italienischstämmigen (18 %). Die Nachkommen der Polnischstämmigen (13 %) weisen im Vergleich die geringsten Anteile auf.

Bei Betrachtung der Anteile von Jugendlichen, die sich in Studium, Ausbildung und Berufsvorbereitung befinden, fallen die teils gegensätzlich verteilten Werte der Studierenden und Auszubildenden ins Auge. Die erste wie auch die zweite Generation der Iranischstämmigen zeichnen sich dadurch aus, dass nur ein vergleichsweise geringer Anteil einen schulischen oder beruflichen Ausbildungsabschluss anstrebt (siehe das Merkmal „Berufsausbildung"), während ein sehr großer Anteil eine akademische Ausbildung verfolgt. Während die Anteile der ersten Generation der Italienischstämmigen für die berufliche Ausbildung (39 %) und Studium (45 %) relativ ausgeglichen sind, orientieren sich ihre Nachkommen dagegen viel stärker an beruflichen oder schulischen Ausbildungswegen (75 %). Dieses Verhältnis gilt in etwas geringerem Ausmaß auch für die erste Generation der Türkischstämmigen (55 %) sowie für deren Nachkommen (59 %). Bei den Marokkanisch- und Polnischstämmigen verhält es sich andersherum. Während die Nachkommen vor allem Berufsausbildungswege einschlagen (57 % und 55 %), befindet sich ein großer Anteil der ersten Generation in der akademischen Ausbildung (84 % und 61 %). Insbesondere im Falle der Marokkanischstämmigen lassen sich diese hohen Werte mit der in den letzten Jahren gestiegenen Bedeutung der Bildungsmigration erklären (vgl. z. B. Schmid 2011).

In Tabelle 3 sind die Berufsabschlüsse differenziert nach Migrantengruppe und Generation dargestellt. Die tabellarische Abbildung zeigt die relative Verteilung der Berufsabschlüsse von Menschen mit Migrationsgeschichte, die älter als 15 und jünger als 64 Jahre alt sind und sich nicht mehr in schulischer oder beruflicher Ausbildung befinden, im Vergleich zu Menschen ohne Migrationshintergrund (Deutsche). Diese Betrachtung erlaubt einen Rückschluss auf diejenigen, die ihren beruflichen Ausbildungsweg weitestgehend abgeschlossen haben.

Es zeigt sich, dass die beruflichen Bildungsabschlüsse von Deutschen im Vergleich zu den übrigen Einwanderungsgruppen mit über 87 % am höchsten sind. Betrachtet man diese etwas genauer, dann lassen sich hier einige Auffälligkeiten erkennen: Sehr hohe Anteile der „klassischen" Gastarbeitergruppen der Italienischstämmigen (50 %), der Marokkanischstämmigen (65 %) und der Türkischstämmigen (65 %) verfügen über keinerlei Berufsabschlüsse. 60 % derjenigen ohne Migrationshintergrund sowie 55 % der Polnischstämmigen haben eine Berufsausbildung abgeschlossen. Bei den übrigen Vergleichsgruppen schwanken diese Anteile zwischen 21 % (Iranischstämmige) und 38 % (Italienischstämmige). Darüber hinaus fallen die Unterschiede in den Anteilen derjenigen auf, die über einen Hochschul- und Universitätsabschluss verfügen: Während der Anteil bei den Menschen ohne Migrationshintergrund bei 18 % liegt, lässt sich der hohe Anteil von 38 % bei den Iranischstämmigen hervorheben. Bei den übrigen Vergleichsgruppen liegt der Anteil zwischen 5 % bei den Türkischstämmigen und 14 % bei den Polnischstämmigen. Bei den Marokkanischstämmigen verfügen 11 % über einen Hochschul- und Universitätsabschluss.

Tabelle 3   Berufsabschlüsse für ausgewählte Gruppen

	ohne Migrations-hintergrund	Herkunftsland der Migranten				
		Marokko	Türkei	Italien	Iran	Polen
Gesamt						
ohne Berufsabschluss	12%	65%	65%	50%	37%	21%
Berufsausbildung	60%	23%	29%	38%	21%	55%
Meister-/Techniker/Fachschule	9%	1%	1%	3%	3%	9%
Hochschul- und Universitätsabschluss	18%	11%	5%	7%	38%	14%
keine Angabe	1%	0%	1%	1%	1%	1%
erste Generation						
ohne Berufsabschluss		67%	72%	61%	36%	23%
Berufsausbildung		20%	22%	28%	21%	52%
Meister-/Techniker/Fachschule		1%	1%	3%	3%	8%
Hochschul- und Universitätsabschluss		11%	4%	8%	39%	17%
keine Angabe		0%	1%	1%	1%	1%
zweite Generation (Nachkommen)						
ohne Berufsabschluss		55%	44%	27%	47%	20%
Berufsausbildung		36%	47%	60%	22%	58%
Meister-/Techniker/Fachschule		0%	2%	5%	2%	10%
Hochschul- und Universitätsabschluss		9%	6%	6%	29%	12%
keine Angabe		0%	1%	2%	0%	1%

Daten gewichtet; nur Befragte, die nicht mehr in einer schulischen oder beruflichen Ausbildung sind und älter als 15 und jünger als 65 Jahre alt sind

Quelle: Eigene Darstellung nach Mikrozensus 2009

Vergleicht man die relative Verteilung für einen Berufsabschluss nach Generationen, so zeigt sich, dass die Nachkommen zum Teil häufiger einen Berufsabschluss vorweisen können als die Einwanderergeneration. Die Nachkommen der Marokkanischstämmigen (insgesamt 45 %) und der türkischstämmigen Einwanderer (insgesamt 55 %) können ihren Anteil beruflicher und akademischer Abschlüsse gegenüber der ersten Generation deutlich steigern, bleiben insgesamt aber vergleichsweise weit hinter den übrigen Einwanderungsgruppen zurück. Die Nachkommen der Polnischstämmigen weisen mit 79 % dagegen etwa den gleichen Anteil an Berufsabschlüssen auf wie die Einwanderergeneration (76 %). Die Nachkommen der Italienischstämmigen weisen einen Anteil von 71 % auf und übertreffen damit den Anteil von für die Iranischstämmigen, bei welchen ein Tendenz zu weniger Berufsabschlüssen zu beobachten ist: Die iranischstämmigen Nachkommen sind nämlich die einzigen, die mit 53 % hinter den Anteil von 63 % bei den Berufsabschlüssen der ersten Generation zurückfallen.

4.2 Die Arbeitsmarktintegration

Hinsichtlich der Arbeitsmarktintegration werden im Folgenden die Erwerbslosenquote, das berufliche Tätigkeitsfeld sowie das Nettoeinkommen als Indikatoren herangezogen (Tabelle 4). Betrachtet man zunächst die Erwerbslosenquote unter Berücksichtigung aller Erwerbspersonen (dazu gehören Erwerbstätige und Erwerbslose) so fällt auf, dass die Iranischstämmigen trotz des in Teilen sehr hohen beruflichen Qualifizierungsniveaus zusammen mit den Türkischstämmigen die höchsten Anteile an Erwerbslosen aufweisen (jeweils 18 %). Die Italienischstämmigen verfügen dagegen zwar über einen hohen Anteil an nicht beruflich qualifizierten Arbeitskräften (41 %), haben jedoch nur eine vergleichsweise geringere Erwerbslosenquote von 11 %. Die Polnischstämmigen weisen, vermutlich mitbedingt durch den hohen Anteil an beruflichen Ausbildungsabschlüssen, die zweitgeringste Erwerbslosenquote auf (9 %). Bei den Marokkanisch- und Türkischstämmigen fallen der hohe Anteil an fehlenden beruflichen Ausbildungsabschlüssen sowie eine vergleichsweise hohe Erwerbslosenquote von 16 % respektive 18 % ins Auge.

Betrachtet man die Arbeitsmarktintegration getrennt nach Generationen, so lässt sich zudem beobachten, dass die Nachkommen – mit Ausnahme der Türkischstämmigen – eine geringere Erwerbslosenquote aufweisen als die Einwanderer. Auch zeigt sich, dass – mit Ausnahme der Iranischstämmigen – der Anteil derjenigen ohne einen beruflichen Abschluss bei den Nachkommen geringer ist als bei den Einwanderern.

Tabelle 4   Arbeitsmarktintegration der ausgewählten Gruppen

	ohne Migrations-hintergrund	Marokko	Türkei	Italien	Iran	Polen
			Herkunftsland der Migranten			
Gesamt						
Erwerbslosenquote (in %)	7%	16%	18%	11%	18%	9%
Berufliche Tätigk. (ISCO-88, Mittelwert)	473	601	637	563	431	588
Nettoeinkommen (Mittelwert)	1.617 €	1.145 €	1.195 €	1.343 €	1.393 €	1.283 €
ohne berufl. Abschluss (in %)	8%	47%	49%	41%	27%	16%
erste Generation						
Erwerbslosenquote (in %)		17%	18%	12%	19%	10%
Berufliche Tätigk. (ISCO-88, Mittelwert)		605	680	585	427	600
Nettoeinkommen (Mittelwert)		1.193 €	1.284 €	1.415 €	1.433 €	1.223 €
ohne berufl. Abschluss (in %)		49%	60%	53%	26%	17%
zweite Generation (Nachkommen)						
Erwerbslosenquote (in %)		14%	18%	10%	14%	8%
Berufliche Tätigk. (ISCO-88, Mittelwert)		590	558	524	463	579
Nettoeinkommen (Mittelwert)		971 €	1.029 €	1.214 €	1.074 €	1.331 €
ohne berufl. Abschluss (in %)		37%	28%	18%	31%	14%

Daten gewichtet; nur Erwerbspersonen

Quelle: Eigene Darstellung nach Mikrozensus 2009

Das berufliche Tätigkeitsfeld wird mit Hilfe des *International Standard Classification of Occupations (ISCO-88)* als Indikator messbar gemacht (vgl. Hoffmeyer-Zlotnik et al. 2004). Die standardisierte Erfassung der Berufe nach ähnlichen Tätigkeitsfeldern erlaubt einen Rückschluss auf die beruflichen Anforderungen. Der Indikator weist Werte von 0 bis 1000 auf. Niedrige Werte implizieren insgesamt anspruchsvollere Tätigkeiten.

Betrachtet man dahingehend Tabelle 4 so lässt sich beobachten, dass die erwerbstätigen Deutschen (473) und Iranischstämmigen (431) in etwa ähnlich anspruchsvollen Tätigkeiten nachgehen. Die Italienischstämmigen und Polnischstämmigen weisen Werte von 563 beziehungsweise 588 auf. Dann folgen die Marokkanischstämmigen mit 601 und die Türkischstämmigen mit 637. Darüber hinaus ist festzustellen, dass die Nachkommen – mit Ausnahme der Iranischstämmigen – höhere berufliche Anforderungen zu erfüllen haben als die Einwanderer.

Hinsichtlich des Nettoeinkommens lässt sich erkennen, dass alle Einwanderungsgruppen über ein teilweise deutlich niedrigeres Nettoeinkommen verfügen als Menschen ohne Migrationshintergrund (1.617 Euro). Am nächsten kommen diesem Durchschnittswert die Iranischstämmigen mit 1.393 Euro und die Italienischstämmigen mit 1.343 Euro, gefolgt von den Polnischstämmigen mit 1.283 Euro. Die Türkischstämmigen (1.195 Euro) und die Marokkanischstämmigen (1.145 Euro) liegen noch darunter.

Insgesamt betrachtet fällt für die Gruppen auf, dass die durchschnittliche Höhe des Nettoeinkommens von der beruflichen Tätigkeit beeinflusst wird – mit Ausnahme der Iranischstämmigen. Diese gehen beruflichen Aufgaben nach, die insgesamt anspruchsvoller sind als diejenigen von Menschen ohne Migrationshintergrund, erzielen jedoch ein geringeres Durchschnittseinkommen als diese (s. auch die intergenerationellen Unterschiede).

4.3   Das Armutsrisiko

Abschließend wird das Armutsrisiko dargestellt und beschrieben (Tabelle 5), um Aussagen über die Lebenssituation bzw. die kumulativen Teilhabechancen der Angehörigen der jeweiligen Vergleichsgruppen machen zu können. Als arm gilt der hier zugrunde gelegten Definition zufolge, wer weniger als 60 % des durchschnittlichen Nettoeinkommens (Median) verdient. Die Operationalisierung der Armutsquote orientiert sich damit unter anderem an der Sozialberichterstattung der amtlichen Statistik.[1]

---

1   Siehe www.amtliche-sozialberichterstattung.de

Bei Menschen ohne Migrationshintergrund liegt das Armutsrisiko bei 12 %. Für die Einwanderungsgruppen fallen diese Anteile durchgehend höher aus. Am niedrigsten liegen die Anteile bei den Polnischstämmigen (14 %) und den Italienischstämmigen (19 %). Der von Armut bedrohte Anteil der Marokkanischstämmigen liegt bei 37 %, gefolgt von den Türkischstämmigen mit 33 % und den Iranischstämmigen mit 31 %. Auch in diesem Fall liegen jedoch intergenerationelle Unterschiede vor. Es zeigt sich, dass die Nachkommen einem geringeren Armutsrisiko ausgesetzt sind als die Einwanderer – mit Ausnahme der Marokkanischstämmigen. Während der von Armut bedrohte Anteil der Nachkommen von marokkanischstämmigen Einwanderern bei 42 % liegt, besteht bei den marokkanischen Einwanderern ein Armutsrisiko von 34 %. Bei den Türkisch-, Italienisch-, Iranisch- und Polnischstämmigen nimmt dagegen das Armutsrisiko gegenüber der Einwanderergeneration um einige Prozentpunkte ab.

Tabelle 5   Armutsrisiko für ausgewählte Gruppen

	ohne Migrationshintergrund	Marokko	Türkei	Italien	Iran	Polen
Migrationsstatus						
Gesamt	12%	37%	33%	19%	31%	14%
...erste Generation		34%	34%	20%	33%	19%
...zweite Generation (Nachkommen)		42%	32%	17%	23%	12%

Daten gewichtet; Armutsquote ermittelt anhand des äquivalenzgewichteten Nettoeinkommens in Relation zum Median des Nettoeinkommens; äquivalenzgewichtetes Nettoeinkommen unterhalb der 60%-Grenze des durchschnittlichen Nettoeinkommens wird als Armut bezeichnet.

Quelle: Eigene Darstellung nach Mikrozensus 2009

5   Schlussbetrachtung

Die überwiegend deskriptive und empirisch vergleichende Untersuchung stützte sich auf die Berufs(aus)bildung, die Arbeitsmarktintegration und das Armutsrisiko, um Aussagen über die Teilhabechancen der einzelnen Einwanderungsgruppen in zentralen gesellschaftlichen Bereichen treffen zu können. An dieser Stelle werden einige Auffälligkeiten der Untersuchung zusammengefasst.

Die Darstellung des zeitlichen Migrationsverlaufs hat gezeigt, dass sich die Zuwanderung der Vergleichsgruppen von einer anfänglichen Gastarbeitereinwanderung zu einer Migrationsform gewandelt hat, die im Zeichen der Familienzusammenführung stand. Durch historische Kontexte bedingt, war sie zwischenzeitlich

von Fluchtbewegungen gekennzeichnet und wandelte sich schließlich im Laufe
der Zeit zu einer vielfältigen Zuwanderung, die inzwischen auch von Bildungsmigrationen bzw. der Zuwanderung von Menschen mit höherer schulischer und
beruflicher Ausbildung geprägt ist. Letzteres lässt sich etwa anhand des über die
Zeit deutlich gestiegenen Anteils von Zuwanderern mit Abitur und den teils hohen
Studierendenanteilen der Einwanderer zeigen (siehe Tabellen 1 und 2). Weitere
Veränderungen umfassen den Wandel von einer anfangs männlich dominierten
zu einer geschlechtsspezifisch inzwischen relativ ausgeglichenen Migration sowie
eine veränderte Alterszusammensetzung der Zuwanderer mit einem geringeren
Anteil an unter 16jährigen Zuwanderern in jüngster Zeit. Die marokkanische
Zuwanderung passt sich diesem allgemeinen Bild in etwa an.

Bei der Betrachtung der Vergleichsgruppen fällt auf, dass die Bildungssituation
der Vergleichsgruppen in Relation zu Menschen ohne Migrationshintergrund
zwar immer noch schlechter ausfällt; allerdings zeichnen sich insgesamt betrachtet positive Trends ab, z.B. die Zunahme der Gruppenanteile mit (höheren)
Bildungsabschlüssen in der zweiten Generation (vgl. Engels et al. 2011). Besonders
sticht allerdings die Situation der Marokkanisch- und Iranischstämmigen hervor.
Letztere zeichnen sich durch einen überdurchschnittlich hohen Anteil an höheren
Bildungsabschlüssen aus, insbesondere in der ersten Generation. Zugleich fällt jedoch
der hohe Anteil an Menschen ohne Berufsabschluss ins Auge. Diese Diskrepanz
ist bei den iranischstämmigen Menschen ohne eigene Migrationserfahrung sogar
noch deutlicher. Bei den Marokkanischstämmigen fällt ebenfalls der hohe Anteil
fehlender Bildungsabschlüsse in der zweiten Generation auf, der im Vergleich zur
ersten Generation zwar geringer, im Vergleich zu allen anderen Herkunftsgruppen
allerdings am höchsten ist.

Zur Arbeitsmarktintegration lässt sich festhalten, dass auch hier weiterhin
Unterschiede zwischen Menschen ohne und mit Migrationshintergrund bestehen.
Wie zu vermuten ist, schlägt sich die fehlende berufliche Qualifizierung besonders
in der Erwerbslosenquote nieder: Diejenigen mit dem höchsten Anteil an fehlen-
den Bildungsabschlüssen weisen in etwa auch die höchsten Erwerbslosenquoten
auf. Der Vergleich der ersten Generation mit den Nachkommen zeigt, dass die
Erwerbslosenquote der Einwanderergeneration in allen Vergleichsgruppen gleich
(Türkischstämmige) oder etwas höher ausfällt. Unterschiede bestehen auch beim
Durchschnittseinkommen sowie bei den beruflichen Anforderungen; in beiden
Kategorien fallen die Werte der Vergleichsgruppen hinter diejenigen der Menschen ohne Migrationshintergrund zurück. Differenzen lassen sich diesbezüglich
allerdings auch innerhalb der Vergleichsgruppen beobachten: Mit Ausnahme der
Iranischstämmigen sind die beruflichen Anforderungen für die erste Generation
niedriger als für die zweite Generation.

In engem Zusammenhang mit der Arbeitsmarktintegration bzw. der Erwerbslosenquote steht das Armutsrisiko als Indikator für geringe Integrationschancen und die Gefahr kumulativer Exklusionen: Die empirischen Ergebnisse zeigen, dass mit der Erwerbslosenquote das Armutsrisiko steigt und dass dieses bei allen Vergleichsgruppen deutlich höher ausfällt als bei Menschen ohne Migrationshintergrund. Intergenerationell betrachtet nimmt das Armutsrisiko bei den Vergleichsgruppen in der zweiten Generation ab. Nur bei den Marokkanischstämmigen verhält es sich umgekehrt, ihr Armutsrisiko ist in der zweiten Generation sogar noch gestiegen.

Mit Bezug auf diese Ergebnisse stellt sich die Frage nach den Gründen für die genannten Auffälligkeiten – den Gründen für die unterschiedlichen Verläufe der Ausbildungswege und für die ungleichen Chancen der Arbeitsmarktintegration der einzelnen Herkunftsgruppen. Kritisch erscheinen hierbei insbesondere der hohe Anteil fehlender Bildungsabschlüsse und das hohe Armutsrisiko in der Gruppe der Marokkanischstämmigen. Auffällig ist ferner die Diskrepanz zwischen den außerordentlich hohen Anteilen weiterführender Bildungsabschlüsse und den zugleich hohen Anteilen fehlender Bildungsabschlüsse bei den Iranischstämmigen, die gemeinhin als „gut integriert" gelten (vgl. z. B. Haug et al. 2009). Mit den zur Verfügung stehenden Daten lassen sich diese Fragen nicht beantworten, sie müssen vorerst offen bleiben. Zwar finden sich bei Baier und Rabold (2011) sowie in dem Beitrag von Kemper und Pazun (in diesem Band) Hinweise für den Fall der marokkanischstämmigen Personen; und für den Fall der iranischstämmigen Migranten der ersten Generation verweist Jannat (2005) u. a. auf die lange Jahre fehlende Anerkennung von bereits vorhandenen Bildungsabschlüssen. Abgesehen von diesen Ausnahmen liegen aber kaum belastbare empirische Befunde zur Lage der iranischstämmigen und insbesondere der marokkanischstämmigen Menschen in Deutschland vor. Angesichts der beschriebenen deutlichen Ungleichheitsverhältnisse besteht also offensichtlicher Forschungsbedarf.

Literatur

Baier, D., & Rabold, S. (2011). Afrikanische Jugendliche in Deutschland: Zum Stand ihrer Integration. In: T. Baraulina, A. Kreienbrink & A. Riester (Hrsg.), *Potenziale der Migration zwischen Afrika und Deutschland* (Beiträge zu Migration und Integration 2) (155-181). Nürnberg: BAMF.

Bommes, M. (1997). Von „Gastarbeitern" zu Einwanderern. Arbeitsmigration in Niedersachsen. In: K. Bade (Hrsg.), *Fremde im Land. Zuwanderung und Eingliederung im Raum*

Niedersachsen seit dem Zweiten Weltkrieg (IMIS Schriften 3) (249-322). Osnabrück: Universitätsverlag Rasch.

Bommes, M. (1999). *Migration und nationaler Wohlfahrtsstaat. Ein differenzierungstheoretischer Entwurf.* Opladen/Wiesbaden: Westdeutscher Verlag.

Bommes, M. (2004). *Erarbeitung eines operationalen Konzeptes zur Einschätzung von Integrationsprozessen und Integrationsmaßnahmen. Expertise für den Sachverständigenrat deutscher Stiftungen für Migration und Integration.* Osnabrück: IMIS.

Constant, A., & Massey, D. (2002). Return Migration by German Guestworkers: Neoclassical versus New Economic Theory. *International Migration Review 40 (4)*, 5-38.

De Haas, H. (2007). Morocco's Migration Experience: A Transitional Perspective. *International Migration 45 (4)*, 39-69.

Engels, D., Köller, R., Koopmans, R., & Höhne, J. (2011). *Zweiter Integrationsindikatorenbericht, erstellt für die Beauftragte der Bundesregierung für Migration, Flüchtlinge und Integration.* Paderborn: Bonifatius.

González-Ferrer, A. (2007). The Process of Family Reunification Among Original Guest-Workers in Germany. *Zeitschrift für Familienforschung 19 (1)*, 10-33.

Hajji, R. (2008). *Transnationale Familienverhältnisse, Verlusterfahrung und Bindungsverhalten* (Wissenschaftszentrum Berlin für Sozialforschung, Discussion Paper). http://bibliothek. wz-berlin.de/pdf/2008/iv08-705.pdf. Zugegriffen: 23.04.2013.

Hajji, R. (2009). *Sozialisationsprozesse in Familien mit marokkanischem Migrationshintergrund.* Opladen/Farmington Hills: Budrich UniPress.

Haug, S., Müssig, S., & Stichs, A. (2009). *Muslimisches Leben in Deutschland. Im Auftrag der Deutschen Islamkonferenz* (Forschungsbericht 6). Nürnberg: BAMF.

Hoffmeyer-Zlotnik, J.H.P., Hess, D., & Geis, A.J. (2004). Computerunterstützte Vercodung der International Standard Classification of Occupations (ISCO-88). *ZUMA-Nachrichten 55, 29-52*.

Jannat, M. (2005). *Iranische Flüchtlinge im deutschen Exil. Probleme einer Abstiegssituation* (Dissertation). http://archiv.ub.uni-marburg.de/diss/z2005/0127/pdf/dmj.pdf. Zugegriffen: 23.04.2013.

Motte, J. (1999). Gedrängte Freiwilligkeit. Arbeitsmigration, Betriebspolitik und Rückkehrförderung 1983/84. In: J. Motte, R. Ohliger & A. von Oswald (Hrsg.), *50 Jahre Bundesrepublik. 50 Jahre Einwanderung. Nachkriegsgeschichte als Migrationsgeschichte* (165-183). Frankfurt a. M./New York: Campus.

Pott, A. (2001). Integration – eine begriffliche Auseinandersetzung. *VIA-Magazin (Verband für Interkulturelle Arbeit), Ausgabe 5-VIII-01*, 4-15.

Sachverständigenrat deutscher Stiftungen für Integration und Migration (SVR) (2012). *Integration im föderalen System: Bund, Länder und die Rolle der Kommunen. Jahresgutachten 2012 mit Integrationsbarometer.* Berlin: SVR GmbH.

Schmid, S. (2011). Qualitative Einschätzung potenzieller Migration aus Afrika nach Europa aufgrund interkontinentaler Entwicklungsdifferenzen. In: T. Baraulina, A. Kreienbrink & A. Riester (Hrsg.), *Potenziale der Migration zwischen Afrika und Deutschland* (Beiträge zu Migration und Integration 2) (24-62). Nürnberg: BAMF.

Bildungsbeteiligung und Schulerfolg marokkanischer Schüler

Thomas Kemper und Spogmai Pazun

1   Einleitung

Die Bevölkerungsgruppe der marokkanischen Migranten in Deutschland ist mit knapp 170.000 Personen (2011) relativ klein (vgl. dazu den Beitrag von Bouras-Ostmann in diesem Band, Kapitel 2.2). Sie ist bis heute sozioökonomisch benachteiligt und regional sehr ungleich verteilt. Da die soziale Lage und regionale Ungleichheiten zu Bildungsbenachteiligungen führen können (vgl. z. B. Stanat et al. 2010; Kemper/Weishaupt 2011a), die dann wiederum sozioökonomische Ungleichheiten verfestigen können, untersucht dieser Beitrag die aktuelle schulische Situation von marokkanischen Schülern in Deutschland. Ein besonderer Schwerpunkt wird auf die Bildungsbeteiligung und – soweit möglich – den Schulerfolg gelegt. Zu diesem Zweck wird auf amtliche Schulstatistiken zurückgegriffen. Diese weisen im Gegensatz zu Befragungsdaten ausreichende Fallzahlen auf, so dass Analysen durchgeführt werden können, die nach der Staatsangehörigkeit der Schüler differenzieren.

Auf Bundesebene wird die Bildungsbeteiligung von marokkanischen Schülern im Vergleich zu deutschen und nichtdeutschen Schülern insgesamt sowie differenziert nach der Staatsangehörigkeit der Schüler untersucht. Geprüft wird zudem, ob die Bildungsbeteiligung der marokkanischen Schüler im Zeitverlauf zunimmt. Darüber hinaus sollen bestehende regionale Unterschiede in der Bildungsbeteiligung aufgearbeitet werden. Hierzu wird betrachtet, inwiefern sich in den Bundesländern der Besuch verschiedener Schulformen zwischen marokkanischen und deutschen Schülern unterscheidet. Exemplarisch können für das Land Hessen ergänzende Analysen zum Migrationshintergrund von marokkanischen Schülern durchgeführt werden. Diese bieten über das klassische und in der Bundesstatistik ausgewiesene Merkmal der Staatsangehörigkeit hinausgehende Migrationsmerkmale. Allerdings ist der sogenannte „Migrationshintergrund" ein relatives Konstrukt: Der Terminus hat keine feststehende, von allen geteilte Bedeutung, sondern wird wissenschaftlich durchaus unterschiedlich operationalisiert (vgl. z. B. Stanat/Segeritz 2009; Kemper 2010; Gresch/Kristen 2011). Das heißt, es können in verschiedenen Studien „unterschiedliche Merkmale zur Erhebung des ‚Migrationshintergrunds' miteinander kombiniert werden" (Kemper 2010, 316). Dies führt zu der Frage, inwiefern die Anzahl marokkanischer Schüler von der Berücksichtigung bestimmter statistischer Merkmale abhängt und inwiefern sich verschiedene Operationalisierungen auf die Bildungsergebnisse für „Schüler mit marokkanischem Migrationshintergrund" auswirken. Des Weiteren werden erste Ergebnisse zur Verwendung von Deutsch als Familiensprache sowie zur räumlichen Ungleichverteilung von marokkanischen Schülern dargestellt. Schließlich wird der Schulerfolg exemplarisch für marokkanische Schüler in Nordrhein-Westfalen (NRW) erörtert, da das bevölkerungsreichste Bundesland über dafür geeignete Daten verfügt. Die erzielten Ergebnisse werden – sofern vorhanden – mit bisherigen Forschungsbefunden aus der Literatur verglichen.

2   Bildungsbeteiligung marokkanischer Schüler in Deutschland

Anhand von Daten der amtlichen Schulstatistik für das Schuljahr 2008/09 wird in Abbildung 1 zunächst die Bildungsbeteiligung – d. h. die in der Sekundarstufe besuchte Schulform – für Schüler mit marokkanischer, deutscher und sonstiger nichtdeutscher Staatsangehörigkeit dargestellt.

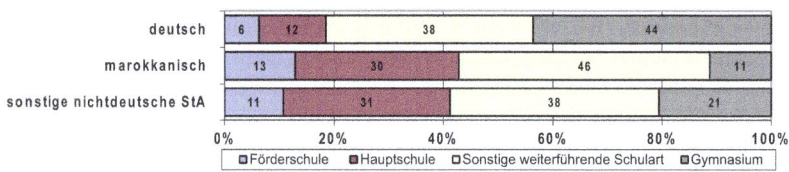

Abb. 1   Bildungsbeteiligung von Schülern nach deutscher, marokkanischer und sonstiger nichtdeutscher Staatsangehörigkeit in Deutschland (Schuljahr 2008/09)

StA = Staatsangehörigkeit

Quelle: Eigene Berechnung und Darstellung nach Statistisches Bundesamt 2009

Marokkanische Schüler besuchen im Vergleich zu deutschen Schülern gut doppelt so häufig eine Förderschule und 2,5-mal so oft eine Hauptschule. Auch an den „sonstigen weiterführenden Schularten"[1] sind sie überrepräsentiert, demgegenüber beträgt ihr Gymnasialbesuchsanteil nur ein Viertel des Anteils deutscher Schüler. Im Vergleich zu Schülern mit sonstiger nichtdeutscher Staatsangehörigkeit zeigen sich die deutlichsten Unterschiede im Gymnasialbesuchsanteil, der für marokkanische Schüler nur etwa die Hälfte beträgt. Weishaupt und Kemper (2009) haben auf Bundesebene für das Schuljahr 2007/08 u. a. für marokkanische Schüler zeigen können, dass eine differenzierte Darstellung der Bildungsbeteiligung von Schülern nach spezifischer Staatsangehörigkeit gewinnbringend ist. Aufgrund des unterschiedlichen Schulformangebots in den Bundesländern empfiehlt sich eine Fokussierung auf die Schulformen Gymnasium und Förderschule, da diese in allen Ländern vorhanden sind (ebd., 98). Zudem stellen die Schulformen die oberen bzw. unteren Pole des Schulbesuchs und der mit ihnen verbundenen Abschlussoptionen dar. Förderschulen haben auch insofern eine besondere Relevanz, da die Mehrheit der Abgänger ohne Hauptschulabschluss von Förderschulen abgeht (vgl. Kapitel 6). Von Förderschulen gehen selbst Abgänger mit Hauptschulabschluss nur selten in eine berufliche Ausbildung über (vgl. Powell/Pfahl 2012, 732). In Abbildung 2 werden die Förderschul- und Gymnasialbesuchsanteile für die 20 häufigsten Staatsangehörigkeiten (unter Hervorhebung von marokkanischen Schülern) an weiterführenden Schulen in Deutschland vergleichend dargestellt.

Verdeutlicht wird die Heterogenität der Bildungsbeteiligung nach Staatsangehörigkeit der Schüler, die vor allem aus dem sozioökonomischen Status des Elternhauses resultiert. Generell geht für die einzelnen Staatsangehörigkeiten ein hoher Anteil des Förderschulbesuchs mit einem niedrigen Gymnasialbesuch einher (und umgekehrt). Die in dem Streudiagramm erkennbaren horizontalen und vertikalen Hilfslinien stellen jeweils den Mittelwert für nichtdeutsche Schüler insgesamt dar. Im Vergleich hierzu besuchen marokkanische Schüler unterdurchschnittlich häufig Gymnasien und überdurchschnittlich oft Förderschulen. Nach Staatsangehörigkeit zeigt sich, dass lediglich italienische (13,0 %) sowie libanesische, albanische und serbische Schüler (mit Anteilswerten zwischen 20 und 22 %) häufiger Förderschulen besuchen als marokkanische Schüler. Gymnasien werden nur von albanischen (9,6 %) und libanesischen Schülern (5,5 %) seltener als von marokkanischen Schülern besucht. Diese Ergebnisse stimmen mit bisherigen Forschungsbefunden überein (vgl. Weishaupt und Kemper 2009, 98).

---

1   Hierunter werden Waldorfschulen, Schularten mit mehreren Bildungsgängen, Gesamtschulen, Realschulen sowie schulartunabhängige Orientierungsstufen zusammengefasst.

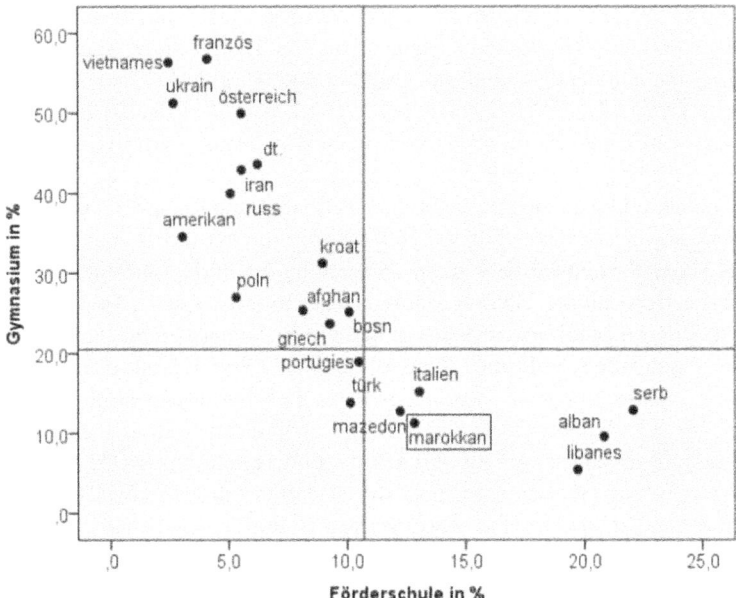

Abb. 2   Förderschul- und Gymnasialbesuchsanteile der häufigsten
Staatsangehörigkeiten von Schülern an weiterführenden Schulen
in Deutschland (Schuljahr 2008/09)

dt. = deutsch; alle weiteren Staatsangehörigkeitsbezeichnungen wurden um das Suffix
„-isch" gekürzt

Quelle: Eigene Berechnung und Darstellung nach Statistisches Bundesamt 2009

In Abbildung 3 wird für die Schuljahre 2002/03 bis 2008/09 dargestellt, ob und
inwiefern sich die Bildungsbeteiligung von marokkanischen Schülern im Zeitverlauf geändert hat.

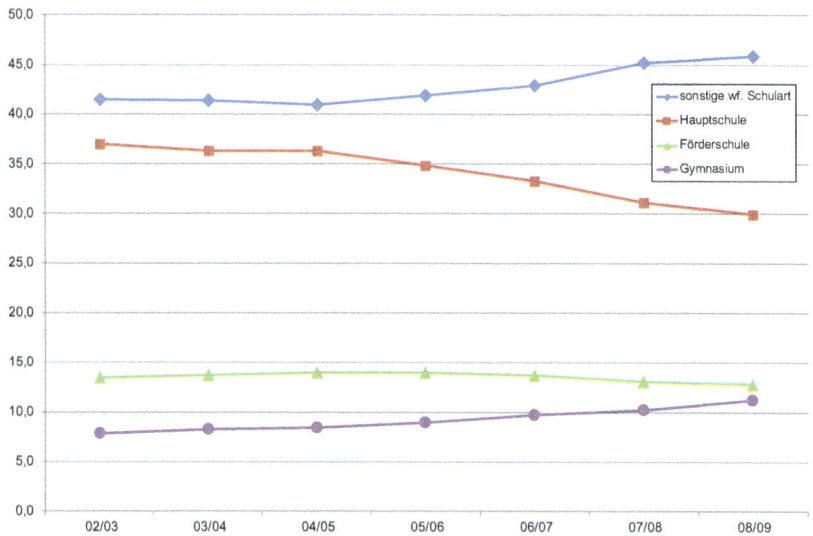

Abb. 3   Zeitreihe Bildungsbeteiligung von marokkanischen Schülern in Deutschland
(Schuljahre 2002/03 bis 2008/09)

Quelle: Eigene Berechnung und Darstellung nach Statistisches Bundesamt 2009

Am deutlichsten nimmt der Besuchsanteil für die Schulform Hauptschule ab – und
zwar um sieben Prozentpunkte seit dem Schuljahr 2002/03. Diese Entwicklung
geht einher mit einem zunehmenden Besuchsanteil für sonstige weiterführende
Schularten (hierunter insbesondere Gesamtschulen und Realschulen). Ausgehend
von einem relativ niedrigen Gymnasialbesuchsanteil von 7,9 % im Schuljahr 2002/03
steigt dieser um rund ein Drittel auf 11,3 % bis zum Schuljahr 2008/09 an. Förderschulen werden von marokkanischen Schülern über mehrere Schuljahre relativ
konstant – bzw. nur minimal seltener – besucht (vgl. Kemper/Weishaupt 2011b).

3   Bildungsbeteiligung marokkanischer Schüler im Bundesländervergleich

Wie sich marokkanische Schüler auf die Bundesländer verteilen und welche Bildungsbeteiligung sie in den jeweiligen Ländern erreichen veranschaulicht Abbildung 4.

Bundesland	Förderschule	Hauptschule	sonstige weiterf. Schulart	Gymnasium	insgesamt	n =	Verteilung in %
Hessen	14,2	19,5	53,4	12,9	100,0	1.818	30,5
NRW	12,9	34,1	43,0	10,0	100,0	3.637	61,0
Rheinland-Pfalz	4,2	45,1	38,9	11,8	100,0	144	2,4
sonstige*	8,6	35,6	39,8	16,0	100,0	362	6,1

Abb. 4   Bildungsbeteiligung und Verteilung von Schülern mit marokkanischer
Staatsangehörigkeit nach ausgewählten Bundesländern in %
(Schuljahr 2008/09)

* = Besuchsanteile von Förderschulen sind unter- und für alle weiteren Schulformen überschätzt, da an Förderschulen in Baden-Württemberg nicht die marokkanische Staatsangehörigkeit erfasst wird

Quelle: Eigene Berechnung und Darstellung nach Statistisches Bundesamt 2009

Von den marokkanischen Schülern an weiterführenden Schulen in Deutschland
besuchen annähernd zwei Drittel eine Schule in NRW; 91,5 % gehen entweder in
eine Schule in NRW oder in Hessen. Mit Blick auf die Bildungsbeteiligung zeigen
sich in diesen Ländern relativ ähnliche Anteilswerte im Förderschulbesuch. Demgegenüber ist für Rheinland-Pfalz ein erheblich niedrigerer Förderschulbesuchsanteil
auszumachen, der weniger als ein Drittel des Anteils auf Bundesebene beträgt. Somit
bestätigen sich auch für marokkanische Schüler landesspezifische Differenzen im
Förderschulbesuch, die sich „aus unterschiedlichen Kriterien und Verfahren für
die Bestimmung eines sonderpädagogischen Förderbedarfs ergeben" (Autorengruppe Bildungsberichterstattung 2010, 70). Erkennbar ist allerdings auch, dass für
marokkanische Schüler in Rheinland-Pfalz der geringere Förderschulbesuch mit
einem überdurchschnittlichen Hauptschulbesuch einhergeht. Auch hinsichtlich
des Besuchs der weiteren Schularten zeigen sich deutliche Varianzen zwischen
den Bundesländern. Die Befunde zur landesspezifischen Bildungsbeteiligung
unterscheiden sich nicht grundlegend von früheren Forschungsergebnissen (für
NRW vgl. Bouras 2006, 39; Kemper 2009a, 2009b; Kemper/Weishaupt 2011b, 423).
Hervorzuheben ist der von Bouras anhand von Schulstatistiken herausgearbeitete

Anteil des Gymnasialbesuchs von marokkanischen Schülern in NRW, der im Jahr 1985 4,1 % und in 2001 bereits 7,2 % beträgt (Bouras 2006, 39). Dies ist ein Hinweis darauf, dass der Gymnasialbesuch im Zeitverlauf zunimmt. Setzt man ihre Ergebnisse in Bezug zu dem abgebildeten Besuchsanteil für NRW von 10 % im Schuljahr 2008/09, so hat sich der Gymnasialbesuch von marokkanischen Schülern in NRW innerhalb von gut 20 Jahren mehr als verdoppelt.

Ergänzend zur Darstellung von Anteilswerten sollen Relative-Risiko-Indizes (RRIs) auf Ebene des Bundes und der Länder berechnet werden (vgl. hierzu z. B. Diefenbach 2010, 17ff.). Durch das Repräsentationsmaß wird überprüft, in welchem Umfang marokkanische im Vergleich zu deutschen Schülern an bestimmten Schulformen über- oder unterrepräsentiert sind (Abbildung 5). Die Berechnung von RRIs hat eine besondere Relevanz, da die dargestellten Schulformbesuchsanteile durch die jeweiligen schulischen Angebotsstrukturen in den Ländern beeinflusst sind. Erst wenn die Schulformbesuchsanteile von marokkanischen ins Verhältnis zu denen von deutschen Schülern gesetzt werden, zeigen sich unabhängig von der schulischen Angebotsstruktur bestehende Disparitäten. Fallen die Anteile des Schulformbesuchs für die marokkanischen sowie für die deutschen Schüler gleich aus, ergibt sich ein Indexwert von 1. Sind marokkanische Schüler an einer Schulform überrepräsentiert, so ergibt sich ein RRI von größer 1, im Falle einer Unterrepräsentation von kleiner 1.

Bundesland	Förderschule	Hauptschule	sonstige weiterf. Schulart	Gymnasium
Hessen	2,72	3,55	1,36	0,26
NRW	2,07	2,65	1,13	0,23
Rheinland-Pfalz	0,86	4,74	0,97	0,26
sonstige*	1,33	2,73	1,06	0,37
Deutschland insg.	2,06	2,44	1,21	0,26

Abb. 5   RRIs zum Besuch spezifischer Schulformen für marokkanische im Vergleich zu deutschen Schülern (Schuljahr 2008/09)

* = RRI Besuch von Förderschulen für marokkanische Schüler unter- und für alle weiteren Schulformen überschätzt, da an Förderschulen in Baden-Württemberg nicht die marokkanische Staatsangehörigkeit erfasst wird

Quelle: Eigene Berechnung und Darstellung nach Statistisches Bundesamt 2009

Ein RRI von 2,06 für Deutschland insgesamt veranschaulicht, dass marokkanische Schüler im Bundesdurchschnitt gut doppelt so häufig eine Förderschule besuchen wie deutsche Schüler (12,9 vs. 6,2 %). Die RRIs weichen in zwei Ländern erheblich vom Bundesdurchschnitt ab. Während marokkanische Schüler an rheinland-pfälzischen Förderschulen mit einem RRI von 0,86 sogar unterrepräsentiert sind (4,2 vs. 4,9 %), zeigt sich für sie mit einem RRI von 2,7 das höchste Förderschulbesuchsrisiko in Hessen (14,2 vs. 5,2 %). An Hauptschulen sind marokkanische Schüler im Bundesdurchschnitt um das 2,4-fache überrepräsentiert, auf Landesebene variiert dieser Indexwert zwischen 2,7 für die sonstigen Länder und 4,7 für Rheinland-Pfalz. Als vergleichsweise ausgeglichen sind die RRIs hinsichtlich des Besuchs sonstiger weiterführender Schularten anzusehen. Eindeutig unterrepräsentiert sind marokkanische Schüler hingegen auf Gymnasien: Auf Bundesebene beträgt der Gymnasialbesuchsanteil für marokkanische im Vergleich zu deutschen Schülern nur etwa ein Viertel (11,3 vs. 43,6 %). Ähnliche RRIs zeigen sich für die separat ausgewiesenen Länder, nur für die „sonstigen" Länder ist eine etwas geringere Unterrepräsentation erkennbar. Festzuhalten bleibt, dass marokkanische Schüler im Vergleich zu deutschen Schülern sowohl auf Bundes- als auch auf Landesebene an Förder- und an Hauptschulen überrepräsentiert sind (abgesehen vom Förderschulbesuchsrisiko in Rheinland-Pfalz), was mit einer deutlichen Unterrepräsentation an Gymnasien einhergeht. Im Vergleich zu früheren Befunden von Kemper und Weishaupt (2011b) zeigt sich für NRW ein Rückgang der Überrepräsentation marokkanischer Schüler an Förderschulen im Vergleich zu deutschen Schülern, da der RRI für das Schuljahr 2005/06 noch 2,4 betrug (vgl. ebd., 425), im Vergleich zu knapp 2,1 in 2008/09. Differenziert man die Ergebnisse nach Förderschwerpunkten, weisen marokkanische Schüler an Förderschulen mehrheitlich den Förderschwerpunkt Lernen auf (ebd.). In diesem Förderschwerpunkt sind marokkanische Schüler sogar um das 3,1-fache überrepräsentiert (Kemper/Weishaupt 2011b, 419). Dies trägt wahrscheinlich – wie bei anderen Kindern unterer Sozialgruppen – zu ihrer Ausgrenzung bei (vgl. Klein 2001; Mand 2006).

4   Grundschüler mit marokkanischem Migrationshintergrund in Hessen

Geprüft werden soll, inwiefern sich die zuvor festgestellte räumliche Ungleichverteilung von marokkanischen Schülern zwischen den Bundesländern sich auch innerhalb der Bundesländer fortsetzt. Die hierfür erforderlichen weitergehenden Schulstatistiken werden von Statistischen Landesämtern oder Kultusministerien nur für einzelne Länder zur Verfügung gestellt. Für Hessen ließ sich der Zugang zu einem entsprechenden Individualdatensatz des Hessischen Kultusministeriums (HKM) für das Schuljahr 2010/11 realisieren, der sowohl Informationen zum Schulbesuch als auch erstmals valide Informationen zum Migrationshintergrund der Schüler enthält. Geprüft werden soll, ob die in dem Datensatz enthaltenen (zusätzlichen) Merkmale neue Informationen zur Anzahl, zur Verteilung sowie – im nachfolgenden Kapitel – zur Bildungsbeteiligung von marokkanischen Schülern liefern.

Zunächst soll der quantitative Umfang von marokkanischen Schülern anhand verschiedener Definitionen untersucht werden. Die Analysen werden auch deshalb für die Schulform Grundschule durchgeführt, da diese in dem Schuljahr 2010/11 die einzige ist, auf deren Schüler sich das seit dem Jahr 2000 geänderte Staatsangehörigkeitsrecht (vgl. z. B. Wiedemann 2005; Kemper 2010) vollständig auswirkt. Hierdurch wird erkennbar, wie viele Schüler eine erste marokkanische Staatsangehörigkeit aufweisen und in welchem Umfang Schüler über einen deutsch-marokkanischen Doppelpass verfügen. Der Individualdatensatz erfasst neben der spezifischen ersten Staatsangehörigkeit (die auch in den Bundesstatistiken ausgewiesen wird) eine mögliche zweite Staatsangehörigkeit der Schüler. Hieraus ergeben sich verschiedene Definitionen für „marokkanische Schüler".[2]

Außerdem stellt die Statistik das Merkmal „Geburtsland" zur Verfügung. Hierüber sind Schüler erkennbar, die in Marokko geboren wurden und (ggf. mit ihren Eltern) nach Deutschland gezogen sind. Zudem erlaubt das Merkmal erste Aussagen zum Generationenstatus von Schülern. Schließlich ermöglicht die Kombination der Merkmale erste und zweite Staatsangehörigkeit sowie Geburtsland eine weite Definition von „Schülern mit marokkanischem Migrationshintergrund".[3]

---

2 Gefolgt wird der Definition des Statistischen Bundesamtes (2011, 5). Das heißt: Verfügt ein Schüler ausschließlich über eine deutsche (bzw. marokkanische) Staatsangehörigkeit, wird als erste Staatsangehörigkeit eine deutsche (bzw. marokkanische) Staatsangehörigkeit ausgewiesen. Verfügt ein Schüler neben einer marokkanischen Staatsangehörigkeit zusätzlich auch noch über eine deutsche, so ist dieser als Deutscher zu zählen; entsprechend wird als erste Staatsangehörigkeit eine deutsche und als zweite eine marokkanische Staatsangehörigkeit ausgewiesen (vgl. ebd.; Plath 2003, 6). Somit kann der Umfang der marokkanischen Schüler nach erster und zweiter Staatsangehörigkeit differenziert werden, zusätzlich können beide Merkmale auch miteinander kombiniert werden. Das heißt, als zusätzliche Definition wird eingeführt, dass Schüler einen marokkanischen Migrationshintergrund aufweisen, wenn sie entweder ausschließlich eine marokkanische erste Staatsangehörigkeit besitzen, oder die erste Staatsangehörigkeit eine deutsche und die zweite eine marokkanische ist (vgl. hierzu auch Söhn/Özcan 2005, 121).

3 Entgegen der allgemeinen Definition eines Migrationshintergrundes nach der Kultusministerkonferenz (KMK 2011, 29) wird das Merkmal „überwiegende Familiensprache" nicht zur Operationalisierung eines marokkanischen Migrationshintergrundes verwendet. Denn über die Sprache alleine kann nur sehr begrenzt auf die regionale Herkunft

Zunächst sollen die Anzahl und die Anteile marokkanischer Grundschüler in Hessen nach Migrationsmerkmalen für das Schuljahr 2010/11 dargestellt werden (ohne Abbildung).[4] Wird nur das Merkmal der ersten Staatsangehörigkeit verwendet, ergibt sich eine Anzahl von 423 marokkanischen Schülern (bzw. 0,2 % der 211.795 Grundschüler insgesamt). Weitere 679 Schüler (bzw. 0,3 %) haben als erste eine deutsche und als zweite eine marokkanische Staatsangehörigkeit. Hieraus folgt, dass sich die Zahl marokkanischer Schüler erheblich vergrößert, wenn die zweite Staatsangehörigkeit berücksichtigt wird: Insgesamt 1.102 marokkanische Schüler weisen entweder eine erste oder eine zweite marokkanische Staatsangehörigkeit auf. Das Merkmal des Geburtslandes ist quantitativ mit 260 (bzw. 0,1 %) in Marokko geborenen Schülern zu vernachlässigen; zudem ist es als nicht trennscharf gegenüber den Staatsangehörigkeitsmerkmalen anzusehen (da z. B. Schüler mit einer ersten marokkanischen Staatsangehörigkeit entweder in Deutschland oder in Marokko geboren sein können). Dies zeigt sich auch an der Summe der Schüler, wenn die drei Merkmale miteinander kombiniert werden: insgesamt 1.238 Schüler (bzw. 0,6 %) haben einen „marokkanischen Migrationshintergrund"[5]. Nach Generationenstatus[6] zeigt sich, dass nur etwa ein Fünftel (260 von 1.238) der Schüler mit marokkanischem Migrationshintergrund zugewandert ist und etwa vier Fünftel

---

von Schülern – insbesondere von marokkanischen Schülern – geschlossen werden (vgl. hierzu auch Maas/Mehlem 2003, 37f.). Zum einen ist die Verbreitung von Sprachen i. d. R. nicht an die regionale Herkunft im Sinne nationalstaatlicher Grenzen gebunden, was am Beispiel der in der Statistik verwendeten Ausprägung „Arabisch" unmittelbar deutlich wird. Zudem wird das Sprachmerkmal in der Statistik nur wenig spezifisch erhoben – eine Ausdifferenzierung erfolgt für 15 Sprachen (und „sonstige"). Die Folge ist, dass weder Berbersprachen ausgewiesen werden noch Differenzierungen (z. B. nach Marokkanischem Arabisch oder Tarifit) erfolgen. Lediglich Informationen über die Eltern (etwa über ihr Geburtsland, das z. B. von den PISA-Studien erhoben wird) könnten dieses statistische Defizit ausgleichen, diese sind in dem Datensatz allerdings nicht enthalten. Die angeführten Einschränkungen stellen jedoch nicht den Innovationsgehalt der hessischen Schulstatistik gegenüber bisherigen amtlichen Schuldaten in Frage (vgl. ebd., 33): In Hessen werden immerhin Schülerindividualdaten erhoben, wodurch erweiterte und über das Merkmal der ersten Staatsangehörigkeit hinausgehende Definitionen zu Schülern mit marokkanischem Migrationshintergrund ermöglicht werden.

4   Die nachfolgenden Ausführungen sowie die Abbildungen 6 bis 8 basieren auf Daten des Hessischen Kultusministeriums (HKM, Zahlen der Schulstatistik, Schuljahr 2010/11, eigene Berechnungen).

5   Das heißt, sie weisen entweder eine marokkanische erste Staatsangehörigkeit, als erste eine deutsche und als zweite eine marokkanische Staatsangehörigkeit oder Marokko als Geburtsland auf.

6   Die Zugewanderten, d. h. in Marokko Geborenen, bilden die erste Generation; die in Deutschland Geborenen mit einer marokkanischen Staatsangehörigkeit, die zweite Generation.

(bzw. 978 Schüler) in Deutschland geboren wurden. Insgesamt bleibt festzuhalten, dass in Hessen je nach Auswahl der Merkmale der Anteil marokkanischer Schüler unter allen Grundschülern zwischen 0,1 und 0,6 % variiert.

Eine hohe Segregation unter marokkanischen Grundschülern wurde bereits zwischen den Kreisen und kreisfreien Städten in NRW festgestellt (Kemper 2009b). Ob auch für Hessen Ungleichverteilungen auszumachen sind, wird durch die Berechnung von Segregationsindizes überprüft (Abbildung 6). Das Maß schätzt die Bildungssegregation zwischen den 26 Kreisen und kreisfreien Städten in Hessen durch Werte von null (keine Segregation) bis 100 (vollständige Segregation) ein. Der Indexwert lässt „sich als Prozentsatz der Minorität interpretieren, die umziehen/ umverteilt werden müsste, um eine proportionale Verteilung von Minorität und Majorität zu erhalten" (Friedrichs 1983, 219).

marokkanische Schüler nach verschiedenen Migrationsmerkmalen	Segregations-index	Anteil der Top 3-Kreise in %**	Anteil der Top 5-Kreise in %**
1. StA = marokkanisch	61	71,4	85,1
2. StA = marokkanisch*	56	70,7	83,2
1. oder 2. Staatsangehörigkeit	57	70,6	82,8
Geburtsland	62	78,8	88,8
Migrationshintergrund	58	71,5	84,2
differenziert nach Generationenstatus			
1. Generation	62	78,8	88,8
2. Generation	57	70,8	83,0

Abb. 6   Segregationsindizes für marokkanische Grundschüler in Hessen nach Migrationsmerkmalen (Schuljahr 2010/11)

* = sofern die erste Staatsangehörigkeit deutsch ist; ** = an marokkanischen Schülern insgesamt (der jeweiligen Operationalisierung); StA = Staatsangehörigkeit

Quelle: Eigene Berechnung und Darstellung nach Individualdatensatz des Hessischen Kultusministeriums (HKM) bzw. des Hessischen Statistischen Landesamtes: Statistik der allgemeinbildenden Schulen, Schuljahr 2010/11

Die sehr hohen Segregationsindizes bestätigen eine erhebliche räumliche Ungleichverteilung von marokkanischen Grundschülern zwischen den hessischen Kreisen. Dies kann zu Bildungsbenachteiligungen führen, insbesondere, wenn an einzelnen Schulen eine insgesamt hohe ethnische Segregation mit konzentrierter Armut, Bildungsferne und Sprachproblemen einhergeht, was sich negativ auf den Schulerfolg auswirkt (Baur 2013, 78). Die Segregationsindizes unterscheiden sich in Abhängigkeit von den Migrationsmerkmalen, mit deren Hilfe marokkanische

Schüler operationalisiert werden. Der höchste Wert ist für die in Marokko Geborenen auszumachen, der geringste ergibt sich für Schüler mit einer deutsch-marokkanischen Staatsangehörigkeit. Auch in den Ergebnissen nach Generationenstatus
spiegelt sich wider, dass sich mit steigender Aufenthaltsdauer die Segregation
von Migrantengruppen verringert (vgl. Friedrichs 2008, 401). Eine erhebliche
Ungleichverteilung zeigt sich zudem darin, dass allein auf die drei Kreise mit der
höchsten Anzahl an marokkanischen Schülern über 70 % aller marokkanischen
Grundschüler in Hessen entfallen. In den „Top 5-Kreisen" befinden sich bereits
mehr als 80 % aller marokkanischen Schüler.[7]

Beispielhaft sollen die Fallzahlen für die fünf Regionen mit der höchsten Anzahl
an Schülern mit marokkanischem Migrationshintergrund konkretisiert werden.
In absteigender Reihenfolge der Fallzahlen handelt es sich hierbei um Frankfurt
am Main, die Landkreise Groß-Gerau[8] und Offenbach sowie die kreisfreien Städte
Wiesbaden und Offenbach am Main. Auf diese entfallen insgesamt 1.043 von 1.238
Grundschülern mit marokkanischem Migrationshintergrund in Hessen (bzw.
84,2 %). In Übereinstimmung mit Mehlem (1998, 52) zeigt sich für marokkanische
Schüler in Hessen eine noch stärkere regionale Ungleichverteilung als in NRW. Für
NRW wurde anhand des Merkmals der (ersten) Staatsangehörigkeit zwischen den
Kreisen und kreisfreien Städten ein Segregationsindex von 45 errechnet (Kemper
2009b, 94f.). Bereits dieser Wert verweist auf eine starke regionale Konzentration
von marokkanischen Grundschülern auf nur wenige Kreise bzw. kreisfreie Städte.
Die Ergebnisse stimmen auch mit weiteren Untersuchungen überein, wonach sich
„fast die Hälfte der Marokkaner [...] auf nur zehn Städte" in Deutschland verteilt
(GTZ 2007, 10).[9] Ursache hierfür ist, dass sich marokkanische Arbeitsmigranten
Mitte des 20. Jahrhunderts in Ballungsräumen mit Arbeitsangeboten im Bereich
von Industrie und Bergbau niederließen. Für Hessen ist insbesondere das Rhein-
Main-Gebiet und als konkretes Beispiel das Opelwerk in Rüsselsheim zu nennen (vgl.
Mehlem 1998, 52; GTZ 2007, 9). Dass sich die Ungleichverteilung auch innerhalb
von Großstädten fortsetzt, zeigt z. B. die Frankfurter Städtestatistik, nach der sich
knapp die Hälfte der marokkanischen Bevölkerung auf ein Viertel der Frankfurter
Stadtteile verteilt (vgl. FSA 2005).

---

7   Zum Vergleich: 22,6 % der hessischen Grundschüler besuchen eine Schule in den drei
    Kreisen mit den höchsten Schülerzahlen (Top 5: 32,7 %).
8   Dem Kreis gehört auch Rüsselsheim als größte kreisgebundene Stadt an.
9   Hierunter befinden sich nach Angaben der GTZ (heute GIZ) insbesondere Frankfurt
    am Main, Düsseldorf, Dortmund und Köln „sowie Bonn, Wiesbaden, Wuppertal, Of-
    fenbach, Essen und Rüsselsheim" (GTZ 2007, 10).

5 Bildungsbeteiligung von Schülern mit marokkanischem Migrationshintergrund in Hessen

Daten des Statistischen Bundesamtes ermöglichen lediglich Analysen zur Bildungs-beteiligung von Schülern mit marokkanischer Staatsangehörigkeit auf Bundes- und auf Landesebene. Differenziertere Analysen, etwa zum Bildungserfolg oder zur Bildungsbeteiligung bei einem weiter gefassten marokkanischen Migrationshinter-grund, waren bislang nicht möglich. Anhand der hessischen Individualdatenstatistik kann die Bildungsbeteiligung von marokkanischen Schülern an weiterführenden Schulen in Hessen unter Berücksichtigung der Klassenstufe untersucht werden (Abbildung 7). Die Bildungsbeteiligung wird für die Klassenstufen fünf bis neun berechnet, um im Vergleich zwischen den Schulformen möglichst unverzerrte Ergebnisse und zugleich ausreichende Fallzahlen zu erhalten. Eine Differenzierung des Schulformbesuchs erfolgt sowohl nach den jeweiligen Migrationsmerkmalen als auch nach dem Generationenstatus der Schüler.

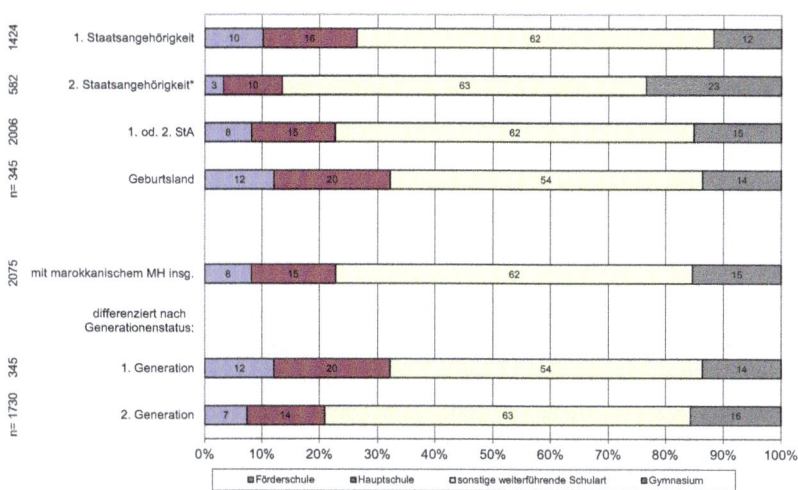

Abb. 7 Bildungsbeteiligung von marokkanischen Schülern an weiterführenden Schulen der Klassenstufen 5 bis 9 nach Migrationsmerkmalen und Generationenstatus in Hessen (Schuljahr 2010/11)

* = sofern die erste Staatsangehörigkeit deutsch ist; StA = Staatsangehörigkeit

Quelle: Eigene Berechnung und Darstellung nach Individualdatensatz des Hessischen Kultusministeriums (HKM) bzw. des Hessischen Statistischen Landesamtes: Statistik der allgemeinbildenden Schulen, Schuljahr 2010/11

Insgesamt 2.075 (bzw. 0,7 %) von insgesamt 311.788 Schülern an weiterführenden
Schulen in Hessen weisen einen marokkanischen Migrationshintergrund auf.
Die Bildungsbeteiligung unterscheidet sich erheblich, je nach zugrunde gelegten
Migrationsmerkmalen. Die in Marokko Geborenen besuchen mit 12,2 % 3,7-mal
so häufig Förderschulen wie Schüler mit einer ersten deutschen und einer zweiten
marokkanischen Staatsangehörigkeit (3,3 %). Erhöhte Anteilswerte zeigen sich
auch für Schüler, deren erste Staatsangehörigkeit eine marokkanische ist. Neben
der Aufenthaltsdauer beeinflusst nach Söhn (2011) der mit einer (nicht-)deutschen
Staatsangehörigkeit verbundene Rechtsstatus indirekt die Bildungsbeteiligung. Die
Staatsangehörigkeit gewährt verschiedene Rechte, die Unterschiede etwa hinsichtlich
der Bleibesicherheit, des Arbeitsmarktzugangs oder der Anerkennung ausländischer
Abschlüsse bewirken (ebd., 380f.). Das Gymnasium besuchen Schüler sowohl mit
einem deutschen als auch einem marokkanischen Pass etwa doppelt so häufig wie
Schüler, deren erste Staatsangehörigkeit marokkanisch ist (23,4 vs. 11,7 %).

Werden die Schüler mit einem marokkanischen Migrationshintergrund nach
ihrem Generationenstatus differenziert, so zeigt sich für marokkanische Schüler
der ersten Generation ein deutlich erhöhter Förderschul- und ein etwas niedrigerer
Gymnasialbesuch. Dieses Ergebnis weist auf eine schwierigere sozioökonomische
Lage sowie auf eine Fehlzuweisung auf Förderschulen u. a. aufgrund mangelnder
Sprachkenntnisse hin. Dies gilt insbesondere für „Seiteneinsteiger" in das deutsche
Schulsystem, die einen Teil der ersten Generation ausmachen. Festzuhalten ist auch,
dass sie ihre Schulkarrieren überwiegend in der Hauptschule beginnen (vgl. ebd.,
384), was sich in dem erhöhten Hauptschulbesuchsanteil der ersten Generation
widerspiegelt. Anhand der Individualdatenstatistik kann ferner dargestellt werden,
inwiefern mit der Staatsangehörigkeit sowie dem Generationenstatus Unterschiede
im Gebrauch von Deutsch als überwiegender Familiensprache einhergehen (Abbildung 8). Der Sprachgebrauch wird ergänzend ausgewertet, da für Schüler mit
Migrationshintergrund u. a. ein enger Zusammenhang zwischen der Familiensprache und der schulischen Leseleistung sowie den Mathematikleistungen belegt
wurde (vgl. Stanat/Christensen 2006, 52ff.; Stanat et al. 2010). Zudem kann der
überwiegende „Gebrauch einer anderen Sprache zu Hause […] unter Umständen
ein Indikator für eine geringe Integration der Familien sein" (Stanat/Christensen
2006, 52).[10] Kritisch angemerkt werden muss, dass die Statistik nicht ausweist, ob
ein oder zwei Elternteil(e) in Marokko geboren wurde(n), was nicht zuletzt einen
Einfluss auf die in Familien überwiegend verwendete Sprache hat.

---

10 Für marokkanische Schüler identifiziert Bouras (2006, 252f.) Deutsch als Zweitsprache
    als wichtigen Einflussfaktor für den Schulerfolg.

marokkanische Schüler, nach Migrationsmerkmalen:	überwiegende Familiensprache in %	
	Deutsch	Nichtdeutsch
1. Staatsangehörigkeit	21,6	78,4
2. Staatsangehörigkeit*	24,9	75,1
1. oder 2. StA	22,5	77,5
Geburtsland	18,3	81,7
Migrationshintergrund	22,7	77,3
differenziert nach Generationenstatus:		
1. Generation	18,3	81,7
2. Generation	23,6	76,4

Abb. 8 Überwiegend gesprochene Familiensprache von marokkanischen Schülern an weiterführenden Schulen der Klassenstufen 5 bis 9 in Hessen nach Migrationsmerkmalen und Generationenstatus (Schuljahr 2010/11)

* = sofern die erste Staatsangehörigkeit deutsch ist; StA = Staatsangehörigkeit

Quelle: Eigene Berechnung und Darstellung nach Individualdatensatz des Hessischen Kultusministeriums (HKM) bzw. des Hessischen Statistischen Landesamtes: Statistik der allgemeinbildenden Schulen, Schuljahr 2010/11

In Hessen spricht annähernd jeder vierte Schüler mit marokkanischem Migrationshintergrund zu Hause überwiegend Deutsch. Differenziert nach den einzelnen Migrationsmerkmalen weisen diejenigen Schüler am häufigsten Deutsch als Familiensprache auf, die über einen deutsch-marokkanischen Doppelpass verfügen (24,9 %); unter den in Marokko Geborenen trifft dies nur auf weniger als jeden Fünften zu. Werden diese Ergebnisse mit der zuvor untersuchten Bildungsbeteiligung verglichen, so zeigt sich ein deutlicher positiver Zusammenhang zwischen der Höhe des Förderschulbesuchs und dem Anteil der in der Familie überwiegend eine nichtdeutsche Sprache sprechenden Schüler. Auch ist tendenziell ein positiver Zusammenhang zwischen Deutsch als Familiensprache und der Häufigkeit des Gymnasialbesuchs zu erkennen. Im Generationenvergleich sprechen marokkanische Schüler der zweiten Generation um 5,3 Prozentpunkte häufiger in ihren Familien überwiegend Deutsch als diejenigen der ersten Generation (23,6 vs. 18,3 %). Auch hier zeigt sich der Zusammenhang mit der Bildungsbeteiligung, da für marokkanische Schüler der zweiten Generation der Förderschulbesuch niedriger und der Gymnasialbesuch höher ausfällt als für diejenigen der ersten Generation.[11]

---

11 Auch differenziert nach Schulform bestehen Unterschiede (ohne Abbildung): Marokkanische Schüler an Gymnasien sprechen in ihren Familien überdurchschnittlich, an sonstigen weiterführenden Schularten durchschnittlich und an Förder- und Hauptschulen unterdurchschnittlich häufig Deutsch.

In den Ergebnissen, sowohl nach Migrationsmerkmalen als auch nach Generationenstatus unterschieden, zeigt sich, dass ein verbesserter Rechtsstatus (in Form einer deutschen Staatsangehörigkeit) bzw. eine zunehmende Aufenthaltsdauer der Kinder eine höhere Bildungsbeteiligung (im Sinne eines höheren Gymnasial- und eines niedrigeren Förderschulbesuchs) und eine etwas häufigere Verwendung von Deutsch als Familiensprache bedeutet (vgl. Esser 2001; Söhn 2011).

6   Schulerfolg von marokkanischen Schülern in NRW

Bouras kritisiert, dass Sprachprobleme insbesondere unter „Seiteneinsteigern" dazu führten, dass marokkanische Schüler nicht in die richtige Schulform eingegliedert würden und „ihre Intelligenz, Kreativität und bereits erworbenen Kenntnisse weitgehend außer Betracht" blieben (Bouras 2006, 39f.). Sie stellt fest, dass im Jahr 2001 nur 9 % der marokkanischen Abgänger in NRW das Abitur erreichten. Allerdings fällt in NRW der schulartspezifische Bildungserfolg im Vergleich zur Bildungsbeteiligung von marokkanischen Schülern insgesamt überdurchschnittlich aus (ebd.). Nachfolgend wird der Schulerfolg von marokkanischen Schülern genauer analysiert. Im Rahmen von Schulabgängerstatistiken werden auf Bundesebene weder die spezifische Staatsangehörigkeit noch erweiterte Migrationsmerkmale erhoben. Nur einzelne Bundesländer verfügen über differenzierte Abgängerstatistiken. Daher wird der Schulerfolg exemplarisch für marokkanische Schüler in NRW – das Land mit den höchsten Fallzahlen u. a. für marokkanische Schüler – ausgewertet. Zwar ist für NRW bislang kein Datensatz verfügbar, der valide Individualdaten zum herkunftsspezifischen Migrationshintergrund der Schüler bereitstellt. Allerdings werden seit mehreren Jahren die Abschlüsse von Abgängern nach Staatsangehörigkeit und Schulform erhoben. Die Fallzahlen für marokkanische Abgänger sind für eine differenzierte Analyse des Schulerfolgs zu gering, wenn nur ein Schuljahr untersucht wird.[12] Um ausreichende Fallzahlen zu erhalten, werden die vom Statistischen Landesamt *IT.NRW* bereitgestellten Datensätze der Schuljahre 2002/03 bis 2008/09 zusammengefasst. Der Schulerfolg wird gemessen über die (nicht-)

---

12 Dies ist zugleich der Grund dafür, dass keine Abgängeranalysen für Schüler mit marokkanischem Migrationshintergrund in anderen Ländern durchgeführt werden können. Für Hessen existieren bislang nur wenige Schuljahre mit validen Daten zum Migrationshintergrund der Schüler. Einzelne Länder wie Rheinland-Pfalz, die seit mehreren Schuljahren valide Individualdaten bereit stellen, weisen zu geringe Fallzahlen auf, um Abgängeranalysen für marokkanische Schüler durchzuführen (vgl. Abbildung 4) – insbesondere wenn die Schulform berücksichtigt werden soll.

erreichten Abschlüsse der Abgänger von weiterführenden Schulen insgesamt sowie differenziert nach Schulform; er wird für marokkanische im Vergleich zu deutschen und sonstigen nichtdeutschen Abgängern dargestellt (Abbildung 9).

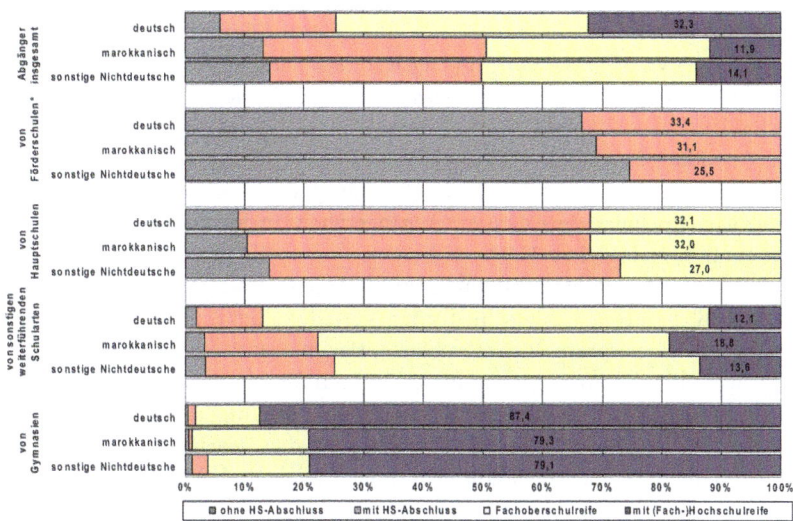

Abb. 9 Abgänger nach Staatsangehörigkeit von weiterführenden Schulen insgesamt sowie differenziert nach Schulform in NRW und nach erreichtem Schulabschluss (aggregiert für die Schuljahre 2002/03 bis 2008/09)

HS = Hauptschul(e); * = der Anteil Abgänger mit Hauptschulabschluss von Förderschulen enthält auch (die wenigen) Abgänger mit Fachoberschulreife

Quelle: Eigene Berechnung und Darstellung nach Statistisches Landesamt (IT.NRW), Schuljahre 2002/03 bis 2008/09

Insgesamt 5.410 Schüler mit marokkanischer Staatsangehörigkeit verlassen in den Schuljahren 2002/03 bis 2008/09 eine weiterführende Schule in NRW (darunter 357 Abgänger von Gymnasien, 566 von Förderschulen, 1.927 von sonstigen weiterführenden Schularten und 2.560 von Hauptschulen). Insbesondere der geringe Besuchsanteil von Gymnasien (vgl. Abbildungen 1 und 4) führt dazu, dass nur annähernd jeder achte marokkanische Abgänger letztlich die Hochschulreife erreicht. Mehr als jeder Achte verlässt die Schule ohne Hauptschulabschluss; zu jeweils etwa 37 % erreichen marokkanische Schüler einen Hauptschulabschluss sowie die Fachoberschulreife. Nur geringe Unterschiede sind hinsichtlich des Schulerfolgs zwischen marokkanischen und sonstigen nichtdeutschen Schülern zu erkennen. Im Vergleich zu deutschen Schülern zeigen sich für marokkanische Schüler als deutlichste Unterschiede mehr als doppelt so hohe Anteile von Abgängern ohne Hauptschulabschluss (13,3 vs. 5,8 %) sowie beinahe doppelt so hohe Anteile von Abgängern mit Hauptschulabschluss (37,3 vs. 19,7 %). Dagegen beträgt der Anteil von Abgängern mit Hochschulreife nur gut ein Drittel des Anteils der deutschen Schüler (11,9 vs. 32,3 %). Somit sind auch im Schulerfolg deutliche Disparitäten zwischen marokkanischen und deutschen Schulabgängern festzustellen. Demgegenüber weisen italienische Schüler nicht nur eine ähnlich geringe Bildungsbeteiligung (vgl. Abbildung 2), sondern auch einen ähnlichen Schulerfolg wie marokkanische Schüler auf (ohne Abbildung): Beide Schülergruppen erreichen zu 13,3 % keinen Hauptschulabschluss, der Anteil von Abgängern mit Hochschulreife unterscheidet sich nur minimal (12,2 vs. 11,9 %).

Bei diesen Zahlen bleibt allerdings unklar, ob die festgestellten Disparitäten ausschließlich aus der unterschiedlichen Verteilung auf die Schulformen und aus den schulformspezifischen Abschlussoptionen resultieren oder ob sich auch der Schulerfolg für Abgänger von derselben Schulform nach Staatsangehörigkeit unterscheidet. Wird die Schulform berücksichtigt, dann erreichen an *Förderschulen* über zwei Drittel (68,9 %) der marokkanischen Abgänger keinen Hauptschulabschluss. Dieser Anteil fällt im Vergleich zu deutschen Schülern um zwei Prozentpunkte höher aus. Sonstige nichtdeutsche Schüler verlassen Förderschulen sogar zu 74,5 % ohne Hauptschulabschluss. Diese Anteile haben auch deshalb eine hohe Bedeutung, da etwa jeder zweite Schulabgänger ohne Hauptschulabschluss zuvor eine Förderschule besucht hat.[13] Zwischen deutschen und marokkanischen Abgängern von *Hauptschulen* bestehen nur geringe Unterschiede, demgegenüber ist für sonstige nichtdeutsche Schüler ein klar erhöhter Anteil an Abgängern ohne Hauptschulabschluss festzustellen. Hinsichtlich der *sonstigen weiterführenden Schularten* fallen zwei bemerkenswerte Unterschiede auf: Zum einen verlassen marokkanische und sonstige nichtdeutsche Schüler diese Schulen erheblich häufiger als deutsche Schüler ohne Hauptschulabschluss (bzw. mit maximal einem Hauptschulabschuss). Zum anderen erreichen marokkanische Schüler hier um etwa vier Prozentpunkte häufiger die Hochschulreife gegenüber Schülern der beiden Vergleichsgruppen. Weiter soll die Rolle von *Gesamtschulen* betrachtet werden: Von den 1.170 marokkanischen Abgängern von Gesamtschulen erreicht mit 30,9 % knapp jeder Dritte die Hochschulreife. Dieser Anteil fällt deutlich höher

---

13 54,2 % aller marokkanischen Abgänger ohne Hauptschulabschluss gehen von einer Förderschule ab, unter deutschen sind es 51,2 %, unter sonstigen nichtdeutschen Abgängern sind es 49,8 % (ohne Abbildung).

aus als für sonstige nichtdeutsche Abgänger (23,9 %) und unterscheidet sich nur unwesentlich von dem für deutsche Abgänger (31,8 %). Der hohe Abgängeranteil mit Hochschulreife von den sonstigen weiterführenden Schularten resultiert daraus, dass 60,7 % der marokkanischen Abgänger zuvor die Gesamtschule besuchen, während es unter Deutschen nur 36 % sind (sonstige Nichtdeutsche: 56,7 %). Ein deutlich geringerer Schulerfolg ist für marokkanische Schüler im Vergleich zu deutschen Schülern lediglich an *Gymnasien* festzustellen, auf denen erstere um 12 Prozentpunkte seltener die Hochschulreife erlangen.

Ergänzend sollen in vergleichender Perspektive die wesentlichen Unterschiede im Schulerfolg zwischen marokkanischen und italienischen Schülern dargestellt werden, die einen ähnlichen sozioökonomischen Status aufweisen (ohne Abbildung). An Förderschulen erreichen erstere häufiger wenigstens einen Hauptschulabschluss (+2,6 Prozentpunkte), Hauptschulen verlassen sie häufiger mit Fachoberschulreife (+7,5 Prozentpunkte) und an sonstigen weiterführenden Schulen erreichen sie häufiger die Hochschulreife als italienische Schüler (+6,3 Prozentpunkte). Lediglich an Gymnasien fällt der Schulerfolg von marokkanischen Schülern geringer aus, da sie seltener die Hochschulreife erlangen (-4,7 Prozentpunkte).

Insgesamt bleibt für marokkanische Schüler festzuhalten, dass sie an Gymnasien nur unterdurchschnittliche Schulerfolge erzielen. An allen weiteren Schulformen erreichen sie im Vergleich zu sonstigen nichtdeutschen Schülern insgesamt (bzw. zu italienischen Schülern im Speziellen) überdurchschnittliche Schulerfolge. Dies zeigt sich auch darin, dass ihr Schulerfolg nach Schulform ähnlich hoch ausfällt wie der von deutschen Schülern. Der relativ geringe Bildungserfolg an Gymnasien führt in Kombination mit einer niedrigen Bildungsbeteiligung zu einem insgesamt unterdurchschnittlichen Schulerfolg. Aus der Kombination von Bildungsbeteiligung und Schulerfolg resultiert auch der Befund, dass marokkanische im Vergleich zu sonstigen nichtdeutschen Abgängern differenziert nach Schulform durchgängig höhere Abschlüsse erreichen, über alle Schulformen hinweg fällt der Schulerfolg jedoch etwas geringer aus. Dieses Ergebnis ist auf quantitative Unterschiede bei dem Besuch spezifischer Schulformen zurückzuführen (z. B. besuchen im Schuljahr 2008/09 nur 10,0 % der marokkanischen gegenüber 16,7 % der sonstigen nichtdeutschen Schüler ein Gymnasium). Die Feststellung von Bouras (2006, 40), dass der schulartspezifische Bildungserfolg im Vergleich zur Bildungsbeteiligung überdurchschnittlich ausfällt, konnte für marokkanische Schüler also bestätigt werden. Insgesamt sind die schulstatistischen Befunde vergleichbar mit den auf derselben Datenquelle basierenden Ergebnissen weiterer Autoren (vgl. Bouras 2006, Kemper/Weishaupt 2011b).

7   Fazit

Mit Hilfe der Daten der amtlichen Schulstatistik lassen sich die genauen Ursachen der Bildungsdisparitäten – etwa zwischen deutschen und marokkanischen Schülern – nicht analysieren. Hierfür fehlen wichtige Hintergrundvariablen. Höchstwahrscheinlich sind die festgestellten Bildungsdisparitäten u. a. auf die Zuwanderungsgeschichte der marokkanischen Bevölkerung und den hiermit einhergehenden und bis heute fortbestehenden niedrigen sozioökonomischen Status zurückzuführen, der anhand von aktuellen Mikrozensusdaten bestätigt wird (ohne Abbildung). Zusätzlich ist die segregierende Wirkung des Schulsystems erkennbar. Insgesamt zeigt sich auf Bundesebene, dass die Bildungsbeteiligung von marokkanischen Schülern deutlich niedriger als diejenige der deutschen Schüler ausfällt, da marokkanische Schüler insbesondere seltener Gymnasien und häufiger Förderschulen besuchen. Ausgehend von einem geringen Gymnasialbesuchsanteil nimmt dieser im Zeitverlauf immerhin langsam, aber stetig zu, während der Förderschulbesuch – trotz minimaler Anteilsrückgänge – relativ konstant bleibt. Eine leichte Steigerung der Bildungsbeteiligung scheint sich auch insofern abzuzeichnen, als marokkanische Schüler über die Jahre hinweg seltener Hauptschulen und dafür häufiger Gesamt- und Realschulen besuchen.

In den Bundesländern fällt die Bildungsbeteiligung von marokkanischen im Vergleich zu deutschen Schülern insgesamt niedriger aus; zwischen den Ländern sind erhebliche regionale Unterschiede festzustellen wie z. B. im Besuch von Förderschulen. Aufgrund der Zuwanderungsgeschichte sind marokkanische Schüler sowohl im Ländervergleich als auch innerhalb der Länder sehr ungleich verteilt. Letzteres wurde anhand von Individualdaten exemplarisch für Hessen nachgewiesen. Insbesondere für marokkanische Schüler der ersten Generation ergeben sich höhere Segregationsindizes, ein erhöhter Förderschul- und ein niedrigerer Gymnasialbesuch. Für das klassische schulstatistische Merkmal der ersten Staatsangehörigkeit zeigte sich, dass dieses im Vergleich zu den „Schülern mit marokkanischem Migrationshintergrund" zwar quantitativ erheblich geringer ausfällt, bezogen auf die Bildungsbeteiligung sind bisher nur geringe Verzerrungen festzustellen (der Förderschulbesuch wird leicht überschätzt, der Besuch von Gymnasien hingegen leicht unterschätzt). Allerdings weichen die Ergebnisse für die zukünftig quantitativ weiter zunehmende Gruppe der Schüler mit einer doppelten (deutschen und marokkanischen) Staatsangehörigkeit deutlich von denen für Schüler mit einer ausschließlich marokkanischen Staatsangehörigkeit ab, da erstere z. B. häufiger ein Gymnasium besuchen. In Übereinstimmung mit Hajji (2009, 18) ist für marokkanische Schüler der zweiten Generation – im Vergleich zur ersten Generation – eine steigende Bildungsbeteiligung und eine häufigere Verwendung von Deutsch als

Familiensprache festzustellen. Allerdings fällt diese positive Entwicklung zwischen den Generationen noch relativ gering aus, so dass für marokkanische Schüler weiterhin ein hoher Nachholbedarf besteht, um die gleichen Lebenschancen im Vergleich zu Schülern ohne Migrationshintergrund zu erreichen.

Festzuhalten bleiben darüber hinaus auch die Einschränkungen durch die schulstatistischen Datensätze, die sich insbesondere für marokkanische Schüler der zweiten Generation ergeben. Eine quantitative Unterschätzung der *Schülerzahlen* resultiert aus fehlenden oder unzureichenden Merkmalen, hier seien etwa das wenig differenzierende Merkmal der überwiegenden Familiensprache sowie fehlende Elterninformationen genannt. Zudem werden die *Bildungsergebnisse* sowie die Verwendung von Deutsch als Familiensprache unterschätzt, da über die in der Schulstatistik verwendeten Migrationsmerkmale nur eine Teilgruppe der Schüler mit marokkanischem Migrationshintergrund erfasst wird. Es fehlen Informationen z. B. zu Kindern, die von marokkanischen Eltern in Deutschland geboren wurden, die ausschließlich die deutsche Staatsangehörigkeit aufweisen (und zu Hause überwiegend Deutsch sprechen). Dieser Kritikpunkt gilt erst Recht für Schüler der dritten Generation, über die die Schulstatistik keinerlei Aussagen zulässt.

Schließlich konnte am Beispiel von NRW gezeigt werden: Bleibt die Schulform unberücksichtigt, führt der Vergleich der Schulerfolge von Abgängern – in Kombination mit einer unterdurchschnittlichen Bildungsbeteiligung – zu dem Ergebnis, dass marokkanische Abgänger insbesondere gegenüber deutschen Abgängern einen deutlich unterdurchschnittlichen Schulerfolg erzielen. Allerdings weisen marokkanische Abgänger bei Berücksichtigung der Schulform einen höheren Schulerfolg als sonstige nichtdeutsche Schüler auf. Und sie erreichen – außer an der Schulform Gymnasium – annähernd gleich hohe Abschlüsse wie deutsche Schüler. Dies kann als Hinweis gewertet werden auf Schülerpotentiale, die aufgrund der (frühzeitigen) Selektion im Schulsystem nicht erkannt werden. Um den Schulerfolg von marokkanischen Schülern zu verbessern, dürften somit weniger und spätere Selektionen, ein längeres gemeinsames Lernen an Schulformen mit Ganztagsangebot und mehreren Bildungsgängen, desegregative Ansätze sowie Elternpartizipation und -bildung vielversprechend sein (vgl. Baur 2013, Kap. 6). Nach Stanat und Müller (2006) sowie Baur (2013) wären außerdem (außer-)schulische Maßnahmen erforderlich, die die Bildungssprache von Schülern mit Migrationshintergrund – insbesondere der ersten Generation – fördern.

Literatur

Autorengruppe Bildungsberichterstattung (Hrsg.) (2010). *Bildung in Deutschland 2010. Ein indikatorengestützter Bericht mit einer Analyse zu Perspektiven des Bildungswesens im demografischen Wandel.* Bielefeld: WBV.

Baur, C. (2013). *Schule, Stadtteil, Bildungschancen.* Bielefeld: Transcript.

Bouras, K. (2006). *Mehrsprachigkeit und Schulerfolg bei Migrantenkindern. Soziolinguistische Untersuchungen zur Bildungslaufbahn und mündlichen Sprachkompetenz am Beispiel von Kindern marokkanischer Migranten.* Hamburg: Dr. Kovač.

Diefenbach, H. (2010). *Kinder und Jugendliche aus Migrantenfamilien im deutschen Bildungssystem. Erklärungen und empirische Befunde* (3. Aufl.). Wiesbaden: VS.

Esser H. (2001). *Integration und ethnische Schichtung* (Arbeitspapiere Nr. 40). Mannheim: Mannheimer Zentrum für Europäische Sozialforschung.

Friedrichs, J. (1983). *Stadtanalyse. Soziale und räumliche Organisation der Gesellschaft* (3. Aufl.). Opladen: Westdeutscher Verlag.

Friedrichs, J. (2008). Ethnische Segregation. In: F. Kalter (Hrsg.), *Migration und Integration* (380-411). Wiesbaden: VS.

FSA – Frankfurter Statistik Aktuell (2005). Marokkanische Staatsangehörige in Frankfurt am Main. *Frankfurter Statistik Aktuell 18.*

Gresch, C., & Kristen, C. (2011). Staatsbürgerschaft oder Migrationshintergrund? Ein Vergleich unterschiedlicher Operationalisierungsweisen am Beispiel der Bildungsbeteiligung. *Zeitschrift für Soziologie 3,* 208-227.

GTZ – Deutsche Gesellschaft für Technische Zusammenarbeit (2007). *Die marokkanische Diaspora in Deutschland und ihr Beitrag zur Entwicklung Marokkos.* Eschborn.

Hajji, R. (2009). *Sozialisationsprozesse in Familien mit marokkanischem Migrationshintergrund.* Opladen & Farmington Hills: Budrich UniPress.

Kemper, T. (2009a). Staatsangehörigkeitsspezifische Bildungsdisparitäten in Nordrhein-Westfalen. *SchulVerwaltung. Ausgabe Nordrhein-Westfalen 2,* 60-61.

Kemper, T. (2009b). Räumliche Ungleichverteilung von nichtdeutschen Schülern. Regionale und staatsangehörigkeitsspezifische Bildungsdisparitäten. *SchulVerwaltung. Ausgabe Nordrhein-Westfalen 3,* 92-95.

Kemper, T. (2010). Migrationshintergrund – eine Frage der Definition! *Die Deutsche Schule 4,* 315-326.

Kemper, T., & Weishaupt, H. (2011a). Region und soziale Ungleichheit. In: H. Reinders, H. Ditton, C. Gräsel & B. Gniewosz (Hrsg.), *Empirische Bildungsforschung* (209-219). Wiesbaden: VS.

Kemper, T., & Weishaupt, H. (2011b). Zur Bildungsbeteiligung ausländischer Schüler an Förderschulen – unter besonderer Berücksichtigung der spezifischen Staatsangehörigkeit. *Zeitschrift für Heilpädagogik 10,* 419-431.

Klein, G. (2001). Sozialer Hintergrund und Schullaufbahn von Lernbehinderten 1969 und 1997. *Zeitschrift für Heilpädagogik 2,* 51-61.

Kultusministerkonferenz (KMK) (2011). *Definitionenkatalog zur Schulstatistik 2011.* http://www.kmk.org/fileadmin/pdf/Statistik/Defkat2011.pdf. Zugegriffen: 10.10.2012.

Maas, U. & Mehlem, U. (2003). *Schriftkulturelle Ressourcen und Barrieren bei marokkanischen Kindern in Deutschland (Abschlussbericht zu einem Projekt der VolkswagenStiftung)* (Materialien zur Migrationsforschung 1). Osnabrück: IMIS.

Mand, J. (2006). Integration für die Kinder der Mittelschicht und Sonderschulen für die Kinder der Migranten und Arbeitslosen? Über den Einfluss von sozialen und ökonomischen Variablen auf Sonderschul- und Integrationsquoten. *Zeitschrift für Heilpädagogik 3*, 109-115.

Mehlem, U. (1998). *Zweisprachigkeit marokkanischer Kinder in Deutschland. Untersuchungen zu Sprachgebrauch, Spracheinstellungen und Sprachkompetenzen marokkanischer Kinder in Deutsch, marokkanischem Arabisch und Berber (Masirisch) in Dortmund*. Frankfurt a. M. u. a.: Lang.

Plath, I. (2003). Amtliche Schulstatistiken als Spiegel der Bildungsbeteiligung. Wie aussagekräftig sind diese? *DIPF informiert 4*, 2-8.

Powell, J.J.W., & Pfahl, L. (2012). Sonderpädagogische Fördersysteme. In: U. Bauer, U. Bittlingmayer & A. Scherr (Hrsg.), *Handbuch Bildungs- und Erziehungssoziologie* (721-739). Wiesbaden: VS.

Söhn, J. (2011). Rechtliche In- und Exklusion von Migrantenkindern. Institutionelle Einflüsse auf ihre Bildungschancen. *Zeitschrift für Soziologie der Erziehung und Sozialisation 4*, 378-392.

Söhn, J., & Özcan, V. (2005). Bildungsdaten und Migrationshintergrund – Eine Bilanz. In: BMBF (Hrsg.), *Migrationshintergrund von Kindern und Jugendlichen. Wege zur Weiterentwicklung der amtlichen Statistik* (Bildungsreform 14) (117-128). Bonn & Berlin: BMBF.

Stanat, P., & Christensen, G. (2006). *Schulerfolg von Jugendlichen mit Migrationshintergrund im internationalen Vergleich. Eine Analyse von Voraussetzungen und Erträgen schulischen Lernens im Rahmen von PISA 2003* (Bildungsforschung 19). Berlin u. a.: BMBF.

Stanat, P., & Müller, A.G. (2006). Förderung von Schülerinnen und Schülern mit Migrationshintergrund. Forschungsstand und Forschungslücken. In: A. Sasse & R. Valtin (Hrsg.), *Schriftspracherwerb und soziale Ungleichheit. Zwischen kompensatorischer Erziehung und Family Literacy* (152-167). Berlin: Deutsche Gesellschaft für Lesen und Schreiben.

Stanat, P., & Segeritz, M. (2009). Migrationsbezogene Indikatoren für eine Bildungsberichterstattung. In: R. Tippelt (Hrsg.), *Steuerung durch Indikatoren? Methodologische und theoretische Reflexionen zur deutschen und internationalen Bildungsberichterstattung* (141-156). Opladen: Barbara Budrich.

Stanat, P., Rauch, D., & Segeritz, M. (2010). Schülerinnen und Schüler mit Migrationshintergrund. In: E. Klieme, C. Artelt, J. Hartig, N. Jude, O. Köller, M. Prenzel, W. Schneider & P. Stanat (Hrsg.), *PISA 2009. Bilanz nach einem Jahrzehnt* (200-230). Münster: Waxmann.

Statistisches Bundesamt (2009). *Bildung und Kultur. Allgemeinbildende Schulen 2008/09* (Fachserie 11, Reihe 1). Wiesbaden.

Statistisches Bundesamt (2011). *Bevölkerung und Erwerbstätigkeit, Ausländische Bevölkerung, Ergebnisse des Ausländerzentralregisters* (Fachserie 1, Reihe 2). Wiesbaden.

Weishaupt, H., & Kemper, T. (2009). Zur nationalitätenspezifischen und regionalen Bildungsbenachteiligung ausländischer Schüler unter besonderer Berücksichtigung des Förderschulbesuchs. In: I. Sylvester, I. Sieh, M. Menz, H.-W. Fuchs & J. Behrendt (Hrsg.), *Bildung, Recht, Chancen* (97-111). Münster: Waxmann.

Wiedemann, M. (2005). *Die Neuregelung des deutschen Staatsangehörigkeitsrechts – unter besonderer Berücksichtigung von Rechtsfragen mehrfacher Staatsangehörigkeit* (Dissertation). Konstanz.

Sprachliche Integration, interethnische Kontakte und Religiosität
Ein Gruppenvergleich

Sarah Carol, Rahim Hajji und Ruud Koopmans

1   Einleitung

In Europa gehören die marokkanisch- und türkischstämmigen Menschen zu den größten Migrantengruppen (Albertinelli et al. 2011). Etwa 170.000 Menschen marokkanischer Herkunft (de Haas 2007) und mehr als 2,4 Millionen Menschen türkischer Herkunft leben in Deutschland (Statistisches Bundesamt 2011). Mehr als ein halbes Jahrhundert ist vergangen, seitdem die ersten Marokkaner und Türken im Zuge der Gastarbeiteranwerbung nach Deutschland kamen und sich hier niederließen. Seitdem sind viele Untersuchungen zur gesellschaftlichen Integration insbesondere der ehemaligen türkischen Gastarbeiter, ihrer Kinder und Enkel sowie anderer Migranten aus den ehemaligen Anwerbeländern entstanden. Die Partizipation im Bildungssystem und die Integration in den Arbeitsmarkt gehören zu den mit am häufigsten untersuchten Integrationsdimensionen.

Demgegenüber behandelt dieser Beitrag drei andere, aber nicht weniger bedeutsame Dimensionen: Im Fokus stehen die sprachliche und die soziale Integration von Menschen marokkanischer und türkischer Herkunft in die deutsche Mehrheitsgesellschaft sowie ihre Religiosität. Da Religiosität immer wieder im Zentrum der öffentlichen Debatte steht, beschreiben wir – ohne eine normative Position einzunehmen – Säkularisierungstendenzen in diesen Untersuchungsgruppen. Für die Analyse wurde ein vergleichender Ansatz gewählt, um zu untersuchen, inwiefern sich die Marokkanisch- und Türkischstämmigen – zwei auf den ersten Blick ähnliche Gruppen – im Hinblick auf ihre sprachliche und soziale Integration sowie ihre Religiosität im Vergleich zur deutschen Mehrheitsgesellschaft unterscheiden und wie sich eventuelle Unterschiede erklären lassen. Dabei berücksichtigen wir auch intergenerationale Unterschiede.

Beide Einwanderergruppen haben ihr Herkunftsland mehrheitlich im Zuge der Gastarbeiteranwerbung verlassen und stammen überwiegend aus einem muslimischen Kulturkreis, unterscheiden sich jedoch in ihrem politischen und sprachlichen Hintergrund sowie in der Gruppengröße und in der Wahrnehmung durch die Aufnahmegesellschaft. Im Mittelpunkt des Beitrags steht daher die Frage, wie diese Faktoren die sprachliche und soziale Integration sowie die Religiosität beeinflussen. Die Analysen basieren auf dem *Six Country Immigrant Integration Comparative Survey* (SCIICS).[1] Im ersten Teil des Artikels wird der Frage nachgegangen, inwiefern herkunftsland-, gruppen- und aufnahmelandspezifische Bedingungen Unterschiede zwischen marokkanisch- und türkischstämmigen Menschen erklären können. Im Anschluss stellen wir den Datensatz und die empirischen Ergebnisse vor.

2 Sprache, soziale Integration, Religiosität und ihre erklärenden Rahmenbedingungen

Integration hat viele Facetten (Gordon 1964); dieser Beitrag konzentriert sich jedoch auf die sprachliche und soziale Integration von Migranten. Bei der Betrachtung der sprachlichen Integration steht die Beherrschung der deutschen Sprache im Vordergrund der Untersuchung. Die soziale Integration umfasst die sozialen Kontakte zu Menschen ohne Migrationshintergrund. In diesem Zusammenhang sollen soziale Netzwerke sowie die Präferenz für das Schließen von interethnischen und -religiösen Partnerschaften beschrieben werden. Bei der Untersuchung von Religiosität stehen die Identität und der Besuch religiöser Stätten im Fokus. Zur Erklärung der sprachlichen und sozialen Integration sowie der Religiosität von marokkanisch- und türkischstämmigen Menschen in Deutschland spielen neben der Generationszugehörigkeit und anderen sozio-demographischen Merkmalen herkunftsland-, gruppen- und aufnahmelandspezifische Bedingungen eine Rolle. Insbesondere herkunftslandspezifische Faktoren wurden bisher unzureichend thematisiert (vgl. van Tubergen 2005).

2.1 Herkunftslandspezifische Einflussfaktoren

Herkunftslandspezifische Einflussfaktoren sind solche, die auf die Integration der Einwanderer und ihrer Nachkommen im Aufnahmeland wirken, ihren Ursprung

---

1 Für weitere Informationen siehe http://www.wzb.eu/de/forschung/migration-und-diversitaet/migration-und-integration/projekte/six-country-immigrant-integration-compa

jedoch im Herkunftsland der Einwanderer haben. Im Folgenden wird ein kurzer historischer Abriss zu Marokko und der Türkei gegeben, um die mögliche Bedeutung der politischen Entwicklungen der Herkunftsländer für die Integration herauszustellen.

Politik, Recht und Religion sind in Marokko sehr eng miteinander verknüpft. Die Monarchie legitimiert ihren Herrschaftsanspruch unter anderem auf Basis von religiösen Grundlagen. In der Verfassung ist kodifiziert, dass der König sowohl in der Rolle des „Führers der Gläubigen" als auch in der Rolle „des Königs der Bürger" (Faath 2007) die politischen und rechtlichen Rahmenbedingungen in weltlichen wie in geistlichen Fragen festlegt. Das marokkanische Rechtssystem ist stark von der Scharia geprägt, die nach der Kolonialherrschaft von Frankreich und Spanien insbesondere der Vereinheitlichung der unterschiedlichen Rechtssysteme diente (Buskens 2003). Jüngere Reformen deuten hingegen auf eine Distanzierung von der Scharia hin: das Frauen- und Familienrecht wurde vom islamischen Recht entkoppelt (El Guennouni 2010). Trotz der beobachtbaren Liberalisierung ist der Einfluss von Religion auf Politik und Recht und vice versa ein unverkennbares Kennzeichen Marokkos (Faath 2007; Akrach 2011).

Die historische Entwicklung der Türkei unterscheidet sich diametral von der marokkanischen Geschichte. Die türkische Staatsräson ist nicht mit dem religiös-politischen Staatsverständnis Marokkos vergleichbar. Die Türkei ist eher geprägt von der Idee des Nationalstaats, der Westorientierung und der Säkularisierung des öffentlichen Lebens. Der Sieg Atatürks und der kemalistischen Elite führte zu umfassenden politischen und sozialen Reformen mit dem Ziel, den Staat und die Gesellschaft zu modernisieren (Keyman 2007). Die Abschaffung des Kalifats 1924 war begleitet von der Ablösung der Scharia durch einen rechtlichen Kodex in Anlehnung an das Schweizer Rechtssystem. Darüber hinaus wurden die Westorientierung und die Säkularisierung des öffentlichen Lebens durch das Schließen der traditionellen religiösen Bildungsinstitutionen – der Medresen –, die Einführung eines westlichen Kleidungsstils (1925), die Übernahme des gregorianischen Kalendersystems (1926) und die Etablierung der lateinischen Schreibweise forciert (1928; siehe Keyman 2007).

Diese unterschiedlichen religiös-politischen Entwicklungen in den Herkunftsländern könnten einen Einfluss auf die gesellschaftliche Integration von marokkanisch- und türkischstämmigen Menschen in Deutschland haben (van Tubergen 2005). Die fehlende Säkularisierung des öffentlichen Lebens in Marokko und die fehlende Trennung zwischen Politik und Religion könnten dazu beitragen, dass marokkanischstämmige Menschen religiöser sind als türkischstämmige Menschen, die infolge des langjährigen Nationalisierungs- und Säkularisierungsprozesses in der Türkei ein geringeres religiöses Bewusstsein bewahrt und an Folgegenerationen weitergegeben haben.

2.2   Gruppenspezifische Einflussfaktoren

Zu den gruppenspezifischen Bedingungen zählt insbesondere der Einfluss der Gruppengröße der Migrantengruppen im Aufnahmeland. Blau (1994) weist darauf hin, dass die Wahrscheinlichkeit, interethnische Kontakte zu knüpfen mit zunehmender Gruppengröße sinkt. Angesichts der Tatsache, dass es mehr türkischstämmige als marokkanischstämmige Menschen in Deutschland gibt, ist zu erwarten, dass türkischstämmige Menschen über weniger interethnische Kontakte verfügen. Dies könnte auch Konsequenzen für die sprachlichen Kompetenzen haben. Je mehr Kontakt zu Deutschen besteht, desto einfacher lässt sich die deutsche Sprache erlernen. Deshalb ist anzunehmen, dass marokkanischstämmige Menschen aufgrund ihrer kleineren ethnischen Gemeinschaft weniger Probleme mit der deutschen Sprache aufweisen als türkischstämmige.

2.3   Aufnahmelandspezifische Einflussfaktoren

Zu den aufnahmelandspezifischen Bedingungen sind solche zu zählen, die durch das Aufeinandertreffen von Mehrheitsgesellschaft und Immigranten entstehen oder durch die Aufnahmegesellschaft hervorgerufen werden. Deshalb wird im Folgenden auf die integrationsrelevanten Faktoren des Aufnahmelandes eingegangen.

Inglehart et al. (2002, 2006) haben in ihren Analysen herausgearbeitet, in welchem Zusammenhang Kultur, Wirtschaft und Politik stehen. Sie zeigen, dass sich westliche und islamische Länder hinsichtlich religiöser und geschlechtsspezifischer Werte unterscheiden. Sie führen die größere Zustimmung zu Geschlechtergleichheit in der westlichen Welt auf die wirtschaftliche Entwicklung im Zusammenspiel mit der jeweiligen Religion zurück. Marokko und die Türkei hingegen befinden sich im Wandel von einer Agrargesellschaft hin zu einer modernen Industrie- und Dienstleistungsgesellschaft. Die wirtschaftliche Entwicklung steht nach Inglehart et al. (2002, 2006) im Zusammenhang mit der kulturellen Entwicklung des Landes. So sei die Entwicklung zu einer Industriegesellschaft mit dem Wandel von traditionellen zu säkularen Werten und einer stärkeren Betonung von Selbstentfaltung verbunden. Zu den traditionellen Werten zählen Inglehart et al. (2006) zufolge die Betonung religiöser und familiärer Werte sowie Autoritätshörigkeit. Deutschland gehört dabei zu den Ländern, die einen hohen Wert auf Selbstentfaltung und säkulare Werte legen. Angesichts der unterschiedlichen kulturellen Rahmenbedingungen in Deutschland und in den Herkunftsländern der Immigranten ist anzunehmen, dass Menschen marokkanischer und türkischer Herkunft religiöser und traditioneller sind.

3 Studienbeschreibung und methodische Herangehensweise

Die sprachliche und soziale Integration sowie die Religiosität von marokkanischen und türkischen Migranten sowie von Deutschen ohne Migrationshintergrund wird anhand eines Datensatzes (SCIICS) untersucht, der jeweils über 500 Menschen marokkanischen (n=569), türkischen (n=539) und deutschen Ursprungs (n=525) umfasst. Im Vergleich zu bisherigen Datensätzen beinhaltet SCIICS eine Vielzahl von Variablen zu den Themen Religiosität, sprachliche und soziale Integration und erlaubt Vergleiche zwischen Menschen mit und ohne Migrationshintergrund. Der Fokus liegt auf Migranten, die selbst oder deren Eltern vor 1975 immigrierten. Damit umfasst der Datensatz eine signifikante Gruppe von Immigranten, nämlich diejenigen, die im Zuge der Gastarbeitermigration einwanderten und deren Kinder. Ungefähr 50 % der Befragten müssen aus bestimmten Herkunftsregionen stammen (selektiertes Sample). Die andere Hälfte wurde nicht nach bestimmten Herkunftsregionen gezogen (Zufallssample). Eine Studie von Berriane (2003, 34) zeigt, dass die meisten Migranten, die bis 1975 aus Marokko einwanderten, aus Nador stammten (72 %). Auch im vorliegenden Datensatz stammen zwei Drittel der marokkanischen Befragten des Zufallssamples aus diesem ehemaligen spanischen Protektorat im Norden Marokkos. Die Befragten wurden jedoch nicht nur nach ihrer regionalen Herkunft selektiert. Weitere Quoten betreffen die gleichmäßige Verteilung der Geschlechter und die Generationszugehörigkeit der Migranten (mindestens 15 % erste Generation, jeweils mindestens 25 % zweite und 1.5te Generation). Als zweite Generation sind jene Personen definiert, die im Aufnahmeland geboren sind, während Angehörige der 1.5ten Generation vor ihrem 18. Lebensjahr eingewandert sind. Darüber hinaus mussten alle Befragten zum Zeitpunkt der Befragung mindestens 18 Jahre alt sein. Für die Rekrutierung der Befragten wurde das onomastische Samplingverfahren angewendet, bei dem Telefonbücher nach türkischen, marokkanischen sowie deutschen Namen durchsucht wurden. Dies bietet gegenüber Populationsregistern den Vorteil, dass nicht nur Menschen mit ausländischer Staatsangehörigkeit enthalten sind. Angepasst an den Trend zu mehr Mobilfunk- statt Festnetzanschlüssen, wurden Mobilfunknummern mit eingeschlossen. Die Daten wurden zwischen Januar und Juni 2008 erhoben. Der Einsatz bilingualer Interviewer erlaubte den Befragten, zwischen Arabisch-Marokkanisch, Türkisch und Deutsch zu wählen.

4   Ergebnisse

Der Datensatz erlaubt einen Vergleich zwischen marokkanisch-, türkisch- und deutschstämmigen Menschen. Der vergleichende Ansatz ermöglicht Rückschlüsse auf die gesellschaftliche Integration von Marokkanischstämmigen in Deutschland und zeigt, inwiefern sich Menschen marokkanischer Herkunft von Menschen türkischer und deutscher Herkunft unterscheiden. Es geht folglich um die Herausarbeitung von Unterschieden zwischen den Einwanderungsgruppen und die Erklärung dieser Gruppendifferenzen durch das Herkunftsland, durch gruppenspezifische Faktoren und durch die Aufnahmelandbedingungen.

Die folgenden Grafiken zeigen Anteile bzw. Mittelwerte in Form von weißen Balken nach Herkunft und Einwanderungsgeneration. Um sicherzustellen, dass Unterschiede zwischen Menschen mit und ohne Migrationshintergrund nicht aufgrund von Alters-, Generations-, Bildungs- und Geschlechterunterschieden zustande kommen, vergleichen wir Menschen mit und ohne Migrationshintergrund mit den gleichen Merkmalen (d. h. Werte nach Kontrolle von Alter, Bildung und Geschlecht). Diese Werte stellen die ausgefüllten Balken dar. Innerhalb dieser Balken sind die Konfidenzintervalle abgebildet. Wenn Konfidenzintervalle verschiedener Gruppen versetzt sind und sich nicht überschneiden, deutet dies auf signifikante Gruppenunterschiede hin. Für Vergleiche zwischen marokkanisch- und türkischstämmigen Menschen wird zusätzlich die Gruppengröße berücksichtigt. Da die gezogene Stichprobe kein reines Zufallssample ist, wurde bei den Vergleichen zwischen marokkanischen und türkischen Migranten außerdem die Komposition der Stichprobe berücksichtigt, d. h. die Tatsache, ob ein Befragter aus dem selektierten oder dem Zufallssample stammt. Signifikante Einflüsse der Kontrollvariablen wie Gruppengröße werden im Text genannt.

4.1   Sprachliche Integration

Die Beherrschung der Sprache des Aufnahmelandes ist eine wichtige Voraussetzung für die gesellschaftliche Integration (Esser 2006). Abbildung 1 zeigt, wie oft die

Befragten marokkanischer und türkischer Herkunft angeben, Verständnisprobleme bei einer Unterhaltung in deutscher Sprache zu haben (Skala 0 „nie" bis 4 „immer").

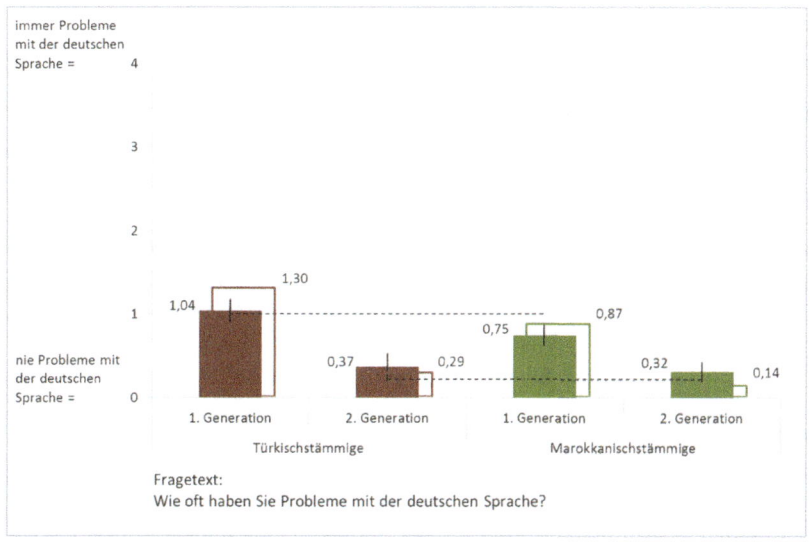

Abb. 1   Probleme mit der deutschen Sprache

Quelle: Eigene Berechnung und Darstellung nach Six Country Immigrant Integration Comparative Survey (SCIICS)

Im Durchschnitt geben beide Zuwanderergruppen an, nur manchmal Probleme mit der deutschen Sprache zu haben. Türkischstämmige der ersten Generation erleben solche Sprachprobleme jedoch signifikant häufiger als Marokkanischstämmige der ersten Generation. Sowohl die zweite Generation der Marokkanisch- als auch diejenige der Türkischstämmigen gibt signifikant weniger Probleme mit der deutschen Sprache an als die erste Generation. Die signifikanten Unterschiede zwischen den beiden Herkunftsgruppen lassen sich nicht durch die Gruppengröße und die sich daraus ergebenden Gelegenheitsstrukturen erklären. Ein möglicher Grund für die Unterschiede könnte in der Vielzahl und in der mangelnden Literalität marokkanischer Dialekte liegen sowie in der damit einhergehenden fehlenden Verbreitung von Literatur, Print- und Onlinemedien. Dies hat unter Umständen dazu geführt, dass schon Marokkanischstämmige der ersten Generation häufiger Deutsch sprechen, was sich vorteilhaft auf die deutsche Sprachbeherrschung ausgewirkt haben könnte (siehe hierzu auch den Beitrag von Didero/Pfaffenbach in diesem Band). Dagegen sind die türkischstämmigen Menschen bedingt durch die Literalität des Türkischen und folglich durch die Verbreitung von Literatur, Print- und Online-medien vielleicht eher in der Lage gewesen, die türkische Sprache zu bewahren und zu pflegen – möglicherweise zum Nachteil ihrer deutschen Sprachkenntnisse.

4.2   Soziale Integration

Soziale Kontakte von Menschen mit Migrationshintergrund zu Menschen ohne Migrationshintergrund werden als wichtige Ressource für die Integration in das Bildungssystem und den Arbeitsmarkt gesehen (Lancee 2012). Kontakte werden daher vor allem als soziales Kapital betrachtet. Der Aufbau sozialer Kontakte kann jedoch durch räumliche Segregation erschwert werden. Essentiell für den Aufbau sind demnach ausreichende Gelegenheiten im Alltag, um Kontakte zu knüpfen. Für Menschen mit Migrationshintergrund sind die Möglichkeiten, sich mit Menschen ihrer eigenen ethnischen Gruppe zu umgegeben, in räumlichen Ballungsgebieten höher als in ländlichen Gebieten. Für Menschen ohne Migrationshintergrund bedeutet dies dagegen, dass sie in Großstädten über mehr Möglichkeiten verfügen, interethnische Kontakte zu knüpfen. Weiterhin kann besonders bei Heranwach-senden das Elternhaus eine Rolle spielen. Bisherige Forschungen haben gezeigt, dass interethnischer Kontakt manchmal, sowohl in einheimischen als auch in Familien mit Migrationshintergrund, unerwünscht ist. Innerhalb von Familien mit Migrationshintergrund hat dies unter anderem etwas mit Werten und Protektion gegenüber „äußerlichen" Einflüssen zu tun. Werte, welche die Familie betreffen, können hierbei eine wichtige Rolle spielen und werden in diesem Aufsatz ebenfalls thematisiert. Jugendliche sind teilweise mit konfligierenden Wertvorstellungen aus den Heimat- und Aufnahmeländern konfrontiert (Gapp 2007). Auf Seite der Aufnahmegesellschaft verbinden Eltern mit interethnischem Kontakt häufig delinquente Verhaltensmuster (Edmonds/Killen 2009). Somit ist interethnischer Kontakt nicht nur ein Resultat individueller Entscheidungen, sondern auch bedingt durch Opportunitäten und die Akzeptanz durch Angehörige der eigenen Gruppe.

Insgesamt fällt auf, dass die Befragten im Durchschnitt nur wenige Besucher mit einem anderen ethnischen bzw. nationalen Hintergrund zu Hause empfangen (Abbildung 2; Skala 0 „fast niemand" bis 4 „fast alle"). Menschen ohne Migrations-hintergrund haben signifikant weniger Kontakt zu Menschen anderer Herkunft. Die Wahrscheinlichkeit interethnische Kontakte zu haben, sinkt dabei mit zuneh-mender Größe der Eigengruppe. Marokkanisch- und türkischstämmige Menschen unterscheiden sich in ihrem Anteil interethnischer Kontakte nach Kontrolle der

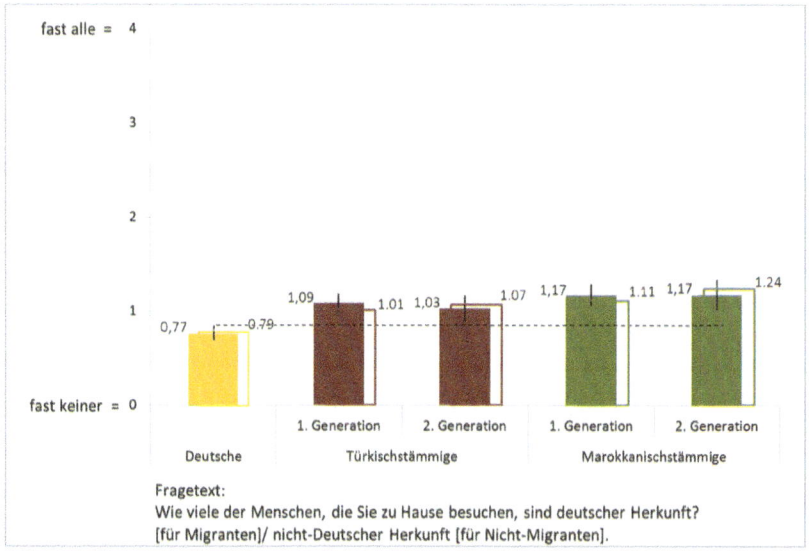

Abb. 2   Interethnische Kontakte

Quelle: Eigene Berechnung und Darstellung nach Six Country Immigrant Integration Comparative Survey (SCIICS)

Gruppengröße nicht signifikant voneinander. Es bestehen auch keine signifikanten Unterschiede zwischen der ersten und zweiten Generation.

Heiratsbeziehungen sind die intimste Verbindung zwischen Menschen. Daher besteht hierfür die größte Hürde. Der Anteil interethnischer Heiraten ist im Vergleich zu intraethnischen Heiraten dementsprechend niedrig (Lucassen/Laarman 2009). In Bezug auf tatsächlich existierende interethnische Heiraten, die einen stärkeren Indikator sozialer Integration darstellen als interethnische Freundschaften, zeigen sich Unterschiede zwischen marokkanisch- und türkischstämmigen Menschen. Abbildung 3 stellt den Anteil interethnischer Heiraten im Vergleich zu intraethnischen Heiraten dar. Auffallend ist, dass der Anteil interethnischer Heiraten unter 30 % liegt. Menschen marokkanischer Herkunft weisen dabei unabhängig von der Generationszugehörigkeit signifikant mehr interethnische Heiraten auf als Türkischstämmige. Die Vermutung liegt nahe, dass dies vor allem der Gruppengröße zuzuschreiben ist. In Deutschland gibt es mehr Menschen türkischer als marokkanischer Herkunft, was Türkischstämmigen mehr Möglichkeiten verschafft, einen Partner aus der eigenen Gruppe zu finden. Jedoch zeigt sich auch nach Berücksichtigung der Gruppengröße, dass Marokkanischstämmige (marginal) signifikant häufiger interethnisch heiraten. Dieser Befund deckt sich mit der existierenden Literatur (z. B. Lievens 1998; Carol 2014).

Ein weiterer Unterschied ergibt sich zwischen Männern und Frauen. Männer haben eine signifikant höhere Wahrscheinlichkeit interethnisch zu heiraten als Frauen. Dies deckt sich mit den Erkenntnissen früherer Forschung. Interethnische Heiraten werden bei Männern weniger skeptisch gesehen als bei Frauen, da davon ausgegangen wird, dass sich die Kultur des Mannes durchsetzt und dieser für den Fortbestand der eigenen Kultur sorgt. Eine interethnische Heirat von Frauen würde demnach bedeuten, dass die kulturelle Transmission erschwert wird (Lucassen/ Laarman 2009).

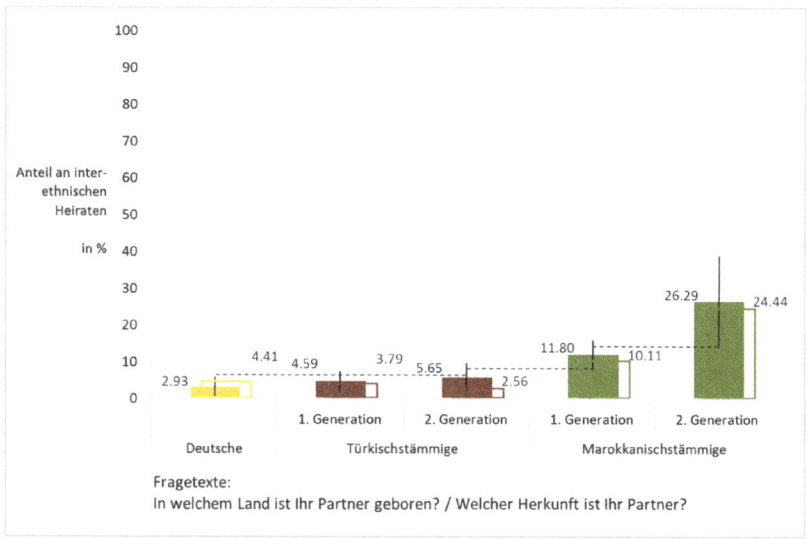

Abb. 3   Eingegangene interethnische Heiraten

Quelle: Eigene Berechnung und Darstellung nach Six Country Immigrant Integration Comparative Survey (SCIICS)

Interethnische Heiraten werden nach Kalmijn (1998) neben Opportunitäten maßgeblich von Präferenzen und Einstellungen zu gruppenübergreifenden Heiraten bestimmt, welche weniger abhängig von Kontaktmöglichkeiten sind. Einstellungen zu gruppenübergreifenden Heiraten stellen einen wichtigen Indikator sozialer Distanz dar. In dem vorliegenden Datensatz wurden die Einstellungen zu inter- bzw. intrareligiösen und inter- bzw. intraethnischen Heiraten erfasst. Sowohl türkisch- als auch marokkanischstämmige Menschen haben eine signifikant höhere Tendenz, intra*religiöse* Heiraten zu befürworten, als Menschen ohne Migrationshintergrund. Zwischen 75 und 84 % der in Deutschland lebenden marokkanisch- und türkischstämmigen Menschen präferieren eine Heirat mit einem Partner desselben Glaubens, während dies nur für 30 % der Deutschstämmigen gilt. Die Befürwortung einer intra*ethnischen* Heirat ist seitens der Mehrheitsgesellschaft signifikant niedriger als für die beiden Zuwanderergruppen (Abbildung 4). Schon vor einiger Zeit wurde jedoch für Marokkanisch- und Türkischstämmige festgehalten, dass die intraethnische Heirat weniger wichtig als die intrareligiöse Heirat ist (Burgess/ Wallin 1943). Dennoch präferieren den aktuell vorliegenden Daten zufolge zwischen 64 und 68 % der türkischen und marokkanischen Immigranten für ihre Kinder einen Partner, der denselben ethnischen Hintergrund hat.

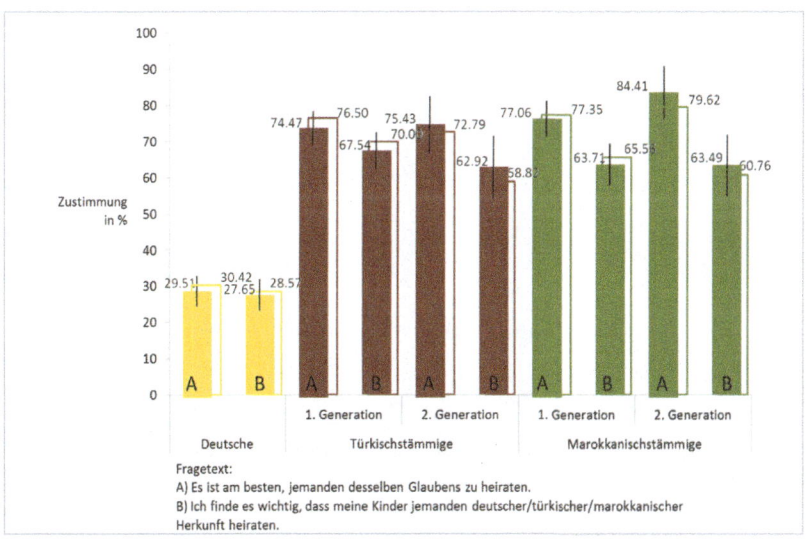

Abb. 4   Zustimmung zu intrareligiöser und intraethnischer Heirat

Quelle: Eigene Berechnung und Darstellung nach Six Country Immigrant Integration Comparative Survey (SCIICS)

Für die Ablehnung von Intergruppenheiraten wurden in der Forschung verschiedene Begründungen ausgemacht. Im Kern werden vor allem Unterschiede in den
Familien- und Geschlechterwerten sowie der Religiosität genannt (Baykara-Krum-
me/Fuß 2009; Huijnk 2011). Im Folgenden beleuchten wir religiöse Unterschiede
zwischen den verschiedenen ethnischen Gruppen.

4.3   Religiosität

In bisherigen Studien zu Wert- und Demokratievorstellungen zeigten sich weniger
ethnische oder nationale Gruppenunterschiede als Unterschiede und Werte, die
Geschlechterverhältnisse, familiäre Beziehungen, Religiosität und hierarchische
Strukturen betreffen. Im Folgenden wird diskutiert, inwieweit die religionspoli-
tischen Entwicklungen der Herkunftsländer die religiöse Identität und Praxis der
Migranten im Zielland ihrer Wanderung erklären können. In Abbildung 5 wird

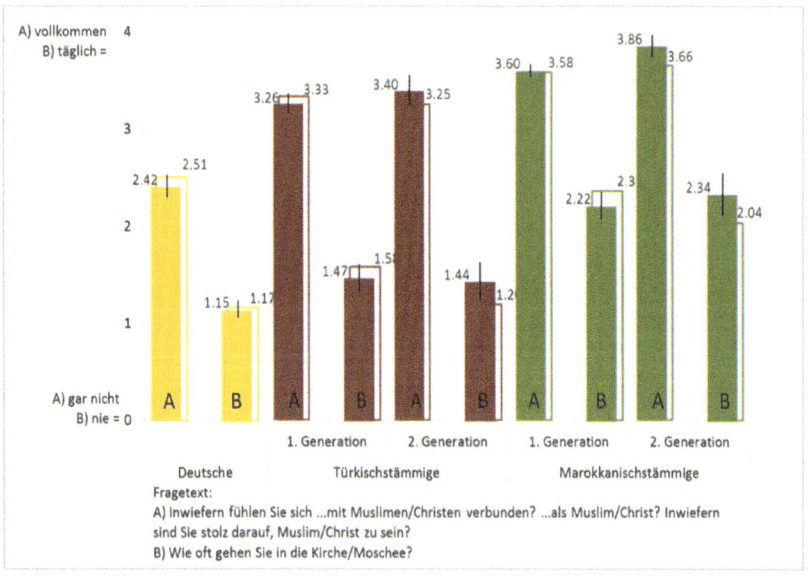

Abb. 5   Religiöse Identität und Besuch einer Gebetsstätte

Quelle: Eigene Berechnung und Darstellung nach Six Country Immigrant Integration
Comparative Survey (SCIICS)

deutlich, dass sich marokkanisch- und türkischstämmige Menschen stärker mit ihrer Religion identifizieren als Deutsche ohne Migrationshintergrund (Skala von 0 „überhaupt nicht" bis 4 „voll und ganz")[2] und dass sie häufiger religiöse Gebetsstätten besuchen (Skala 0 „nie" bis 4 „täglich"). Marokkanischstämmige Menschen sind ihrer Religion wiederum signifikant stärker verbunden als türkischstämmige Menschen und besuchen häufiger religiöse Gebetsstätten, unabhängig von der Generationszugehörigkeit. Die stärkere Religiosität von marokkanischstämmigen im Vergleich zu türkischstämmigen Menschen entspricht den Unterschieden, die sich zwischen den in Marokko und der Türkei lebenden Menschen ergeben. Dies könnte unter anderem mit den zu Beginn beschriebenen politischen und religiösen Entwicklungen des Herkunftslandes zusammenhängen.

Wie lassen sich unsere Befunde, dass die Marokkanischstämmigen im Durchschnitt religiöser sind, aber zugleich häufiger interethnisch heiraten, miteinander in Einklang bringen? Der höhere Anteil interethnischer Heiraten unter Marokkanischstämmigen wird unter anderem auf eine stärkere Aufnahmelandorientierung (Lesthaeghe/Surkyn 1997) sowie weniger ausgeprägte ethnische Netzwerke im Vergleich zu Türkischstämmigen zurückgeführt. Ihre Wertvorstellungen und ihr Heiratsverhalten bleiben davon nicht unbeeinflusst (Crul/Doomernik 2003). Eigene Analysen zeigen, dass sich die sozialen Kontakte der Marokkanisch- und Türkischstämmigen nach Kontrolle der Kontaktmöglichkeiten nicht signifikant voneinander unterscheiden (siehe Abbildung 2). Viel eher suggerieren die Ergebnisse eine stärkere Polarisierung innerhalb der marokkanischstämmigen Gruppe zwischen einer Mehrheit, bei der die Religiosität stärker ausgeprägt ist als bei den Türkischstämmigen, und einer kleineren Gruppe, die weniger religiös ist und sich durch eine höhere Offenheit für interethnische Partner auszeichnet.

5 Zusammenfassung und Ausblick

In diesem Beitrag haben wir die sprachliche und soziale Integration sowie die Religiosität der marokkanischstämmigen Bevölkerung in Deutschland aus einer doppelt vergleichenden Perspektive untersucht. Einerseits haben wir die Marokkanischstämmigen mit der größten Zuwanderergruppe in Deutschland – mit den Türkischstämmigen – verglichen. Andererseits haben wir beide Zuwanderergruppen

---

2   Hierbei wurde der Mittelwert aus drei Fragen gebildet: Inwiefern fühlen Sie sich mit Personen der eigenen Religion verbunden? Inwiefern fühlen Sie sich als Religionsangehöriger? Inwiefern sind Sie stolz darauf, Religionsangehöriger zu sein?

im Vergleich zur deutschstämmigen Bevölkerung betrachtet. Bei diesen Vergleichen haben wir nicht nur die üblichen Merkmale wie Generation, Bildung und
Geschlecht berücksichtigt, sondern auch die unterschiedliche Größe der beiden
Zuwanderergruppen. Letzteres ist wichtig, weil die Möglichkeiten, innerhalb der
eigenen Gruppe Freunde und Heiratspartner zu finden, und damit auch die Gelegenheiten, die Sprache des Herkunftslandes zu pflegen, von der Größe der eigenen
ethnischen Gruppe im Wohnumfeld abhängen.

Wir konnten zeigen, dass marokkanischstämmige Menschen signifikant weniger
Probleme mit der deutschen Sprache haben und im Durchschnitt öfter interethnisch heiraten als türkischstämmige Menschen. Dass hier Kontaktgelegenheiten
bzw. Gruppengrößen und nicht Einstellungen eine entscheidende Rolle spielen,
zeigt die Tatsache, dass türkisch- und marokkanischstämmige Menschen eine
nahezu gleich starke Ablehnung von interethnischen und interreligiösen Heiraten
aufweisen. Auch für die Unterschiede zu deutschstämmigen Nicht-Migranten sind
Kontaktgelegenheiten und nicht Einstellungen entscheidend. Deutschstämmige
haben signifikant weniger interethnische Freunde als Personen aus den beiden
Zuwanderergruppen und weisen genauso niedrige Anteile an interethnischen
Heiraten auf wie die Türkischstämmigen. Dies ist hauptsächlich auf die Tatsache
zurückzuführen, dass es in der deutschen Einwanderungsgesellschaft deutlich
weniger Migranten als Nicht-Migranten gibt und dass deshalb die Chancen eines
Nicht-Migranten, sich mit einem Migranten anzufreunden oder zu vermählen,
geringer sind als umgekehrt. In der Tat zeigt sich, dass auf der Ebene persönlicher
Einstellungen deutschstämmige Nicht-Migranten interethnischen und interreligiösen Heiraten deutlich weniger ablehnend gegenüber stehen, als dies bei den beiden
Zuwanderergruppen der Fall ist.

Man kann natürlich hinterfragen, inwiefern es für die Integration wichtig ist, ob
Migranten deutsche Freunde haben oder Deutsche heiraten. Auch wenn man diesen
Indikatoren der sozialen Integration keine große Bedeutung beimisst, muss man
anerkennen, dass die Forschung zeigt, dass interethnische Kontakte einen wichtigen
Einfluss auf die sozioökonomische Integration von Migranten ausüben. Erfolg im
Bildungssystem und auf dem Arbeitsmarkt hängen nicht nur von individuellen
Merkmalen und Qualifikationen ab, sondern auch von sozialen Beziehungen, über
die man etwa Informationen über die Funktionsweise des deutschen Schulsystems
und des Arbeitsmarktes, Hilfestellungen bei Bewerbungen oder Hinweise auf offene
Stellen oder gute Schulen erhält. Außerdem sind interethnische soziale Netzwerke
eine wichtige „Alltagsschule" für den Erwerb der deutschen Sprache, während in
ethnischen Subkulturen eher die Herkunftssprache gesprochen wird. In diesem
Sinne hat die geringere Gruppengröße der marokkanischstämmigen Bevölkerung
in Deutschland im Vergleich zur türkischstämmigen Bevölkerung einen gewissen

Integrationsvorteil bedeutet, der sich in einer besseren Beherrschung der deutschen Sprache und stärker entwickelten sozialen Kontakten niedergeschlagen hat. Andererseits fällt der Unterschied zu den Türkischstämmigen nicht so groß aus, wie man aufgrund der sehr unterschiedlichen Gruppengrößen vielleicht hätte erwarten können. Dies hat damit zu tun, dass dem Effekt der Gruppengröße ein anderer Unterschied zwischen den beiden Zuwanderergruppen entgegenwirkt. Dieser liegt in der signifikant stärkeren Identifikation der Marokkanischstämmigen mit der islamischen Religion und der damit verbundenen stärker ausgeprägten Religiosität dieser Gruppe (gemessen an Moscheebesuchen). Diesen Unterschied führen wir auf die unterschiedliche Stellung der Religion in den beiden Herkunftsländern zurück, die von einem islamischen Staatsverständnis in Marokko und einem säkularen Staatsverständnis in der Türkei geprägt ist. Gleichwohl sind auch die türkischstämmigen Menschen deutlich religiöser als die Deutschen ohne Migrationshintergrund. Da Religion für das Heiratsverhalten eine ausgesprochen wichtige Rolle spielt, dürfte ihre vergleichsweise gering ausgeprägte Religiosität der Hauptgrund sein, warum die deutschstämmige Bevölkerung interethnischen und interreligiösen Heiraten relativ offen gegenüber steht.

Das heißt allerdings nicht, dass der sozialen Integration von Migranten keine Barrieren auf Seiten der Mehrheitsgesellschaft entgegenstehen. Erstens gibt es auch auf Seiten der Mehrheitsgesellschaft einen großen Anteil von Menschen, die interethnische Kontakte ablehnen. Zweitens könnte das Nichteingehen solcher Kontakte durch Angehörige der beiden Zuwandergruppen auch eine Folge der Erfahrung von Ablehnung und Ausgrenzung sein. Und nicht zuletzt muss beachtet werden, dass auch sozial und sprachlich gut integrierte Migranten oft auf Hürden treffen, wenn es um die Verteilung von knappen Positionsgütern wie Arbeitsplätzen oder Wohnungen geht.

Literatur

Akrach, S. (2011). Marokko. In: H. Rang (Hrsg.), *Der Arabische Frühling. Auslöser, Verlauf, Ausblick* (67-73). Berlin: Deutsches Orient Institut.

Albertinelli, A., Knauth, B., Kraszewska, K. & Thorogood, D. (2011). *Migrants in Europe. A Statistical Portrait of the First and Second Generation*. Brüssel: Europäische Union.

Baykara-Krumme, H. & Fuß, D. (2009). Heiratsmigration nach Deutschland: Determinanten der transnationalen Partnerwahl türkeistämmiger Migranten. *Zeitschrift für Bevölkerungswissenschaft 34 (1-2)*, 135-164.

Berriane, M. (2003). Les Marocains d'Allemagne. In: Fondation Hassan II pour les Marocains Résidant à l'Etranger (Hrsg.), *Marocains de l'Extérieur 2003* (21-49). Rabat.

Blau, P. (1994). *Structural Contexts of Opportunities*. Chicago: The University of Chicago Press.

Burgess, E.W. & Wallin, P. (1943). Homogamy in Social Characteristics. *American Journal of Sociology 49*, 109-124.

Buskens L. (2003). Recent Debates on Family Law Reform in Morocco: Islamic Law as Politics in an Emerging Public Sphere. *Islamic Law and Society 10 (1)*, 70-131.

Carol, S. (2014, im Erscheinen). Like Will to Like? Partner Choice among Muslim Migrants and Natives in Western Europe. *Journal of Ethnic and Migration Studies* 00(00): 1–23. doi: 10.1080/1369183X.2014.963037.

Crul, M., & Doomernik, J. (2003). The Turkish and Moroccan Second Generation in the Netherlands: Divergent Trends between and Polarization within the Two Groups. *International Migration Review 37 (4)*, 1039-1064.

De Haas, H. (2007). *The Impact of International Migration on Social and Economic Development in Moroccan Sending Regions: a Review of the Empirical Literature* (International Migration Institute Working Paper 3). Oxford: University of Oxford.

Edmonds, C., & Killen, M. (2009): Do Adolescents' Perceptions of Parental Racial Attitudes Relate to their Intergroup Contact and Cross-Race Relationships? *Group Processes and Intergroup Relations 12*, 5-21.

El Guennouni, K. (2010). Gesellschaftliche Differenzierungsprozesse und Wandel des Frauen- und Familienrechts in Marokko. *Aus Politik und Zeitgeschichte 24*, 28-33.

Esser, H. (2006). *Sprache und Integration. Die sozialen Bedingungen und Folgen des Spracherwerbs von Migranten*. Frankfurt a. M.: Campus.

Faath, S. (2007). Marokkos reformorientierte Religionspolitik Eingriffe in Tradition und Religion. In: S. Faath (Hrsg.), *Staatliche Religionspolitik in Nordafrika/Nahost. Ein Instrument für modernisierende Reformen?* (135-173). Hamburg: GIGA.

Gapp, P. (2007). Konflikte zwischen den Generationen? Familiäre Beziehungen in Migrantenfamilien. In: H. Weiss (Hrsg.), *Leben in zwei Welten zur sozialen Integration ausländischer Jugendlicher der zweiten Generation* (97-130). Wiesbaden: VS.

Gordon, M. (1964). *Assimilation in American Life: The Role of Race, Religion, and National Origins*. New York: Oxford University Press.

Huijnk, W. (2011). *Family Life and Ethnic Attitudes. The Role of the Family for Attitudes towards Intermarriage and Acculturation among Minority and Majority Groups* (Dissertation). Utrecht: Utrecht University.

Inglehart, R. (2006). Mapping Global Values. *Comparative Sociology 5 (2-3)*, 115-136.

Inglehart, R., Norris, P., & Welzel, C. (2002). Gender Equality and Democracy. *Comparative Sociology 1 (3-4)*, 321-345.

Kalmijn, M. (1998). Intermarriage and Homogamy: Causes, Patterns, Trends. *Annual Review of Sociology 24*, 395-421.

Keyman, E.F. (2007). Modernity, Secularism and Islam: The Case of Turkey. *Theory Culture Society 24 (2)*, 215-234.

Lancee, B. (2012). *Immigrant Performance in the Labour Market Bonding and Bridging Social Capital*. Amsterdam: Amsterdam University Press.

Lievens, J. (1998). Interethnic Marriage: Bringing in the Context through Multilevel Modelling. *European Journal of Population 14 (2)*, 117-155.

Lesthaeghe, R., & Surkyn, J. (1997). Aisha Is Fatma Niet: Culturele Diversiteit En Fragmentatie van de Moderniteit Bij Turkse En Marokkaanse Vrouwen in Belgie. In: R. Lesthaeghe (Hrsg.), *Diversiteit in Sociale Verandering. Turkse en Marokkaanse Vrouwen in Belgie* (241-281). Brüssel: VUB Press.

Lucassen, L., & Laarman, C. (2009). Immigration, Intermarriage and the Changing Face of Europe in the Post War Period. *The History of the Family 14 (1)*, 52-68.

Statistisches Bundesamt (2011). *Bevölkerung und Erwerbstätigkeit. Bevölkerung mit Migrationshintergrund – Ergebnisse des Mikrozensus 2010* (Fachserie 1, Reihe 2.2). Wiesbaden.

Van Tubergen, F. (2005). *The Integration of Immigrants in Cross-national Perspective. Origin, Destination, and Community Effects.* Utrecht: Department of Sociology/ICS.

Teil 3
Sprache in der Migration

Sprachausbau unter Migrationsbedingungen

Utz Maas

Bei dem Feld, das mit Sprache und Migration anzusprechen ist, überlagern sich verschiedene Horizonte, die unterschieden werden müssen, wenn Konfusionen vermieden werden sollen. Das gilt insbesondere für problematische Begriffe wie die *Muttersprache*, mit der die moralisch aufgeladene Diskussion um „muttersprachlichen Unterricht", vor allem aber auch zur bedrohten bzw. zu bewahrenden Identität der Migranten und ihrer Kinder geführt wird. Um hier etwas Klarheit zu schaffen, sind zunächst ein paar generelle Überlegungen nötig, bevor die speziellen Verhältnisse bei marokkanischen Einwanderern im Vergleich zu denen in Marokko in den Blick genommen werden.

1   Sprache(n) und Dialekte

Sprache ist eine Ressource, um damit praktische Dinge zu bewältigen: kommunikativ in der Interaktion mit anderen, aber auch als Unterstützung bei kognitiven Operationen wie z. B., wenn man sich Notizen macht. Bei der Ressource Sprache sind ihre medialen Formen zu unterscheiden: *gesprochene* Sprache, in der ein Großteil des Alltags bewältigt wird, gegenüber der *geschriebenen* Sprache, die in einer großen Bandbreite von Praktiken genutzt wird: von den schon angesprochenen Notizen über kommunikative Praktiken (Briefe, SMS, e-mail …) bis hin zur Buchhaltung, juristisch formalisierten Verwaltungspraktiken, literarischen Texten und anderem mehr. Geht man aus einer biographischen Perspektive an Sprache heran, so kommt diese als gesprochene in der Interaktion des Kleinkinds mit seinen Eltern und Geschwistern in die Welt. Geboren wird das Kind mit der *Sprachfähigkeit*: Diese erlaubt es ihm, die Sprache seiner Umgebung zu lernen. Insofern ist die *Familiensprache* die biographisch erste Form von Sprache. Der Anfang der Sprachentwicklung erfolgt in der Partizipation des Kindes an der Kommunikation der Größeren. In dem Maße, wie es sich deren Formen aneignet, wird es auch sprachlich selbständig und kann sich dadurch schließlich neue soziale Beziehungen erschließen. Für die weitere Sprachentwicklung werden denn auch diese entscheidend: die Sprache der Kinder, mit denen es spielt, zumindest in unserer Gesellschaft, in der die Schule selbstverständlich ist, nach der Einschulung die Mitschüler, später die Menschen in der Nachbarschaft, die Arbeitskollegen. Zum sich weitenden Horizont gehört dann die institutionell vorgegebene und formal definierte Sprache, die also nicht an eine konkrete soziale Interaktion gebunden ist: die der Schule und anderer gesellschaftlicher Institutionen, vor allem auch der Medien. In der Auseinandersetzung mit diesen unterschiedlichen Vorgaben werden die sprachlichen Ressourcen *ausgebaut* – ein Prozess, der letztlich im Leben nie abgeschlossen wird.

Die in diesem vielfältigen gesellschaftlichen Feld verankerten sprachlichen Formen haben formale Eigenschaften, mit denen sie gruppiert werden können. Solche Gruppierungen werden ebenfalls mit dem Wort *Sprache* bezeichnet, was zu Missverständnissen führen kann. In diesem Sinne verweist *Sprache* (wie arab. *luɣa*, frz. *langue* u. dgl.) auf eine Mehrzahl von Sprachen, innerhalb von denen damit eine Ausgrenzung vorgenommen wird: also Deutsch vs. Arabisch, Berberisch[1] u. a.

Es ist wichtig festzuhalten, dass das eine nachgeordnete Betrachtungsweise gegenüber der spontanen sprachlichen Praxis ist, die vorher mit der Sprachbiographie im Blick war: Kinder, die in sozialen Beziehungen aufwachsen, die in diesem Sinne mehrsprachig sind, müssen eine solche Identifizierung der Sprachverschiedenheiten erst entdecken lernen, nachdem sie zunächst selbstverständlich mit den unterschiedlichen Formen umgegangen sind, die von verschiedenen Bezugspersonen in verschiedenen Situationen benutzt werden. Eine solche *metasprachliche* Praxis (die also die spontane Sprachpraxis zum Objekt hat) gehört zur Sprachentwicklung dazu. Sie ist fast immer auch mit Bewertungen verbunden, bei der eine Varietät als „hoch" ausgezeichnet wird, meist die, die für die Schrift genutzt wird. Da wo die Schule zur gesellschaftlichen Norminstitution wird, wird für Menschen, die die Schule erfolgreich durchlaufen haben, eine solche Ausrichtung auf die „Hochsprache" meist geradezu zur zweiten Sprachnatur, die die anderen Formen als Abweichungen sehen lässt – auch wenn sie die des spontanen Alltagshandelns sind und emotional besetzt sind (wofür der Terminus der „Muttersprache" steht). Weltweit ist es der statistische Normalfall, dass Gesellschaften in diesem Sinne

---

1   Ich behalte den traditionellen Terminus bei. Im offiziösen Diskurs findet sich seit einiger Zeit *Mazirisch* zu einem berberischen Wortstamm, von dem die maskuline Form *Amazir* [amaziɣ] „Berber(mann)" gebildet wird (Plural *Imaziren* [imaziɣən]) und die (feminine) Abstraktbildung *Tamazirt* [tamaziɣt] „Berbersprache". Zu den sprachlichen Varietäten des Berberischen: s. u.

mehrsprachig sind und dass auch die individuellen Sprachbiographien mehrsprachig verlaufen. Die Ausrichtung der sprachlichen Verhältnisse auf eine Sprache (nicht nur als Schriftsprache, sondern in allen sprachlichen Registern) ist eine Besonderheit der westeuropäischen Gesellschaften, in denen sie aber auch eher eine Vorstellung als Realität ist.

In diesem Sinne gehört die Sprachverschiedenheit zu den sprachlichen Ressourcen. Für Sprachwissenschaftler ist es eine eher konventionelle Frage, ab welchem Grad von Verschiedenheit man von verschiedenen *Sprachen* und wann man von *Dialekten*, „Akzenten" u. dgl. spricht – das unterscheidet den wissenschaftlichen Diskurs von dem außerwissenschaftlichen, bei dem solche Zuschreibungen oft politisch extrem besetzt zu den angesprochenen Bewertungssystemen gehören. In der Sprachwissenschaft operiert man lieber mit dem formal definierbaren Terminus der (sprachlichen) *Varietät(en)*.

Mit diesen begrifflichen Unterscheidungen können nun die sprachlichen Verhältnisse der Kinder, die in Marokko und in marokkanischen Migrantenfamilien in Deutschland aufwachsen, beschrieben werden – und vor allem auch die Unterschiede klarer gefasst werden. In Deutschland handelt es sich mehrheitlich um Nachkommen der „Gastarbeitergeneration", die aufgrund des Anwerbeabkommens mit Marokko 1963 zunächst vor allem aus den ehemaligen Bergbauregionen in Ostmarokko vor allem auch ins Ruhrgebiet gekommen sind. Zwar hat sich die demographische Zusammensetzung im Laufe der Jahre verändert, vor allem auch durch die Freizügigkeit innerhalb der EU, diese Gruppe dürfte aber immer noch den Kern der marokkanischen Migrantenfamilien in Deutschland ausmachen, einschließlich der damit verbunden sprachlichen Verankerung in den berberischen Varietäten (s. u.). Verglichen mit anderen Migrantengruppen, insbesondere solchen aus EU-Ländern, die die Freizügigkeit nutzen können, gilt für sie, dass sie seit mehreren Generationen in Deutschland zuhause sind – bei den Kindern eben auch sprachlich.[2]

---

2 Eingehende Untersuchungen stehen hier noch aus. Die offiziellen Statistiken sind in dieser Hinsicht zu unspezifisch, vor allem auch, weil sie sich auf die administrativ leicht zugänglichen Staatsangehörigkeitsindikatoren stützen. Da Marokkaner ihre marokkanische Staatsangehörigkeit nicht aufgeben können, sind sie bei der relativ häufig angenommen deutschen Staatsangehörigkeit zweistaatig (aufgrund einer entsprechenden Ausnahmeregelung im deutschen Staatsangehörigkeitsrecht), was bei entsprechenden statistischen Angaben oft unberücksichtigt bleibt. Die Aussagen hier stützen sich auf die Befunde in zwei von 1999 bis 2004 vor allem im Ruhrgebiet und im Rheinland mit Unterstützung durch die VolkswagenStiftung durchgeführten Forschungsprojekten (vgl. Maas/Mehlem 2003, 2005).

2 Sprachausbau in Marokko

In Marokko (vor allem in den Herkunftsregionen der meisten Migrantenfamilien in Deutschland) wachsen viele Kinder in berbersprachigen Familien auf. Aber sobald sie sich außerhalb des Hauses aufhalten, ist zumeist die Sprache, mit der sie ihre Beziehungen zu anderen gestalten, die marokkanische Umgangssprache *Darija* [dariʒa][3]. Nur in einigen Regionen, vor allem im Rif, hat das Berberische auch in der informellen Öffentlichkeit einen selbstverständlichen Status. In der Regel bauen die Kinder ihre sprachlichen Ressourcen mit der *Darija* aus – dieses ist keine fremde Sprache, sondern eben ihre Umgangssprache im außerhäuslichen Feld. Bei Jugendlichen, die in modernen Großstädten leben und/oder die modernen Medien konsumieren, kommt später Französisch hinzu (in einer allerdings spezifischen marokkanischen Variante …). In der Schule, bei einigen auch schon vorher im Koranunterricht, werden sie schließlich mit der arabischen Schriftsprache konfrontiert, die als ganz anders gegenüber *Darija* präsentiert wird: als die *Fusha* [fuʃa] (wörtlich „die reine (Sprache)").

Das traditionelle Bildungssystem der muslimischen Gesellschaften versteht das nun nicht als Ausbau: die *Fusha* ist an ihre sakrale Nutzung gebunden (im Koran), die Respekt verlangt (wie auch die Benutzung des Koran eine rituelle Reinigung erfordert). Das Ergebnis ist, dass es auch heute noch, trotz der Anstrengungen zur Modernisierung des Schulsystems und der zunehmenden Durchsetzung der Schulpflicht, bei vielen, wenn nicht sogar den meisten dabei bleibt, dass sie nur einige Versatzstücke in der Schriftsprache auswendig lernen, in dieser aber nicht Fuß fassen. Die durchgängige Alphabetisierung der Bevölkerung gehört nicht zu den traditionellen muslimischen Gesellschaften, in denen die Schriftkultur eine Angelegenheit von Spezialisten ist: den Gelehrten – oder auch den professionellen Schreibern, die ggf. die für den Alltag geforderten schriftlichen Aufgaben übernehmen (im ländlichen Raum sitzen sie auf den Märkten, in den Städten haben sie ihre Läden, in denen sie ihre Dienstleistungen anbieten).

Allerdings sind die Verhältnisse im Umbruch. Immerhin nimmt die Anzahl derjenigen zu, die diese schriftkulturelle Hürde nehmen und die weiterführenden Schulen und eventuell sogar die Universität besuchen. Dazu gehört aber auch die französische Schriftsprache, die gleich zu Beginn der Grundschule im Pflichtprogramm steht. Sie ist zwar eine Fremdsprache (und insofern auch trotz ihres offiziellen Status bei weitem nicht für alle erreichbar), aber bei ihr ist die Schriftkultur nicht durch eine Sakralisierung wie bei der *Fusha* blockiert. Jenseits der vermittelten

---

3 Der Terminus ist jedenfalls in der arabischen Schriftsprache transparent: zu einem Verb *daradʒa* „gehen" – also eine recht genaue Entsprechung zur dt. *Umgangssprache*.

Fertigkeiten im Französischen ist dessen Unterricht faktisch eine Schleuse für die Modernisierung des Sprach- (und Schrift-)Unterrichts überhaupt.

Seit einigen Jahren gibt es außerdem noch einen Unterricht in Berberisch, das in drei regional verschiedenen Varietäten verschriftet worden ist und mit entsprechenden Schulbüchern unterrichtet wird.[4] Dadurch müssen die Grundschüler nicht nur mit verschiedenen mündlichen Sprachen zurechtkommen, sondern sie müssen von Anfang an drei verschiedene Schriften lernen: die arabische Schrift für die *Fusha*, die lateinische für das Französische und die *Tifinar* [tifinaʁ] für das Berberische.[5] Eine systematische Evaluation des Ertrags bei dem eingeführten Berber-Unterricht hat noch nicht stattgefunden. Seine Auswirkungen hat er greifbar allerdings im öffentlichen Sprachbewertungssystem, in dem das Berberische von der damit sinnfälligen Aufwertung zu einer nationalen Sprache profitiert.

Im Vergleich mit dem deutschen Schulsystem unterscheidet sich das marokkanische nicht nur durch diese institutionalisierte Vielsprachig- und Vielschriftigkeit, sondern durch die völlig andere Verankerung in den alltäglichen sprachlichen Verhältnissen. Auch wenn das Scheitern vieler Schüler (unabhängig von der Frage eines eventuellen Migrationshintergrunds) in deutschen Schulen deutlich macht, dass diese ihrem Bildungsauftrag nur unzureichend gerecht werden, sind sie doch selbstverständlich darauf ausgerichtet, für die Kinder als Schleuse zwischen ihrem im Alltag erworbenen Wissen und dem von der Gesellschaft geforderten zu dienen – insbesondere eben dem schriftkulturellen Wissen. Trotz deklamatorischer Bekenntnisse ist das marokkanische Schulsystem davon weit entfernt, in dem die sprachlichen Ressourcen der Schüler geradezu systematisch nicht genutzt werden: unabhängig von ihrer Familiensprache haben diese ja ihr sprachliches Wissen in der Darija ausgebaut – die anders als die Fremdsprache Französisch und die ebenfalls didaktisch als fremd behandelte *Fusha* und in jüngster Zeit auch das Berberische nicht Gegenstand des Sprachunterrichts ist – obwohl sie (selbstverständlich) auch in der Schule als Umgangssprache genutzt wird (auch als Unterrichtssprache der Lehrer!).

---

4   Entsprechend der Bündelung der sprachlichen Varietäten des Berberischen in Marokko im Norden in das *Tarifit* (im Namen steckt die Rif-Region), in das *Tamazight* im Mittleren Atlas (s. o. zu *Tamazirt* [tamaziʁt], das insofern mehrdeutig ist) und in das *Taschelhit* [taʃəlhit] im Hohen Atlas und der Sous-Region.

5   Als Reaktion auf einen eskalierenden Konflikt zwischen den Befürwortern der arabischen Verschriftung auf der einen und denen der lateinischen auf der anderen wurde dieses Schriftsystem, mit Zeichen, die bis dahin fast nur epigraphisch genutzt wurden, verbindlich gemacht. Es wird faktisch (anders als die arabische Schrift) als Alphabetschrift genutzt, d. h. die silbischen Segmente, auch alle Vokalisierungen, werden vollständig verschriftet.

Welche Chancen hier vergeben werden, hat sich bei unseren oben schon erwähnten Forschungsprojekten von 1999 bis 2004 gezeigt, bei denen wir die sprachlichen (eben auch schriftsprachlichen) Ressourcen marokkanischer Kinder in Deutschland im Vergleich mit den Herkunftsregionen der Migrantenfamilien erhoben haben.[6] Dazu sollten die Kinder (im Alter zwischen 9 und 15 Jahren) Geschichten frei erzählen und im Anschluss dann auch verschriften. Nicht nur das dabei gezeigte, oft überraschend große Können war eindrucksvoll, auch die Begeisterung der Kinder, die hier die Lizenz bekamen, ihre eigene Sprache zu verschriften (in Marokko oft zum Missfallen der Schulleitung, unter deren Aufsicht das geschah). Aufschlussreich war auch, dass hier die berberophonen Kinder, die zunächst irritiert auf die schriftliche Aufgabenstellung reagierten, weil sie noch nie geschriebenes Berber gesehen hatten (und manchmal auch kommentierten, dass das gar nicht geht …), hier meist sehr viel freier waren und experimentell kreative Lösungen fanden (bei der Verschriftung in der Regel in arabischer Schrift)[7] – während bei der Verschriftung der Darija-Texte die normative Vorstellung des Fusha-Schriftbildes oft blockierend wirkte. Diese Befunde machen sinnfällig, welche pädagogischen Möglichkeiten für die marokkanische Schule bestehen – die nicht genutzt werden.

3   Sprachausbau in Deutschland

Die Sprachbiographie vieler Kinder marokkanischer Migranten in Deutschland beginnt meist nicht anders als auf der anderen Seite des Mittelmeers: die Sprache der Mutter ist oft ein berberischer Dorfdialekt, in den die Kinder zunächst hineinwachsen. Aber wenn sie aus dem Haus gehen, ist die Sprache ihrer Spielkameraden Deutsch – in der jeweiligen regionalen umgangssprachlichen Variante. Wenn sie in die Schule kommen, unterscheiden sie sich in dieser Hinsicht oft nicht sonderlich von ihren Mitschülern ohne Migrationshintergrund – jedenfalls, wenn man sie auf dem Schulhof beobachtet. Der Sprachausbau verläuft bei ihnen in der gesprochenen Sprache oft sogar bis zu virtuosen Techniken im Jonglieren mit berberischen

---

6   Außer den in Anmerkung 2 genannten ausführlichen Projektberichten, die die Befunde dokumentieren, vgl. Maas (2008). Vgl. dazu auch die ältere Untersuchung von Wagner (1993).

7   Unsere Erhebung hat vor der Einführung des Berberunterrichts in den Schulen stattgefunden (die Tifinar waren damals nicht im Horizont). Die Kinder mussten sich also spontan Verschriftungsstrategien einfallen lassen – was sie nach der ersten Verblüffung meist problemlos auch ins Werk setzten.

(oder ggf. auch marokkanisch-arabischen) und deutschen Elementen, also dem *Codeswitchen*.

Eine Gemeinsamkeit ist auch die Mehrsprachigkeit. Denn dass mit Deutsch eine andere als die Familiensprache in den Horizont kommt, ist für sich genommen kein Problem – es ist nur eine andere Spielart der Mehrsprachigkeit, die auch in Marokko selbstverständlich ist. Die Unterschiede in ihrer Sprachentwicklung gegenüber der bei ihren Altersgenossen in Marokko liegen auf anderen Ebenen.

Vordergründig (und im Grunde auch selbstverständlich) ist der gesellschaftliche Horizont anders. Diese Kinder sind nun mal in Deutschland zuhause – der Ausbau ihrer sprachlichen Ressourcen erfolgt im deutschen Horizont, nicht im marokkanischen. Daher gibt es keine Entsprechung zur Darija als der selbstverständlichen Umgangssprache in Marokko. *Marokkanisch* bleibt auf den in der Familie gesprochenen Dialekt beschränkt: bei den meisten eben ein berberischer Dialekt, überwiegend aus dem Tarifit; ein Ausbau zur Darija findet nicht statt – ein Problem, das vielen auch nur bei dem Heimatbesuch mit der Familie bewusst wird.[8]

Das macht es problematisch, mit den üblichen Zuschreibungen sprachlicher Zugehörigkeit zu operieren, vor allem mit der Kategorie *Arabisch*. Im offiziellen Sprach-Diskurs ist damit das von niemandem gesprochene Schriftarabische, die *Fusha*, gemeint, auf das nicht nur die Schule in Marokko abstellt, sondern auch die schulischen Fördermaßnahmen in Deutschland, etwa im „Ergänzungsunterricht", der oft irreführend als „muttersprachlicher Unterricht" etikettiert wird. Diese Probleme setzen sich in dem auf Fragen der Identität ausgerichteten Diskurs fort, bei dem religiöse Aspekte dominieren: das *Arabische* als die Sprache des Korans und damit der Muslime. Insofern fordern auch marokkanische Elternvertreter in der Diaspora in der Regel diese Art zusätzlichen Unterrichts, in der Erwartung, dass damit der Zugang zum Koran bei ihren Kindern sichergestellt werden kann.

Die damit verbundenen Probleme können hier nicht weiter behandelt werden. Es muss nur klar sein, dass mit solchen sprachlichen Zuschreibungen nicht die Verhältnisse in der marokkanischen Gesellschaft im Blick sind, um die es bei der Frage der Zugehörigkeit (ggf. auch der Identität als „Marokkaner") schließlich geht.

---

8 Für unsere o. g. Projekte suchten wir damals zweisprachige (marokkanisches Arabisch und Berberisch sprechende) Studierende als Hilfskräfte und hatten dazu die Stellen an deutschen Universitäten ausgeschrieben. Nur mit Mühe konnten wir seinerzeit überhaupt Kandidaten finden: Wenn die Bewerber in Deutschland aufgewachsen waren, sprachen sie (außer Deutsch und einer schulischen Fremdsprache) nur die Varietät, die in ihrer Familie gesprochen wurde.

4   Die *Darija* und die Dynamik der sprachlichen Verhältnisse in Marokko

Die Achse der sprachlichen Verhältnisse in Marokko ist oben schon als *Darija* (marokkanisches Arabisch) angesprochen. Auch hier ist es allerdings nicht einfach, zu bestimmen, was damit gemeint ist (und auch die sprachwissenschaftliche Forschung hat hier keinen Konsens). Der Grund liegt in der enormen Dynamik, die die marokkanische Gesellschaft bestimmt, bei der sich die Binnenmigration und die rasante Urbanisierung eben auch sprachlich ausdrücken. In der entsprechenden Diskussion ist häufig die Rede von der *Koinéisierung* der in Marokko gesprochenen Dialekte, also die Entwicklung einer gemeinsamen Verkehrssprache.[9] Das zielt auf die Verhältnisse in den großen Städten, die sich durch den sprachlich gemischten Zuzug aus dem ländlichen Raum rekrutieren, allen voran die Megalopolis Casablanca. Daraus wird oft gefolgert, dass dort (wie es für zentralisierte Gesellschaften auch in der arabischen Welt sonst gilt) eine Leitvarietät ausgebildet wird, an der sich landesweit die Sprecher orientieren.[10]

Davon kann nun allerdings in Marokko nicht die Rede sein. Faktisch werden in Casablanca so gut wie alle marokkanischen Varietäten gesprochen. Was *urbane* Sprecher in Marokko auszeichnet, ist ihr pragmatischer Umgang mit den dialektalen Verschiedenheiten, bei denen allein sprachliche Formen, die zu eindeutig mit bäuerlichen („zurückgebliebenen") Lebensformen verknüpft werden, vermieden werden (im marokkanischen Sprachgebrauch als ʕrubi bezeichnet).[11] Eine Leitfunktion kommt dem *Bidawi* (der Varietät von *D-dar l-baida* [d̟:aɾ lbajd̟a], dem arabischen Name von Casablanca) allenfalls durch die von dort ausgestrahlten elektronischen Medien, vor allem das Fernsehen zu.

---

9   Zu griech. *Koinee*: „gemeinsame (Sprache)".

10   Ein Überblick über die weitgestreute Literatur dazu würde hier zu weit führen. Vgl. dazu etwa Aguadé (2008).

11   In Marokko bezeichnet ʕrubi das Bäuerliche. Wortgeschichtlich liegt darin eine gewisse Ironie, weil mit der Wurzel √ʕrb das Wort *arabisch* gebildet wird (im mar. Arab. ʕəɾbi „Araber"). In unserem Projekt „Arabisch im Mittleren Atlas" (2009 – 2013, gefördert vom FWF, vgl. Maas/Procházka 2012) haben wir Sprechern aus Casablanca *Darija*-Äußerungen aus unserem Corpus vorgelegt, die von berberophonen Sprechern stammten und auch von jüngeren Sprechern aus dem Mittleren Atlas für problematisch gehalten worden waren. Auf unsere Bitte hin, sie zu beurteilen, war die Antwort fast immer: „Das habe ich so auch schon in Casablanca gehört ...". Die für die Stabilisierung einer sprachlichen Form wichtige Ausgrenzungsfunktion von Abweichendem ist hier weitgehend kurzgeschlossen. Ein Ausnahme machen in dieser Hinsicht nur stigmatisierte ʕrubi-Formen, etwa solche die mit dem *Jebli* verbunden werden, der Sprechweise von Menschen aus dem ländlichen (bergigen) Raum nördlich von Fas (den *Jbala*).

Die Stabilisierung einer neuen marokkanischen Sprachform, der *Darija*, als nationaler gesprochener Sprache, erfolgt eben nicht als lokalisierbare Varietät, als ein dominierender Dialekt, der den anderen den Rang abläuft, sondern erfolgt vielmehr als Grenzwert einer sprachlichen Praxis, die die lokale Gebundenheit der dialektalen Formen überwindet. Den Ausschlag geben dabei die *Neuen Sprecher* des marokkanischen Arabischen, die mit einem berberischen Hintergrund sich diese Sprachform erschließen und sie dabei gewissermaßen optimieren – ohne den bremsenden Zwang, dialektale Besonderheiten reproduzieren zu müssen, wie es bei den *Alten Sprechern* der Fall ist, die in die Tradierung eines Dialekts hineinwachsen und sich durch das Beherrschen von dessen Eigenheiten als lokal zugehörig ausweisen.[12]

Diese Optimierung führt zum Abbau der Variation (und der Toleranz für Variation), die die Verhältnisse in den großen Städten, besonders in Casablanca, bestimmt. Aus Platzgründen dafür nur ein Beispiel, die freie Variation bei der Indikativmarkierung der Verbalflexion durch ein Präfix *ka-* / *ta-*, die in Casablanca üblich ist: *ka-n-ſri* / *ta-n-ſri* „ich kaufe" [IND-1.S.IPF-kauf:] vs. *n-ſri* „dass ich kaufe" [1.S.IPF-kauf:] (also als Potential oder auch als subordiniertes Prädikat). Im Mittleren Atlas wird nur eine Variante gebraucht (*ka-n-ſri*).[13] So wie in diesem Beispiel werden bei den Neuen Sprechern die paradigmatischen Strukturen transparenter ausgerichtet. Damit setzen sich letztlich sprachökonomische Zwänge durch, wie es sich auch sonst beim Zweitspracherwerb zeigt. Auf diese Weise wird die tradierte sprachliche Form (mit ihrer Variation) zum Material, das für den weiteren Ausbau, für die zunehmende Nutzung zur Bearbeitung abstrakter Sachverhalte zugerichtet wird – jenseits der konnotativen Schranken, die die Kommunikation in geschlossenen lokalen Netzen mit sich bringen. Insofern bilden die *Neuen Sprecher* gewissermaßen eine Avantgarde des Sprachausbaus, im Verbund mit den urbanen Modernisierungstendenzen. Dieser strukturelle Umbau im marokkanischen Arabischen ist ein spannendes, aber noch wenig bearbeitetes Forschungsfeld.

Stattdessen ist die Forschung zum größten Teil davon in Anspruch genommen, die sprachlichen Verhältnisse zu dokumentieren, die durch diese Dynamik entwertet

---

12 Das ist die Grundhypothese des in der vorigen Fußnote erwähnten Projektes „Arabisch im Mittleren Atlas", die durch die im Mittleren Atlas erhobenen Daten (insbesondere spontane Gespräche) im Vergleich zu Daten von *Alten Sprechern* in verschiedenen Regionen belegt wird.

13 Das ist keine normative Aussage. Bei einigen Sprechern finden sich auch andere Formen, die auf besondere Faktoren verweisen. Ein Sprecher in unserem Corpus aus einem Ort im Mittleren Atlas hatte mehrere Jahre in Casablanca gearbeitet, worüber er nicht nur gerne berichtete, sondern zeigte mit dieser Variation auch vor, dass er am *Bidawi* partizipierte ...

werden. Der Blick auf die Dynamik dieser Verhältnisse, die die *Darija* bestimmt, wird durch die Ausrichtung an gängigen Modellierungen behindert, zu denen insbesondere das in der Sprachsoziologie wie in Laienvorstellungen dominierende Konzept vom *Prestige* gehört, das alle Formen sozialen Verhaltens, eben auch das sprachliche bestimmen soll.

Selbstverständlich spielt Prestige überall eine Rolle, wo Individuen ihr Verhalten stilisieren, wobei sie sich an Vorbildern orientieren. Aber dieses Modell für individuelles Verhalten kann bei sozialen Prozessen nicht unterstellt werden. Es fasst zweifellos ein Moment der traditionellen marokkanischen Gesellschaft, die durch ein vielfach abgestuftes Gefälle bestimmt war, das auch als Prestigegefälle wahrgenommen wurde und so für viele Menschen auch handlungsleitend war. Dazu gehörte das Prestige der alten Städte wie Fas und Rabat, mit ihrem Kern bei einer Patrizier- (Händler- und Handwerker-) Schicht, die in den Stadtzentren wohnte. Aber diese Städte sind längst nur noch eine Hülle: die Innenstadtpaläste in Fas verslummen, nicht zuletzt auch, weil der Denkmalschutz ihre Modernisierung verhindert – was die Besitzer unterlaufen, indem sie sie mit ländlichen Zuwanderern zum „Herunterwohnen" überbelegen (während die Besitzer in den neuen Städten am Rand wohnen). Damit verschwinden auch die charakteristischen Merkmale der altstädtischen Varietäten von Fas, Rabat u. dgl., die früher einmal deren Prestige symbolisierten – bzw. sie sind nur noch auf die älteste Schicht, vor allem die alten Frauen im Haus beschränkt.[14]

Gesondert zu betrachten sind die berberischen Verhältnisse. Entgegen dem oft zu Lesenden ist das Berberische keine (aktuell) bedrohte Sprache. Sie wird (jedenfalls im berberophonen „Hinterland") nicht nur an die nachwachsenden Generationen weitergegeben; in den zentralen Orten im Mittleren Atlas, an denen wir unsere Untersuchung durchgeführt haben, lernen auch Kinder aus zugewanderten araboophonen Familien die lokale berberische Varietät, um zu ihrer Gleichaltrigen-Gruppe dazuzugehören (in unserem Gesprächscorpus beteiligen sie sich mit diesem Können auch aktiv an den Unterhaltungen). Anders ist es in den großen Städten, wo das Berberische ggf. auf die Familiensprache beschränkt bleibt, bei der jüngeren Generation oft auch nur noch passiv beherrscht wird (insofern eine Parallele zu den Verhältnissen in der Diaspora der Migranten).

---

14   Vgl. etwa Messaoudi (2003). Elemente solcher altstädtischen Varietäten können allerdings durchaus zur Stilisierung als Distinktionsmerkmale genutzt werden, wie Fassi-Merkmale bei Oberschichtsprecherinnen in Casablanca (vgl. z. B. Hachimi 2011). Umgekehrt können gerade ʕrubi-Merkmale ihre Funktion bei der Stilisierung von Männlichkeit übernehmen – ein wichtiges Element im Sprachgebrauch jüngerer (unverheirateter) Männer gerade auch in den Städten.

Jenseits dieser vor allem auch quantitativen Verschiebungen in der Sprecherpopulation ist aber ein anderer Unterschied zu den Verhältnissen beim marokkanischen Arabischen offensichtlich: beim Berberischen gibt es keine vergleichbare Dynamik der Koinéisierung wie bei der *Darija*. Berberisch wird in Varietäten gesprochen, die an enge soziale Netze gebunden sind (Familien, die sog. Stammesverbände). Das bringt es mit sich, dass in größeren Orten im Mittleren Atlas eine ganze Reihe von Berberdialekten gesprochen werden: wer an einem weiteren kommunikativen Netz partizipieren will, muss ggf. mehrere dieser Dialekte beherrschen (z. B. jemand, der eine Arbeit in einem Betrieb oder einem Laden findet, dessen Chef einen anderen Dialekt als die eigene Familiensprache spricht – dessen Varietät muss er ebenfalls beherrschen). Wo die dialektale Differenz zu groß wird, z. B. bei den nicht wenigen Zuwanderern aus der Rif-Region, dient eben die Darija als Verkehrsform. In dieser Hinsicht findet kein Ausbau beim Berberischen statt – was zu unterscheiden ist von den sprachpolitischen Vorgaben von oben, den kodifizierten Materialien des dazu installierten IRCAM,[15] zu denen auch die oben angesprochenen Schulbücher gehören. Genauere Untersuchungen zu deren Wirksamkeit stehen noch aus – die von uns beobachteten sprachlichen Verhältnisse wurden jedenfalls nicht davon tangiert.

5 Schriftkultur in der Migration

Mit der *Darija* werden die Karten der sprachlichen Verhältnisse in Marokko neu gemischt – ein Prozess, mit dem die Kinder und Jugendlichen von Familien marokkanischer Einwanderer in Deutschland nicht verbunden sind, deren Familiensprache in dieser Hinsicht von einer Art dialektaler Retraditionalisierung geprägt ist.[16] Es gibt aber noch einen anderen Unterschied in ihrer sprachlichen Sozialisation, der eine Gleichsetzung mit ihren Altersgenossen südlich des Mittelmeers auf einem mutmaßlichen Nenner „Marokkaner" problematisch macht. Sie wachsen in einer

---

15 IRCAM = *Institut Royal de la Culture Amazighe* in Rabat, 2001 gegründet. Zu seinen Aufgaben und dem sprachpolitischen Ertrag s. das in seiner Zeitschrift *Asinag* 3/2009 publizierte „Dossier: Aménagement de l'amazighe: motivations, méthodologie et retombées".

16 Anders ist es selbstverständlich bei denen, die als „Seiteneinsteiger" selbst die Migration vollzogen haben und daher in den marokkanischen Verhältnissen zuhause sind. Das macht auch einen Unterschied bei den alten Einwanderungsländern (Deutschland nicht anders als z. B. die Niederlande) gegenüber den neuen Einwanderungsländern in Südeuropa aus, die einen großen Anteil von jungen Einwanderern haben, die in dem modernen Marokko sozialisiert sind; vgl. z. B. für die spanischen Verhältnisse die Fallstudie von Vicente (2008).

literaten Gesellschaft auf, in der auch die Alltagspraktiken durchgehend schrift-
sprachlich bestimmt sind, jedenfalls symbolisch kodiert sind. Wer dazu nicht in der
Lage ist, ist in diesen Gesellschaften ein pathologischer Fall – für den als *Analphabeten* therapeutische Maßnahmen vorgesehen sind. In gewisser Hinsicht gibt es in
Gesellschaften wie in Marokko keine Analphabeten – dort gibt es Menschen, die
schreiben und lesen können und die damit eine spezielle Technik beherrschen, die
nicht allen zugänglich ist (so wie bei uns das Beherrschen eines Musikinstruments).
Beim Hineinwachsen in eine literate Gesellschaft wie der deutschen entwickeln
alle Kinder eine kategoriale Einstellung zur Schrift als Repräsentation eines literat
umgesetzten sprachlichen Inhalts – Schrift ist hier eben nicht durch die Bindung
an Sakrales definiert, wie es bei der *Fusha* vorgegeben ist.

Das ist auch bei Kindern so, die ihre sprachlichen Ressourcen nicht schriftkulturell
ausbauen, die in der Schule keinen Erfolg haben – wie es unsere Projektbefunde
zeigen, bei denen wir das (schrift-)sprachliche Wissen/Können in Deutschland
auch bei Kindern überprüft haben, die auf Sonderschulen verwiesen worden waren. Auch hier zeigten solche Kinder aus marokkanischen Familien, dass sie die
kategoriale Einstellung zur Schrift verinnerlicht hatten; auch sie entwickelten oft
ingeniöse Formen der Verschriftung ihrer mündlichen (berberischen oder *Darija-*)
Texte – in lateinischer Schrift, mit der Nutzung orthographischer Konventionen,
die sie an deutschen Texten gelernt hatten. Der Ausbau ihrer sprachlichen Ressourcen hatte bei ihnen selbstverständlich einen schriftkulturellen Horizont, auch
wenn sie – offensichtlich aufgrund der fehlenden nötigen Unterstützung durch die
Schule – in der (deutschen) Schriftkultur nicht soweit Fuß fassen konnten, dass sie
auch in der Schule Erfolg hatten.[17]

Die Befunde in Marokko waren in dieser Hinsicht sehr anders. Die Ausrichtung
auf ein Schriftbild, das nicht als Repräsentation von Verstandenem angeeignet wird,
setzt geradezu zwangsläufig graphische Praktiken in einem Bildmodus frei. Einige
der Kinder in Marokko lieferten bei der Erhebung für uns zunächst rätselhafte
Formen schriftlicher Mimikry ab: kalligraphisch aufs Papier gebracht, aber oft
ohne ein erkennbares Wort darzustellen.[18] So etwas haben wir bei den untersuchten
Schülern in Deutschland nie gefunden, auch nicht bei Sonderschülern. Es versteht
sich von selbst, dass auch in Marokko Kinder diese Schwelle überwinden können:
bei unseren marokkanischen Befunden waren auch brilliante Leistungen von Kin-

---

17 Sie teilen diese Schwierigkeit mit vielen Kindern, die keinen Migrationshintergrund
    haben. Ein Grundproblem des deutschen Schulsystems besteht darin, dass es eine solche
    kategoriale Haltung zur Schriftkultur bei den Schülern voraussetzt – was bei „bildungs-
    fernen" Elternhäusern nicht möglich ist. Bei marokkanischen Familien kumulieren hier
    oft die Probleme, wenn (wie nicht selten) auch die Mütter Analphabetinnen sind.

18 Beispiele außer im Buch (2008) auch in der komprimierten Darstellung in Maas (2010).

dern, die Freude an der sprachlichen Gestaltung hatten und auch relativ souverän mit schriftsprachlichen Ressourcen umgehen konnten. Bei der Sprachbiographie kommen noch andere Faktoren zum Zug als die der Institution Schule. Aber wie auch in Deutschland sind die Kinder schlecht dran, die auf die Schule angewiesen sind – und anders als in Deutschland ist die Schriftkultur für die meisten Kinder in Marokko eben eine rein schulische Angelegenheit.

6   Fazit

Das Koordinatensystem des sprachlichen Ausbaus ist in Marokko und in Deutschland sehr verschieden gepolt. Diese Differenz sollte mit den vorausgehenden Hinweisen verdeutlicht werden. Es sollte sich von selbst verstehen, dass jede Art von Förderung für die Kinder marokkanischer Migranten in Deutschland auf das deutsche Koordinatensystem ausgerichtet werden muss: diese Kinder müssen in die Lage versetzt werden, optimal ihre Chancen in ihrem Heimatland Deutschland zu nutzen. Es kann nur nützen, sich die Verhältnisse in Marokko deutlich zu machen, wie ich es hier angedeutet habe – und sei es nur, um dem Bezug auf ein imaginäres Marokko (ggf. das Heimatland der Eltern dieser Kinder, nicht aber von diesen selbst) den Boden zu entziehen.

Literatur

Aguadé, J. (2008). Morocco. In: K. Versteegh (Hrsg.), *Encyclopedia of Arabic Language and Linguistics* (Bd. 3) (287-297). Leiden: Brill.

Hachimi, A. (2011). Réinterprétation sociale d'un vieux parler citadin maghrébin à Casablanca. *Langage et Société 138*, 21-42.

Maas, U. (2008). *Sprache und Sprachen in der Migrationsgesellschaft. Die schriftkulturelle Dimension*. Göttingen: Vandenhoeck & Ruprecht.

Maas, U. (2010). Schriftkultur in der Migration – ein blinder Fleck in der Migrationsforschung. In: U. Maas (Hrsg.), *Orat und literat* (Grazer linguistische Studien 73) (151-168). Graz: Institut für Sprachwissenschaft, Universität Graz.

Maas, U., & Mehlem, U. (2003). *Schriftkulturelle Ressourcen und Barrieren bei marokkanischen Kindern in Deutschland (Abschlussbericht zu einem Projekt der VolkswagenStiftung)* (Materialien zur Migrationsforschung 1). Osnabrück: IMIS.

Maas, U., & Mehlem, U. (2005). *Schriftkulturelle Ausdrucksformen der Identitätsbildung bei marokkanischen Kindern und Jugendlichen in Marokko*. Osnabrück: IMIS.

Maas, U., & Procházka, S. (2012). Introduction: Moroccan Arabic in Typological Perspective. *STUF – Langange Typology and Universals 65 (4)*, 321-328.

Messaoudi, L. (2003). *Etudes sociolinguistiques*. Kénitra: Faculté des Lettres et des Sciences Humaines, Université Ibn Tofail.

Vicente, A. (2008). Two Cases of Moroccan Arabic in the Diaspora. In: C. Miller (Hrsg.), *Arabic in the City* (123-143). London: Routledge.

Wagner, D.A. (1993). *Literacy, Culture, and Development. Becoming Literate in Morocco.* Cambridge: Cambridge University Press.

Nachbemerkung zur Wiedergabe von Namen in arabischer Schrift

Das oft mit <gh> transliterierte arabische Schriftzeichen („Ghain") bezeichnet in etwa den Laut, der im Deutschen mit <r> verschriftet wird (wie in *rot* [ʁoːt]) – allerdings nur, wenn es nicht gerollt wird, wie regionales [ʀoːt]; im Silbenauslaut wird es im Deutschen regional unterschiedlich oft vokalisiert (also *Garten* neben [ˈgaʁtən] auch [ˈgɑːtən]); im Arabischen (und im Berberischen) bildet dieses [ʁ] einen Kontrast zu dem „gerollten" Zungenspitzen-*r*, das es als Variante in dialektalen Randzonen im Deutschen auch gibt (dort *rot* [roːt]). Aus sprachwissenschaftlicher Sicht (und vor allem auch für das kontrastive Sprachelernen) ist es sinnvoll, bei der Wiedergabe von Namen von der deutschen Hochlautung auszugehen: schreibt man den Namen der Hauptstadt des Iraq *Bardad*, entspricht das in etwa der arabischen Aussprache [baʁdaːd] – im Gegensatz zu dem, was meist für die Schreibung *Baghdad* zu hören ist (*[bakdad]). Entsprechend bin ich bei Namen im Text verfahren: *Tamazirt, Tifinar*, bei denen meist die traditionelle Schreibweise *Tamazight, Tifinagh* zu finden ist.

Migration, Sprachkontakt und Sprachwandel
Auswirkungen des deutsch-berberischen Sprachkontakts auf das Phonemsystem des Tarifit

Naima Tahiri

1   Einleitung: Sprachkontakt, Interferenz, Sprachwandel

Bei einer psycholinguistischen Herangehensweise an den Terminus Sprachkontakt ist der Kontakt zwischen zwei oder mehr Sprachen dann gegeben, wenn ein mehrsprachiges Individuum diese Sprachen spricht. Der Kontakt zwischen den betreffenden Sprachen vollzieht sich im Gehirn des Mehrsprachigen. Schon seit Weinreich (1976; Orig. 1953) ist der Ort, an dem Sprachkontakt zustande kommt, das mehrsprachige Individuum selbst. Es kann aus verschiedenen Gründen zu Sprachkontakt kommen, wie z. B. durch Migration. Die Migranten erwerben im Migrationskontext eine Fremd-/Zweitsprache und werden so zu Trägern des Kontakts zwischen zwei oder mehr Sprachen.

Nun lässt sich ein solcher Sprachkontakt nicht einfach durch die Tatsache der Mehrsprachigkeit per se belegen. Vielmehr manifestiert sich der Sprachkontakt u. a. in unterschiedlichen Interferenzerscheinungen. Interferenzen sind nach Weinreich (1976) „Abweichungen von den Normen", die im Sprachgebrauch von Bilingualen („in der Rede von Zweisprachigen") in allen Sprachbereichen zu finden sind (vgl. Weinreich 1976, 15). Diese Einflüsse, die durch die Anwesenheit einer anderen Sprache hervorgerufen werden, zeigen sich u. a. in Gestalt von Abweichungen im phonologischen und/oder grammatischen Bereich. Steht der Bilinguale in einer Kommunikationssituation einem Bilingualen gegenüber, der die gleichen Sprachen beherrscht, dann befindet sich der Sprecher nach Grosjean (2001) im „bilingual language mode". In diesem „bilingual language mode" können Code-Switching und Interferenzen zusammen in Erscheinung treten, so dass eine Abgrenzung zwischen Interferenz und Code-Switching schwer durchführbar ist. Erst der „monolingual language mode" ermöglicht eine Fokussierung auf Interferenzen, weil hier eine Sprache zum Zeitpunkt der Kommunikation quasi deaktiviert wird (Grosjean 2001). Das dem vorliegenden Beitrag zugrunde liegende Korpus ist für die Untersuchung von Interferenzen deswegen geeignet, da die Probanden aufgefordert wurden, eine Bildergeschichte in einer ihrer beiden Sprachen (Deutsch oder Tarifit) zu erzählen. Diese Vorgabe ermöglicht die Konzentration auf Interferenzerscheinungen. Interferenzen sind – wie erwähnt – auf rein individueller Ebene anzusiedeln. Individuelle Abweichungen von den Sprachgebrauchsnormen können dann einen Sprachwandel hervorrufen, wenn die Abweichungen nicht etwas Individuelles bleiben, sondern bei allen bzw. fast allen Sprechern der betreffenden Sprachgemeinschaft zu finden sind. Die Weitergabe von Interferenzerscheinungen an nächste Generationen bedeutet die Vollendung des Sprachwandelprozesses und somit eine Verfestigung dieser Normabweichungen als Merkmale einer neuen Varietät.

Die Ergebnisse aus Tahiri (2006, 2008, 2009, 2012) zeigen deutlich, dass sich bedingt durch den migrationsinduzierten Sprachkontakt verschiedene sprachliche Bereiche des Tarifit verändern. Exemplarisch wird nun in diesem sprachwissenschaftlichen Beitrag am Konsonanten- und Vokalsystem des Tarifit gezeigt, wie solche Veränderungen aussehen können.

2 Tarifit

Die Arbeitsmigration aus Marokko während der 1960er und 1970er Jahre brachte vor allem Arbeitskräfte aus der Rifregion und somit Sprecher des Tarifit nach Deutschland. Die Mehrheit der in Deutschland lebenden Marokkaner stammt aus den Provinzen Nador, Al-Hoceima und Oujda (vgl. Maas/Mehlem 1999). Im Vergleich zu anderen europäischen Ländern ist der Anteil von Migranten marokkanischer Herkunft in Deutschland sehr gering. Entsprechend der Hochrechnung aus der Haushaltsstichprobe des Zensus 2011 leben in Deutschland 56.003 Personen mit einer marokkanischen Staatsbürgerschaft und insgesamt 168.850 Personen mit einem marokkanischen Migrationshintergrund.[1]

Das Tarifit gehört zu den Berbersprachen. Berberisch[2] steht zum einen für die Bezeichnung einer Einzelsprache bzw. eines Dialekts der Berbersprachen als auch für einen Sprachzweig der afroasiatischen Sprachfamilie (zum Afroasiatischen vgl. z. B. Hayward 2000). Die meisten Sprecher berberischer Sprachen sind in Marokko und Algerien zu finden. In Marokko werden die drei Varietäten Tarifit,

---

1   vgl. Zensusdatenbank Zensus 2011, online unter https://ergebnisse.zensus2011.de
2   Die Berber bezeichnen sich selbst als *Imazighen* [imaziɣən] und ihre Sprache ist das *Tamazight* [tamaziɣt] bzw. [tamazixt]. Die Bezeichnung *Tamazight* wird einerseits als Oberbegriff für alle Berbersprachen verwendet und andererseits steht sie für eine in Marokko regional verwendete Varietät des Berberischen.

Tamazight und Tashelhit gesprochen. Für die berberophonen Marokkaner ist das marokkanische Arabisch unerlässlich, da es im Alltag die Lingua franca bildet.[3] Das Tarifit ist die im Nordosten Marokkos – im Rifgebiet – gesprochene Varietät. Die verschiedenen Dialekte des Rifgebiets bilden ein sprachliches Kontinuum (für eine mögliche Klassifizierung vgl. z. B. Kossmann 2000). Die phonologischen, morphologischen und lexikalischen Besonderheiten einer jeden Dialektgruppe bilden kein Hindernis für die gegenseitige Verständigung der Sprecher.

Das Tarifit besitzt, wie alle Berbersprachen, eine Reihe von Konsonanten, die sich durch die sogenannte Pharyngalisierung auszeichnen. Dazu gehören z. B. das /s/, /z/, /ḏ/, /t/ sowie das /ð̣/.[4] Zwei weitere pharyngalisierte Konsonanten sind das /ł/ und das /ṛ/. Beide kommen nach Kossmann (2000) im Tarifit jedoch sehr selten vor. Die pharyngalisierten Konsonanten unterscheiden sich von den jeweils einfach artikulierten durch eine sekundäre Artikulation, die in der Zurückziehung der Zungenwurzel liegt. Die beiden Phoneme /ħ/ und /ʕ/ gehören hingegen nicht zu den pharyngalisierten Konsonanten. Bei diesen handelt es sich um Pharyngale ohne sekundäre Artikulation. Die Pharyngalisierung hat eine bedeutungsunterscheidende Funktion. Es lassen sich Minimalpaare[5] zwischen nicht pharyngalisierten und pharyngalisierten Konsonanten bilden, wie z. B. izi ‚Fliege' vs. izi ‚Galle' oder i-ssirið ‚er wäscht sich' vs. i-ssirið ‚er zieht (jemanden) an'.

Für diejenigen, die nicht mit dem Tarifit – oder generell mit berberischen oder semitischen Sprachen – vertraut sind, ist es nicht einfach, sich eine sekundäre Artikulation wie die Pharyngalisierung vorzustellen. Jedoch kann ein vereinfachendes Beispiel aus dem Englischen helfen, dies besser zu verstehen. Das Englische besitzt in vielen Dialekten neben dem einfach artikulierten [l], wie z. B. in den Wörtern land ‚Land' oder language ‚Sprache', auch eine Aussprachevariante, die in einem bestimmten Kontext vorkommt. Steht das /l/ nicht am Wortanfang (oder nicht im Anfangsrand einer Silbe), dann wird es als [ł] artikuliert, wie z. B. in feel [fiːł] ‚fühlen'. Das zusätzlich dazukommende Merkmal bei dieser Form der Artikula-

---

3   Für eine intensivere Auseinandersetzung mit den sprachlichen Besonderheiten des Maghreb im Allgemeinen und Marokkos im Besonderen vgl. z. B. Maas und Mehlem (1999), Saib (2001), Rosenhouse und Goral (2004), Ennaji (2005).

4   Für die Markierung der Pharyngalisierung wird hier die im IPA-System gebräuchliche Tilde [~] eingesetzt. Nur die Pharyngalisierung des stimmhaften Frikativs [ð] wird mit Hilfe von [ˤ] markiert.

5   Ein Minimalpaar ist ein Wortpaar, das sich nur in einem einzigen Laut unterscheidet, wie z. B. bei Haus vs. Maus. Die Laute, worin sich die beiden Wörter unterscheiden, haben eine bedeutungsunterscheidende Funktion, weil der Austausch des einen Lauts durch den anderen zu einem Wort mit anderer Bedeutung führt. /h/ und /m/ sind daher Phoneme des Deutschen und bilden zusammen mit anderen Phonemen ein Phonemsystem.

tion wird „Velarisierung" genannt. Wie die Pharyngalisierung gehört auch die Velarisierung zur sekundären Artikulation. Es gibt für das [ɫ] somit nicht nur eine Artikulationsstelle. Neben der primären Artikulation (also wie bei /l/) kommt eine sekundäre hinzu, die darin besteht, dass der hintere Zungenteil gegen den weichen Gaumen angehoben wird.[6] Im Englischen kommt die Velarisierung nur beim /l/ vor. Zudem handelt es sich hier nicht um ein phonologisches Merkmal, sondern das velarisierte /ɫ/ ist lediglich eine Aussprachevariante des Phonems /l/, weil sie nicht in denselben Kontexten stehen und somit auch keine Minimalpaare bilden können.

Wie oben schon erwähnt, tragen im Tarifit die einfachen und die jeweiligen pharyngalisierten Konsonanten jeweils eine bedeutungsunterscheidende Funktion. Man kann in einem Wort einen einfach artikulierten Konsonanten durch die entsprechende pharyngalisierte Form ersetzen und man erhält dabei ein Wort mit einer anderen Bedeutung (vgl. die erläuternden Anmerkungen zum Minimalpaar in Fußnote 4). Gerade diese bedeutungsunterscheidende Funktion von Konsonanten – gleiches gilt selbstverständlich auch für Vokale – ist entscheidend für die Konstitution des Phonemsystems einer Sprache.

Im Deutschen kommen weder pharyngalisierte Konsonanten noch die beiden Pharyngale /ħ/ und /ʕ/ vor. Auch wenn es sich bei den beiden Pharyngalen um einen potentiellen Ansatzpunkt für Interferenzen handelt, sind diese fast nie betroffen (vgl. hierzu die Ergebnisse in Tahiri 2009).

Das Tarifit hat ein Vokalsystem, das aus drei Vollvokalen mit bedeutungsunterscheidender Funktion besteht: /a/, /i/, /u/. Diese Vokale besitzen kein phonologisches Merkmal der Länge, d. h., dass im Tarifit – anders als im Deutschen – keine Unterscheidung zwischen Lang- und Kurzvokalen zu finden ist. Das /a/ im Tarifit ist im Vergleich zum deutschen /a/ ein weiter vorne und geschlossener artikuliertes /a/. Es hat daher mehr Gemeinsamkeiten mit dem /a/ des Englischen als mit dem des Deutschen. Was das Tarifit auch nicht besitzt, ist die Gruppe der Diphthonge und der Umlaute. Es gibt zwar die Kombination von Vollvokal und Halbvokal (vgl. z. B. /aw/ oder /wa/) oder die biphonematische Verbindung von Vollvokal und einem vokalisiertem r-Laut (wie z. B. /iɐ/), aber diese sind nicht monophonematisch wie dies bei Diphthongen des Deutschen der Fall ist. Insgesamt ist das Vokalphonemsystem des Tarifit im Vergleich zu dem des Deutschen viel kleiner. Aber neben diesen Vokalphonemen existieren noch Aussprachevarianten, die vom konsonantischen Kontext abhängen. Die Vokalphoneme /a/, /i/ und /u/ werden entweder als [a], [i] und [u] oder als allophonische Varianten realisiert. Diese Aussprachevarianten werden z. B. dann realisiert, wenn sie in der Umgebung der pharyngalisierten Konsonanten stehen. In diesen Kontexten erscheint das /i/ als [e] bzw. [ɛ] (vergleichbar

---

6   Für eine intensivere Beschäftigung mit der sekundären Artikulation vgl. z. B. Hall (2011).

dem deutschen <e> wie in *Mechanik* und *rechtlich*), das /a/ als [ɑ] (hinten und mit größerem Öffnungsgrad artikuliert und damit dem deutschen /a/ sehr ähnlich) und das /u/ als [ɔ] bzw. [o] (ähnlich wie z. B. im deutschen *doch*).

Im Folgenden wird zu sehen sein, wie eben diese Abhängigkeit der vokalischen Qualität von den pharyngalisierten Konsonanten für eine bestimmte Gruppe von Tarifit-Sprechern im Migrationskontext erhebliche Schwierigkeiten bereitet.

3   Korpus und Probanden

Die exemplarischen Ausführungen basieren auf einem Korpus aus mündlich erzählten Bildergeschichten von deutsch-berberischen Probanden, die in Freiburg leben. Die Interviews wurden mehrheitlich in den Jahren 2004 und 2005 durchgeführt. Die zugrundegelegte Bildergeschichte ist eine in der linguistischen Forschung sehr bekannte Geschichte von einem Bilderbuchautor (Mercer Mayer). Diese besteht aus 24 Bildern, die eine komplexe Handlung darstellen. Im Mittelpunkt der Geschichte steht ein Junge mit seinem Hund und einem Frosch, den er in einem Glas hält. Der Frosch flüchtet in der Nacht aus dem Glas. Am nächsten Morgen suchen der Junge und sein Hund nach ihm. Sie begeben sich ins Freie und überstehen dabei viele Hindernisse (wie z. B. die Verfolgung durch einen Bienenschwarm), bis sie den Frosch schließlich in der Nähe eines Teichs mit seiner Familie finden. Die Probanden hatten u. a. die Aufgabe, diese Bildergeschichte auch auf Berberisch zu erzählen. Jeder Proband wurde individuell interviewt.

Der für den vorliegenden Aufsatz berücksichtigte Teil des Datenmaterials stammt aus einem größeren Korpus, zusammengestellt für die Studie von Tahiri (2008, 2009). Die Analysen hatten das Ziel, den Einfluss des Zweitspracherwerbsalters auf die Ausbildung bilingualer Kompetenzen in den Sprachen Tarifit und Deutsch zu untersuchen. Auf die einzelnen Kriterien für die Auswahl der Probanden kann hier zwar im Detail nicht eingegangen werden (vgl. hierzu Tahiri 2008, 2009), aber wegen ihrer Relevanz für die im Folgenden aufgeführten Analysepunkte soll hier zum besseren Verständnis ein kurzer Überblick über die wichtigsten Kriterien gegeben werden. Die bilingualen Probanden bzw. ihre Eltern (wenn die Probanden in Deutschland geboren wurden) stammen aus dem nordöstlichen Teil Marokkos, dem Rifgebiet. Als Erst- bzw. Herkunftssprache sprechen sie das Tarifit und als Zweitsprache oder zweite Erstsprache Deutsch. Wichtig war für die Vorauswahl auch, dass sie beide Sprachen im Alltag verwenden. Dieses Kriterium lehnt sich an die Bilingualismusdefinition von Grosjean (1999) an, wonach für den Bilingualismusbegriff der alltägliche Gebrauch im Umgang mit den Mitmenschen wichtig ist. Das Mindestalter der Probanden lag bei 18 Jahren und die Aufenthaltsdauer in Deutschland bei mindestens zehn Jahren, so dass nur Probanden an der Studie teilnahmen, bei denen man von einem abgeschlossenen Spracherwerb ausgehen konnte. Für die Beantwortung der Frage nach dem Einfluss des Altersfaktors auf den Zweitspracherwerb und dem Erhalt der Erstsprache war die Abgeschlossenheit des Spracherwerbs unabdingbar.

Das Gesamtprofil richtete sich schließlich nach den von Meisel (2004) aufgestellten Zweitspracherwerbstypen. Die Differenzierung nach drei Zweitspracherwerbstypen bildete ein weiteres wichtiges Kriterium für die Auswahl der Probanden. Meisel (2004) unterscheidet drei verschiedene Zweitspracherwerbstypen, deren Hauptunterscheidungsmerkmal der Altersfaktor ist, d. h. der Zeitpunkt, ab dem der Zweitspracherwerb stattfindet. Der erste Typ ist der bilinguale Erstspracherwerbstyp, bei dem das Erwerbsalter beider Sprachen bei maximal vier Jahren liegt. Bei diesem Erwerbstyp wird davon ausgegangen, dass beide Sprachen wie eine Erstsprache erworben werden. Davon unterscheidet Meisel die zwei anderen Erwerbstypen: kindlicher Zweitspracherwerbstyp (der Zweitspracherwerb erfolgt bis zum Alter von 10 Jahren) und Zweitspracherwerb der Erwachsenen (der Zweitspracherwerb erfolgt ab dem Alter von 11 Jahren).

Bei den Probanden, auf die hier fokussiert wird, handelt es sich um Mehrsprachige, die einen bilingualen Erstspracherwerb durchlaufen haben. Diese Probanden sind entweder in Deutschland geboren (im Pseudonym mit der Zahl 0 angegeben) oder aber vor dem Kindergartenalter mit ihren Eltern nach Deutschland immigriert (Angabe in Monaten, wie z. B. die Zahl 0;3 bei Hafid.$_{0;3-20}$, oder in Jahren, wie z. B. die Zahl 1 bei Dina.$_{1-28}$). Das Alter zum Zeitpunkt der Durchführung der Interviews liegt bei mindestens 18 Jahren (Altersangabe durch die zweite Zahl nach dem Namen).

4   Analysen: Realisierung pharyngalisierter Konsonanten

Ein Blick auf die absolute Anzahl der abweichend realisierten pharyngalisierten Konsonanten durch alle bilingualen Probanden (aus allen drei Zweitspracherwerbstypen) zeigt deutlich, dass primär die Probanden mit bilingualem Erstspracherwerb betroffen sind (vgl. Abbildung 1).

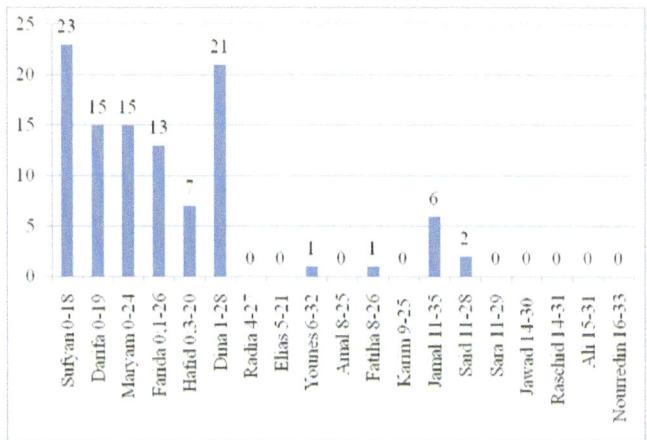

Abb. 1 Absolute Anzahl nicht korrekt realisierter Pharyngalisierungen

Quelle: Eigene Erhebung und Darstellung

Die fehlende Pharyngalisierung kommt somit vor allem bei den Probanden, die entweder in Deutschland geboren oder im Alter von bis zu einem Jahr nach Deutschland immigriert sind, gehäuft vor. Probanden mit einem höheren Migrationsalter führen die Pharyngalisierung entweder korrekt durch oder weisen nur in sehr seltenen Fällen Abweichungen auf (zu Jamals.$_{11-35}$ Fall vgl. Tahiri 2008, 2009). Die in Tahiri (2008, 2009) berücksichtigte Kontrollgruppe von Tarifit-Sprechern der ersten Generation realisiert die Pharyngalisierung immer.

Damit ist die nicht realisierte Pharyngalisierung primär für die Probanden mit bilingualem Erstspracherwerb charakteristisch (zu beachten ist hier, dass die Probandin Radia.$_{4-27}$, die zwar nach Meisels (2004) Kriterien auch zum bilingualen Erstspracherwerbstyp zu rechnen ist, die einzige ist, die die Pharyngalisierung immer korrekt realisiert). Die absolute Anzahl an Konsonanten, bei denen das Merkmal der Pharyngalisierung fehlt, liegt bei 7 bis 23 Fällen. Wie hoch der Anteil der fehlenden Pharyngalisierungen prozentual ist, lässt sich am folgenden Schaubild ablesen (Abbildung 2):

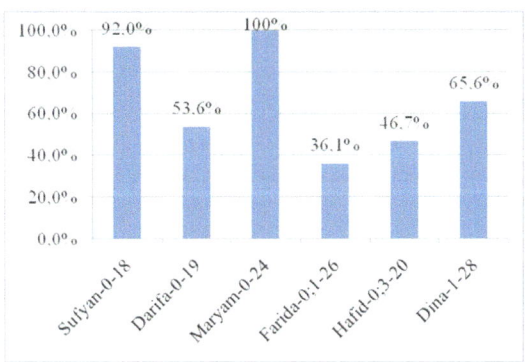

Abb. 2   Prozentualer Anteil nicht realisierter Pharyngalisierungen

Quelle: Eigene Erhebung und Darstellung

Hier ist zu sehen, dass der relative Anteil zwar unterschiedlich hoch ausfällt. Aber der Mindestanteil von über 1/3 zeigt, dass es sich hierbei um eine relativ frequente Interferenzerscheinung handelt. Die Mehrheit der Probanden realisiert die Pharyngalisierung in mehr als der Hälfte der Kontexte nicht.

In der Regel ist die nicht korrekte Realisierung der pharyngalisierten Konsonanten darauf zurückzuführen, dass die Probanden die Pharyngalisierung unterlassen. Die betreffenden Konsonanten werden dann in Form ihrer nicht pharyngalisierten Gegenstücke realisiert. Das Phonem /ð^{ʕ}/ wird als [ð], das /ḍ/ als [d], das /ṭ/ als [t], das /ṣ/ als [s] und das /ẓ/ als [z] artikuliert. Beim / ð^{ʕ}/ lässt sich noch eine andere Art der nicht korrekten Realisierung beobachten. Den pharyngalisierten, stimmhaften Dentalfrikativ ersetzen zwei Probandinnen (Maryam$_{-0-24}$ und Dina$_{-1-28}$) zum Teil durch den stimmlosen Plosiv [t]. Allerdings ist diese Ersetzung bei beiden Probandinnen nicht sehr frequent. Bei Maryam$_{-0-24}$ ist neben der /t/-Substitution des /ð^{ʕ}/ auch die ersatzlose Tilgung zu beobachten, während sie das /ð^{ʕ}/ nie durch das nicht pharyngalisierte Gegenstück /ð/ substituiert. Tendenziell ist jedoch bei allen Probanden zu beobachten, dass die nicht korrekte Realisierung darin besteht, dass die Pharyngalisierung unterlassen wird.

Wirft man einen Blick auf das Artikulationsverhalten der Probanden, die im Jugendalter nach Deutschland eingewandert sind, dann ist zu erkennen, wie die Umkehrung dessen, was hier bei den Probanden mit bilingualem Erstspracherwerb zu beobachten ist, aussehen kann. Einige Bilinguale mit höherem Migrationsalter realisieren im Deutschen manchmal eine Pharyngalisierung (vgl. Beispiel 1 und Beispiel 2).

Beispiel 1: deutsches /t/ > [ṭ] (Jawad.₁₄₋₃₀)

S2:	ʊnt aɪn ṭɔlə hʊnt haṭ ɐ
	und ein tolle Hund hat er

Beispiel 2: deutsches /z/ > [ẓ] (Nourredin.₁₆₋₃₃)

S1:	daː ɪs aɪn fʁʊʃ ɪn də vaːẓə
	da is ein Frosch in de Vase
S3:	… fɔn də vaːẓə ʁaʊsɡəɡaŋən
	… von de Vase rausgegangen

In Beispiel 1 ist zu sehen, dass Jawad.₁₄₋₃₀ das /t/ in den Wortformen *tolle* und *hat* pharyngalisiert. In Beispiel 2 ist die Pharyngalisierung von /z/ in *Vase* zu beobachten (Nourreddin.₁₆₋₃₃). Allerdings handelt es sich bei diesen Pharyngalisierungen um eine relativ selten vorkommende Interferenzerscheinung. Pharyngalisierungen im Deutschen sind bei den Probanden mit bilingualem Erstspracherwerb hingegen nie zu beobachten.

5 Analysen: Allophone Vollvokale

Wie oben erwähnt (vgl. Abschnitt 2), sind die allophonischen Varianten der Vollvokale im Kontext pharyngalisierter Konsonanten zu finden. Was die Probanden in solchen Fällen machen, in denen sie die Pharyngalisierung nicht realisieren, das ist in der Regel die Beibehaltung dieser vokalischen Allophone. Das folgende Schaubild (Abbildung 3) zeigt die Anteile der allophonischen Vollvokale, die im Kontext unterlassener Pharyngalisierung artikuliert werden.

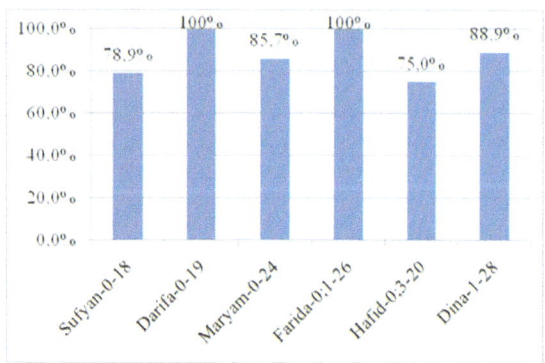

Abb. 3   Allophonische Realisierung der Vollvokale bei fehlender Pharyngalisierung

Quelle: Eigene Erhebung und Darstellung

Zwei Probanden realisieren die allophonischen Vokale in allen Kontexten, in denen sie die Pharyngalisierung weglassen (Darifa.$_{0\text{-}19}$ und Farida.$_{0;1\text{-}26}$). Die restlichen Probanden bleiben bei den allophonischen Varianten der Vollvokale in mindestens 3/4 der Fälle, in denen sie die Pharyngalisierung nicht realisieren.

Im folgenden Beispiel (Beispiel 3) ist zu sehen, wie die beiden Allophone [ɑ] und [e] nach fehlender Pharyngalisierung beibehalten werden:

Beispiel 3:   /a/ > [ɑ] und /i/ > [e] nach fehlender Pharyngalisierung (Sufyan.$_{0\text{-}18}$)

S11:	akzin	i- wðɑ		zi	rkaze
Tarifit:	aqzin	i- wðˤa		zi	rkaᵶi
	Hund.ABS	3.SG.MASK-fallen.PFV	PRÄP	Fenster	
	,der Hund fiel aus dem Fenster'				

Die Verbalform *iwðˤa* realisiert Sufyan.$_{0\text{-}18}$ als [iwðɑ]. Er lässt die Pharyngalisierung weg und behält die allophonische Variante des /a/ bei.[7] Gleiches ist für das /i/ im Wort für ,Fenster' zu beobachten: /rkaᵶi/ > [rkaze].

---

7   In den Beispielen werden im Kontext der pharyngalisierten Konsonanten die Vokalphoneme /a i u/ notiert. Eine Notation der allophonischen Varianten ist hier deswegen nicht notwendig, da es sich um eine kontextgesteuerte Regel handelt und eine andere

Im nächsten Beispiel (Beispiel 4) ist zu sehen, wie bei fehlender Pharyngalisierung sowohl die Beibehaltung des Allophons als auch die Ersetzung durch das entsprechende Phonem innerhalb einer Äußerung vorkommen kann:

Beispiel 4: Realisierung des allophonen [e] und Nicht-Realisierung des allophonen [ɑ] nach fehlender Pharyngalisierung (Hafid.$_{0;3-20}$)

S39:	... zre-n	attas	n- iqaqriwən
Tarifit:	... ẓri -n	a̶t̶tas	n- iqaqriwən
	sehen.PFV-3.PL.MASK	viele	von- Frösche
	,sie haben viele Frösche gesehen'		

Hafid.$_{0;3-20}$ realisiert die Verbalform ẓri -n ,sie haben gesehen' als [zre-n]. Das Merkmal der Pharyngalisierung fehlt, das allophone [e] bleibt bestehen. Dagegen ist bei *attas* ,viel/viele' nicht nur die fehlende Pharyngalisierung zu beobachten, sondern auch die Ersetzung des allophonen [ɑ] durch das Phonem /a/.

Betrachtet man die einzelnen Vokale getrennt voneinander, dann ist zu erkennen, dass nach fehlender Pharyngalisierung /i/ und /u/ immer als allophone Varianten realisiert werden, das /a/ jedoch in einigen Kontexten nicht. Hafid.$_{0;3-20}$ und Maryam.$_{0-24}$ müssen hier aufgrund der geringen Frequenz des /a/ im pharyngalisierten Kontext ausgeblendet werden. Bei den beiden anderen Probanden mit einem höheren /a/-Anteil im Kontext pharyngalisierter Konsonanten (Sufyan.$_{0-18}$ und Dina.$_{1-28}$) liegt die nicht vollständige Beibehaltung der allophonen Vokale gerade darin, dass sie in einigen Fällen das allophone [ɑ] ersetzen (vgl. Beispiel 5):

Artikulation nicht möglich ist. Die Beibehaltung der allophonischen Vollvokale nach nicht realisierter Pharyngalisierung wird in den Transkripten notiert, um das veränderte Artikulationsverhalten zu verdeutlichen.

Beispiel 5: [a] anstelle von [ɑ] nach fehlender Pharyngalisierung
(Sufyan$_{-0-18}$)

S22'	... ḥama	jə-wðˤa-d
	... bis	3.SG.MASK-fallen.PFV-DIRV

'... bis er herunterfällt'

Für die Verbform *jə-wðˤa-d* fehlt hier einerseits die Pharyngalisierung des frikativen /ðˤ/ und andererseits auch die allophone Variante des /a/. Diese Art von Interferenz ist im Vergleich zu den Fällen, in denen die allophonen Vollvokale beibehalten werden, auffälliger, weil damit ein größerer lautlicher Abstand zwischen der normsprachlichen Form und dem tatsächlichen Sprachgebrauch entsteht.

Wie bei der Realisierung der Pharyngalisierung sind auch im Bereich der Vokale Interferenzen im Deutschen der Probanden mit höherem Migrationsalter zu finden, die als spiegelbildliche Umkehrung dessen zu betrachten sind, was hier bei den Probanden mit bilingualem Erstspracherwerb zu beobachten ist. Einige Probanden verändern die Qualität der Vokale nach dem Vorbild des Tarifit. Am Beispiel des /ɔ/ soll dies im Folgenden verdeutlicht werden (Beispiel 6):

Beispiel 6: deutsches /ɔ/ > [ʊ] (Ali$_{-15-31}$)

Frosch	>	[fʁuʃ]
doch	>	[dʊx]
entschlossen	>	[ɛntʃlʊsn]

Diese drei Wörter zeigen, wie Ali$_{-15-31}$ das /ɔ/ im Deutschen durch ein /ʊ/ ersetzt. Dies hat seine Ursache darin, dass im Tarifit ein /ɔ/ nur im Kontext pharyngalisierter Konsonanten vorkommen kann. Da das Tarifit für Ali$_{-15-31}$ die starke Sprache bildet, verändert er die Aussprache bei diesen Wörtern nach dem Vorbild des Tarifit.

6   Diskussion

Aussagen über im Migrationskontext entstandene Interferenzen und die sich daraus ergebenden Sprachwandelerscheinungen lassen sich nur unter Berücksichtigung des Migrations- bzw. Zweitspracherwerbsalters treffen. Wie oben am Beispiel der

Aufhebung der Pharyngalisierung und der damit zusammenhängenden Beibehaltung der allophonen Vokale zu sehen ist, sind bestimmte Interferenzerscheinungen hinsichtlich ihrer Häufigkeit charakteristisch für bestimmte Spracherwerbsgruppen. Bei älteren Zweitspracherwerbslernern kommen diese Interferenzen entweder nicht oder nur selten vor. Nur mit Hilfe der Untergliederung der Probanden nach ihrem Migrationsalter lässt sich eine erhöhte Frequenz der fehlenden Artikulation der Pharyngalisierung bzw. die Beibehaltung der allophonischen Varianten der Vollvokale als gruppenspezifisches Merkmal aufdecken. Dieser Befund steht im Einklang mit anderen Forschungsergebnissen, wie z. B. denen von Bialystok und Hakuta (1999). Bialystok und Hakuta untersuchten das Datenmaterial bestimmter Studien, die zum Einfluss des Altersfaktors auf den Erwerb einer Zweitsprache durchgeführt wurden (wie z. B. die von Johnson und Newport 1989), auf Interferenzen. Ihr Ergebnis ist, dass die beobachtbaren Interferenzerscheinungen bei Berücksichtigung des Altersfaktors keine Rückschlüsse auf qualitative Unterschiede zulassen. Die Unterschiede in den sprachlichen Interferenzen sind rein quantitativer Natur: „[...] even though the amount of first language interference was different for younger and older learners, the nature of the interference was the same" (Bialystok/Hakuta 1999, 170).

Ein weiterer Punkt betrifft die akustische Beschaffenheit der Interferenzerscheinungen. Die Resultate aus den hier beobachteten Interferenzen weisen darauf hin, dass phonologische Interferenzen akustisch eine geringe Auffälligkeit aufweisen. Die Vermeidung der sekundären Artikulation der Pharyngalisierung unter gleichzeitiger Beibehaltung der allophonischen Varianten der Vollvokale ist eine Interferenzerscheinung mit einer geringen Differenz zwischen den normsprachlichen und den abweichenden Sprachverhaltensmustern. Dafür spricht z. B., dass im phonologischen Bereich die beiden Pharyngale /ħ/ und /ʕ/ nie bzw. sehr selten von Interferenzen betroffen sind (vgl. hierzu die Ergebnisse in Tahiri 2008, 2009). Eine veränderte Realisierung beider Pharyngale kann – ganz anders als dies bei den pharyngalisierten Konsonanten der Fall ist – nicht etwa durch die allophonen Vokale ausgeglichen werden. Die Pharyngale beeinflussen die sie umgebenden Vollvokale nicht. Daher würde die Ersetzung der Pharyngale zu einem sehr großen lautlichen Unterschied zur normsprachlichen Aussprache führen. Dies wäre sicher viel auffälliger als die oben beschriebene Aufhebung der Pharyngalisierung. Dieses Prinzip der minimalen Differenz zwischen den herkunftssprachlichen und der neuen, abweichenden Artikulation spiegelt sich auch in anderen Interferenzerscheinungen außerhalb des phonologischen Bereichs wider.

So ist z. B. in Tahiri (2012) zu sehen, dass die Wortstellungsregeln des Tarifit durch die des Deutschen beeinflusst werden. Das Tarifit lässt in deklarativen Hauptsätzen mit verbalem Prädikat sowohl die S-V- als auch die V-S-Stellung zu. Die Realisierung beider Stellungsmuster hängt normsprachlich nicht von rein syntaktischen Kriterien – wie dies beim Deutschen der Fall ist – ab. Vielmehr entscheiden pragmatische Gründe über die Wahl der Wortstellung. Nun ist bei denselben – hier berücksichtigten – Probanden zu beobachten, dass sie die pragmatisch gesteuerten Wortstellungsregeln zugunsten der syntaktisch motivierten Regeln analog zum Deutschen aufgeben. Da im Tarifit sowohl die S-V- als auch die V-S-Stellung vorkommt, lässt eine rein quantitative Analyse keine Rückschlüsse auf mögliche Interferenzen zu. Erst eine semantisch-pragmatische Analyse gibt Aufschluss über die tatsächlich angewandten Wortstellungsregeln. Auch diese Interferenz führt zu einer minimalen Differenz zwischen der Sprachgebrauchsnorm und den veränderten Formen bzw. Strukturen.

Ein weiteres Merkmal von Interferenzerscheinungen, das sich aus den obigen Analysen ableiten lässt, ist, dass Interferenzen innerhalb eines Teilbereichs nicht zwingend alle Fälle bzw. Kontexte erfassen müssen. Das Nebeneinander von herkunftssprachlich angemessenen und veränderten Formen ist in den meisten Fällen zu beobachten. So sind hier neben der Aufhebung der Pharyngalisierung zum Teil auch korrekt realisierte Pharyngalisierungen zu finden. Interferenzen sind in ihren Auswirkungen somit nicht ausnahmslos. Dies konnte Tahiri (2008, 2009) z. B. auch im Bereich der Morphologie nachweisen, wie bei den Aspekt- oder Kongruenzmarkierungen im Bereich der Verbalmorphologie oder der nominalen Kategorie Status Constructus (wie z. B. bei *iӡ n-aqzin* statt *iӡ n-uqzin* ‚ein Hund'). Für Interferenzen im Bereich der Morphologie ist der Einfluss des deutschen Wortbegriffs anzunehmen, wonach die Flexion nicht den Wortanfang tangiert. Aber im Tarifit sind Flexionsmarkierungen auch wortinitial zu finden. Interferenzbeispiele aus dem Deutschen der Probanden mit höherem Migrationsalter bestätigen ebenfalls diese fehlende Ausnahmslosigkeit sprachlicher Einflüsse. So ist z. B. die Hinzufügung der Pharyngalisierung bei deutschen Konsonanten (vgl. Beispiel 1 und Beispiel 2) oder die Ersetzung des /ɔ/ durch /ʊ/ im Deutschen (vgl. Beispiel 6) nicht in allen Kontexten zu finden. Neben Abweichungen lassen sich auch korrekte Realisierungen identifizieren.

Die beschriebenen Abweichungen von den Sprachgebrauchsnormen des Tarifit können zu einer Umstrukturierung des Phonemsystems und damit zu einer *Diasporavarietät* des Tarifit führen. Noch existieren zum Teil korrekt realisierte Pharyngalisierungen. Bei der Weitergabe des Tarifit an die nächste Generation ist aber nicht auszuschließen, dass die fehlende Systematik bei der Realisierung der Pharyngalisierung bzw. der allophonen Vollvokale den Abbau noch verstärkt. Das Ergebnis wäre, dass das herkunftssprachliche Konsonantensystem um die Reihe der pharyngalisierten Konsonanten reduziert und das Vokalsystem um die Reihe der ursprünglich rein allophonen Varianten der Vokalphoneme erweitert wird. Die folgende Tabelle 1 zeigt an zwei Beispielen, wie sich diese Veränderungen auf die Verteilung der distinktiven Funktionen auswirken können:

Tabelle 1 Verlust der Pharyngalisierung und Auswirkungen auf die Verteilung der distinktiven Funktionen

Pharyngalisierte Konsonanten im herkunftssprachlichen System	Beispiele für Minimalpaare	Zusammenfall von pharyngalisierten und nicht pharyngalisierten Konsonanten
/ð/ vs. /ð ^{ʕ}/	βða vs. βð ^{ʕ}a ‚anfangen' vs. ‚teilen'	βða vs. βða ‚anfangen' vs. ‚teilen'
/d/ vs. /ɖ/	ddat vs. ɖɖat ‚Körper' vs. ‚Finger'	ddat vs. ddat ‚Körper' vs. ‚Finger'

Quelle: Eigene Darstellung

In der mittleren Spalte stehen Minimalpaare, die die bedeutungsunterscheidende Funktion der Pharyngalisierung verdeutlichen. Die Aufhebung dieser sekundären Artikulation führt zu einem Zusammenfall von pharyngalisierten und nicht pharyngalisierten Konsonanten (vgl. rechte Spalte) und damit zu einer Reduktion der Anzahl der Konsonantenphoneme. Die bedeutungsunterscheidende Funktion wird auf die allophonen Varianten der Vokalphoneme übertragen. Dies führt zu einer Erhöhung der Anzahl der Vokalphoneme, so dass ein System, wie in Abb. 4 dargestellt, entsteht:

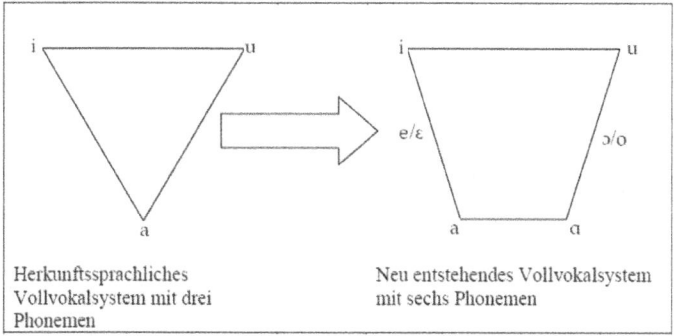

Abb. 4 Herkunftssprachliches und neu entstehendes Vokalphonemsystem

Quelle: Eigene Darstellung

Das ursprünglich dreigliedrige Vokalsystem – bestehend aus den Phonemen /a i u/ – erhält aufgrund der Aufhebung des Merkmals der Pharyngalisierung die Form eines Trapezes. Die Allophone [ɑ], [e] bzw. [ɛ] und [ɔ] bzw. [o] übernehmen die distinktive Funktion, die normalerweise durch die Pharyngalisierung ausgedrückt wird. Die Allophone werden so in das Vokalphonemsystem integriert. Neben dem vorne und mit geringerem Öffnungsgrad artikulierten /a/ steht rechts nun das hintere, offene /ɑ/. Die neue Reihe der mittleren Vokale besteht aus einem /e/ (bzw. einem /ɛ/) und einem /ɔ/ (bzw. einem /o/). Diese stehen nun jeweils im Kontrast zu den ursprünglichen Vokalphonemen.

7   Schluss

Am Beispiel der Pharyngalisierung und der damit zusammenhängenden Realisierung allophoner Vollvokale des Tarifit konnte hier gezeigt werden, dass die Herkunftssprache Tarifit bei Bilingualen im Migrationskontext durch das Deutsche beeinflusst wird. Das Ausmaß der sprachlichen Einflüsse hängt sehr stark vom Zweitspracherwerbsalter ab. Am häufigsten sind die Interferenzen bei Mehrsprachigen, die sich durch einen bilingualen Erstspracherwerb auszeichnen. Die Pharyngalisierung wird entweder nie oder nur zum Teil realisiert. Diese Interferenzerscheinung ist die Ursache für die Übertragung der bedeutungsunterscheidenden Funktion der pharyngalisierten Konsonanten auf die herkunftssprachlich allophonen Vollvokale, die entsprechend der Sprachgebrauchsnorm im Kontext pharyngalisierter Konsonanten vorkommen. Damit wird das herkunftssprachliche Konsonantensystem reduziert und zugleich das Vokalsystem erweitert. Aus den allophonen Vokalen werden somit Phoneme. Diese zunächst als Interferenzen erscheinenden Veränderungen können – bei Erhalt des Tarifit in der Diaspora durch die Weitergabe an nachfolgende Generationen – nicht ohne Auswirkungen auf das Sprachsystem bleiben. Berücksichtigt man noch die in Tahiri (2008, 2009, 2012) beschriebenen Interferenzerscheinungen, dann ist eine Umstrukturierung in verschiedenen Sprachbereichen zu erwarten.

Literatur

Bialystok, E., & Hakuta, K. (1999). Confounded Age: Linguistic and Cognitive Factors in Age Differences for Second Language Acquisition. In: D. Birdsong (Hrsg.), *Second Language Acquisition and the Critical Period Hypothesis* (161-181). Mahwah u. a.: Lawrence Erlbaum Associates.

Ennaji, M. (2005). *Multilingualism, Cultural Identity and Education in Morocco.* New York: Springer.

Grosjean, F. (1999): Individual Bilingualism. In: B. Spolsky (Hrsg.), *Concise Encyclopedia of Educational Linguistics* (284-290). Amsterdam u. a.: Elsevier.

Grosjean, F. (2001). The Bilingual's Language Modes. In: J. L. Nicol (Hrsg.), *One Mind, Two Languages. Bilingual Language Processing* (1-22). Malden: Blackwell.

Hall, A.T. (2011). *Phonologie. Eine Einführung* (2., überarb. Aufl.). Berlin/New York: de Gruyter.

Hayward, R. (2000). Afroasiatic. In: B. Heine & D. Nurse (Hrsg.), *African Languages: An Introduction* (74-98). Cambridge: Cambridge University Press.

Johnson, J.S., & Newport, E.L. (1989). Critical Period Effects in Second Language Learning: The Influence of Maturational State on the Acquisition of English as a Second Language. *Cognitive Psychology 21*, 60-99.

Kossmann, M. (2000). *Esquisse grammaticale du rifain oriental.* Paris: Peeters.

Maas, U., & Mehlem, U. (1999). Sprache und Migration in Marokko und in der marokkanischen Diaspora in Deutschland. *IMIS-Beiträge 11*, 65-105.

Meisel, J. (2004). The Bilingual Child. In: T.K. Bhatia & W.C. Ritchie (Hrsg.), *The Handbook of Bilingualism* (91-113). Malden: Blackwell.

Rosenhouse, J., & Goral, M. (2004). Bilingualism in the Middle East and North Africa: A Focus on the Arabic-Speaking World. In: T.K. Bhatia & W.C. Ritchie (Hrsg.), *The Handbook of Bilingualism* (835-868). Malden: Blackwell.

Saib, J. (2001). Berber and Arabic in Morocco. In: G. Extra & D. Gorter (Hrsg.), *The Other Languages of Europe* (Multilingual Matters 118) (429-444). Clevedon u. a.: Multilingual Matters LTD.

Tahiri, N. (2006). Constructus im Sprachkontakt: Die Realisierung des Status Constructus bei Rif-Berbern der zweiten Generation in Deutschland. In: D. Ibriszimow, R. Vossen & H. Stroomer (Hrsg.), *Études berbères III. Le nom, le pronom et autres articles* (Berber Studies 14) (221-237). Köln: Rüdiger Köppe.

Tahiri, N. (2008). *Migrationsalter und Zweisprachigkeit bei marokkanischen Migranten in Deutschland.* Inaugural-Dissertation zur Erlangung der Doktorwürde der Philologischen Fakultät der Albert-Ludwigs-Universität Freiburg i. Br. http://www.freidok.uni-freiburg.de/volltexte/5931. Zugegriffen: 04.08.2014.

Tahiri, N. (2009). *Migrationsalter und Zweisprachigkeit: Zum Einfluss des Altersfaktors auf die Ausbildung bilingualer Kompetenzen bei berberophonen Migranten in Deutschland.* Saarbrücken: Südwestdeutscher Verlag für Hochschulschriften.

Tahiri, N. (2012). Wortstellung im Sprachkontakt: Von der pragmatisch gesteuerten Wortstellung hin zur syntaktisch gesteuerten im Tarifit marokkanischer Migranten in Deutschland. In: D. Ibriszimow, R. Vossen & H. Stroomer (Hrsg.), *Études Berbères VI: Essais sur la Syntaxe et Autres Articles* (Berber Studies 35) (237-256). Köln: Rüdiger Köppe.

Weinreich, U. (1976 [1953]): *Sprachen in Kontakt: Ergebnisse und Probleme der Zweisprachigkeitsforschung* (Übersetzung von Jörg Kohlhase aus dem Englischen). München: Beck.

Anhang: Abkürzungen in den präsentierten Beispielen

ABS   Status Absolutus
DIRV   Direktiv
SG   Singular
MASK   maskulin
PFV   Perfektiv
PL   Plural
S   Äußerungseinheit bzw. Satz
-      ein Bindestrich in den Sprachbeispielen markiert Morphemgrenzen
...   drei Punkte stehen für Auslassungen in den Sprachbeispielen

Sprache als kulturelles Kapital im Migrationskontext

Maike Didero und Carmella Pfaffenbach

1   Marokkaner in Deutschland – von der Gastarbeit zum Auslandsstudium

Ziel des vorliegenden Beitrags ist es, der Bedeutung von Sprachkenntnissen im Migrationskontext nachzugehen. Im Zentrum steht dabei die Frage nach den unterschiedlichen Ausprägungen von Mehrsprachigkeit bei marokkostämmigen Zuwanderern[1] in Deutschland einerseits sowie nach dem Zusammenhang zwischen Sprachkenntnissen und sozialen Positionierungen der betreffenden Personen andererseits. Im Rahmen unserer Studie[2] hat sich herausgestellt, dass entscheidende Unterschiede insbesondere zwischen den in den 1960ern und 1970ern eingewanderten Arbeitsmigranten, den ab den späten 1980ern zugewanderten Studienmigranten sowie den in Deutschland aufgewachsenen Kindern der Arbeitsmigranten (sog. zweite Generation) bestehen. Daher sollen im Folgenden zunächst die verschiedenen Gruppen und Wellen marokkanischer Zuwanderung nach Deutschland sowie der empirische Zugang unserer Studie kurz skizziert werden, bevor im zweiten Abschnitt näher auf die zentralen Erkenntnisse eingegangen wird.

Ein wichtiges Charakteristikum der Migration von Marokko nach Deutschland ist ihre hohe räumliche Konzentration, sowohl in Bezug auf die Herkunfts- als auch in Bezug auf die Aufnahmeregionen (Berriane 2007, 266). Diese Besonderheit lässt

---

1   Aus dem alleinigen Grund der besseren Lesbarkeit wird im weiteren Beitrag auf die gleichzeitige Verwendung weiblicher und männlicher Sprachformen verzichtet und überwiegend die männliche Form verwendet. Sofern nicht explizit gekennzeichnet sind Frauen und Männer damit immer gleichermaßen gemeint und angesprochen.

2   Das Forschungsprojekt mit dem Titel „Der Einfluss des deutschen Islambildes auf die raumbezogene Alltagsgestaltung und die Identitätsbildung muslimischer Araber in Nordrhein-Westfalen" (PF 350/8-1) wurde dankenswerterweise durch die Deutsche Forschungsgemeinschaft finanziell unterstützt.

sich zurückführen auf die Anwerbebemühungen deutscher Industrieunternehmen, die sich nach dem Abschluss des Anwerbeabkommens zwischen Deutschland und dem Königreich Marokko im Jahr 1963 insbesondere auf das Rif konzentrierten (Berriane 2007, 263), eine durch Erzbergbau gekennzeichnete Region im Nordosten Marokkos (vgl. dazu den Beitrag von Berriane in diesem Band; Kagermeier 1995; Berriane et al. 1996; Popp/Bencherifa 2000).

In der ersten Phase der Gastarbeiteranwerbung waren es hauptsächlich Minenarbeiter, die aus den Provinzen Nador und Oujda im Nordosten Marokkos für den Steinkohleabbau in Deutschland rekrutiert wurden (Schüttler 2007, 6). Sehr bald setzte sich in Deutschland jedoch das Baugewerbe als größter Arbeitsmarkt für marokkanische Gastarbeiter durch, gefolgt vom Eisenhüttenwesen und der Metallindustrie (Bonnet/Bossard 1973, 30).

Die Zuwanderung erfolgte in Deutschland vor allem nach NRW in den Großraum Rhein-Ruhr (vor allem Düsseldorf und das Ruhrgebiet) sowie nach Hessen in den Großraum Frankfurt (Kagermeier 2004, 442). In den ersten Jahren waren es hauptsächlich Männer, die – obwohl oft verheiratet – zunächst alleine nach Deutschland kamen (Bossard 1979; Berriane 1996, 69f.).

Als in Folge der Ölkrise 1973 die Anwerbeverträge beendet wurden, prägte zunehmend der Familiennachzug das Migrationsgeschehen zwischen Marokko und Deutschland und aus einer temporären, zirkulären Migration wurde in vielen Fällen eine auf Dauer gestellte Verlagerung des Lebensschwerpunktes nach Deutschland (de Haas 2007, 8). Dies führte schon allein wegen des Wegfallens der Befristung zu deutlich veränderten Rahmenbedingungen für eine Integration der marokkanischen Migrantinnen und Migranten in Deutschland.

Seit Ende der 1980er Jahre lässt sich eine dritte Einwanderungsphase abgrenzen (vgl. de Haas 2007; Hajji 2009), die durch eine stärkere Diversifizierung der Zuwanderungsgruppen und Wanderungsstrategien gekennzeichnet ist: Neben einem weiteren Familiennachzug von Kindern der ersten Gastarbeitergeneration und dem Nachholen von Ehepartnern, die beispielsweise bei einem Urlaubsaufenthalt in Marokko geheiratet wurden (Kagermeier 2004, 445), bilden marokkanische Abiturienten, die Deutschland als eine Alternative zu franko- oder anglophonen Studienangeboten im Ausland entdecken, eine dritte wichtige Gruppe marokkanischer Zuwanderer nach Deutschland (siehe dazu auch den Beitrag von Braune in diesem Band).

Nicht nur in Bezug auf die Herkunftsgebiete der marokkanischen Migranten bleibt der Nordosten dominant; 1993 kommen noch immer 60 % der im Frankfurter Konsulat registrierten Marokkaner aus der Provinz Nador, 1974 waren es 73 %. Auch die Zielregionen bleiben erstaunlich stabil; lebten beispielsweise 1972 89 % der Marokkaner in Nordrhein-Westfalen und Hessen (Bonnet/Bossard 1973, 28), so sind 2010 immer noch 79 % der insgesamt 63.570 marokkanischen Staatsbürger[3] in diesen beiden Bundesländern registriert. Während jedoch Arbeits-, Familien- und Heiratsmigration heute zu einer gewissen Perpetuierung der Migrationsmuster beitragen, weisen die Studienmigranten eine deutlich größere Diversität sowohl in Bezug auf die Herkunftsregionen (verstärkt auch aus den großen Städten in Mittelmarokko) als auch in Bezug auf die Zielregionen auf (Universitätsstädte, allerdings weiterhin mit Schwerpunkt auf NRW und Hessen).

Angesichts der starken Konzentration marokkanischer Migranten in NRW wurde diese Region auch für das diesem Beitrag zugrunde liegende Forschungsprojekt ausgesucht. Der gewählte Großraum Aachen, Bonn und Köln bot darüber hinaus den Vorteil, sehr unterschiedliche städtische Lebenskontexte in die Analyse einbeziehen und somit der Frage nach der Bedeutung des unmittelbaren Lebensumfeldes aus einer vergleichenden Perspektive nachgehen zu können. Die Städte, in denen die Interviews durchgeführt wurden, variieren nicht nur in der Größe (zwischen Kleinstadt und Köln als Millionenstadt), sondern weisen auch sehr unterschiedliche Anteile an marokkanischen Staatsbürgern auf.

Insgesamt wurden 40 biographisch-narrative Interviews geführt, in denen die Interviewpartner zunächst gebeten wurden, ihre Lebensgeschichte zu erzählen. Im Anschluss wurden konkrete Nachfragen gestellt, gefolgt von Fragen zu vorher festgelegten Leitthemen. Diese Themen betrafen u. a. die Wahl und Wahrnehmung des jeweiligen Wohnstandortes, die Alltagspraxen (alltäglicher Tagesablauf und Gestaltung der Wochenenden), die Mediennutzung sowie die im Alltag benutzten Sprachen.

Unter den interviewten Personen sind Männer und Frauen insgesamt ungefähr gleichstark vertreten. Ihr Alter reicht von 16 bis 53 Jahren, und auch das Bildungsniveau umfasst eine weite Spannbreite, von zwei Personen ohne jegliche formale Bildung bis hin zu zwei Personen mit Promotionsabschlüssen. Geburts- und Herkunftsorte der Familien in Marokko variieren regional vom Nordosten über die Atlantikküste bis hin zum Atlasgebirge und Agadir im Süden; größere Städte wie Rabat und Marrakesch sind ebenso vertreten wie unterschiedliche Dörfer im ländlichen Raum. Obwohl die Mehrzahl der Interviewten in Marokko geboren ist, bieten neun in Deutschland geborene sowie vier im Kleinkind- und Grundschulalter zugewanderte Interviewpartner auch Einblicke in die Situation

---

3   Auf Grundlage des Mikrozensus 2009 lässt sich abschätzen, dass zusätzlich zu den rund 64.000 marokkanischen Staatsbürgern rund 106.000 Deutsche mit marokkanischen Wurzeln in Deutschland leben. Von den insgesamt 170.000 Personen, die in die Kategorie „Personen mit marokkanischem Migrationshintergrund" fallen, sind ca. 94.000 selbst zugewandert, während ca. 76.000 in Deutschland geboren sind (Sonderauswertung des Mikrozensus 2009, Bereitstellung: Statistisches Bundesamt).

der zweiten Generation. Bei Anfrage der Interviews wurde angeboten, diese auch auf Französisch oder – mithilfe einer Dolmetscherin – auf Marokkanisch-Arabisch oder im entsprechenden Berber-Dialekt zu führen. Letztlich konnten jedoch mit Ausnahme zweier Interviews auf Französisch sowie einer Gruppendiskussion, in der zwischen Tarifit, Marokkanisch-Arabisch und Deutsch gedolmetscht werden musste, alle anderen Gespräche auf Deutsch stattfinden.

2   Sprachkompetenz als kulturelles Kapital

Sprachkompetenzen werden wie jede andere Form der Bildung aus einer praxeologischen Perspektive als wesentlicher Bestandteil des von einer Person inkorporierten kulturellen Kapitals betrachtet (Bourdieu 2005a, 55). Sprachkompetenz kann damit interpretiert werden als ein „Besitztum, das zu einem festen Bestandteil der ‚Person‘, zum Habitus geworden ist" (Bourdieu 2005a, 56). Eine wesentliche Frage, die sich in diesem Zusammenhang stellt, adressiert die Bedeutung von Sprachkompetenz für die gesellschaftlichen Positionierungen des Individuums. Wie Bourdieu (2005b, 74f.) am Beispiel Frankreichs aufzeigt, beeinflusst bereits innerhalb eines nationalstaatlichen Kontextes der Grad der Sprachbeherrschung zum einen und die symbolische Wertschätzung der von einer Person gesprochenen Sprachen oder Dialekte zum anderen ganz wesentlich die von ihr zu erreichende Positionierung im jeweiligen sozialen Feld bzw. die entsprechenden Aufstiegsmöglichkeiten im sozialen Gefüge. Diese Bedeutung von Sprachkompetenzen nimmt im Falle internationaler Migration – die sehr häufig den Neuerwerb bzw. Ausbau der im betreffenden Land gesprochenen Verkehrssprache erfordert – noch zu.

Im Folgenden wird daher ausgehend von der komplexen multi-linguistischen Situation in Marokko erläutert, mit welchen Sprachen und sprachlichen Kompetenzen die Migranten aus Marokko in Deutschland eintrafen, wie sich Kompetenzen und Anforderungen im Laufe des Aufenthalts in Deutschland veränderten und welche Sprachen und Sprachpräferenzen für die in Deutschland aufgewachsenen Kinder kennzeichnend sind.

2.1 Multilinguales Marokko: zur Position von Umgangs- und Schriftsprachen

Die sprachliche Situation in Marokko ist in Folge der spezifischen historischen Entwicklung des Landes vergleichsweise komplex. Maas und Mehlem (1999, 70) unterscheiden allein für das in Marokko gesprochenen Arabisch (Darija) zwischen einer sedentären, einer beduinischen und einer dritten (ex-andalusischen) Version. Im Laufe der Zeit entwickelte sich aus diesen Grundformen eine Vielzahl lokaler Dialekte (Regiolekte) mit phonologischen, morphologischen, syntaktischen und/oder lexikalischen Besonderheiten (Bouras 2006, 28).

Das vor allem in den ländlichen Regionen Marokkos weiterhin stark verbreitete Tamazight (dt. meist „Berberisch") spaltet sich in Marokko in drei große Dialekt-familien auf: das Tarifit, das vor allem im Norden (Rif-Gebirge) gesprochen wird, Tamazight, das im Zentrum (Mittlerer Atlas) Verwendung findet, sowie Taschelhit, das im Süden (Hoher Atlas und Sous) verbreitet ist. Trotz bestehender Ähnlichkeiten sind die Unterschiede der drei Dialektfamilien so weitreichend, dass sich Sprecher der unterschiedlichen Dialektgruppen nur schwer miteinander verständigen können (Bouras 2006, 26). Als Verkehrssprache hat sich daher in Marokko eine „Koiné" herausgebildet, d. h. eine Form des Marokkanisch-Arabischen, die z. B. in Radio- und Fernsehsendungen Verwendung findet und die Kommunikation zwischen den Sprechern verschiedener Dialektformen ermöglicht (Maas 1999, 81f.).

Aufgrund der Verbreitung von Massenmedien beherrscht heute die berberspra-chige marokkanische Bevölkerung neben ihrer Muttersprache zumeist auch die marokkanisch-arabische Koiné. Einsprachige berberophone Bevölkerung findet sich nach Maas heute nur noch in sehr abgelegenen Bergregionen. Besonders in den Städten wird überwiegend Marokkanisch-Arabisch gesprochen (Maas 1999, 73). Dass sich der marokkanisch-arabische Dialekt gegenüber den Berber-Dialekten als informelle Verkehrssprache durchsetzen konnte, „ist in den historisch fest etablier-ten Dominanzverhältnissen zwischen den Sprachen" begründet (Maas 1999, 76).

Nachdem jedoch 1994 in einem Dekret des damaligen Königs Hassan II. zum ersten Mal Tamazight als Teil des marokkanischen kulturellen Erbes anerkannt wurde (Maas 1999, 82), bestätigte 2001 auch Mohamed VI. diese neue Ausrichtung der Sprachpolitik. Seitdem wird in einem Pilotprojekt bereits die Vermittlung von Berber-Sprachen im Schulunterricht erprobt (Bouras 2006, 30). In der 2011 neu for-mulierten marokkanischen Verfassung wurde zuletzt Tamazight als zweite offizielle Staatssprache des Landes anerkannt. Diesen offiziellen Status hat das gesprochene Arabisch (Darija) nicht, denn obwohl es das gesprochene Tamazight dominiert, gilt es selbst – im Vergleich zu den in Marokko üblichen Schriftsprachen – als eine dominierte Sprache (Maas 1999, 74).

Als Schriftsprachen sind in Marokko seit Beginn des 20. Jahrhunderts in den jeweiligen Protektoratsgebieten das Französische sowie das Spanische als offizielle Amtssprachen verbreitet. Diese wurden nach der Unabhängigkeit 1956 um das Hocharabische (Fusha) ergänzt. Dieses galt seitdem (bis 2011) als einzige offizielle Amtssprache (Maas 1999, 73). Durch eine Politik der „Arabisierung" von Verwaltung, Bildung und des öffentlichen Lebens versuchte die neue Führung des Landes, das Hocharabische gegen das zuvor dominante Französisch, aber auch gegen die Tamazight-Dialekte durchzusetzen (Rogan 2012, 306).

Während jedoch die beiden gesprochenen Sprachbünde (Darija und Tamazight) eine große linguistische Nähe aufweisen, so dass die Sprecher die jeweils andere Sprache relativ schnell und einfach erlernen können, verläuft eine zentrale sprachliche Barriere zwischen diesen beiden gesprochenen Sprachbünden sowie den gebräuchlichen Schriftsprachen (Hocharabisch und Französisch). Deren Beherrschung ist darüber hinaus vom Besuch einer Schule und der dort erfolgenden Alphabetisierung abhängig, wie dies die etwa 30jährige, in Köln wohnhafte Studienmigrantin Ghizlane[4] in einem Interview eindrucksvoll erläuterte:

„Ich bin Berber und meine Muttersprache ist eigentlich nicht Arabisch, sondern Berberisch. Und als ich kleiner war, da kannte ich kein Wort Arabisch. Erst als ich im Kindergarten war, konnte ich ein paar Worte Umgangssprache. Nicht Hocharabisch, sondern nur die Umgangssprache. [Ich bin also] arabisiert (lacht). Weil Hocharabisch lernt man erst in der Schule. Die normalen Menschen, die nicht in der Schule waren usw., die Analphabeten, die können kein Hocharabisch. Nur diejenigen, die in der Schule waren, [können Hocharabisch]."

Das Hocharabische ist in Marokko so weit von beiden gesprochenen Sprachbünden entfernt, dass es quasi wie eine Fremdsprache erlernt werden muss (vgl. Abbildung 1).

Hält man sich daher vor Augen, dass 1973 (früheste vorliegende Daten) nur 28 % der Marokkaner die damals 5-jährige Grundschulzeit beendeten, so kann es nicht erstaunen, dass die meisten der bis dahin nach Deutschland zugewanderten Arbeitsmigranten keine Schule besucht hatten und daher des Lesens und Schreibens nicht mächtig waren (Bouras 2006, 35). Auch für die in den Folgejahren nachziehenden Ehepartner und Kinder waren trotz der zunehmenden Bildungsexpansion die Chancen auf Teilhabe an Bildung und (Schrift-)Sprachenerwerb weiterhin ungleich verteilt und abhängig von Klassen- oder Schichtzugehörigkeit, Geschlecht, Wohnort (Dorf oder Stadt) sowie der wohnortspezifischen Bildungsinfrastruktur und den dort geltenden klassenspezifischen Gendernormen. Somit brachten sowohl die nach

---

4   Bei den angegebenen Namen handelt es sich durchweg um Pseudonyme.

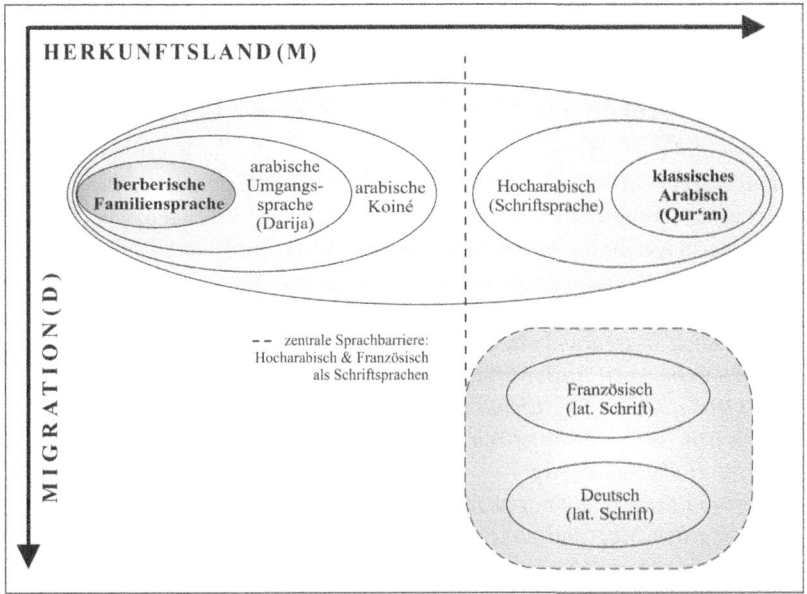

Abb. 1 Sprachgemeinschaften für die erste Generation der marokkostämmigen Migrantinnen und Migranten in Deutschland

Quelle: Eigener Entwurf, modifiziert nach Maas 2008, 60

Deutschland zugezogenen Arbeits- und Heirats- als auch die Studienmigranten jeweils sehr unterschiedliche Voraussetzungen für den Erwerb der deutschen Sprache mit und wurden dabei jeweils auch mit deutlich unterschiedlichen Anforderungen, Chancen und Hindernissen konfrontiert.

Im Folgenden wird deshalb rekonstruiert, wie die marokkostämmigen Migrantinnen und Migranten in Deutschland – jeweils ausgehend von ihrer ganz spezifischen Ausstattung mit kulturellem und sprachlichem Kapital – mit dem Wechsel in ein anderes sprach(politisches) Feld umgingen.

2.2 Mehrsprachigkeit der marokkostämmigen Migranten in Deutschland

2.2.1 Sprachkompetenzen der angeworbenen Gastarbeiter

Die angeworbenen Arbeiterinnen und Arbeiter waren in der Regel mit der Herausforderung konfrontiert, sich erste Deutschkenntnisse parallel zu ihrer sofort einsetzenden beruflichen Tätigkeit in Deutschland aneignen zu müssen. Die Fabrikarbeiterin Habiba (ca. 60 Jahre, wohnhaft in Aachen) schildert die Problematik sehr anschaulich:

„Ja, früher in Deutschland wir kommen, nur am Weinen. Verstehen kein Wort! Kein Wort! Auch Mittagessen. Leute sagen: (ruft) ‚Mittagpause!' Ja, was ist das, Pause? Verstehen keine Pause. Wir dageblieben, Zeit um. Sagen: ‚Arbeiten, jetzt.' ‚Wie bitte? Wir haben noch nicht gegessen.' ‚Äh Zeit vorbei!' (lacht) Halbe Stunde weg.
Immer mit zeigen, mit zeigen, mit zeigen. Und danach sagen: Ne, muss ich in Schule gehen. Muss mal gucken, das ist Türe, Toilette. Teller, Glas, Löffel. Und dann lernen schimpfen (lacht): ‚Lass mich in Ruh! Ich geh nach Hause nach Marokko! Ich bleib nicht hier!' (lacht) Nee, da haben wir aber viel Spaß gehabt."

Anders als Habiba, die in ihrer Heimatstadt nicht nur einen Schulabschluss gemacht, sondern auch bereits Französisch gelernt hatte, waren viele andere Arbeitsmigranten als Analphabeten ohne Schulbildung eingereist. Auch ein Sprachkurs, wie sie ihn besuchte, stand nicht allen zur Verfügung. So verblieben die Sprachkenntnisse der Arbeitsmigranten in vielen Fällen auf einem Minimalniveau: Zum einen war für die Industrie- und Fabrikarbeitsplätze in der Regel nur ein sehr geringes Sprachniveau von Nöten, und teilweise fehlten dort auch die für das Erlernen der deutschen Hoch- oder Standardsprache hilfreichen Sprachvorbilder. Zum anderen stellte der deutsche Staat aufgrund des temporären Charakters des Anwerbeprojekts weder Anreize noch systematische Angebote zum Spracherwerb bereit. Für Maas (2008, 94) spiegelt daher das „Rudimentärdeutsch (‚Gastarbeiterdeutsch') […] unmittelbar die Verhältnisse in einer Gesellschaft [wider], die diese Menschen nicht integrieren wollte". In den Fällen, in denen die betroffenen Personen „spontan Anstrengungen dazu unternahmen [und] versuchten, die deutsche Sprache zu lernen, rannten sie gewissermaßen ins Leere".

Eine solche Notwendigkeit zur Selbstmotivation für den Spracherwerb war für die nicht-berufstätigen Ehepartner, also in der Regel die später nachziehenden Ehefrauen, noch viel stärker. Sprachkenntnisse wurden weder für die Einreise noch für die Aufenthaltsgenehmigung im Familiennachzug verlangt. Auch die

Notwendigkeit zur Kommunikation am Arbeitsplatz war als Lernanreiz zunächst nicht gegeben. Die Frage, ob und wieweit sie Deutsch lernten, hing somit einerseits sehr stark von ihrem persönlichen Interesse, ihrer Motivation und ihrem bereits erworbenen kulturellen und sprachlichen Kapital ab. Entscheidend war außerdem das jeweilige persönliche Umfeld (Familie und Sozialkontakte). Eine nicht unwesentliche Rolle spielte, ob die Ehemänner ihre Frauen aktiv beim Spracherwerb unterstützten oder ihnen, wie im Fall einer Interviewpartnerin, den Besuch eines Deutschkurses im Gegenteil sogar strikt untersagten.

Andererseits erwies sich auch die Zusammensetzung der Nachbarschaft – also der lokale Kontext – als wichtig. Für diejenigen Migrantinnen, die in ein bereits existierendes familiäres Netzwerk einheirateten und/oder in eine primär marokkanisch- bzw. berbersprachige Nachbarschaft integriert wurden, verringerte dieses soziale Kapital die Notwendigkeit und somit auch den Anreiz, selbst Deutsch zu lernen (vgl. Gärtner 2009, 99). Umgekehrt zeigte sich auch in unserem Forschungsprojekt, dass die Motivation zum Spracherwerb für die Frauen, die ohne solche muttersprachlichen Netzwerke in eine dominant deutsche Umgebung einwanderten, deutlich höher war. In den kleineren Bergwerksiedlungen scheinen die tendenziell stärker ausgeprägten Nachbarschaftsbeziehungen (im Gegensatz zu den anonymen Verhältnissen in vielen großstädtischen Wohnblocks) den Spracherwerb für diejenigen, die es wünschten, etwas erleichtert zu haben. Die 29jährige Rihane (wohnhaft im Umland von Aachen) beschreibt daher die Situation der Generation ihrer Mutter und Schwiegermutter wie folgt:

„Also meine Mutter konnte alleine zum Arzt gehen, alleine einkaufen. Und wenn wir für Diktate lernen mussten, konnte sie uns vorlesen, damit wir das schreiben. Die hat ZUM GLÜCK viel über meinen Vater gelernt. Aber auch viel dadurch, dass sie sich selber mit uns auseinandergesetzt hat. [...] Und wir haben auch in einer Gegend gewohnt, da gabs eine türkische Familie und wir und sonst nur deutsche, ältere Leute, die natürlich mit ihr gesprochen haben, und dadurch hat sie das auch gelernt. Meine Schwiegermutter kann auch super Deutsch! Und die hat sich das auch selber beigebracht. Und irgendwann, als hier dann ein Deutschkurs angeboten wurde, ist sie auch in diesen Deutschkurs gegangen. [...] Ich denke mal, das ist je nach Familie [unterschiedlich]. Es gibt natürlich auch viele marokkanische Frauen, die kein Wort Deutsch können oder sich damit schwer tun. Die verstehen vielleicht alles, aber trauen sich nicht zurückzusprechen. Aber ich glaub, das liegt mehr daran, dass es früher nicht angeboten wurde und jetzt zu spät ist."

Die nachfolgende Darstellung der Kurzbiographie einer heute 53jährigen Hei-
ratsmigrantin verdeutlicht exemplarisch die Bedeutung von Sprachkompetenzen,
Bildungschancen und Bildungsaspirationen für die sozialen Positionierungen der
Gastarbeitergeneration:

Ketou (53) [Ankunft in Deutschland mit 18, Heiratsmigration]
Geboren wurde Ketou in einem kleinen berber-sprachigen Dorf in Mittelmarokko. Ihr Vater war Bürgermeister der Gemeinde, die Familie vergleichsweise
wohlhabend. Ihre Mutter stirbt jedoch, als sie fünf ist, und auch drei ihrer sechs
Geschwister überleben die Kindheit nicht. Der Vater zieht mit den Kindern aus
dem Dorf in eine größere Stadt, damit u. a. ihr Bruder dort in die Grundschule
gehen kann. Ketou möchte gerne ebenfalls dorthin, als Mädchen wird ihr dies
jedoch nicht erlaubt. Mit 16 wird sie zum ersten Mal gegen ihren Willen verheiratet. Sie läuft ihrem Mann weg und wird von ihrer Familie wieder aufgenommen. Mit 18 heiratet sie einen Marokkaner aus Deutschland, der ihr Dorf im
Heimaturlaub besucht. Dies erscheint ihr als ideale Gelegenheit, aus ihrem als
einengend empfundenen Leben auszubrechen. Sie zieht mit ihm in eine kleine
Stadt im Kreis Aachen, wo er im Bergbau arbeitet. Ihre Nachbarin dort bringt
ihr die ersten Wörter Deutsch bei und vermittelt sie in einen VHS-Deutschkurs.
Ketous Mann ist weder mit ihrem Deutschkurs noch mit der Putzstelle, die sie
annimmt, einverstanden. Da sie Angst vor seinen Wutanfällen hat, bekommt sie
ihre erste Tochter in Marokko bei ihrer Familie, wo sie sich sicherer fühlt. Nach
mehrfachem Hin und Her lässt sie sich scheiden. Als alleinerziehende Mutter
muss sie Erwerbsarbeit und Kinderbetreuung koordinieren. Darüber hinaus
organisiert sie einen privaten Deutschkurs und macht sogar ihren Führerschein.
Auch von einem zweiten marokkanischen Ehemann lässt sie sich später scheiden,
da er in ihren Augen die ihm gebotene Möglichkeit zum Studium in Deutschland
nicht konsequent genug verfolgt. Sie selbst schlägt sich mit verschiedenen Jobs
durch. Zuletzt beginnt sie in einer Süßwarenfabrik in Aachen in der Produktion
zu arbeiten, wo sie noch heute tätig ist. Nachdem ihre beiden Töchter für Heirat
und Studium ausgezogen sind, ist Ketou auch selbst nach Aachen gezogen. Heute
kann sie – zwar langsam und etwas mühsam – sowohl den Koran auf Deutsch
entziffern als auch Emails schreiben und sich im Internet zurechtfinden.

2.2.2 Sprachkompetenzen der Studentenmigranten

Im Gegensatz zu den Arbeitsmigranten und den bis Anfang der Jahrtausendwende eingereisten Ehepartnern erwarben viele Studienmigranten erste Deutschkenntnisse bereits in Marokko. Zusätzlich brachten sie mit ihrem Abitur oder einem ersten Studienabschluss in der Regel sehr gute Kenntnisse des Hocharabischen und des Französischen sowie der beiden damit einhergehenden Schriftsysteme (arabische und lateinische Schrift) nach Deutschland mit. Anders als für viele Arbeitsmigranten war Deutsch für sie daher nicht die erste, sondern nur eine *weitere* Fremd- und Schriftsprache, die es zu lernen galt, wie die heute 40jährige deutsche Absolventin Manar berichtet:

„Also ich bin eigentlich mehrsprachig aufgewachsen. In der Schule habe ich Arabisch, Französisch und Englisch gelernt. Ich dachte nicht, dass ich irgendwann noch eine vierte Sprache sprechen kann oder werde. Ich fand Deutsch dann aber sehr schön."

Zu dieser deutlich besseren Ausstattung mit kulturellem Kapital kam für die Studienmigranten die Verpflichtung hinzu, ein gewisses Sprachniveau vorzuweisen, um zum Studienkolleg zugelassen zu werden. Dies bedeutet, dass die Studienmigranten, die heute noch in Deutschland leben, insgesamt ein gutes bis sehr gutes Deutschniveau besitzen. Eine Ausnahme stellen nur diejenigen dar, die ihre akademische Laufbahn sehr früh aufgegeben haben (z. B. bereits das Studienkolleg abgebrochen haben).

Im Gegensatz zu den in den 1960er Jahren angeworbenen Arbeitskräften, für die es mehr auf körperliche Tüchtigkeit als auf Sprachkenntnisse ankam, waren für die Studienmigranten Deutschkenntnisse nicht nur Voraussetzung für den Studienerfolg, sondern auch ein zentrales Kriterium für ihre spätere Etablierung auf dem Arbeitsmarkt bzw. für eventuelle gesellschaftliche Aufstiegsmöglichkeiten. Während z. B. ein Studienabbrecher davon berichtet, dass es letztlich seine nicht ausreichende Sprachbeherrschung war, die ihm eine alternative Karriere bei der Polizei verwehrte, zeigt die folgende Kurzbiographie einer Studentenmigrantin, wie Bildungs- und Spracherwerb eine erfolgreiche Karriere ermöglichen können:

Manar (40) [Ankunft in Deutschland mit 20, Studienmigration]
Geboren wurde Manar in Marrakesch. Ihr Vater arbeitete als höherer Beamter, die Mutter war Hebamme und Ausbilderin. Da der Vater regelmäßig versetzt wird, zieht Manar mit ihren Eltern, ihrem Bruder und ihren drei Schwestern in regelmäßigen Abständen in eine andere Stadt, kreuz und quer durch Marokko. Mit

ihrer Mutter als Vorbild und ihrem Vater, der alle seine Kinder, auch die Töchter, zum Lernen anhält, ist für Manar klar, dass sie studieren möchte. Nachdem sie in Marokko für ihr Wunschfach Medizin keinen Studienplatz bekommt, erhält sie den Tipp, es in Deutschland zu versuchen. Sie beginnt daher in Marokko, Biologie zu studieren, und belegt gleichzeitig einen Deutsch-Kurs am örtlichen Goethe-Institut. Die deutsche Sprache zu lernen, fällt ihr vergleichsweise leicht, nachdem sie in der Schule bereits Arabisch, Französisch und Englisch sprechen und schreiben gelernt hatte. Sie bekommt einen Platz im Studienkolleg in Bonn zugewiesen. Nach erfolgreichem Bestehen des Kurses erhält sie einen Studienplatz in Medizin in einer süddeutschen Stadt. Dort fühlt sie sich jedoch nicht sehr wohl, weshalb sie sich nach NRW zurückbewirbt, wo inzwischen auch ihre Schwester und ihr Bruder studieren. Nach ihrem erfolgreichen Abschluss in Medizin beschließt Manar, in Deutschland zu bleiben, da sie mittlerweile einen deutschen Akademiker geheiratet und mit ihm eine Familie gegründet hat. Sie arbeitet derzeit als Ärztin in einem Krankenhaus, ihren Kindern zuliebe in Teilzeit.

Auch bei den Heiratsmigranten zeichnet sich ein Wandel ab: Nachreisende Ehemänner und Ehefrauen mit einem höheren Bildungsniveau betonen, dass es für ihr Selbstverständnis extrem wichtig ist, zum Familieneinkommen beizutragen bzw. sich beruflich und/oder akademisch weiter qualifizieren zu können. Für diese Personen steht daher außer Frage, dass eine möglichst gute Beherrschung der deutschen Sprache als wesentliche Voraussetzung für die von ihnen erwünschte gesellschaftliche Positionierung unbedingt anzustreben ist.

2.2.3   Die Sprachkompetenzen der zweiten Generation

Ähnlich wie bei ihren Eltern zeigen sich auch bei den in Deutschland aufgewachsenen Kindern der Arbeitsmigranten sehr unterschiedliche Sprachkompetenzen. Für all diejenigen jedoch, die spätestens im Grundschulalter nach Deutschland zugewandert sind, besteht eine Gemeinsamkeit: Auch wenn Deutsch nicht unbedingt die Erst-, Mutter- oder Familiensprache ist, so ist sie doch heute ihre dominierende Sprache. Dies wird z. B. in den folgenden Zitaten sehr deutlich:

„Eigentlich ist es im Kopf so, ja, mehr Deutsch als Arabisch." (Rihane, 29, Rechtsanwaltsfachgehilfin)
„Also wir sprechen Dialekt-Arabisch, marokkanisches Arabisch. Aber das ist [...] ein abgestumpftes, nur auf das Nötigste reduziertes Arabisch. Wenn ich mit Marokkanern [spreche], die gutes Marokkanisch-Arabisch beherrschen, dann merke ich, was für einen kleinen Wortschatz ich habe und wie viele

grammatikalische Fehler ich bei der Satzbildung mache. Aber Deutsch habe ich mit meinem Bruder gesprochen, der auch hier aufgewachsen ist. Und durch den Kindergarten, Grundschule, Freunde, war und ist meine Hauptsprache Deutsch." (Achraf, 29, Sicherheitsdienstmitarbeiter, Fernstudent)
„Wie gesagt, wir sprechen dieses Marokkanisch mit meinen Eltern, oder unsere Eltern mit uns. Und unter uns Geschwistern eher Deutsch, mit so einem Mischmasch, ein bisschen mehr Marokkanisch, wenn man gerade nicht möchte, dass der andere mal versteht (lacht), [...] aber [sonst] mehr Deutsch. Weil wir uns da eben besser ausdrücken können oder die Sprache besser beherrschen als das Marokkanisch." (Amina, 27, Studentin)

Im Extremfall führen die Anforderungen der Einwanderungsgesellschaft dazu, dass die Heimatsprache(n) vollständig durch das Deutsche als einziger wirklich beherrschter Sprache ersetzt werden. Die Gründe hierfür liegen zum einen in der ausschließlich oder hauptsächlich deutschsprachig geprägten außerhäuslichen Umwelt sowie der Bedeutung des Deutschen als im Grundschulalter zunächst einzigen Schul- und Schriftsprache. Selbst innerhalb der Familien ist es keine Seltenheit, dass sich die bereits in Deutschland aufwachsenden Geschwister miteinander eher auf Deutsch als in der von den Eltern gesprochenen Sprache unterhalten. Dass die jeweiligen Muttersprachen bzw. Familiensprachen der Kinder so deutlich hinter das Deutsche zurücktreten, liegt nach Maas (1999, 91) auch daran, dass sich die marokkanische „Sprachvergesellschaftung" im deutschen Umfeld auflöst: Ohne die marokkanisch-arabische Koiné als informelle Verkehrssprache fehlt hier nicht nur die übergreifende Verständigungsmöglichkeit zwischen den entweder berberophon oder arabophon aufwachsenden Marokkanern, sondern es fehlt auch für beide Sprachgruppen die „Schleuse", die den Zugang zum Hocharabischen erleichtert (Maas 1999, 61). Somit bleibt besonders das Berberische als Familiensprache isoliert gegenüber einerseits dem Deutschen als informeller und formeller Verkehrssprache und andererseits dem Hocharabischen bzw. dem klassischen Arabisch des Korans (vgl. Abbildung 2).

Selbst für die mit Darija aufwachsenden Kinder in Deutschland bleibt der Nutzen dieser Sprachkompetenz im außerhäuslichen Umfeld begrenzt: Sowohl mit monolingual berbersprachigen marokkostämmigen Kindern als auch mit Personen, die andere arabische Dialekte sprechen, ist die Verständigung so schwierig, dass statt Arabisch meistens Deutsch als gemeinsame „lingua franca" fungiert. Während somit der symbolische Wert der deutschen Sprache bei den Angehörigen der zweiten Generation deutlich zunimmt, verliert Tamazight sehr stark an Bedeutung. Spricht von den Eltern mindestens eine Person Darija als Muttersprache, oder sind beide Elternteile bilingual berberophon und arabophon, so entscheiden sie sich meist für

Darija als Familiensprache. Dementsprechend lernen die Kinder häufig gar kein Tamazight, nehmen den entsprechenden Dialekt nur passiv in ihr Sprachrepertoire auf oder verlieren ihre als Kind erworbenen Kenntnisse im Laufe der Zeit.

Dass nur die wenigsten der in Deutschland aufgewachsenen Kinder Hocharabisch beherrschen (vgl. BVA 2010), ist nicht weiter erstaunlich, bedenkt man, dass diese Sprache schon in Marokko als „Quasi"-Fremdsprache erlernt werden muss. In Deutschland fehlt nun nicht nur die verpflichtende schulische Alphabetisierung im Arabischen, sondern es fehlen auch die in Marokko im öffentlichen Raum omnipräsenten visuellen Anknüpfungspunkte an die arabische Schrift. Da viele Eltern selbst nicht alphabetisiert waren, blieben die Kinder für den arabischen Schriftsprachenerwerb entweder auf den von den Moscheen angebotenen Koranunterricht oder den je nach Wohnort in unterschiedlichem Maße zugänglichen herkunftssprachlichen Unterricht angewiesen. Im Gegensatz jedoch zur faktischen Sprachbeherrschung bleibt die symbolische Bedeutung der arabischen Hochsprache auch in der Diaspora-Situation erhalten (vgl. Abbildung 2). Sicherlich nicht zuletzt

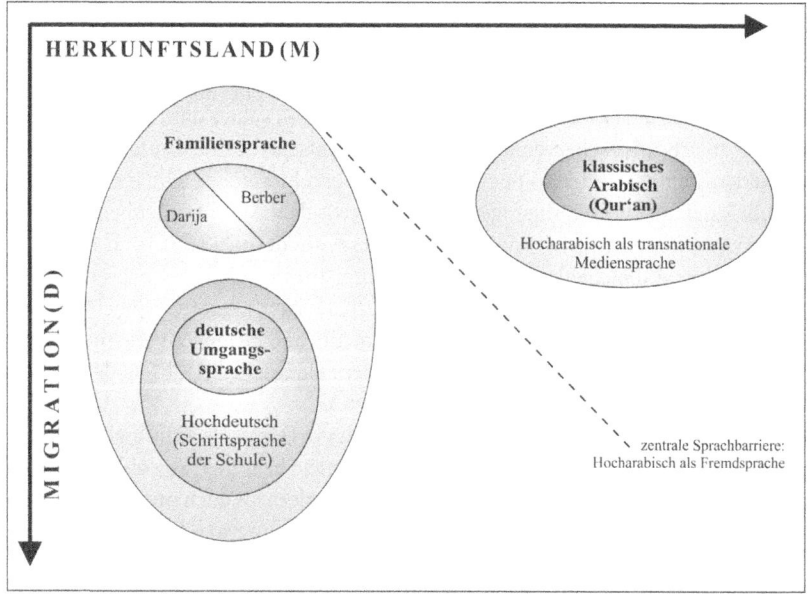

Abb. 2   Sprachgemeinschaften für die zweite Generation der marokkostämmigen
Migrantinnen und Migranten in Deutschland

Quelle: Eigener Entwurf, modifiziert nach Maas 2008, 61

aufgrund der religiösen Konnotation des Hocharabischen als liturgische Sprache (vgl. Mehlem 1998, 111ff.) legen viele Eltern Wert darauf, dass ihre Kinder zumindest einen rudimentären Zugang zur hocharabischen Sprache und Schrift erhalten.

Auffällig war, dass fast alle unsere Interviewpartner mit Kindern im Kindergarten oder Grundschulalter den Wunsch äußerten, ihre Kinder mehrsprachig, d. h. im Sinne einer wirklichen bi- oder trilingualen Spachkompetenz, zu erziehen. In Familien, in denen mindestens ein Elternteil deutschsprachig aufgewachsenen ist und die Kinder ihrerseits ganztägig in den Kindergarten oder die Schule gehen, tendieren die Kinder auch zu Hause „automatisch" zum Deutschen, und das Deutsche wird zu ihrer „natürlichen" Sprache. In diesen Fällen gelten dann die Sorgen und Strategien der Eltern eher dem Erhalt bzw. dem Ausbau der jeweils „anderen" Sprache. Hierbei stehen allerdings besonders die in Deutschland bereits zweisprachig aufgewachsenen Personen vor der Herausforderung, wie sie mit dieser Zweisprachigkeit umgehen, ohne zu stark in einen „Mischmasch" zu verfallen. Eine vergleichsweise kreative Lösung hat Faiza gefunden, der die arabische wie die deutsche Sprache ihrer Kinder ähnlich am Herzen liegen. In der Wohnung versucht sie mit ihnen möglichst viel Arabisch zu reden, damit sie diese Sprache nicht verlernen. „Draußen" dagegen, in der Öffentlichkeit, ist Deutsch die Sprache der Wahl, „denn die sollen erst gar nicht auf die Idee kommen, dass die auf Arabisch lästern können".

Faiza (28) [Geboren in Deutschland, Hausfrau, ehrenamtlich tätig]
Faiza ist in einer Mittelstadt im Rheinland geboren und aufgewachsen. Ihr Vater arbeitete als Kesselreiniger, die Mutter war als Hausfrau tätig. Faizas Schulzeit verlief nicht ganz unproblematisch. Sie erwähnt Probleme beim Lesen, bei denen ihr ihre Eltern, die ihrerseits keine deutsche Alphabetisierung erfahren hatten, nicht helfen konnten. Sie entdeckt jedoch irgendwann, dass sie mehr kann, als von ihr gefordert wird, und entwickelt ein Interesse fürs Lernen. Nach ihrem Hauptschulabschluss macht sie daher an der Handelsschule einen Realschulabschluss. Es folgt eine Ausbildung zur Arzthelferin mit gleichzeitigem Besuch des Abendgymnasiums. Im Anschluss an das Abitur schreibt sie sich für ein Studium der Wirtschaft und Verwaltung in der Medizin ein, das sie bis zur Zwischenprüfung verfolgt. Seit ihrem Abgang von der Hauptschule arbeitet Faiza in diversen Nebenjobs, um sich ihre Ausbildung selbst finanzieren zu können. Mit 20 Jahren heiratet sie gegen erste Bedenken ihrer Eltern einen zehn Jahre älteren Marokkaner, den sie während ihrer Urlaubsaufenthalte in Marokko kennen gelernt hat. Nachdem dieser sein Studium dort beendet hat, folgt er ihr nach Deutschland und arbeitet heute selbstständig von zu Hause aus. Seit der Geburt ihrer beiden

Töchter kümmert Faiza sich hauptsächlich um den Haushalt und die Familie. Außerdem arbeitet sie ehrenamtlich für eine sozialkaritative Einrichtung.

3   Fazit: Sprachkompetenzen, soziale Positionierung und berufliche Integration

Wie gezeigt, unterlagen die Zuwanderer aus Marokko je nach Migrationsmotiv unterschiedlichen Anforderungen an ihre sprachlichen Kompetenzen. Sie brachten daher auch divergierende Ausstattungen mit kulturellem und sprachlichem Kapital mit. Unabhängig davon, ob sie ohne (bzw. mit nur geringer) formeller Bildung einreisten oder bereits zweisprachig alphabetisiert waren, galt für die Arbeits- und Heiratsmigranten der 1960er bis 1980er Jahre, dass sie aufgrund fehlender Anreize und Möglichkeiten die deutsche Sprache häufig nur rudimentär (und teilweise gar nicht) lernten. Wie in der Kurzbiographie der 53jährigen Heiratsmigrantin Ketou dargestellt, verbesserten die erworbenen Sprachkompetenzen ihre Ausgangsposition auf dem Arbeitsmarkt kaum. Im Alltag ermöglichte ihnen die Beherrschung des Deutschen jedoch eine größere Selbstständigkeit (und ggf. Unabhängigkeit vom Ehepartner) und sie erwies sich als wertvolles Kapital für den schulischen Werdegang ihrer Kinder.

Für diese zweite Generation war der Zeitpunkt der Migration bzw. der Schulintegration entscheidend für den Erwerb der deutschen Sprache und ihre spätere berufliche Laufbahn: Für späte „Seiteneinsteiger" war die Gleichzeitigkeit von Sprach- und Bildungserwerb stark hemmend. Oft wechselten sie früh in eine Ausbildung bzw. einfache handwerkliche und industrielle Berufe (oder übernahmen eine Hausfrauenrolle). In Deutschland geborene oder im Vorschul- bzw. Grundschulalter zugezogene Kinder beherrschen dagegen das Deutsche meist sehr gut. Ob sie über einen Hauptschulabschluss hinaus jedoch eine weiterführende Bildung realisierten – und indirekt auch, ob sie eine verbesserte Position auf dem Arbeitsmarkt erlangten –, hing stark von eigenem Ehrgeiz und eigener Initiative ab, aber auch davon, inwieweit der Übertritt in ein Gymnasium für diese Kinder im Bildungssystem vorgesehen war und unterstützt wurde.

Die Studienmigranten hingegen kamen nicht nur meist mit einer bereits vorteilhafteren Ausstattung an kulturellem und sprachlichem Kapital in Deutschland an, sondern waren auch gezwungen, Deutschkenntnisse nachzuweisen. Daher lernten die meisten von ihnen schnell und gut Deutsch. Auch in ihrem Fall erwies sich die Sprachkompetenz als notwendige, jedoch nicht hinreichende Bedingung für einen erfolgreichen Abschluss. Ob das Studium beendet wurde bzw. über Studium und/

oder Ausbildung ein erfolgreicher beruflicher Ein- und Aufstieg erreicht wurde, hing neben der Sprachkompetenz auch von persönlichem Ehrgeiz und Zielstrebigkeit ab, die im Idealfall – wie in der Kurzbiographie der 40jährigen Manar beschrieben – durch ein bildungsaffines Elternhaus bereits in Marokko gefördert und unterstützt wurden.

Während Sprachkompetenzen für viele Alltags- und Arbeitssituationen in der Industriegesellschaft nicht von zentraler Bedeutung waren, ist die Beherrschung der offiziellen Schriftsprache in einer postindustriellen Gesellschaft wie der deutschen für den beruflichen und sozialen Aufstieg nahezu unentbehrlich. Daher ist es sicher nur folgerichtig, wenn im Rahmen der viel zu spät erfolgten Anerkennung der deutschen Einwanderungsrealität seit Anfang des Jahrtausends Sprachkompetenzen sowohl im Rahmen der „nachholenden Integrationsförderung" von bereits in Deutschland lebenden Personen (vgl. Bade 2007, 61) als auch in Bezug auf den Nachzug von Ehepartnern thematisiert und gefördert werden.[5]

In den für unser Forschungsprojekt geführten Interviews wurde deutlich, dass dieser politische Paradigmenwechsel nicht nur akzeptiert, sondern teilweise auch über das rechtlich vorgeschriebene Maß hinaus umgesetzt wird. Dies gilt besonders für die heute zuwandernden Personen, die inzwischen überwiegend über eine Schulbildung verfügen und für die eine Deutschkursteilnahme vor und nach der Einreise völlig selbstverständlich ist. Etwas anders stellt sich die Situation für die bereits seit vielen Jahren oder Jahrzehnten in Deutschland lebenden Arbeitsmigranten und ihre Ehepartner dar. Auch sie begrüßen generell die heute offerierten Sprach- und Integrationskursangebote. Dies zeigt nicht zuletzt der hohe Anteil der an den Integrationskursen freiwillig teilnehmenden „Alteinwanderer", die schon vor 2004 eingereist sind (im Jahr 2011: 43 % aller Teilnehmer; vgl. BAMF 2013, 2). Allerdings können Personen aus dieser Gruppe nach der neuen Gesetzeslage sowohl bei Bezug von Sozialleistungen nach AGB II (Hartz IV) als auch bei „Auffallen" fehlender Deutschkenntnisse sogar dazu verpflichtet werden, einen Deutschkurs zu besuchen (vgl. Verwaltungsgericht Karlsruhe 2012). Für viele mag diese Verpflichtung erst den notwendigen Impuls dazu geben, die Hemmschwelle zum Erlernen der deutschen Sprache zu überwinden. Über die reinen Sprachzuwächse hinaus (die bei älteren Migranten mit längerer Aufenthaltsdauer und geringerem Bildungsniveau tendenziell niedriger ausfallen als bei jüngeren

---

5   So wurde durch das 2005 in Kraft getretene Zuwanderungsgesetz erstmalig ein umfassendes, gesetzlich geregeltes und finanziell gefördertes Angebot an Sprachkursen (die sogenannten „Integrationskurse"; vgl. hierzu u. a. Steinert 2007) für neu und länger Zugewanderte ins Leben gerufen. Seit der Gesetzesreform von 2007 müssen darüber hinaus auch nachreisende Ehepartner bereits für den Erhalt der Aufenthaltserlaubnis zumindest „einfache Sprachkenntnisse", d. h. in der Regel das Niveau A1 nachweisen.

Neuzuwanderern, vgl. BAMF 2011, 162 und 263) bieten die Kurse Gelegenheiten zur sozialen Interaktion. Über Kursinhalte ebenso wie in informellen Gesprächen werden viele alltagsrelevante Informationen z. B. über das deutsche Gesundheits- oder Schulsystem vermittelt. Gerade hinsichtlich der für den Bildungserfolg der Kinder essentiell wichtigen Kommunikation zwischen Eltern und Lehrern zeigt sich die zukunftsweisende Bedeutung der Kurse. Der persönliche Gewinn, den die Kursteilnehmerinnen in Form von gesteigerter Alltagskompetenz und Selbstvertrauen mitnehmen können, wird jedoch konterkariert, wenn die Kursteilnahme undifferenziert an die Forderung eines „schnellen Spracherwerbs" mit folgender Integration in den deutschen Arbeitsmarkt geknüpft wird. Dass dies sogar von einer an körperlichen Beeinträchtigungen leidenden 55jährigen Analphabetin ohne jegliche Berufserfahrung erwartet wird, die zudem ob ihrer fehlenden sprachlichen Fortschritte von der zuständigen ARGE-Mitarbeiterin gerügt und beschämt wird, zeugt von mangelnder Sensibilität der Behörden und ihres Personals für das für solche Personen Machbare. Im Sinne des integrationspolitischen Mottos des „Forderns und Förderns" wäre daher kritisch zu fragen, ob die Forderungen an die richtige Adresse gerichtet werden oder in Einzelfällen nicht auch die von Zuwanderungspolitik und Zuwanderern „versäumten Chancen" (Bade 2007, 51) schlicht als Faktum anzuerkennen wären.

Sehr viel wichtiger scheint es, den Blick nach vorne zu richten. Neben der notwendigen Qualitätssicherung der Sprachkurse für Neuzuwanderer gilt es, den in Deutschland lebenden Kindern mit und ohne Migrationshintergrund die Sprachkompetenzen zu vermitteln, die sie für eine erfolgreiche Bildungs- und Berufslaufbahn benötigen. Hier wurde im Bereich der Sprach- und Leseförderung für Grundschulkinder in den letzten Jahren bereits viel verbessert. Dennoch kritisieren Bildungsforscher, dass systematische Angebote sowie auf ihre Wirkung hin evaluierte Förderprogramme immer noch Mangelware sind (vgl. Stanat et al. 2012, 273f.). Insofern gilt für die Sprachförderung auch von marokkostämmigen Migranten und ihren Kindern: Viel wurde erreicht, ebenso viel bleibt zu tun.

Literatur

Bade, K. (2007). Leviten lesen: Migration und Integration in Deutschland. *IMIS-Beiträge 31*, 43-64.
Berriane, M. (1996). Die Provinz Nador: Eines der wichtigsten Herkunftsgebiete der marokkanischen Emigration. In: M. Berriane, H. Hopfinger, A. Kagermeier & H. Popp (Hrsg.),

Remigration Nador I: Regionalanalyse der Provinz Nador (Marokko) (Maghreb-Studien 5) (157-192). Passau: Passavia Universitätsverlag.

Berriane, M. (2007). Les Marocains d'Allemagne. In: Fondation Hassan II pour les Marocains Résidant à l'Etranger (Hrsg.), *Marocains de l'extérieur 2007* (261-308). Rabat.

Berriane, M., Hopfinger, H., Kagermeier, A., & Popp, H. (Hrsg.) (1996). *Remigration Nador I: Regionalanalyse der Provinz Nador (Marokko)* (Maghreb-Studien 5). Passau: Passavia Universitätsverlag.

Bonnet, J., & Bossard, R. (1973). Aspects géographiques de l'émigration marocaine vers l'Europe. *Révue de Géographie du Maroc 23-24*, 5-50.

Bossard, R. (1979). *Un espace de migration: les travailleurs du Rif oriental, (Province de Nador) et l'Europe*. Montpellier: Université Paul Valéry.

Bouras, K. (2006). *Mehrsprachigkeit und Schulerfolg bei Migrantenkindern. Soziolinguistische Untersuchungen zur Bildungslaufbahn und mündlichen Sprachkompetenz am Beispiel von Kindern marokkanischer Migranten*. Hamburg: Dr. Kovač.

Bourdieu, P. (2005a). *Die verborgenen Mechanismen der Macht*. Hamburg: VSA.

Bourdieu, P. (2005b). *Was heißt sprechen? Zur Ökonomie des sprachlichen Tausches* (2. Aufl.). Wien: Braumüller.

Bundesamt für Migration und Flüchtlinge (BAMF) (2011). *Das Integrationspanel. Ergebnisse einer Längsschnittstudie zur Wirksamkeit und Nachhaltigkeit von Integrationskursen* (Forschungsbericht 11). Nürnberg.

Bundesamt für Migration und Flüchtlinge (BAMF) (2013). *Bericht zur Integrationskursgeschäftsstatistik für den Zeitraum vom 01.01. bis 30.09.2012*. Nürnberg.

BVA (2010). *Sondage auprès des jeunes Marocains résidant en Europe*. http://www.ccme.org. ma/fr/images/stories/Sondage_auprs_des_jeunes_Marocains_rsidant_en_Europe-CCM1. pptx. Zugegriffen: 22.10.2012.

De Haas, H. (2007). Morocco's Migration Experience: A Transitional Perspective. *International Migration 45 (4)*, 39-69.

Gärtner, B. (2009). *Die Bedeutung von Deutschkursen für die Integration marokkanischer Frauen in die deutsche Gesellschaft. Ergebnisse einer qualitativen Studie mit Bonner Kursteilnehmerinnen* (unveröffentlichte Magisterarbeit). Bonn: Fachbereich Islamwissenschaft, Rheinische Friedrich-Wilhelm Universität Bonn.

Hajji, R. (2009). *Sozialisationsprozesse in Familien mit marokkanischem Migrationshintergrund*. Leverkusen: Budrich UniPress.

Kagermeier, A. (1995). *Remigration Nador II: Der tertiäre Sektor im ländlichen Raum der Provinz Nador (Marokko) unter dem Einfluß der Arbeitsmigration* (Maghreb-Studien 6) Passau: Passavia Universitätsverlag.

Kagermeier, A. (2004). Marokkanische Migration nach Deutschland. Charakteristika und Perspektiven. In: G. Meyer (Hrsg.), *Die arabische Welt im Spiegel der Kulturgeographie* (442-447). Mainz: Zentrum für Forschung zur Arabischen Welt.

Maas, U. (2008). *Sprache und Sprachen in der Migrationsgesellschaft. Die schriftkulturelle Dimension*. Göttingen/Osnabrück: Universitätsverlag Osnabrück.

Maas, U., & Mehlem, U. (1999). Sprache und Migration in Marokko und in der marokkanischen Diaspora in Deutschland. *IMIS-Beiträge 11*, 65-105.

Mehlem, U. (1998). *Zweisprachigkeit marokkanischer Kinder in Deutschland. Untersuchungen zu Sprachgebrauch, Spracheinstellungen und Sprachkompetenzen marokkanischer Kinder in Deutsch, marokkanischem Arabisch und Berber (Masirisch) in Dortmund*. Frankfurt a. M./New York: P. Lang.

Popp, H., & Bencherifa, A. (2000). *Remigration Nador III: Landwirtschaftliche Entwicklung in der Provinz Nador (Marokko) unter dem Einfluss der Arbeitsemigration* (Maghreb-Studien 7). Passau: Passavia Universitätsverlag.

Rogan, E. (2012). *Die Araber. Eine Geschichte von Unterdrückung und Aufbruch.* Berlin: Propyläen.

Schüttler, K. (2007). *Die marokkanische Diaspora in Deutschland. Ihr Beitrag zur Entwicklung Marokkos.* http://www.giz.de/Themen/de/SID-B410CC58-45F19A4A/dokumente/de-marokkanische-diaspora-2007.pdf. Zugegriffen: 26.10.2012.

Stanat, P., Pant, H., Böhme, K., & Richter, D. (Hrsg.) (2012). *Kompetenzen von Schülerinnen und Schülern in der vierten Jahrgansstufe in den Fächern Deutsch und Mathematik. Ergebnisse des IQB-Ländervergleichs 2011.* Münster: Waxmann.

Steinert, O. (2007). Integrationsförderung in Deutschland. Aufgaben des Bundesamts für Migration. In: L. Schmahl (Hrsg.), *Integration von Migranten. Intentionen, Programme und Perspektiven* (Berichte der Fachhochschule des Bundes für Öffentliche Verwaltung 34) (27-42). Brühl: Fachhochschule des Bundes für Öffentliche Verwaltung.

Verwaltungsgericht Karlsruhe (26.11.2012). *Analphabetin muss an Integrationskurs teilnehmen.* http://vgkarlsruhe.de/servlet/PB/menu/1280473/index.html?ROOT=1197412. Zugegriffen: 8.12. 2012.

Vom Verlust von Selbstverständlichkeiten
Die literarische Verarbeitung der Migration bei Mustapha El Hajaj und Fawzi Boubia

Zakariae Soltani

1   Einleitung

Ihrem Umfang nach muten die literarischen Aktivitäten marokkanischer Migranten in Deutschland eher bescheiden an. Es lässt sich in der Gruppe der marokkanischen Einwanderer keine solch breite und ergiebige literarische Verarbeitung der Migrationserfahrungen finden wie beispielsweise bei den Autorinnen und Autoren türkischer Herkunft, deren Veröffentlichungen – vor allem nach der deutschen Wiedervereinigung – so zahlreich sind, dass in der Forschung von einem *Turkish Turn in Contemporary German Literature* die Rede ist (Adelson 2002). Dennoch liegt eine literarische Produktion von Deutsch schreibenden Marokkanern vor, die als Teil der sogenannten *Gastarbeiterliteratur* bzw. *Migrationsliteratur*[1] dieses Feld ergänzt hat und anhand derer sich die wichtigsten Tendenzen in der Entwicklung dieses Genres exemplarisch nachvollziehen lassen.[2]

---

1   Ohne näher auf die Terminologie einzugehen, sind die Begriffe *Gastarbeiter-* und *Migrationsliteratur* nur ein Teil der unterschiedlichen Etikettierungen, die zur Bezeichnung der Literatur von Autorinnen und Autoren nichtdeutscher Muttersprache vorgeschlagen werden. Die Diskussionen über eine geeignete Definition sind – wie Marion Dufresne zuletzt bemerkt hat – „bis heute keineswegs abgeschlossen" (Dufresne 2012, 229).

2   In der Forschung wird die Entwicklung der Textproduktion von Autorinnen und Autoren nichtdeutscher Muttersprache bis zur heutigen transkulturellen Literatur grob in drei Phasen eingeteilt, wobei diese in der einschlägigen Literatur vertretene Periodisierung nicht als starres Schema gedacht ist, sondern lediglich als ein bestimmte Entwicklungen veranschaulichendes Modell. Als wichtige Parameter für diese Einteilung fungieren die Wahl der Sujets und der jeweiligen ästhetischen Verfahren sowie die Biographien der Autorinnen und Autoren (ausführlicher zu dieser Periodisierung vgl. exemplarisch Torre 2004; Esselborn 1997, 2004): (1) Der ersten Phase gehören die zwischen ca. 1960 bis ca. 1985 von ausländischen Autorinnen und Autoren geschriebenen Werke an, für die sich zunächst der Begriff *Gastarbeiterliteratur* durchgesetzt hat. Diese in der Forschung

Gegenstand des vorliegenden Beitrags sind zwei Vertreter der deutschsprachi-
gen *Migrationsliteratur* marokkanischen Ursprungs, die in der literaturwissen-
schaftlichen Forschung bislang nur wenig Beachtung fanden. Zunächst soll es um
Mustapha El Hajaj und seinen Erzählband *Vom Affen, der ein Visum suchte und
andere Gastarbeitergeschichten* (El Hajaj 1969) gehen. Neben Mustapha El Hajajs
Werk wird der 1996 erschienen Roman *Heidelberg-Marrakesch, einfach* von Fawzi
Boubia betrachtet, der als Vertreter einer anderen Phase in der Entwicklung der
Literatur von Deutsch schreibenden Autoren ausländischer Herkunft gelten kann.
Behandelt werden die Fragen: Unterscheidet sich die marokkanische *Migranten-
literatur* grundsätzlich von derjenigen anderer migrantischer Gruppen? Gibt es
Besonderheiten der literarischen Verarbeitung der marokkanischen Migration,
die in den behandelten Beispielen exemplarisch deutlich werden? Können bei den
behandelten Autoren wiederkehrende Themen und Motive festgestellt werden,
welche die Besonderheit marokkanischen Schreibens ausmachen?

2   Mustapha El Hajajs *Vom Affen, der ein Visum suchte und andere Gastarbeitergeschichten* – Heimatverlust und Fremdheit

Mustapha El Hajaj, dessen eigentlicher Name Said Mesbahi lautet, stammt aus
dem nördlichen Marokko. Sein 1969 im Jugenddienst-Verlag veröffentlicher au-
tobiographischer Erzählband *Vom Affen, der ein Visum suchte und andere Gastarbeitergeschichten* ist insofern wichtig, als mit seiner Entstehung die Anfänge der
deutschsprachigen *Gastarbeiterliteratur* angesetzt werden können: El Hajaj gehört
zu den Migrantenautoren der ersten Stunde. Sein Werk, das ein Einzelfall blieb, ist

---

als „literarische Gehversuche" (Hamm 1988, 29) bezeichneten Narrationen der ersten
Stunde wurden nie wirklich als künstlerischer Ausdruck verstanden. (2) Ab Mitte der
1980er Jahre zeichnete sich eine erste Veränderung ab. Die *Gastarbeiterliteratur*, die bis
dahin ein Schattendasein geführt hatte, begann sich von ihrem originär sozialkritischen
Charakter frei zu machen (ausführlicher dazu vgl. exemplarisch Esselborn 1997). (3)
Seit dem Beginn der 1990er Jahre wurde die Literatur von Migranten zusehends als ein
gleichwertiger Bestandteil der deutschen Literaturlandschaft anerkannt.

das erste selbstständige Prosawerk eines arabischen Gastarbeiters,[3] wenn nicht gar „das erste deutsche Buch, [...] das von einem Gastarbeiter stammt".[4]

Bei El Hajaj handelt es sich weniger um einen „wirkliche[n] Schriftsteller" (El Hajaj 1969, 21), wie er selbst bedauernd konzediert,[5] als vielmehr um einen *storyteller*. Der mündliche Erzähler brauchte einen Mittler, dem er seine Geschichten erzählen konnte. Mitarbeiter des Jugenddienst-Verlags fungierten als eben diese Mittler, indem sie die Ausführungen El Hajajs aus dem Französischen übersetzten oder die vorgetragenen Erzählungen in gebrochenem Deutsch korrigierten und verschriftlichten.[6] In dieser Hinsicht stellt El Hajaj keine Ausnahme dar. Wie María Eugenia de la Torre dargelegt hat, sind deutschsprachige Veröffentlichungen der Vertreter der ersten Generation teilweise unter Hilfestellung von muttersprachlichen Schriftstellern und Journalisten entstanden (vgl. Torre 2004, 356).

Aufgrund seines dokumentarischen Charakters begegnete die literarische Öffentlichkeit El Hajajs Werk – genauso wie den in den 1970er und 1980er Jahren entstandenen Texten ausländischer Autoren – mit einem Desinteresse in Bezug auf die ästhetische Beschaffenheit. Stattdessen wurden die Erzählungen mit autobiographischen Erwartungen gelesen, als „literarisches Spiegelbild eines soziologischen Phänomens [...] (nämlich der ‚Gastarbeiter'-Problematik)" (Amodeo 1996, 36) betrachtet und für sozialpädagogische Zwecke eingesetzt.[7] Anders gesagt: von Interesse war „offenbar nur das *Was* des Berichteten, nicht sein *Wie*" (Weinberg 2011, 96). Zwar ist El Hajajs Erzählband literarästhetisch gesehen von eher unsicherer Qualität, dennoch ist nicht zu verkennen, dass dieses Debüt die gesamte Entwicklung des Genres befördert hat.

Die Erzählerperspektive von El Hajajs Geschichten ist die des Gastarbeiters, der in folkloristischen und ethnographischen Erzählungen dem Leser mit authentischer Naivität den Prozess seiner Auswanderung sowie sein Umhertreiben und seine

---

3 Ein Jahr vor El Hajajs Werk erschien der erste Gedichtband *Wie Seide aus Damaskus* (1968) des syrisch stämmigen Adel Karasholi. Zu den Autoren aus dem arabischen Kulturraum vgl. Al-Slaiman (2000).

4 So heißt es jedenfalls im Vorwort des Verlags (El Hajaj 1969, 9).

5 So stellt El Hajaj fest: „schade, dass ich kein wirklicher Schriftsteller bin" (El Hajaj 1969, 21).

6 Vgl. dazu das Vorwort des Verlags (El Hajaj 1969, 7).

7 So wurden die Erzählungen El Hajajs beispielsweise in den sozialpädagogischen Seminaren eingesetzt, die im Rahmen der in den 1980er Jahren bundesweit durchgeführten Maßnahmen zur Berufsvorbereitung und sozialen Eingliederung junger Ausländer (MSBE) stattfanden. Ihr deklariertes Ziel war es, zu einem besseren Verständnis der Hintergründe der Arbeitsmigration sowie der Probleme der jungen Türken in der BRD beizutragen (vgl. El Hajaj 1982).

schmerzhafte Begegnung mit der Fremde schildert. Das Buch beginnt mit einem
Bericht über die Biographie des Autors. Der Vollwaise El Hajaj, der in dem Jahr
geboren sei, in dem es viel geregnet habe,[8] wie man ihm später erzählt (El Hajaj
1969, 13), reißt von zu Hause aus, weil er nicht bereit ist, sein Leben als Kuhhirt
zu fristen. Er lebt eine Zeit lang auf der Straße (El Hajaj 1969, 14), schlägt sich als
gelegentlicher Fremdenführer, Obsthändler, Kellner und Stallmeister durch, bis
er 1967 den deutschen Schriftsteller und Journalisten Reimar Lenz,[9] der sich auf
einer Reise in Nordafrika befindet, kennenlernt. El Hajaj bittet ihn darum, ihm in
der Bundesrepublik Deutschland Arbeit zu verschaffen. Der 21-jährige hat damit
jemanden gefunden, der ihm den Weg für die Emigration nach West-Berlin ebnet
(El Hajaj 1969, 30).

An El Hajajs Erzählungen lässt sich ablesen, welche enormen Probleme sich
für die Gastarbeiter der ersten Generation ergaben. Sie geben Aufschluss über
Erwartungen und Enttäuschungen der Neuankömmlinge. El Hajaj wurde – wie
viele Gastarbeiter – aus einer überwiegend agrarischen Welt geradewegs in die
Welt der Schichtarbeit, der Leuchtreklamen, des Telefons und des Farbfernsehens
katapultiert. Er erlebte den Umzug in die Bundesrepublik als Kulturschock.[10] Dies
zeigt sich symbolhaft in der Schilderung seiner Ankunft in Deutschland. Nach
seiner Landung in Frankfurt sei er verstört und orientierungslos „wie ein Tier"
umhergeirrt: „Du hättest mir hundert Zeichnungen machen können und hundert
Stadtpläne geben, ich hätte nichts gefunden" (El Hajaj 1969, 47).

El Hajaj, der aus ländlichen Verhältnissen stammt, kommt mit der neuen Lage, in
der er sich befindet, und den dadurch entstandenen Veränderungen nicht zurecht.
Die Selbstverständlichkeiten, die er als *cultural baggage* mitbringt, bröckeln eine
nach der anderen. Beispielhaft wird dies an seinem Verständnis der Geschlechter-
rollen deutlich. So findet er das „Seltsamste an Deutschland […], dass hier Männer
Kinderwagen schieben" (El Hajaj 1969, 31). Er beteuert zwar, dass Man(n) den
Frauen eine gleichberechtigte Behandlung angedeihen lassen müsse (vgl. El Hajaj
1969, 37). Wenn es aber um die Rollenverteilung geht, siegt doch die Überzeugung,
dass der Mann das Sagen hat. So berichtet er, wie sehr es ihn konsterniert, sich

---

8   Genauso wie viele seiner marokkanischen Zeitgenossen wusste El Hajaj vermutlich
    nicht, in welchem Jahr er genau geboren wurde.

9   Reimar Lenz, geboren 1931 im München, ist ein deutscher Publizist und Schriftsteller
    (Pseudonym: Wolfgang Harthauser). Vgl. dazu auch den zitierten Brief Mustapha El
    Hajajs an den Verlag in der Neuauflage seines Werkes (El Hajaj 1987, 8).

10 Der Italiener Franco Biondi und der Syrer Rafik Schami haben in ihrem Manifest Lite-
    ratur *der Betroffenheit* Vergleiche gezogen zu Kolonialsituationen: „Dieser Bruch in der
    kulturellen Entwicklung ähnelt sehr der kulturellen Katastrophe, die Kolonialvölker
    erlitten" (Biondi/Schami 1981, 124f.).

in der Arbeit einer weiblichen Vorgesetzten unterordnen zu müssen und von ihr herumgeschickt zu werden: „Aber es kommandierten [...] die Frauen. Ich bin es nicht gewöhnt, dass mir Frauen befehlen" (El Hajaj 1969, 48).[11]

El Hajaj verweist in seinem Erzählband darauf, dass Armut und ein Gefühl der Ausweglosigkeit die Ursachen seiner Migration waren.[12] Deutschland stellt für ihn das Paradies dar, in dem Milch und Honig fließen. Dieses Stereotyp des Deutschland-Paradieses taucht in zahlreichen Texten der ersten Phase leitmotivisch immer wieder bei allen Migrantenminderheiten auf, beispielsweise bei dem libanesisch stämmigen Jusuf Naoum[13] oder bei der Portugiesin Ana Cristina de Jesus Dias.[14] In Deutschland angekommen muss El-Hajaj jedoch feststellen, wie weit Traum und Realität auseinanderklaffen. So erzählt er gleichnishaft in der titelgebenden Geschichte *Der Affe suchte einen Pass* aus der Affenperspektive: „In Deutschland war es kalt, im deutschen Wald fand der Affe keine Früchte" (El Hajaj 1969, 61). Die Idealisierung schlägt angesichts der ungewohnten Arbeitsbedingungen (El Hajaj 1969, 48) und der Ressentiments gegen Fremde ins Gegenteil um. Die Ausländer, bekommt er beispielsweise von seinem ersten Vermieter zu hören, „sollten besser bleiben, wo sie hergekommen seien, schließlich hätten nicht sie die europäische Kultur aufgebaut" (El Hajaj 1969, 46).

Der materiellen Misere ist El Hajaj einigermaßen entronnen, doch dafür ist er in eine menschliche Not geraten. Die seelische Entäußerung, die sein Leben in der Fremde bestimmt und die Erfahrung, in der Bundesrepublik nicht das erträumte Paradies gefunden zu haben, führt ihn zur nostalgischen Erinnerung an die alte

---

11 Ausführlicher zu El Hajajs Darstellung der Frau vgl. die Kritik von Carmen Thomas in ihrem Vorwort zur Neuauflage von El Hajajs Erzählungen (El Hajaj 1987).

12 Exemplarisch: „Und du fragst dann: Warum arbeitest du nicht in Nordafrika? Ich sage: Weil es dort nicht genug Arbeit gibt" (El Hajaj 1969, 20).

13 Vgl. exemplarisch das Gedicht *Das gelobte Land*: „Vor einigen Jahren ging Mansour/ aus der Heimat weg./ Er zog ins gelobte Land./ Das sollte weder Hunger/ noch Knechte und Mägde kennen./ Die Versprechungen waren/ flüchtiger als die Wind./ Geblieben sind die Schmerzen,/ wunde Knochen und/ das Fieber unter der Haut" (Naoum 1982, 165).

14 Vgl. exemplarisch die Kurzerzählung *Wohin gehöre ich?*: „Vor 10 Jahren kam ich in Deutschland an. Das Land war mir fremd, die Sprache war mir fremd, die Menschen waren fremd. Meine Eltern waren schon seit einem Jahr in Deutschland. Nun hatten sie uns, meine Geschwister, mich und meine Großmutter, auch hierher geholt. In dieses Land, wo ‚Milch und Honig' fließen sollte. [...] Nun waren wir hier, in diesem ach doch so gepriesenen Land, dort wo Kinder jeden Tag Schokolade, Kuchen und Bonbons zu essen bekommen, dort wo Kinder jeden Wunsch erfüllt bekommen. In der Heimat hatte ich immer von diesem wunderbaren Land, das Deutschland heißt, gehört. Doch als ich hier ankam, war ich enttäuscht, es entsprach alles nicht meinen Vorstellungen" (Dias 1983, 22).

Heimat, die in dem Maße idealisiert wird, in dem die Fremde spiegelbildlich eine Abwertung erfährt. So steht die Heimat nun für das, was in der Fremde am meisten fehlt, und zwar die Geselligkeit: „Früher hatte ich Kameraden zum Lachen. Nun suchte ich nach einem Menschen, meinetwegen einem alten Mann, der mir zugehört hätte" (El Hajaj 1969, 149), heißt es etwa, oder: „Man sprach nicht viel mit mir. Bei uns zu Hause spricht man mit seinen Mitmenschen, hier nicht" (El Hajaj 1969, 48).[15] Deutlicher könnte die Unterscheidung zwischen einem abstoßenden und kalten Deutschland und einem geselligen und warmen Zuhause kaum ausfallen. Kaum eine Thematik exemplifiziert die widersprüchlichen Empfindungen El Hajajs, seine Sehnsüchte, Wünsche und seine Verzweiflung so ausdrücklich wie die Heimatproblematik.

Auch die Sprache ist ein vorherrschendes Thema in den Erzählungen. El Hajaj erkennt, dass er die Sprache lernen soll, doch trotz seiner Bemühungen bleibt die deutsche Sprache für ihn ein Buch mit sieben Siegeln. Zunächst versucht er, sich das Deutsche im Alleingang anzueignen: „Ich lerne jetzt ganz allein, mit den Ohren. Ich klaue mir Wörter zusammen" (El Hajaj 1969, 24). Als seine Versuche nicht fruchten, besucht er Deutschkurse im Goethe-Institut, was nur das Privileg einiger weniger Gastarbeiter war, doch findet er keinen Zugang zur Sprache:

> „Deutsch ist schwer. ‚Ich habe geblieben‘, nein, ‚ich habe geblieben‘, nein, ‚ich bin geblieben‘. Ausnahmen, Ausnahmen. Ich bin selbst auch eine Ausnahme. Ich will als grammatische Ausnahme durchs Leben gehen. Ich frage die Lehrerin bei Goethe: warum heißt es „der Hut" oder „die Jacke"? Es muss doch Regeln geben. Wenn ich aber die Lehrerin dergleichen frage, wenn ich frage: Warum steht hier Akkusativ, hier Dativ?, dann sagt sie: Das kriegen wir später. Oder: Ich weiß nicht. [...] Mir tut das auch leid. Die hohen Kursgebühren, und ich verstehe immer noch nicht: der, die, das; Akkusativ, Dativ. Warum?" (El Hajaj 1969, S. 25).[16]

---

15 Die Einsamkeit und Gefühlskälte in der neuen Umgebung ist ein Thema, das in vielen Texten zu finden ist. Ähnliche Erfahrungen kann man beispielsweise auch bei dem Italiener Carmine Abate nachlesen: „Mit 18 kam ich schon in Hamburg. Ein Onkel hatte mir Arbeit in der Fabrik K. besorgt. Ein paar Wochen im Ausland genügten mir, um zu verstehen, dass es überall ‚Maurermeister‘ gibt; die Namen ändern sich, die Schimpfwörter, die sie dir ins Gesicht spucken, aber sie stehen immer vor dir und saugen dir das Blut aus. So war ich vom Regen in die Traufe gekommen. Aber, Traufe beiseite, mich bedrückte die Kälte der Leute: nie ein Lächeln, nie ein Wort, nie ein Geste der Freundlichkeit. So verklärte ich innerlich [...] die Freude, die ich in meinem Dorf empfunden hatte" (Abate 1984, 62f.).

16 Da die Antworten der Lehrerin ihn nicht zufrieden stellten, begann der Erzähler seine eigenen grammatischen Regeln aufzustellen: „Warum sagt man ‚nach Hause‘, aber ‚zur Post‘? Die Lehrerin weiß es nicht. Ich habe darüber nachgedacht, ich werde es den Deutschen erklären: Alle Dinge, die großen Respekt verdienen, werden mit ‚zu‘ angesprochen: zur Kirche, zum Bruder gehen. Die Kirche verdient Respekt als Gebetshaus; der Bruder

Durch die sprachliche Einschränkung fühlt sich der Erzähler in vielen Situationen unbeholfen und überfordert. Am Arbeitsplatz gestaltete sich das Verhältnis zu seinen Kollegen und Vorgesetzten durch seine geringen Sprachkenntnisse als schwierig, und es kommt immer wieder zu Missverständnissen und Reibungen. So schildert er beispielsweise eine Situation, in der ein Arbeitskollege ohne sein Wissen Änderungen im Dienstplan vorgenommen hat – als er sich beklagt, wird er ausgelacht: „Als ich mich beschwerte in meinem schlechten Deutsch, haben alle gelacht. Ich habe meine Familie und mein Land verlassen. Was ist nun? Man lachte" (El Hajaj 1969, 49). El Hajaj blickt auf seine in der neuen Umgebung unzweckmäßige Muttersprache mit Bedauern zurück und stellt resigniert fest, dass darin vielleicht die größte Tragödie seines Gastarbeiterdaseins bestand: „Ich habe viel [arabische, Z.S.] Grammatik studiert und Gedichte, aber was nützt es" (El Hajaj 1969, 24). Er hat, um des Materiellen willen, nicht nur seine vertraute Umgebung verlassen, er ist auch in eine Situation der „sprachliche[n] Machtlosigkeit" (Biondi 1983, 87) versetzt worden.[17] „Wie ein kleines Kind" (El Hajaj 1969, 16), merkt er nicht ohne Resignation an, müsse er eine neue Sprache lernen.

Bei allem Realismus in den Darstellungen El Hajajs schaut immer auch die Fabulierlust des Erzählers durch. Man kann Mustapha El Hajaj ohne Skrupel als fabulierenden mündlichen Geschichtenerzähler bezeichnen, der auf die in seiner Herkunftskultur ausgeprägte Tradition des mündlichen Erzählens zurückgreift. In der Tat weist sein Erzählgestus zahlreiche wesentliche Merkmale und Elemente mündlichen Erzählens auf, sog. *Oralismen*, die ich hier als *Halqa*-Charakteristika benenne. *Halqa* ist eine bezeichnende Erzählsituation für die mündliche Tradierung von Literatur. Es handelt sich um einen Erzählkreis, der sich zumeist auf einem zentralen öffentlichen Marktplatz versammelt, wie auf dem Djamaa-el-Fna-Platz (dem *Platz der Gehenkten*) in der alten Medina von Marrakesch, der weltbekannt ist für seine *Halqas* (Erzählrunden).[18]

---

als Vertreter des Vaters. Zur Post: es heißt ‚zur', weil die Post den Leuten weiterhilft und also auch Respekt verdient. Oder stimmt das etwa nicht" (El Hajaj 1969, 25f.).

17 Eine ähnliche Erfahrung schildert beispielsweise der Iraner Asghar Koshnavaz. In seinem Text *Als lebende Schachfigur spiele ich nicht mit* bringt er die Sprachproblematik prägnant zum Ausdruck in der Formulierung: „Ich kam ohne Worte an" und weiter: „Meine Sprache hatte ich schon fünf Grenzen zuvor zurückgelassen. [...] Ich horchte im Lärm der Stadt vergeblich nach Schreien, lebhaften Gesprächen, nach einem Weinen, einem Wortwechsel, nach einem Lachen" (Koshnavaz 1984, 14).

18 Vgl. in der deutschen Literatur Fichtes Roman *Platz der Gehenkten* (1989) und Canettis *Die Stimmen von Marrakesch* (1967). Eine andere ähnliche Situation schaffen die in Ländern des sog. *Nahen Ostens* (Syrien, Libanon, Ägypten u. a.) verbreiteten Kaffeehäuser, in denen mündliche Märchenerzähler auftreten. Diese Tradition wird in Deutschland vor allem durch Jusuf Naoum fortgeführt, der sich selbst auf seiner Homepage als

Ein markantes Kennzeichen für das mündliche Erzählen in El Hajajs Erzählungen ist die Involvierung des Lesers (Hörers) in das Geschehen durch Zwischenrufe und Fragen – „Willst du noch mehr solche Geschichten hören?" (El Hajaj 1969, 86). Dadurch bekommt der Leser (Hörer) den Anschein, es mit einem ihm gegenüberstehenden, ihn ansprechenden Erzähler zu tun zu haben. Zu diesem typischen Merkmal passen andere formale Elemente, wie beispielsweise die von Walter J. Ong in seinem medientheoretischen Hauptwerk *Oralität und Literalität* diagnostizierte nicht-chronologische Reihung anekdotischer Begebenheiten und die Anordnung des Erzählstoffes in Episoden (vgl. Ong 1987, 138-150). El Hajajs Begebenheiten werden sprunghaft, episodenhaft und fragmentarisch vorgetragen und folgen keinem linearen Arrangement. Denn das orale Erzählen kennt keinen zeitlichen oder chronologischen Ablauf der Handlungen, sondern beginnt dort, wo sich der Erzähler erinnert (ausführlicher dazu vgl. Ong 1987, 142). So verwebt El Hajaj real Erlebtes mit mythischen Geschichten und Reminiszenzen an *Schha* (El Hajaj 1969, 17), den *orientalischen* Eulenspiegel, an das arabische Märchenbuch *Tausendundeine Nacht*, an *Kalila und Dimna*[19] sowie an Ibn Tufails Inselroman *Der Lebende, Sohn des Erwachten*[20] – allesamt Geschichten, die zum Inventar marokkanischer Geschichtenerzähler auf den *Halqas* (Erzählkreisen) gehören, auf die sich El Hajaj bezieht (vgl. El Hajaj 1969, 87).

Auch auf syntaktischer Ebene lassen sich zahlreiche Mündlichkeitsmarkierungen ausmachen, die ebenfalls Charakteristika der gesprochenen Sprache sind. Hervorstechendes Exempel hierfür sind die zahlreichen Wiederholungen und Redundanzen sowie die Dominanz des parataktischen Satzbaus, also die Aneinanderreihung einfacher Hauptsätze ohne subordinierende Nebensätze.

Durch den zentralen Aspekt ihrer Oralität heben sich El Hajajs Erzählungen beispielsweise von der *Migrantenliteratur* der spanischen und italienischen Minderheit ab.[21] Im Unterschied zur türkischen (Habin Bektaş, Aras Ören, Kemal Kurt u. a.) und zur arabischen (Rafik Schami, Jusuf Naoum u. a.) *Migrationsliteratur*, verfügt

---

„Deutschlands einzigen Kaffeehausgeschichtenerzähler" bezeichnet. Vgl. http://www. jusuf-naoum.de/

19 Vgl. das Kapitel *Von Nutzen des Schweigens* (El Hajaj 1969, 89f.), in dem die Geschichte einer Schildkröte und zweier Enten fragmentarisch erzählt wird. Diese Geschichte entstammt dem Buch *Kalila und Dimna* (vgl. Al-Muqaffaʿ 2009, 79f.)

20 In diesem 1175 entstanden Inselroman wird die Geschichte eines Menschen erzählt, der von Kindheit an alleine auf einer tropischen Insel aufwächst und von einer Gazelle aufgezogen wird (vgl. Yaqdhan 2007). Diese Geschichte gibt El Hajaj ebenfalls bruchstückhaft wieder (El Hajaj 1969, 23).

21 Zur Literatur der italienischen und spanischen Minderheit vgl. exemplarisch die Beiträge in Chiellino (2000); zur Literatur der türkischen Minderheit vgl. Yeşilada (2008).

die italienische und spanische – um nur diese beiden zu nennen – nicht über eine ausgeprägte orale Erzähltradition.[22]

Machen die Verwurzelung in der oralen Erzähltradition das Hauptunterscheidungsmerkmal der arabischen und türkischen *Migrationsliteratur* aus, so stellen die in El Hajajs Geschichten verhandelten übergreifenden Themen Heimweh, die Situation in der Fremde, der Verlust von Selbstverständlichkeiten, die Entfremdung von der heimischen Kultur sowie Kommunikationsprobleme die wesentlichen Sujets dar, die die gesamte erste Phase der Migrationsliteratur bestimmen. Indem El Hajajs Narrationen genau um diese Themen kreisen, umreißt diese marokkanische Debüterfahrung gleichsam den thematischen Rahmen der von der ersten Generation der Migrantengruppen geschaffenen *Gastarbeiter-* bzw. *Migrationsliteratur.*

Waren in dieser Anfangsphase die Hauptthemen der *Gastarbeiter-* bzw. *Migrantenliteratur* die Klage über den Alltag und der reale Verlust der Heimat, wie sie sich im Text von El Hajaj artikulieren, so vollzog sich später – spätestens seitdem der renommierte Klagenfurter Ingeborg-Bachmann-Preis 1991 an Emine Sevgi Özdamar ging – ein grundlegender Wandel.[23] Seither lässt sich beobachten, dass das schriftstellerische Bewusstsein der zweiten Generation von Autorinnen und Autoren, die schon im Kindesalter oder zu Studienzwecken in den deutschen Sprachraum einwanderten, wächst und dementsprechend auch ihre Tendenz zur Individualisierung zunimmt. Die literarischen Aktivitäten stehen nun nicht mehr so stark unter dem Eindruck des Schicksals der Arbeitsmigration. Die Thematik der Migration und des Heimatverlustes, so lässt sich mit Clemens-Peter Haase konstatieren, wird abstrahiert und zur allgemeinen Entfremdungserfahrung stilisiert (Haase 2008). Ein Beispiel hierfür bietet Fawzi Boubia.

---

22 Seit den 1970er Jahren knüpfen beispielsweise Rafik Schami und Jusuf Naoum – ähnlich wie viele andere, vor allem türkische Schriftsteller – an die orale Erzähltradition ihrer Herkunftskultur an (ausführlicher dazu vgl. Hielscher, Martin: Vom Fräuleinwunder zum neuen Erzählen. Trends der deutschen Gegenwartsliteratur (Prosa). In: http://www.seniorenstudium.uni-muenchen.de/forschung/ publikationen/pub_pdf/vortrag_hielscher.pdf. Zu Rafik Schami vgl. Diner (1986, 65): „Die Märchen Rafik Schamis leben von der mündlichen Darstellung, von der direkten, sich ständiger Wandlung unterwerfenden Berührung mit den Zuhörern als Beteiligten".

23 Hielscher spricht im Hinblick auf Özdamar von einem Paradigmenwechsel, und zwar in zweifacher Hinsicht: Erstens weil die Autorin „keinen interkulturellen Sonderstatus" für sich beanspruchte; und zweitens weil „der Roman [...] auch verlagsstrategisch, ökonomisch und was die Anerkennung der Literatur von Migranten anbelangt einen Wandel" einleitete. Der hier gemeinte *Karawanserei*-Roman erschien im Verlag Kiepenheuer & Witsch (vgl. Hielscher 2006, 196f.)

3   Fawzi Boubias *Heidelberg-Marrakesch, einfach* – Ankunft im Raum kultureller Hybridität

Aufgrund seiner geringen sozialen und kulturellen Distanz zur deutschen Gesellschaft kann Fawzi Boubia als Vertreter einer anderen Phase in der Entwicklung
der Literatur von Deutsch schreibenden Migranten gelten. Er kam zum Studium
nach Deutschland, hatte aber bereits als Jugendlicher Deutsch gelernt und seine
Wahlverwandtschaft zum Deutschen und zur deutschen Kultur entdeckt. In seinem
1996 erschienenen Roman *Heidelberg-Marrakesch, einfach*[24] wird ein differenzier-
teres Bild der deutschen Gesellschaft als in El Hajajs Erzählungen gezeichnet. Das
Aufeinandertreffen mehrerer Sprachen und Kulturen provoziert in Boubias Roman
keine strikte Trennung, sondern wird in emanzipatorische Potenziale überführt.

Der Handlungsstrang dieses autobiographischen[25] Romans, der in der Forschung
mal als *Reiseroman* (Maher 1998), mal als *Heimkehrgeschichte* (Mecklenburg
2004, 24) bezeichnet wird, ist rasch erzählt: An einem Dienstag unmittelbar nach
den Pfingstfeiern des Jahres 1994 erreicht ein marokkanischer Student, der sein
Studium an der Universität in Heidelberg erfolgreich abgeschlossen hat, endlich
sein „Begehren" (Boubia 1996, 7), das in der Erlangung der bundesdeutschen
Staatsbürgerschaft besteht. Er putzt sich heraus – denn „die Angelegenheit [war]
so wichtig, dass ich sie nicht in einer gewöhnlichen Aufmachung erfahren wollte"
(Boubia 1996, 12) – und macht sich auf den Weg, seinen Pass und seine Einbürge-
rungsurkunde entgegenzunehmen.

Der Protagonist, dessen Namen der Leser nicht erfährt, ist zunächst voller
Einbürgerungsenthusiasmus, der jedoch nicht lange währt. Denn auf dem Weg zur
Einbürgerungsbehörde kauft er eine Zeitung, um „für die Zukunft den sozialen
Kontext [zu] vergegenwärtigen, in welchem [s]eine Einbürgerung erfolgt war" (Boubia
1996, 18). Dadurch erfährt er vom „[m]örderische[n] Brandanschlag in Solingen"
(Boubia 1996, 19), bei dem eine türkische Familie (zwei Frauen und drei Kinder)
getötet und acht weitere Personen verletzt wurden. Just an diesem Dienstag des
Jahres 1994, an dem sein Wunsch nach der bundesdeutschen Staatsbürgerschaft in
Erfüllung gehen soll, gerät der Protagonist in eine schwere Identitätskrise, die sich

---

24 Müller schreibt, es handle sich hierbei wohl „um das einzige Erzähl-Werk der maghre-
     binischen Literatur, das in deutscher Sprache geschrieben wurde" (Müller 1998, 389).
     Diese Aussage ist zu relativieren sowohl durch das Werk von Mustapha El Hajaj als auch
     durch den Hinweis auf den bereits 1992 unter dem Titel *Wenn Dortmund an Casablanca
     grenzen würde* veröffentlichten Roman des Marokkaners Mohammed Mhaimeh.

25 Der Protagonist des Romans ist unbestreitbar als *alter ego* des Verfassers konzipiert.
     Auf die autobiographischen Züge weisen nicht zuletzt die vielen Parallelen zwischen
     Boubias Vita und der Entwicklung seines namenlosen Ich-Erzählers hin.

aus der Verhinderung seines identitätsbildenden Selbstverständnisses speist. Der Protagonist hatte sich nämlich – bis die Ereignisse in Solingen seine „interkulturelle Haltung" (Boubia 1996, 27) auf den Prüfstand stellten – als ein Subjekt betrachtet, das übernommene Traditionen überdenkt, neu strukturiert und dabei das für den individuellen Fall Bedeutsame herausstellt. Den Wechsel der Staatsangehörigkeit hatte er nicht als Bruch mit der Herkunft verstanden,

> „nicht als Absonderung, nicht als Absage an meine bisherige Zugehörigkeit, nicht als Votum für eine wie auch immer geartete germanische Rasse, sondern als Identifizierung mit den Menschenrechten, die im Grundgesetz verankert sind, und – bei aller Bescheidenheit – als Versuch der Annäherung an weltoffene Geister wie Goethe, Schiller, Beethoven und Heine" (Boubia 1996, 14).

Der Solinger Brandanschlag bringt sein Selbstverständnis ins Wanken und wird nunmehr zum Auslöser, um über Fragen der Identität zu sinnieren: „Grundlegende Fragen menschlicher Existenz – Woher komme ich? Was mache ich hier? Wohin treibe ich?" (Boubia 1996, 45). Er erlebt in traumähnlichen Verfolgungsvisionen und Schreckensszenarien, wie „wildgewordene" (Boubia 1996, 35) Berberstämme des Hohen Atlas Jagd auf ihn machen. Sie bezichtigen ihn des Gesinnungsverrats und des kulturellen Überläufertums und schassen ihn daraufhin zum Gipfel des Hohen Atlas, wo er gefesselt und wie Prometheus dem Adler anheimgegeben wird.[26] In diesem Adler glaubt der Protagonist, die „Züge des deutschen Adlers, der auf dem Pass abgebildet ist" (Boubia 1996, 37), wiederzuerkennen. Er erwacht aus seinen Alpträumen und läuft „vereinsamt und unglücklich" (Boubia 1996, 177) in Heidelberg herum, das sich nun aus einem „Liebesnest" (Boubia 1996, 110) in einen *locus terribilis* verwandelte, in dem das Düstere der deutschen Geschichte seinen Ursprung genommen hat.

Aufgrund der Schilderungen des Einwanderungsprozesses des Protagonisten wird der Roman als Reiseroman kenntlich. Nicht nur als Reise in ein anderes Land, sondern auch als Reise des Erzählers in die Welt der deutschen Sprache und Literatur. Da die Struktur der Narration aber von der Frage bestimmt ist, ob

---

26 Diese Verfolgungsszenarien beschreibt der Protagonist folgendermaßen: „Sie [die indianerähnlichen Berberstämme, Z.S.] ritten unbeirrt weiter zum Djebel Toubkal, dem höchsten Gipfel des Hohen Atlas. Dort zogen sie mich aus und fesselten mich an einen gewaltigen Felsen. Mein Entsetzen war grenzenlos. Über mir stand angriffsbereit ein unheimlicher Greifvogel, dessen Schnabel bis zu meiner Leber reichte. Erst jetzt verstand ich mein Schicksals [sic!]: Ich war dazu verdammt, den Rest meines Lebens in dieser Haltung mit dieser grausamen, unsinnigen Prozedur zu verbringen. Als der bedrohliche Schnabel auf mich zuflog, erkannte ich die Züge des deutschen Adlers, der auf dem Pass abgebildet ist. Als er zuhackte, fiel ich in Ohnmacht" (Boubia, 1996, 37).

sich der Protagonist am Ende für die ihm in Aussicht gestellte Staatsangehörigkeit entscheidet oder gegen sie und für die Heimkehr, erweist sich dieser Text als
Heimkehrgeschichte. Die Erzählzeit des Romans beträgt etwa einen Tag, doch
erinnert sich der Protagonist im Modus des zeitdehnenden *inneren Monologs* an die
Bedingungen seiner Entwicklung in der Kindheit in Imilchil, seinem Geburtsort
im Herzen des Hohen Atlas und Lebensort bis zum Auszug nach Deutschland.
Diese *Analepsen*[27] vergegenwärtigen diejenigen biographischen Erlebnisse, die entscheidend für die Herausbildung seiner multikulturellen Haltung waren. In diesen
Rückblenden konzentriert sich die Aufmerksamkeit des Erzählers auf Reflexionen
und Erfahrungen, die sich auf interkulturelle Momente beziehen.

Eine besondere Bedeutung misst er dabei der toleranten Erziehung durch seinen
gebildeten und offenen Vater bei. Dieser an eine muslimische Variante von Lessings
Nathan-Figur[28] erinnernde islamische Gelehrte besaß eine Bibliothek, in der „alle
Werke der europäischen Moderne, von der Aufklärung bis zur Gegenwart, die er
[…] auftreiben konnte" (Boubia 1996, 60), enthalten waren. Schon bevor er zum
Studium nach Deutschland ging, war der Protagonist mit der deutschen Sprache
und Literatur vertraut. Mit Vorliebe verschlang er bereits in seiner Jugend Bücher
über germanische Mythologie, Heldensagen, Grimms Märchen, Kinderlieder, Volks-
lieder und Lyrik (Boubia 1996, 89). Um die deutsche Sprache zu vernehmen, ging
er in die Medina von Marrakesch und sprach deutsche Touristen an, die er grup-
penweise in sein Elternhaus „lockte" (Boubia 1996, 92), um mit ihnen auf Deutsch
über Deutschland und die arabisch-islamische Welt zu diskutieren. So fungierte
er bereits als Jugendlicher als „begeisterter Vermittler" zwischen den Touristen,
die (für ihn) Deutschland repräsentierten, und seiner Familie als Vertreterin der
„arabischen Welt". Er „saß […] zwischen beiden Parteien" (Boubia 1996, 93) und
erfüllte die Funktion des kulturellen Übersetzers.

Den Prozess der Einwanderung in die deutsche Sprache versteht der Protagonist
interessanterweise nicht als Abschied von der Herkunft; die Beschäftigung mit der
deutschen Sprache und Literatur geht nicht mit einer Entfremdung von der marok-

---

27 *Analepse* ist ein auf Genette zurückgehender Begriff der Erzähltheorie. Darunter versteht
    man „die nachträgliche Darstellung eines Ereignisses, das zu einem früheren Zeitpunkt
    stattgefunden hat als dem, den die Haupthandlung gerade erreicht hat" (Martinez/
    Scheffel 2007, 186). Was Genette *Analepse* nennt, bezeichnet Lämmert als *Rückwendung*.

28 So beschreibt der Protagonist seinen Vater: „Zu seinen Freunden und Bekannten zählten
    übrigens nicht nur Muslime, sondern auch Juden und Christen, sie alle respektieren
    seine Gelehrsamkeit und Toleranz. ‚Wahrer Glaube', pflegte er zu sagen, ‚kann sich
    niemals mit Intoleranz vertragen.' Er zitierte oft diese Koranverse: ‚Wir haben euch als
    Gemeinden und Völker erschaffen, damit ihr euch besser kennenlernt'" (Boubia 1996,
    57).

kanischen Kultur einher. Vielmehr korrespondiert die Aneignung der deutschen Sprache mit der Entwicklung der sprachlichen Sensibilität für das Arabische sowie für die Kolonialsprache, das Französische: „Der deutschen Sprache verdanke ich, so paradox es klingen mag, meine Wiederentdeckung des Arabischen und Französischen" (Boubia 1996, 80).

Auch macht sich der Protagonist zum Fürsprecher der Vermischung der arabisch-berberischen, deutschen und französischen Kulturen mit ihren jüdischen, christlichen und islamischen Komponenten. Die Religionen des Judentums, Christentums und Islam werden von Boubias *alter ego* in einer Art Hybridisierung beherrscht. An die Stelle der Entweder-oder-Logik tritt bei ihm eine Sowohl-als-auch-Situation. So vermag er es, jüdische, christliche und islamische Rituale miteinander zu verschmelzen und – wie er es selber zum Ausdruck bringt – „in meine persönliche Weltanschauung" (Boubia 1996, 22) zu integrieren. So betrachtet er sich als jemanden, der sich „zwischen den Kulturen hin und her schwebend" (Boubia 1996, 30) bewegt. Die Metapher des Schwebens zwischen zwei Welten benutzt schon Goethe in einer seiner zahlreichen Äußerungen zum *West-östlichen Divan*, dessen Gedichte der Ich-Erzähler mehrmals zitiert.[29] Wie nahe Boubia Goethes Dichtung steht, zeigt vor allem ein Brief, den der Dichter am 11. Mai 1820 aus Karlsbad an Zelter schreibt:

> „Indessen sammeln sich wieder neue Gedichte zum Divan. Diese Mohammedanische Religion, Mythologie, Sitte geben Raum einer Poesie, wie sie meinen Jahren ziemt. Unbedingtes Ergeben in den unergründlichen Willen Gottes, heiterer Überblick des beweglichen, immer kreis- und spiralartig wiederkehrenden Erde-Treibens, Liebe, Neigung *zwischen zwei Welten schwebend* [Hervorhebung durch den Verfasser], alles Reale geläutert, sich symbolisch auflösend" (Goethe 1999, 52).

Die verwendete räumliche Metapher des Schwebens dient zur Hervorhebung einer interkulturellen bzw. multikulturellen Haltung, die harte Grenzziehungen und die Festlegung auf eine bestimmte Herkunft vermeidet. Es geht nicht um fest umrissene Identitäten, die sich gegenüber stehen und miteinander rivalisieren: Die Schwebesituation untergräbt jede straffe, scharfe Trennung zwischen dem Eigenen und dem Fremden. Daher betrachtet sich der Protagonist nicht als Repräsentant einer fest definierten Herkunftskultur, die er gegen eine vermeintlich ebenso fest definierte deutsche Kultur austauschen würde. Vielmehr betrachtet er sich als ein Individuum, das seine kulturellen Eigenheiten nicht aufgibt, sondern neu definiert und sich an neue Lebensbedingungen anpasst. Dieser Prozess der Hybridisierung kumuliert schließlich in der Liebesbeziehung des Protagonisten zu seiner Geliebten Soraya (vgl. Boubia 1996, 110ff.). Sie, die blonde Deutsche mit dem persisch-arabischen

---

29 Vgl. exemplarisch das Kapitel *Hegire* (Boubia 1996, 164).

Namen Soraya, und er, der marokkanische Berber, der die deutsche Sprache und
Kultur zu seiner „Wahlheimat" (Boubia 1996, 24) erklärt, verkörpern eine neue
Symbiose zwischen *Orient* und *Okzident*.

Doch die Ereignisse in Solingen, die der Protagonist als Angriff auf seine „interkulturelle Haltung" (Boubia 1996, 27) begreift, erschüttern seine Gesinnung. An die
Stelle der Annäherung durch Begegnung und wechselseitige Anerkennung treten
nun Desillusionierung, Enttäuschung und Verlust von Selbstverständlichkeiten, die
in eine vereinfachende Polarisierung des Deutschlandbildes „in ein gutes Deutschland, zu dem Goethe mit seinem *Divan*, Hölderlin und die Heidelberger Romantik
gehören, und ein böses Deutschland, das von den Nazis bis zu den Neonazis reicht"
(Mecklenburg 2004, 26),[30] mündet. Vor allem Hegel, der immer wieder erwähnt
und gegen Goethe ausgespielt wird, macht der Protagonist irritierenderweise zum
Wegbereiter des Fremdenhasses und zum direkten Vorläufer des Nationalsozia-
lismus. In einer verwirrenden Passage suggeriert der Erzähler, dass er sogar den
Vorlesungen Hegels beigewohnt habe und zum Zeitzeugen seiner antisemitischen
Äußerungen[31] geworden sei:

> „Ich kann mich sehr gut daran erinnern, wie Hegel nach Heidelberg berufen wurde,
> dessen Vorlesungen ich regelmäßig besuchte. […] Einmal ging er eingehend auf die
> Völker ein, die ihm [sic!] außerhalb der Geschichte standen" (Boubia 1996, 143).

Den modernen Hass auf Ausländer und Fremde – Schwarze, Juden, Exoten – führt
der Erzähler also auf Hegel zurück. Auch sieht er eine Verbindung zwischen jenen
Flammen, die 1938 in der Reichspogromnacht die Synagogen und jüdischen Geschäfte in ganz Deutschland verwüsteten, und dem Feuer, das nun ein Haus mit
ausländischen Bewohnern in Solingen verbrannte.

Am Ende des Romans fasst der Protagonist den Entschluss, einen einfachen Flug
nach Marrakesch zu buchen und kehrt in seine frühere Heimat zurück. Interessant
wäre es gewesen, wenn der Leser – wie auch Mecklenburg konstatiert – etwas über
diese Heimkehr erfahren hätte (Mecklenburg 2004, 26). Dies hätte Aufschluss
darüber geben können, ob die Ablehnung der deutschen Staatangehörigkeit und
die anschließende Rückreise nach Marokko als Absage an die deutsche Kultur
verstanden werden sollten, oder ob der Protagonist lediglich zurückkehrt, um

---

30 Diese Dichotomisierung bezeichnet Mecklenburg als „plakativ" und „altbekannt"
    (ausführlicher dazu vgl. Mecklenburg 2004, 26).
31 Was den Ich-Erzähler „zutiefst erschütterte", waren Hegels antisemitische Äußerungen,
    die er folgendermaßen zitiert: „Der Glaube an etwas Göttliches, an etwas Großes kann
    nicht im Kote wohnen. Der Löwe hat nicht Raum in einer Nuß, der unendliche Geist
    nicht Raum in dem Kerker einer Judenseele" (Boubia 1996, 144).

gegen Xenophobie anzuschreiben und seine interkulturelle Sicht und eine grenzüberschreitende Ethik der Toleranz zu propagieren, worauf ein Satz aus dem letzten
Absatz des Romans leise hindeutet: „…auch dort wird es einen Garten geben, der
kultiviert werden muss" (Boubia 1996, 183).

Durch das Heimkehrthema (ausführlicher dazu: Mecklenburg 2004, 24ff.) und
nicht zuletzt durch die Verarbeitung des in der *Migrationsliteratur* der Zeit gängigen
Motivs der tragischen Erlebnisse von Solingen rückt Boubias Roman in die Nähe
vor allem der türkisch-deutschen Literatur, die Karin E. Yeşilada als Literatur
„post Solingen" bezeichnet hat (vgl. Yeşilada 1996; vgl. für weitere Beispiele auch
Yeşilada 2012).[32]

4 Schlussbetrachtung

Vergleicht man die beiden besprochenen Texte, so lassen sich viele Unterschiede,
aber auch deutliche Gemeinsamkeiten feststellen. Jeder der beiden Autoren hat
einen anderen Lebenslauf, hat einen sehr persönlichen Zugang zu Deutschland
und zur deutschen Kultur gefunden. Während es sich bei El Hajaj lediglich um
einen *storyteller* handelt, kann erst bei Boubia von einem Deutsch schreibenden
marokkanischen Schriftsteller die Rede sein. So verschieden die Ansätze der beiden
sind, so ist ihnen gemeinsam, dass sie auf das reichhaltige Erzählinventar ihrer
Ursprungsheimat zurückgreifen. Während El Hajaj fabelartige Züge aufnimmt,
verzichtet Boubia auf jeden Exotismus. Er beruft sich vielmehr explizit auf deutsche
Dichter und Philosophen. Gleichwohl bezieht auch er Erzählmuster und literarische
Darstellungsformen ein, die auf sein Herkunftsland und zum Teil auch auf seine
Muttersprache verweisen.[33]

Die hier untersuchten marokkanischen Autoren und ihre Texte sind Bestandteil
der *Migrationsliteratur* in Deutschland. Sie stehen stellvertretend für verschiedene
Tendenzen innerhalb der Literatur von Deutsch schreibenden Autoren nichtdeutscher Muttersprache. El Hajajs Erzählungen, die noch stark unter dem Eindruck
des Schicksals der Arbeitsmigration stehen, spiegeln die erste Phase in der Entwicklung dieser Literatur wider, die sich durch bekenntnishafte Texte auszeichnet
und an die die literarische Öffentlichkeit autobiographische Erwartungen stellt.

---

32 Als Literatur *post Solingen* bezeichnet Yeşilada Werke, die den „Raum öffnen für die
Verarbeitung der traumatischen Erfahrungen von Mölln und Solingen" (Yeşilada 2012,
375).

33 Vgl. beispielsweise die von Boubia wiedergegebene marokkanische Legende von *Isli und
Tislit* (Boubia 1996, 43ff.).

Boubia hingegen widmet sich in seinem Roman *Heidelberg-Marrakesch, einfach* nicht länger der Problematik der verlorenen Heimat und des Gastarbeiterdaseins, sondern dem sozialen und kulturellen Leben in mehreren Welten. Bei ihm geht es – wie Harald Tanzer für die deutsch-türkische Migrationsliteratur herausgearbeitet hat – um die „literarische Verwirklichung von Mehrkulturalität" (Tanzer 2004, 309). Bei ihm finden eine interkulturelle Ausweitung des Literaturprozesses sowie die Adaption des Deutschen als Literatursprache zwecks Erweiterung der Kommunikationsmöglichkeiten statt. Allerdings wäre diese multi- und interkulturelle Ausweitung des Literaturprozesses ohne die mehrjährige Auseinandersetzung mit Fremdheitserfahrungen, die die erste Generation leistete, nicht denkbar gewesen.

Literatur

Abate, C. (1984). *Den Koffer und Weg. Erzählungen.* Kiel: Neuer Malik.

Adelson, L.A. (2002). The Turkish Turn in Contemporary German Literature and Memory Work. *The Germanic Review 77 (4)*, 326-338.

Al-Muqaffa', A. i. (2009). *Kalila und Dimna. Die Fabeln des Bidpai. Übersetzung aus dem Arabischen von Philipp Wolff.* Wiesbaden: Reichert.

Al-Slaiman, M. (2000). AutorInnen aus dem arabischen Raum. In: C. Chiellino (Hrsg.), *Interkulturelle Literatur in Deutschland. Ein Handbuch* (235-247). Stuttgart: Metzler.

Amodeo, I. (1996). *Die Heimat heißt Babylon. Zur Literatur ausländischer Autoren in der Bundesrepublik Deutschland.* Opladen: Westdeutscher Verlag.

Biondi, F. (1983). Sprachliche Machtlosigkeit. In: I. Ackermann (Hrsg.), *In zwei Sprachen leben. Berichte, Erzählungen, Gedichte von Ausländern* (87-88). München: dtv.

Biondi, F., & Schami, R. (1981). Literatur der Betroffenheit. Bemerkungen zur Gastarbeiterliteratur. In: C. Schaffernicht (Hrsg.), *Zu Hause in der Fremde. Ein Ausländerlesebuch* (124-136). Fischerhude: Verlag Atelier im Bauernhaus.

Boubia, F. (1996). *Heidelberg-Marrakesch, einfach.* Mainz: Donata Kinzelbach.

Canetti, E. (1967). *Die Stimmen von Marrakesch. Aufzeichnungen nach einer Reise.* München: Hanser.

Chiellino, C. (Hrsg.) (2000). *Interkulturelle Literatur in Deutschland. Ein Handbuch.* Stuttgart: Metzler.

Dias, A.C. de Jesus (1983). Wohin gehöre ich? In: I. Ackermann (Hrsg.), *In zwei Sprachen leben. Berichte, Erzählungen, Gedichte von Ausländern* (22-24). München: dtv.

Diner, D. (1986). Über Rafik Schami. In: H. Friedrich (Hrsg.), *Chamissos Enkel. Literatur von Ausländern in Deutschland* (63-67). München: dtv.

Dufresne, M. (2012). „Die Fremde bleibt fremd": Schwellenzustand und Einwanderung bei Franco Biondi. In: C. Meyer (Hrsg.), *Kosmopolitische ‚Germanophonie'. Postnationale Perspektiven in der deutschsprachigen Gegenwartsliteratur* (229-245). Würzburg: Königshausen & Neumann.

El Hajaj, M. (1969). *Vom Affen, der ein Visum suchte und andere Gastarbeitergeschichten.* Wuppertal: Jugenddienst-Verlag.

El Hajaj, M. (1982). *Fünf Geschichten mit Zeichnungen von Yunus Saltuk. Texte in zwei Sprachen Deutsch-Türkisch.* Berlin: Ararat.

El Hajaj, M. (1987). *Mustaphas Geschichten aus dem Morgen- und Abendland. Mit einem Vorwort von Carmen Thomas.* Wuppertal: Peter Hammer.

Esselborn, K. (1997). Von der Gastarbeiterliteratur zur Literatur der Interkulturalität. Zum Wandel des Blicks auf die Literatur kultureller Minderheiten in Deutschland. *Jahrbuch Deutsch als Fremdsprache: Intercultural German Studies 23*, 47-75.

Esselborn, K. (2004). Der Adelbert-von-Chamisso-Preis und die Förderung der Migrantenliteratur. In: K. Schenk (Hrsg.), *Migrationsliteratur. Schreibweisen einer interkulturellen Moderne* (317-325). Tübingen & Basel: Francke.

Fichte, H. (1989). *Der Platz der Gehenkten.* Frankfurt a. M.: Fischer

Goethe, J. W. (1999). *Sämtliche Werke, Briefe, Tagebücher und Gespräche. Vierzig Bände* (Bd. 9 [36]). Frankfurt a. M.: DKV.

Haase, C.-P. (2008). *Literatur und Migration. Zur Notwendigkeit der begrifflichen Schärfung einer literarischen Szene.* http://www.goethe.de/kue/lit/de3819297.htm. Zugegriffen: 20.02.2013.

Hamm, H. (1988). *Fremdgegangen – freigeschrieben. Eine Einführung in die deutschsprachige Gastarbeiterliteratur.* Würzburg: Königshausen & Neumann.

Hielscher, M. (2006). Andere Stimmen – andere Räume. Die Funktion der Migrantenliteratur in deutschen Verlagen und Dimitré Dinevs Roman „Engelszungen". In: H.A. Ludwig (Hrsg.), *Literatur und Migration. Text und Kritik* (196-208). München: edition text + kritik.

Hielscher, M. (Erscheinungsjahr unbekannt): *Vom Fräuleinwunder zum neuen Erzählen. Trends der deutschen Gegenwartsliteratur (Prosa).* http://www.seniorenstudium.uni-muenchen.de/forschung/publikationen/pub_pdf/vor trag_hielscher.pdf. Zugegriffen: 27.02.2013.

Koshnavaz, A. (1984). Als lebende Schachfigur spiele ich nicht mit. In: N. Ney (Hrsg.), *Sie haben mich zu einem Ausländer gemacht... Ich bin einer geworden. Ausländer schreiben vom Leben bei uns* (14-20). Hamburg: Rowohlt.

Maher, M. (1998): Fawzi Boubias Roman „Heidelberg-Marrakesch, einfach" oder „„das andere Deutschland". In: U. Müller (Hrsg.), *Schnittpunkt der Kulturen* (397-408). Stuttgart: Akademischer Verlag.

Martinez, M., & Scheffel, M. (2007). *Einführung in die Erzähltheorie.* München: C. H. Beck.

Mecklenburg, N. (2004). Eingrenzung, Ausgrenzung, Grenzüberschreitung. Grundprobleme deutscher Literatur von Minderheiten. In: M. Durzak & N. Kuruyazıcı (Hrsg.), *Die andere Deutsche Literatur. Istanbuler Vorträge* (23-30). Würzburg: Königshausen & Neumann.

Müller, U. (1998). Vorbemerkung zu Fawzi Boubia. Die Metamorphosen des deutschen Adlers: Aus dem Roman „Heidelberg-Marrakesch – Einfach" (1996). In: U. Müller (Hrsg.), *Schnittpunkt der Kulturen* (389). Stuttgart: Akademischer Verlag.

Naoum, J. (1982). Das gelobte Land. In: I. Ackermann & H. Weinrich (Hrsg.), *Als Fremder in Deutschland. Berichte, Erzählungen, Gedichte von Ausländern* (165). München: dtv.

Ong, W.J. (1987). *Oralität und Literalität. Die Technologisierung des Wortes.* Opladen: Westdeutscher Verlag.

Tantow, L. (1984). In den Hinterhöfen der deutschen Sprache. Ein Streifzug durch die deutsche Literatur von Ausländern. *Die Zeit*, 6. April 1984.

Tanzer, H. (2004). Deutsche Literatur türkischer Autoren. In: K. Schenk (Hrsg.), *Migrationsliteratur. Schreibweisen einer interkulturellen Moderne* (301-317). Tübingen: Francke.

Torre, M.E. de la (2004). „Wir sind anders und das ist auch gut so". Geburt und Entwicklung der mehrkulturellen Literatur im deutschsprachigen Raum. Entstehung und Phasen eines Forschungsgebiets. *Sprachkunst. Beiträge zur Literaturwissenschaft 25 (2)*, 355-369.

Weinberg, M. (2011). Migrantenliteratur – eine Bestandsaufnahme. Am Beispiel von Libuše Moníkovás Pavane für eine verstorbene Infantin. *Zeitschrift für interkulturelle Germanistik 2 (2)*, 93-111.

Yaqdhan, H. (2007). *Ein muslimischer Inselroman. Der Lebende Sohn des Erwachten* (Herausgegeben und bearbeitet von Jameleddine Ben Abdeljelil und Viktoria Frysak). Wien: Viktoria.

Yeşilada, K. E. (1996). Vom Adler verfolgt. *TAZ*, 10. Dezember 1996.

Yeşilada, K.E. (2008). Türkischdeutsche Literatur. In: T. Demir (Hrsg.), *Türkischdeutsche Literatur. Chronik literarischer Wanderungen* (11-15). Duisburg: Dialog e. V. Gesellschaft für Deutsch-Türkischen Dialog.

Yeşilada, K.E. (2012). Poesie post Solingen: Literarisches Gedächtnis in der türkisch-deutschen Lyrik. In: C. Meyer (Hrsg.), *Kosmopolitische ,Germanophonie'. Postnationale Perspektiven in der deutschsprachigen Gegenwartsliteratur* (369-396). Würzburg: Königshausen & Neumann.

Der arabische Frühling im Exil
Wie Tahar Ben Jelloun das deutsche Bild des marokkanischen Intellektuellen prägt

Ronald Perlwitz

1 Ein marokkanischer Intellektueller, gefangen in sich selbst ...

Das Bild, das die Hauptfigur, der anonyme Maler, abgibt, ist ein trauriges. Wir lernen ihn kennen, als er, einige Monate nach seinem Schlaganfall, im Rollstuhl sitzend, über seine neue, hilflose Existenz sinniert. Nicht mal eine Fliege kann er mehr von seiner Nase verscheuchen. Als erlebte Rede kommen seine Gedanken daher, kolorieren das Porträt des kranken Künstlers, dem nicht mehr zu helfen ist, es sei denn ein schriftstellernder Freund gesellt sich zu ihm und erbarmt sich, so objektiv, aber auch so unmittelbar wie möglich dem verstummten Menschen eine Stimme zu leihen. Draußen, in Casablanca, geht das Leben weiter, seine Bekannten, die sein Schicksal betroffen macht, haben sich schon längst wieder ihren eigenen Sorgen zugewandt. Auch Frauen besuchen ihn kaum noch, und dies, obwohl sie früher so zahlreich in sein Leben traten, in sein Pariser Atelier kamen, um zu posieren, über Kunst zu sprechen und auch Vieles mehr. Eine Liebschaft wird er noch haben, mit seiner Pflegerin, die, aus einfachen Verhältnissen kommend, immer noch fasziniert ist von dem international renommierten, aber nun an den Rollstuhl gefesselten Künstler. Sie heißt Imane, Glaube, und schenkt ihm Zuneigung, unkomplizierte Sinnlichkeit, in die sich auch die Hoffnung mischt, er möge, dank seiner zahlreichen Kontakte, ihr oder ihrem kleinen Bruder helfen, nach Europa auszuwandern. Doch auch sie bleibt irgendwann aus: Seine Frau, die sich trotz all seiner hilflosen Scheidungsversuche an seine Fersen heftet, hat die Nebenbuhlerin verjagt. Sie kontrolliert ihren Mann nun vollständig, auch den literarischen Flucht- versuch deckt sie auf und liefert ihre eigene Version der Geschehnisse, die seinen Egoismus und seine Untreue entlarven soll. Zum Schluss streckt er die Waffen, beschließt auf die physische Paralyse, die ihn seiner ungeliebten Frau ausliefert, mit vollständiger sozialer Vereinsamung zu antworten: „er würde von nun an in seiner Welt leben, völlig abgeschottet von der Außenwelt".[1] Nur auf diese Weise, im Rückzug auf sich selbst, lässt sich für ihn noch ein Sieg erringen. Mühsam greift er nach einer Zeitung und verjagt die Fliege.

Will man begreifen, in welch heikler Lage sich maghrebinische Intellektuelle nach dem immer weiter um sich greifenden sogenannten „arabischen Frühling" befinden, so bietet die grob skizzierte Fabel von der progressiven Isolation eines kranken marokkanischen Malers interessante Anhaltspunkte. Erzählt wird sie in Tahar Ben Jellouns neuem Roman, *Le bonheur conjugal*, den der heute wichtigste französischsprachige Autor des Maghrebs pünktlich zum Beginn des literarischen Herbstes 2012 in die Buchhandlungen gebracht hat. Vor der biographischen Kulisse des Autors, dem gerade ein langwieriger Ehestreit zugesetzt hat, wirkt das Buch zunächst wie selbstverständlich als private Verarbeitung der eigenen Lebenssituation. Wäre da nicht die symbolische Zeitung und der Skandal des In-sich-selbst-Kehrens eines berühmten Intellektuellen, der Roman ließe sich in der Tat bequem als literarische Therapie privater Enttäuschungen abtun. In Anbetracht der Tatsache aber, dass sich Tahar Ben Jelloun seit Beginn der Protestbewegung in Tunesien immer wieder zu den politischen und kriegerischen Ereignissen in der arabischen Welt äußert, erhält seine Fiktion eines Künstlers, der gesellschaftliche Verantwortung für immer aufzugeben sucht, eine besondere Brisanz. Es gilt hier genau hinzuhören, denn zur Debatte steht nichts Geringeres als die Rolle und die Last des Kulturvermittlers in einer Epoche weitreichender politischer Umwälzungen. Und angestoßen wird diese Debatte von jenem Schriftsteller, der seit mehreren Jahren in Frankreich, aber besonders auch in Deutschland unser Bild der arabischen Welt und besonders Marokkos entscheidend mitgeprägt hat.

Dem deutschen Lesepublikum ist Ben Jelloun erstmals in den 1980er Jahren bewusst geworden – unmittelbar nach seinem vielbeachteten literarischen Durchbruch in Frankreich. Seitdem hat sein sehr produktiver Umgang mit dem eigenen Migrantenstatus unser Verständnis, sowohl der gesellschaftlichen und politischen Realität Marokkos als auch der Beziehungen zwischen Europa und dem Maghreb, um wichtige, bislang weitgehend vernachlässigte Perspektiven bereichert. Er operiert nicht im Modus eindimensionaler Anklagen oder holzschnittartiger Zuschreibungen sondern im Bewusstsein seiner Rolle als Künstler, der zwischen maghrebinischer Identität und bürgerlichem Leben in Paris schwankt. Schwierige Fragen hat er stets gestellt, die täglichen Diskriminierungen, denen er in Europa ausgesetzt war, genauso angeprangert wie die staatliche und politische Repression in seinem Heimatland. In diesem Sinne ist seine bipolare Sichtweise auch in Deutschland

---

1   „Il vivrait dans son monde, totalement recroquevillé sur lui-même" (Ben Jelloun 2012a, 256).

mit besonderem Interesse rezipiert worden. *Papa, was ist ein Fremder?* (1999), das fiktive Gespräch mit seiner Tochter wurde auch hierzulande zum Publikumserfolg, nicht, weil es neue Erkenntnisse zum Rassismus enthielt, sondern weil es das Thema polemisch behandelte: ein tägliches Gespräch über Fremdenfeindlichkeit und postkolonialistische Vorurteile, kein politisches Raunen, sondern die luzide Klarstellung eines Autors, dem seine Position zwischen den Kulturen erlaubt, jede Form von Ausgrenzung als grundlegende Absurdität zu empfinden.

So verwundert es nicht, dass Tahar Ben Jelloun mit dem anonymen Maler erneut die Figur eines Migranten in den Mittelpunkt rückt und ihm aufträgt, die Verantwortung des weltoffenen, zwischen den Kulturen vermittelnden marokkanischen Künstlers zu schultern. Denn seine Maler-Figur formuliert, wenn auch nur *ex negativo*, die Forderung an die maghrebinischen Intellektuellen, sich zu engagieren, im Bewusstsein der unglaublichen Dynamik einer sich politisch, aber auch gesellschaftlich verändernden arabischen Welt neue Richtungen und Werte vorzugeben. Die jugendlichen Bewegungen in den arabischen Ländern haben unbändige und ungeheuer komplexe Kräfte entfacht, die nicht nur die lokalen Machthaber fürchten, sondern auch von Europa aus mit Argwohn verfolgt werden. In diesem Zusammenhang treten Fragen und Zweifel auf, die gerade jene herausfordern müssen, die sich an der geistigen Spitze der Revolte wähnen.

Schriftsteller sehen sich gerne in einer solchen Rolle; doch wie ernst ihre Antworten genommen werden, verhält sich proportional zu ihrer Glaubwürdigkeit. Dass gerade ein international anerkannter marokkanischer Künstler wie Tahar Ben Jelloun, dessen Lebensmittelpunkt sich mit dem Karriereerfolg in die französische Hauptstadt verlagert hat, nicht nur eine exponierte Stellung einnimmt, sondern auch Gefahr läuft, sich sowohl von der einen als auch von der anderen Lebenswelt zu entfernen, gehört zu den Einsichten, die er in seinem Roman zu verhandeln anstrebt. Dass sein Protagonist sowohl an der traditionell geprägten Mentalität seiner Frau als auch an den liberalen Vorstellungen westlicher Gesellschaften zum Verräter wird, passt gut ins Bild. Denn der Preis für den doppelten Verrat ist bekannt: Irgendwann muss er sich in ein karges Zimmer zurückziehen, alleingelassen mit einem düster eingefärbten Gedankenhaushalt.

Verstörend ist dabei, dass die Romanfigur zahlreiche Züge ihres Schöpfers trägt. Tahar Ben Jelloun, 1944 in Fès geboren, hat genau wie sein vermeintliches *alter ego* früh bedeutende Erfolge gefeiert und sich als marokkanischer Künstler mit Weltruf etabliert. 1987 erhielt er für seinen Roman *La nuit sacrée* (*Die Nacht der Unschuld*) als erster maghrebinischer Autor den wohl wichtigsten französischen Literaturpreis, den Prix Goncourt. Seitdem gehört er zu den international gefragtesten marokkanischen Schriftstellern, lebt einen Teil des Jahres in Paris und einen Teil in Tanger. Im Gegensatz zu seiner Figur aber versucht Ben Jelloun mehr denn je politischen Einfluss zu nehmen und jene Bewegung maßgeblich zu unterstützen, die – so zumindest seine Interpretation – der gesamten Region ihre „Würde" wiederzugeben sucht (Ben Jelloun, 2011a). Der Publikumserfolg seines Buches *Arabischer Frühling* in Deutschland zeigt, dass ihm dieses Vorhaben gelungen ist, wenn auch bezweifelt werden kann, dass Verkaufszahlen tatsächlich alle Probleme lösen, die eine bipolare Künstlerexistenz mit sich bringt.

2   Ein Kommentar zum arabischen Frühling

Ben Jellouns Essayband zum Arabischen Frühling ist dem Mut des tunesischen Gemüsehändlers Mohamed Bouazizi gewidmet, der durch seine Selbstverbrennung die arabische Welt bis in ihre Grundfesten erschüttert hat. Doch Ben Jelloun ist kein Kämpfer der letzten Stunde: Schon zu Beginn seiner Schriftstellerkarriere war ihm politisches Engagement Bestandteil des dichterischen Sendungsbewusstseins. In einem seiner ersten Lyrikbände, *Les amandiers sont morts de leurs blessures* (1976), bezog er, auch in der Nachfolge seines großen Mentors Jean Genet, Stellung für das palästinensische Volk: „Alles bekommt einen neuen Namen. Die metallische Hand löscht die Schrift auf unseren Körpern aus. [...] Unsere Erinnerung ist ein bisschen Sand der im Licht schwebt".[2] Im Zeichen virulenter Kritik an der marokkanischen Gesellschaft und der in ihr herrschenden Männerallmacht stand sowohl der 1985 erschienene Roman *L'enfant de sable* (*Sohn ihres Vaters*) als auch das Nachfolgewerk *La nuit sacrée* (*Die Nacht der Unschuld*) (1987). Beide beschäftigen sich mit Zahra/Ahmed, der achten Tochter des Kaufmanns Hadsch Ahmed Suleiman, der nie einen Sohn bekommen konnte und seine Tochter deswegen zwingt, als Mann aufzuwachsen. Die Brüste zusammengeschnürt steht sie als androgynes Wesen, als reale Verkörperung der verachteten, kontrollierten und geschändeten Weiblichkeit des Landes ihrem Vater zur Seite bis dieser in der letzten, der Heiligen Nacht des Fastenmonats Ramadan verstirbt. Von ihren Fesseln befreit begibt sich die ehemalige Sklavin auf Wanderschaft, entledigt sich aller Vorurteile, lebt ihre sexuellen Phantasien und hält der Männergesellschaft des Landes unbarmherzig den Spiegel vor.

Überhaupt zieht sich das Motiv der Würde wie ein roter Faden durch sein Werk. Schon in der 1983 erschienenen Erzählung *L'écrivain public* beklagt der Vater des um seine Identität ringenden Erzählers – er lebt als Marokkaner und frankophoner

---

2   „Tout change de nom. La main métallique efface les écritures sur nos corps. [...] Notre mémoire est un peu de sable suspendu à la lumière" (Ben Jelloun 1976, 14).

Schriftsteller in Paris – die Lage in Marokko. Der Vater liest nicht mehr, spricht nicht mehr mit seiner Frau, die er weitestgehend verachtet, und wiederholt in seinen greisen Monologen immer wieder nur den Schlüsselsatz: „Die Araber haben all ihre Würde verloren..." (Ben Jelloun 1983, 175). Menschenwürde und deren massive Verletzung während der Herrschaft des verstorbenen Königs Hassan II stehen schließlich auch im Mittelpunkt des Romans *Cette aveuglante absence de lumière* (*Das Schweigen des Lichts*) (2001), in dem der Autor nicht nur von der brutalen Repression und den unmenschlichen Zuständen im Gefängnis von Tazmamar berichtet, wo das Regime seine politischen Gegner einzusperren pflegte, sondern zum ersten Mal seine eigenen Erfahrungen als politisch Verfolgter während seiner Jugend in Marokko explizit verarbeitet.

Diesen Kontext muss man in Betracht ziehen, will man verstehen, warum Ben Jelloun sich vielleicht deutlicher als irgendein anderer maghrebinischer Autor exponiert hat, als in Tunesien und danach in Ägypten die korrupten und diktatorischen Regime der Präsidenten Ben Ali und Mubarak stürzten. So sehr die globalisierte Wahrnehmung des Geschehens in Tunis und Kairo teilweise auseinanderdriftete und allgemeine Islamangst genauso befeuerte wie das Unbehagen vor einem in der arabischen Welt ohnehin chronischen Aus-dem-Ruder-Laufen der Ereignisse, so bemerkenswert wirkt der Versuch des Intellektuellen, die Deutungshoheit für eine Bewegung zu beanspruchen, die er – und das aus gutem Grund – nicht etwa als Revolution, sondern eher als Revolte verstanden wissen will (Ben Jelloun 2011a, 22ff.). Stringent argumentiert er, dass ihn schon der sprachliche Aspekt der Berichterstattung über die Ereignisse in Tunesien dazu bewogen habe, zur Feder zu greifen. „Einfallslose Journalisten" hätten den Sturz des Despoten Ben Ali als „Jasminrevolution" bezeichnet, was den Schriftsteller auf den Plan rufen muss: „denn diese schöne Blume gilt in Tunesien als Symbol der Gastfreundschaft" (ebd.).

Das Unwort drückt aber noch einen weiteren Aspekt aus, den Ben Jelloun so nicht stehen lassen will. Das Konzept der Revolution impliziert stets eine tiefgreifende Veränderung der gesellschaftlichen und politischen Verhältnisse, einschließlich einer geistigen Umwälzung. Ein solcher Vorgang habe jedoch, so Ben Jelloun, weder in Tunesien noch anderswo im Maghreb oder im Maschrek stattgefunden. Vielmehr sei im Frühjahr 2011 ein Aufschrei durch die arabische Welt gegangen; Völker hätten gegen eine jahrzehntelange Erniedrigungspraxis aufbegehrt, die von den westlichen Staaten nicht nur toleriert, sondern aus Angst vor der Schreckgestalt des Islamismus sogar aktiv gefördert worden sei. Zutreffend ist seine Analyse, wenn er bemerkt, dass „keine Führungspersönlichkeiten, keine Chefs, keine Parteien" (Ben Jelloun 2011a, 24) die Bewegung getragen hätten. Es ging schlicht und ergreifend um Menschen, die sich als Individuen wahrgenommen wissen, die aus staatlichen Kerkern, aber auch aus den Gefängnissen längst obsolet gewordener familiärer oder ethnischer Strukturen ausbrechen wollten: „Hier bedeutet Revolte Wut, Erbitterung, radikale Ablehnung eines würdelosen Lebens" (Ben Jelloun 2011c).

Schlagend und überzeugend präsentiert er die arabischen Volksaufstände auch als Sieg über den religiösen Fundamentalismus. In einem Gespräch mit *Die Zeit* erteilt er „religiösen Ideologien" als Nährboden der Revolution ebenso eine Absage, wie „antiwestlichen Ressentiments" (Ben Jelloun 2011b). „Fürchtet Euch nicht!" bleibt das leitende Prinzip seiner Interpretation der arabischen Protestwelle. „In erster Linie bedeutet diese Bewegung die Niederlage des Islamismus" erklärt er in seinem Buch zum arabischen Frühling (Ben Jelloun 2011a, 11). Die zentrale Rolle von Internet, Facebook, Twitter berücksichtigend, prägt er die Metapher vom „islamistischen Softwarepaket", das schon längst überholt sei (ebd.). Zugegeben: So gern man Ben Jelloun bei der Beurteilung des musealen Charakters islamistischer Denkformen folgen möchte, so schwer fällt es, drei Jahre nach der Publikation seiner Aufsatz- und Essaysammlung *Arabischer Frühling* (2011) weiter vom Sieg der alten, neuen Werte Freiheit, Gerechtigkeit und Gleichheit zu sprechen. Mittlerweile ist die Bewegung, trotz des begeisterten Versuchs, eben diese Werte auf ihre Fahnen zu schreiben, in Tunesien oder Ägypten wieder in bedenkliche Muster zurückgefallen. Die Präsidentschaft und die Absetzung des Moslembruders Mursi durch einen Militärputsch in Ägypten sagen Vieles darüber aus, wie es, nur kurze Zeit nach dem Sturz der „finsteren, lächerlichen und grausamen" Diktatoren tatsächlich um die Hoffnung steht, der arabische Islamismus mit seinem Hang zum Irrationalen und zum „neurotischen Fanatismus" möge ein für alle Mal von einer jungen, aufgeklärten, dynamischen und den gesamten arabischen Raum umspannenden Revolte wie Wüstensand weggefegt werden (Ben Jelloun 2011a, 12).

3   Die Ben Jelloun-Debatte in Deutschland

Doch ist hier nicht der richtige Ort, um Ben Jellouns mangelnden Weitblick zu diskutieren, zumal dem Schriftsteller lobenswerte Intentionen nicht abzustreiten sind. Es wäre sicherlich nicht das erste Mal in der Literaturgeschichte, dass ein Autor versucht, über die literarische und idealisierende Wahrnehmung realer Ereignisse, deren weitere Entwicklung – und sei es nur peripher – zu beeinflussen. Viel interessanter ist die Debatte, die der marokkanische Schriftsteller mit seinem Bestreben, dem arabischen Frühling als Sprachrohr zu dienen, gerade in Deutschland verursacht hat. Denn so sehr er mit seinem Engagement das Interesse der Medien auf sich gezogen hat, so ambivalent fiel die Bewertung seiner Tätigkeit aus. In der intellektuellen Szene in Deutschland war der Autor zuvor immer nur phasenweise wahrgenommen worden (vornehmlich nach der Verleihung des Prix Goncourt, oder auch wieder 2004, als die arabische Welt Ehrengast bei der Frankfurter Buchmesse war). 2011 aber, mit der Publikation von *Arabischer Frühling*, stieg das Interesse rapide an. Die Stadt Osnabrück verlieh ihm im selben Jahr den Erich-Maria-Remarque Friedenspreis „insbesondere auch im Hinblick auf seine jüngst erschienene Essaysammlung" (Stadt Osnabrück 2011); im Rahmen der Berlinale oder im deutschen Fernsehen war Ben Jelloun bei Diskussionen zum Arabischen Frühling ein gern gesehener Gesprächspartner.

Die Reaktion der Presse fiel dagegen gemischter aus: So lobt Christiane Schlötzer in der Süddeutschen Zeitung Ben Jellouns Mut, über ein revolutionäres Geschehen berichten zu wollen, mit dem sein Schreiben kaum Schritt halten könne. Besonders in den Vordergrund rückt sie die Perspektive des maghrebinischen Intellektuellen, der mit „den Mächtigen des Maghreb und den Alleinherrschern in Ägypten" (Schlötzer 2011) abrechnet, mit jenen also, die Schriftsteller wie ihn über Jahre verachtet hatten. Weitaus negativer urteilte hingegen Niklas Bender in der FAZ. Eigentlich musste diese Form der Kritik kommen, und sie kam auch. Der Journalist spricht von einer „komfortable[n] Art der Revolution"[3] und zieht den nicht ganz angemessenen Vergleich mit den „résistants de la dernière heure" in Frankreich, die erst als die deutschen Truppen auf dem Rückzug waren, ihre patriotische Verve entdeckt hatten. Ben Jelloun wolle es als *intellectuel engagé* in der besten französischen Tradition einem Voltaire, einem Sartre gleichtun, versage aber dabei, sich auch existentiell zu exponieren. In seinen Augen ist der Marokkaner ein „Trittbrettfahrer", der sich angestrengt zum Sprachrohr einer Bewegung mache, mit der er im Grunde genommen nichts zu tun habe: „Vor allem ist der Opportunismus des Intellektuellen Ben Jelloun das genaue Gegenteil dessen, was sich derzeit in den arabischen Ländern bildet, nämlich eine bürgerlich-demokratische Bewegung voller Zivilcourage, die sich weigert, Arrangements und Übergangslösungen zu akzeptieren." Besonders scharf kritisiert er Ben Jellouns vermeintliches „Loblied auf den marokkanischen Sonderweg und auf Mohamed VI". Im Marokko-Kapitel seines Buchs hatte der Schriftsteller im Kontrast zu den gewalttätigen Ausschreitungen in den Nachbarländern in der Tat die Besonnenheit des aktuellen marokkanischen Königs Mohamed VI gelobt, der die demokratischen Bestrebungen in seinem Land und die Rechte der Frauen entschlossen unterstütze. Auch den islamistischen Extremismus habe er, aufgrund seiner Offenheit, mehr oder weniger unter Kontrolle: „Der König arbeitet, er tut sein Bestes. Er ist beliebt, und viele politische Parteien sollten sich an ihm ein Beispiel nehmen" (Ben Jelloun 2011, 71). Dass angesichts der grausamen sozialen Zustände im Land ein solches Lob den faden Beigeschmack der Anbiederung an

---

3 Für dieses und die folgenden Zitate vgl. Bender (2011).

das Regime haben mag, versteht sich. Seit Jahren schon hat Ben Jelloun den Kontakt zur politischen Führung sowohl in Frankreich als auch in Marokko gesucht und genossen. Doch darf er deswegen gleich als Höfling bezeichnet werden, handelt es sich wirklich um „intellektuelle Korruption" (Bender 2011)?

Dabei fällt auf, dass die Relevanz dieser Frage hinter dem Umstand verblasst, dass sie überhaupt gestellt werden muss. Die hierdurch in Gang gebrachte Dialektik lässt sich folgendermaßen darlegen: Einerseits suggerieren die medialen Berichte das Bild des kulturellen Vermittlers, dem als Intellektueller zwischen dem Maghreb und der westlichen Welt die Rolle zukommt, Verbindungslinien im Geflecht der kulturellen, religiösen und nationalen Vielfalt zu stiften. Die verliehenen Preise belegen, wie sehr die öffentliche Meinung, gerade in Deutschland, solche Kompetenz zu schätzen weiß. Andererseits zeichnet genau dieselbe Medienlandschaft das Bild eines arrivierten Autors, der „wohl irgendwelche Rücksichten nehmen" (Fulda 2011) müsste und in puncto Zivilcourage hinter den Demonstranten der Protestbewegung weit abzufallen scheint. Die aufgeklärt deutsche Haltung zum maghrebinischen Schriftsteller erweist sich als verblüffend widersprüchlich bei der Beurteilung eines Autors, der doch letztendlich nicht mehr und nicht weniger wollte, als Erklärungen für die vielschichtigen Befreiungsprozesse in der arabischen Welt zu liefern, eben weil er befürchtete, die Deutung dieser Ereignisse könnte auf fatale Art und Weise jenen entgleiten, die sie angestoßen hatten. Wir erinnern uns an den Maler in seinem Rollstuhl. Der Rückzug in sich selbst war auch eine Kapitulation vor den familiär bestimmten Strukturen Marokkos. Hatte seine Frau doch ihre Heirat immer als Mittel angesehen, gesellschaftlich aufzusteigen und über den französischen Umweg im eigenen Land Anerkennung zu erheischen. Der Maler hat Zeit zum Grübeln, und je mehr er sich seinen Gedanken hingibt, desto mehr erscheint ihm seine okzidentale Lebensweise, seine Existenz als international anerkannter Künstler, der in großen westlichen oder asiatischen Metropolen ein glamouröses Leben führt, als eigentlicher Auslöser für seinen Niedergang. Wer einmal den Kokon des maghrebinischen Klans, den Schutzraum der festgefügten sozialen Hierarchie verlässt, um einen anderen Blick auf die Welt zu wagen, begibt sich in Gefahr, riskiert es, isoliert zu werden. Tahar Ben Jelloun weiß, wovon er spricht.

4   Die arabische Revolution?

So beweist die Debatte um Ben Jelloun vor allem eines: Das westliche Verständnis des komplexen Rhythmus, mit dem sich die arabische Welt von jahrzehntealten, korrupten und gewaltbereiten Diktaturen befreit, ist so lückenhaft, dass es nicht nur die Verantwortlichkeit der arabischen Intellektuellen für ihre Revolution teilweise verkennt, sondern auch noch das Legitimationsdefizit dieser Intellektuellen, die sich sehr oft zur westlichen Welt hin orientiert haben, dramatisch verschärft. Der Grund hierfür hängt auch mit dem Wort zusammen, das Ben Jelloun so vehement abgelehnt hatte: Revolution. Wer von Revolution spricht – und das tun die westlichen Medien bei den Ereignissen in der arabischen Welt mit besonderer Vorliebe – interpretiert bereits in die Ereignisse eine gewisse Denkrichtung hinein. Seit Mitte der 1970er Jahre hat in Frankreich der Versuch einer Neudefinition der vermeintlichen „Révolution" von 1789 eingesetzt. Furet (1978), vor kurzem wieder Fumaroli (2012, 130ff.), weisen darauf hin, dass die Ereignisse, die zum Sturz Ludwigs XVI. geführt haben, zunächst in keinster Weise als wesentliche Veränderung der politischen und sozialen Verhältnisse begriffen wurden. Furet führt deswegen das Konzept des ‚revolutionären Prozesses' ein, der sich von der Revolution als faktische Modalität der historischen Handlung unterscheidet. Dahinter steht der Gedanke, dass die Ereignisse von 1789 erst retrospektiv als Revolution bezeichnet wurden. Anders gesagt: Erst im gedanklichen und erzählerischen Nachvollzug wurden die Erlebnisse des Jahres 1789 von den damaligen Akteuren mit dem Konzept des Revolutionären verbunden. Man wollte begreifen, was vor sich ging, die gemachten Erfahrungen deuten und auf diese Weise das weitere Schicksal Frankreichs beeinflussen. Oder noch einmal anders gesagt: Die sehr anekdotische Bastille-Eroberung durch eine aufgebrachte Menge dürfte auf die beteiligten Akteure – man denke hier nur an Chateaubriands pittoreskes Bild von der zerstörten Bastille als Magnet für Schaulustige (Chateaubriand 1973, 216ff.) – eher abschreckend als inspirierend gewirkt haben. Berühmt geworden ist Chateaubriands Beschreibung des Volksaufstandes am 23. Juli 1789, als eine aufgebrachte Menge unter seinen Fenstern vorbeizog und an Pfählen die abgehackten Köpfe des alten François-Joseph Foulon, der Necker als Finanzminister abgelöst hatte, und des Intendanten von Paris, Bertier de Savigny, mit sich führte.[4] Es ist wohl kaum anzunehmen, dass bei den Zeugen solch blutiger Szene das Gefühl aufkommen konnte, an einem welthistorischen Ereignis ersten Ranges teilzunehmen, das in Europa Fundamentalwerte wie Freiheit, Gleichheit und Brüderlichkeit durchsetzen sollte.

Der französische Soziologe und Philosoph Bruno Latour hat diese Neubewertung der Ereignisse von 1789 zum Anlass genommen, über jene Moderne nachzudenken, die – so zumindest die allgemein verbreitete Auffassung – von der ‚prise de la bastille' eingeleitet wurde. Genau wie das Konzept des Revolutionären auf

---

4 „Les assassins s'arrêtèrent devant moi, me tendirent les piques en chantant, faisant des gambades, en sautant pour approcher de mon visage les pâles effigies" (Chateaubriand 1973, 219).

historische Verhältnisse appliziert wurde, die nicht wirklich revolutionär waren, hätte sich auch die Vorstellung der Modernität unserer Zeit wie ein Schleier über eine historische Realität gelegt, die bei weitem vielfältiger und widersprüchlicher war als das ihr vorgeschriebene Programm. Latour spricht von einer „modernen Verfassung" („Constitution moderne"), die sich dadurch auszeichne, dass sie zwar existiere, „aber nicht mehr das definiert, was mit uns geschehen ist".[5] Hinter der chirurgisch präzisen Trennung der beiden ontologischen Zonen des Menschlichen und des Nicht-Menschlichen habe sich ein Hybridisierungsvorgang durchgesetzt, der im Rücken der leuchtend weißen Fassade der reinen Moderne, eine monströse und vor allem allmächtige Sphäre der Kompromisse und vielfältig vernetzten Einflüsse geschaffen habe. Dass die Moderne auf den drei Pfeilern des Humanismus, der Erfindung nicht-menschlicher Objekte (im Gegensatz zur beseelten Natur des Mythos) und des „gestrichenen Gottes"[6] beruht, ist einsichtig. Latour diagnostiziert nun unter dieser Oberfläche eine pulsierende Bewegung, die das einmal getrennte wieder zusammenbringt, und zwar enger, als es früher jemals der Fall gewesen sein könnte. Dies betrifft auch den mit dem Humanismus einhergehenden Glauben, dass die „Gesellschaft unser Werk ist" (Latour 1991, 53), obwohl sich gerade in der neueren Zeit die Gesellschaftlichkeit immer stärker objektiviere und sich unserem Zugriff entziehe. Die doppelte Dimension der „modernen Verfassung" sei jedoch objektiv betrachtet kein Nachteil, sondern biete ihr vielmehr die Möglichkeit, sich jedem anderen Denksystem gegenüber quasi unangreifbar zu machen: „Nie zuvor hat die praktische Umsetzung einer Verfassung so viele Handlungsmöglichkeiten eröffnet. Der Preis aber, den die Modernen für diese Freiheit bezahlen mussten, war die Unfähigkeit, sich selbst zu denken".[7] Moderne Verfassung und Revolutionskonzept ziehen ihre besondere Qualität also daraus, dass sie ihre Verfasstheit bewusst zu ignorieren und zu überspielen versuchen.

Denkt man so wie Latour die Moderne als Unmöglichkeit, sich selbst zu begreifen, ist es nur noch ein Schritt bis zur Einsicht, dass gerade das Aufdecken der Verschleierungs- und Verblendungsmechanismen der Moderne eine neue Zeit, keine Postmoderne, sondern die eigentliche Moderne einläuten könnte. Im Vergleich zur aktuellen Konjunktur der „reflexiven Modernisierung" (Beck 1996, 30) eignet Latours Ansatz der Vorteil, dass er die faktische Nicht-Existenz der Moderne postuliert („Es

---

5   „la Constitution moderne existe et agit bien dans l'histoire, mais elle ne définit plus ce qui nous est arrivé" (Latour 1991, 61).

6   „Le Dieu barré" (Latour 1991, 50ff.).

7   „Jamais une Constitution n'a permis dans la pratique une telle marge de manœuvre. Mais le prix à payer pour cette liberté fut que les modernes demeurèrent incapables de se penser eux-mêmes" (Latour 1991, 60).

hat nie eine moderne Welt gegeben"[8]) und hieraus die Notwendigkeit ableitet, auf die fehlenden Innovationen in der westlichen Welt zu reagieren. Durch intellektuelle, auf die Widersprüche der Moderne gelenkte Grundlagenarbeit soll die Voraussetzung für ein neues Denken der Modernität geschaffen werden, die sich gerade nicht mehr über den Modus des Revolutionären, also des Bruchs mit der Vergangenheit definiert. Als besonders brisant stellt sich Latours Denken heraus, berücksichtigt man, dass gerade die jüngsten Ereignisse in der arabischen Welt konsequent mit einem intellektuellen Instrumentarium bewertet werden, dessen wichtigstes Element stets das fatale Konzept der „verspäteten Moderne" ist. Die auch heute noch vom Islam beherrschten arabischen Lebenswelten werden, ohne mit der Wimper zu zucken, einer Wahrnehmung unterzogen, die sie auf eine Stufe stellt mit den europäischen Verhältnissen zur Zeit der Aufklärung. Der arabische Frühling wird so als unausweichlicher Prozess gesehen; doch während Europa die Geburtswehen der neuen modernen Welt schon hinter sich hätte, befänden sich Maghreb, Maschrek und der Vordere Orient erst heute in jener revolutionären Phase, die bald zur triumphalen Geburt von Freiheit und Demokratie führen würde. Dass sich archaische religiöse Orthodoxie und traditionelle Gesellschaftsformen angesichts solch unaufhaltsamer Entwicklungen militant zur Wehr setzen, wird dann lediglich als Bestätigung für den schier unaufhaltsamen Charakter des Eintritts in die Moderne verstanden.

Doch wie würde dieser Denkprozess verlaufen, wenn es diese Moderne nun tatsächlich nicht so gäbe, wenn sie – um mit Latour zu sprechen – noch ausstehen würde? Dann bestünde sicherlich eine der ersten Konsequenzen darin, die völlige Revision der argumentativen Architektonik des Westens im Verhältnis zur arabischen Welt anzustreben. Auch die Bewertung der politischen Veränderungen in Tunesien, Ägypten oder Marokko würde dann jene Bahnen verlassen, die sie bisher eingeschlagen hat und die Transformation der arabischen Kulturen nicht mehr als irreversiblen Ablauf, sondern als komplexen, heterogenen und vor allem eigenständigen Prozess wahrnehmen. Schon im 18. Jahrhundert, seit Georg Forsters bedeutendem Klassiker *Reise um die Welt* (1777), stand die Kritik an der Asymmetrie in den interkulturellen Begegnungen zwischen Europäern und aus ihrer Perspektive „rückständigen" Kulturen im Fokus des deutschen Geisteslebens. Forsters an konkreten Reiseerlebnissen geschulte Aufklärungsarbeit, „die zugleich parallel, kontrastiv und komplementär zum philosophisch und politisch getragenen Sendungsbewusstsein und Weltverbesserungsanspruch der Europäer" (May 2011, 6) unternommen wurde, zielte gerade darauf ab, den partikularen Wert fremder Kulturen unabhängig vom Anspruch einer erlösenden, weil in allen Belangen überlegenen Aufklärung zu befreien. Beim Blick auf die heutige Beurteilung des

---

8   „Il n'y a jamais eu de monde moderne" (Latour 1991, 69).

Arabischen Frühlings und besonders auf die in Deutschland entzündete Debatte um das Engagement Tahar Ben Jellouns, scheint es so, als sei die Illusion von der fundamentalen Überlegenheit des westlichen Modells – trotz dieser doch seit geraumer Zeit allgegenwärtigen Kritik – immer noch relevant. Offen gesagt wird dies nicht, doch belegt das undifferenzierte und vor allem unreflektierte Vertrauen in den Entwurf der eigenen westlichen Moderne die Schwierigkeit, einen interkulturellen Dialog auf ungleicher Basis herzustellen.

Schon einige Jahre vor Latour, 1986, hatte der Sozialanthropologe Claude Lévi-Strauss, als vorzüglicher Kenner kultureller Differenzen, von einem in Selbstbezügen dahindämmernden westlichen Denken gefordert, es möge doch endlich das eigene Blickfeld um die Erfahrungen anderer Kulturen erweitern (Lévi-Strauss 2011, 14ff.). Auch er hatte seine Zweifel am westlichen Modernebegriff und gab zu bedenken, dass die wunderbare Autobahn der westlichen Zivilisation sich womöglich doch am Ende als Sackgasse erweisen könnte. Je mehr der Westen nun versucht, durch politische Interventionen, aber auch durch geistige Einflussnahmen den arabischen Frühling in genau diese Bahnen zu pressen, desto grösser wird auch die Gefahr, der Bewegung eine fragwürdige Richtung zu geben.

5   Die Funktion des Mittlers

Bedenkt man den soeben skizzierten Hintergrund, stellt sich kaum noch die Frage nach Ben Jellouns unlauteren Absichten. War es tatsächlich töricht von ihm, den marokkanischen König zu loben, trotz der immer noch so unbefriedigenden Situation im eigenen Land? Die Frage soll, ja sie muss offenbleiben. Viel wichtiger erscheint es, Ben Jelloun als Beobachter nicht nur der marokkanischen Verhältnisse, sondern auch der westlichen Moderne ernst zu nehmen. Vielleicht würde sich dann in westlichen Ländern und namentlich in der deutschen Medienlandschaft – jenseits der üblichen Denkschemata – endlich die Einsicht durchsetzen, dass die eigene Warte, der eigene Standpunkt ein brüchiger ist und besonders das Hantieren mit dem Konzept des „Revolutionären" bestimmte Vorsichtsmaßnahmen erfordert. Auch das Herantragen einer grundsätzlich problematischen Moderne-Vorstellung an andere Kulturkreise will gut durchdacht sein, da hierdurch inhärente Widersprüche umso deutlicher zutage treten können und die mit ihnen einhergehende Zerreißprobe kaum noch zu bestehen ist.

So ist es auch symptomatisch, dass die Rezeption des maghrebinischen Schriftstellers in Deutschland die beiden Bilder des „Mittlers zwischen den Kulturen" und des „Trittbrettfahrers" als solche stehenlässt, ohne irgendwann bis zur Erkenntnis vorzudringen, dass es eben der partikularen Sichtweise des Westens geschuldet ist, dass solche pauschalisierenden Klassifizierungen überhaupt entstehen können. Weder von Ben Jellouns Laudatoren noch von seinen schärfsten Kritikern wurde bisher wirklich hervorgehoben, dass seine Erzählkunst gerade deswegen so fasziniert, weil er es wie kaum ein anderer versteht, Märchen zu erzählen. Seine Verwurzelung in der orientalischen Literaturtradition beruht genau auf dieser Eigenschaft, die er immer wieder im Verlauf seines Werks, auch in sehr wirklichkeitsnahen Texten, unter Beweis gestellt hat. Bei genauerem Hinsehen wird deutlich, dass die Beschäftigung mit den verschiedenen Ausprägungen der Gattung Ben Jellouns gesamtes Schaffen durchzieht: Er hat erotische Märchen geschrieben, wie im lyrischen Roman *Harrouda* (1973), wo jugendliche Phantasien ihre literarische Erfüllung erfahren, Märchen fabelhaften Reichtums wie *Partir (Verlassen) (2006)*, dem Auswanderer-Roman, in dem junge Marokkaner ihren Traum von fabelhaftem Reichtum durch Migration zu realisieren suchen, oder Antimärchen wie *Le bonheur conjugal*, in dem die üblichen Figuren des Märchens (die heile Ehewelt, der mysteriöse Orient, der engagierte Künstler) einfach in ihr Gegenteil verkehrt werden.

Auch *Die Nacht der Unschuld* ist nichts anderes als ein Märchen. Zahras Weg in eine diffuse, unwirkliche Freiheit wirkt sogar wie ein entferntes Echo romantischer Märchendefinitionen: „Die Welt des Märchens ist die *durchaus entgegengesetzte* Welt der Welt der Wahrheit (Geschichte) – und eben darum ihr so *durchaus ähnlich* – wie das *Chaos* der *vollendeten Schöpfung*" schreibt Novalis (1960, 281) im *Allgemeinen Brouillon* (1798/1799) und entwirft dabei das Märchen als polares Gegenstück zur Realität, das im Bezug zu ihr die Entstehung eines neuen Zugangs zur Welt begründet. Dabei nimmt Novalis den Märchendichter auch politisch in die Pflicht: „Das ächte Märchen muß zugleich *Prophetische Darstellung* – idealische Darstellung – absolut nothwendige Darstellung seyn. Der ächte Märchendichter ist ein Seher der Zukunft" (Novalis 1960, 281). Denn im frühromantischen Denken weist nicht etwa der kühle Analyst der wirtschaftlichen oder sozialen Verhältnisse den Weg in die Zukunft, sondern der Dichter, dessen Visionen nicht nur eine andere Wirklichkeit entwerfen, sondern dieses eine unglaubliche Postulat aufrechterhalten, dass nämlich nicht der Mensch sich der Realität anzupassen habe, sondern die Realität dem nach Vollkommenheit strebenden Menschen.

Gerade deutschen Lesern dürfte daher das Prinzip der politischen Dimension märchenhafter Poesie nicht ganz fremd sein. Auch deswegen sollte es nicht verwundern, wenn Ben Jellouns Werke gerade diese Potentialität des Märchens entschlossen ausschöpfen. Im Kampf, den sie gegen Männerriegen, Korruption und archaischen Fanatismus antreten, mobilisieren sie traumhafte Bilder, deren Symbolsprache den orientalischen Raum mit dem des Unbewussten vermengt. Kaum jemals hat sich Ben Jelloun im Verlauf seiner literarischen Karriere auf die westlich-moderne

Ronald Perlwitz

Vernunft verlassen, um seine Gesellschaftskritik zu üben. Weder den in seinem
Geburtsland vorherrschenden Unterdrückungsmechanismen im Kontext familiärer Orthodoxie noch dem alltäglichen Rassismus in westlichen Gesellschaften ist
er jemals mit einfacher Logik begegnet. Vielmehr vertraut der Märchenerzähler
auf die Vollkommenheit der Poesie, auf ihre Fähigkeit, eine geistige Gegenwart
zu schaffen, deren Scheinhaftigkeit die Lügen des Alltags entlarvt, deren fiktive
Welten wie ein begeisterter Aufruf klingen, das Elend der realen zu überprüfen.

Was man auch immer von Ben Jellouns Nähe zu den Mächtigen in Paris und
Rabat halten mag, wie wenig überzeugend seine Analysen zum arabischen Frühling
im Rückblick von nur wenigen Jahren erscheinen mögen, der literarische Duktus
seines Essays, ja seiner politischen Stellungnahmen allgemein sollte nicht übersehen werden. Mag dies westlichen Medien missfallen, das Ziel eines der führenden
maghrebinischen Intellektuellen kann es nicht sein, die arabische Welt in die
Moderne zu führen, warum auch? Zu spröde und widersprüchlich ist schon seit
langem dieses Konzept, zu wenig fortgeschritten die überfällige Reflexionsarbeit über
dessen Fundamente und Prinzipien in Anbetracht einer rapide um sich greifenden
Globalisierung und zunehmender Verselbstständigung politischer und wirtschaftli-
cher Institutionen, als dass es ernsthaft zur Leitidee taugen könnte. Auch deswegen
formuliert der intellektuelle Mittler zwischen den Kulturen seine Interpretation des
arabischen Frühlings wie einen Appell an den Westen, die Befreiungsbewegung
nicht als Bedrohung, sondern als Chance – auch zum reflexiven Umgang mit dem
eigenen Selbstverständnis – anzusehen; und wie einen Appell an die arabische
Welt, die identitätsstiftende Rückbesinnung auf archaische Sozialstrukturen und
Glaubenskomplexe endgültig zu besiegen und sich „die Befreiung, die Freiheit, die
Achtung des Menschen, seiner Rechte und Meinungen" (Ben Jelloun 2011a, 57)
zum Ziel zu setzen. Will der Dichter, der Märchenerzähler, nach langer Ohnmacht
wieder in die Geschicke der Menschheit eingreifen, so muss er sich heutzutage an
jener Herausforderung messen lassen, die darin besteht, die Vermittlungsarbeit
zwischen arabischer Welt und Europa auf ein gesünderes Fundament zu stellen.
Es handelt sich dabei – wie wir gesehen haben – um keine einfache Herausforderung. Die gegenwärtige Lage in zahlreichen Maghreb- und Maschrekstaaten zeigt,
dass auch in Facebook-Zeiten – trotz Ben Jellouns gegenteiliger Meinung – das
„islamistische Softwarepaket" (Ben Jelloun 2011a, 11) immer noch sehr aktuell
ist. Dass im Angesicht dieser bedrohlichen Entwicklung das europäische Denken
fast automatisch auf die vordergründige Überlegenheit der universal gesetzten
westlichen Moderne zurückgreift, erscheint nachvollziehbar; dass Zweifel und
Zwischentöne auf beiden Seiten jedoch oftmals ignoriert werden, weniger. Vieles
deutet darauf hin, dass sich die Lage noch verschlimmern, die Fronten noch ver-
härten könnten. Selten zuvor wurden Märchendichter so gebraucht wie heute, vor

allem, wenn sie es verstehen, das Chaos der Welt zu deuten und hieraus die Vision einer hoffnungsvollen Harmonie abzuleiten.

Literatur

Beck, U., Giddens, A., & Lash, S. (1996). *Reflexive Modernisierung. Eine Kontroverse.* Stuttgart: Suhrkamp.

Bender, N. (2011). Tahar Ben Jelloun: „Arabischer Frühling". Die komfortable Art der Revolution. *Frankfurter Allgemeine Zeitung*, 19. April 2011.

Ben Jelloun, T. (1976). *Les amandiers sont morts de leurs blessures.* Paris: Seuil.

Ben Jelloun, T. (1983). *L'écrivain public.* Paris: Seuil.

Ben Jelloun, T. (2011a). *Arabischer Frühling. Vom Wiedererlangen der arabischen Würde.* Berlin: Berlin Verlag.

Ben Jelloun, T. (2011b). Fürchtet Euch nicht! Gespräch mit Andrea Böhm. *Die Zeit*, 5. Mai 2011.

Ben Jelloun, T. (2011c). *Was kann Literatur bewirken? Rede zur Eröffnung des internationalen Literaturfestivals Berlin.* http://www.berliner-zeitung.de/archiv. Zugegriffen: 15. Oktober 2012.

Ben Jelloun, T. (2012a). *Le bonheur conjugal.* Paris: Gallimard.

Ben Jelloun, T. (2012b). *Que la blessure se ferme.* Paris: Gallimard.

Berchet, J.-C. (2012). *Chateaubriand.* Paris: Gallimard.

Chateaubriand, F. de (1973). *Mémoires d'outre-tombe* (Bd. 1). Paris: Livre de Poche.

Fulda, J. (2011). *Tahar Ben Jelloun: Arabischer Frühling (Buchbesprechung).* http://gfbvberlin. wordpress.com/2011/07/23/taher-ben-jelloun-arabischer-fruhling-buchbe sprechung/. Zugegriffen: 10. Oktober 2012.

Furet, F. (1978). *Penser la révolution française.* Paris: Gallimard.

Latour, B. (1991). *Nous n'avons jamais été modernes. Essai d'anthropologie symétrique.* Paris: La Découverte.

Lévi-Strauss, C. (2011). *L'anthropologie face aux problèmes du monde moderne.* Paris: Seuil.

May, Y. (2011). *Georg Forsters literarische Weltreise: Dialektik der Kulturbegegnung in der Aufklärung.* Berlin/Boston: de Gruyter.

Novalis (1960). *Schriften, Bd. 3. Das philosophische Werk II* (Hrsg. von R. Samuel). Stuttgart: Kohlhammer.

Schlötzer, C. (2011). Tahar Ben Jelloun: „Arabischer Frühling". *Süddeutsche Zeitung*, 18. April 2011

Stadt Osnabrück (2011). *Offizielle Begründung zur Verleihung des Erich-Maria-Remarque-Friedenspreis 2011.* http://friedenspreis.osnabrueck.de/index.php?id=221. Zugegriffen: 01.08.2014.

Teil 5
Transnationale Beziehungen

Familien marokkanischer Herkunft
Transnationale Bürgerinnen und Bürger Europas

Elise Pape

1 Einleitung

Der vorliegende Beitrag untersucht die Beziehungen marokkanischer MigrantInnen[1] *in* und *zu* Europa. Dieser Blickwinkel ist besonders bedeutend, da marokkanische MigrantInnen nach Personen türkischer Herkunft diejenige EinwanderInnengruppe bilden, die in Europa am weitesten zerstreut ist (Chattou 1998, 9; Wihtol de Wenden 2001, 8; Schüttler 2008, 3). Dies wurde unter anderem in der empirischen Studie, auf der diese Arbeit beruht, sichtbar. Alle Personen, die interviewt wurden, hatten Verwandte in verschiedenen, manchmal bis zu fünf oder sechs europäischen Ländern. Schütze und Schröder-Wildhagen (2012) haben in ihrer Studie zu Identifizierungsprozessen europäischer BürgerInnen mit Europa den Begriff des *„European Mental Space"* als einen kollektiven Referenzrahmen vorgeschlagen (Schütze/Schröder-Wildhagen 2012). Dieser Begriff ersetzt die Vorstellung einer mehr oder weniger einheitlichen *europäischen Identität*. Der kollektive Lebensraum *Europa* führt, so die AutorInnen, weniger zu einer kollektiven Identität als zu einer erhöhten Reflexivität, die aus dem Vergleich der eigenen Lebensbedingungen mit denjenigen anderer europäischer Staaten durch den kollektiven Referenzrahmen *Europa* ermöglicht wird (Schütze/Schröder-Wildhagen 2012, 258).

Dieser „europäische mentale Raum" ist, wie dieser Beitrag argumentiert, bereits per se Teil des Alltags marokkanischer MigrantInnenfamilien in Europa. Die ausgeprägte internationale Offenheit der Familien, die in der vorliegenden Studie beobachtet wurde, ist jedoch nicht nur auf ihre Migrationserfahrung, sondern ebenfalls auf den kosmopolitischen Charakter und die Mehrsprachigkeit Marok-

---

[1] Um sowohl weibliche als auch männliche Gruppenangehörige erkennbar zu machen, ohne beide Genera ausschreiben oder das generische Maskulinum (oder Femininum) verwenden zu müssen, wird in diesem Beitrag das sog. Binnen-I verwendet.

kos zurückzuführen, die wiederum mit der kolonialen Vergangenheit des Landes zusammenhängen. Die komplexe Kolonialgeschichte Marokkos führte zu einer Erfahrung des *historischen Transnationalismus*, der die auffallende Fähigkeit der MigrantInnen, internationale Themen kritisch zu reflektieren, erklärt.

2   Zum Hintergrund der Studie

Dieser Beitrag stützt sich auf eine Untersuchung, die im Rahmen eines bi-nationalen Promotionsverfahrens zwischen der Goethe-Universität Frankfurt am Main und der Universität Straßburg über intergenerationelle Transmissionsprozesse in Familien marokkanischer Herkunft in Deutschland und Frankreich durchgeführt wurde. Die Studie hatte zum Ziel, aus einer intergenerationellen Perspektive heraus Transmissionsprozesse in MigrantInnenfamilien, die mit besonderem Wandel konfrontiert sind, zu erfassen. Ein bi-nationaler deutsch-französischer Vergleich wurde durchgeführt, um den Einfluss national geprägter Faktoren wie Schule, Einwanderungs- und Integrationsgesetze oder Arbeitsmarktregelungen auf die Familien zu erkennen. Die Studie untersuchte Transmissionsprozesse in Familien aus Marokko. Die Wahl dieses Herkunftslandes, das ehemalig unter französischem und spanischem Protektorat stand, ermöglichte es, den Einfluss der kolonialen Vergangenheit auf Transmissionsprozesse in EinwanderInnenfamilien abzuschätzen. Dies ist insbesondere für Frankreich, wo ein Großteil der MigrantInnen aus den ehemaligen Kolonialgebieten des Landes stammt, von Bedeutung.

Es wurde eine sozio-anthropologische Studie durchgeführt, in der Lebenserzählungen und ethnographische Beobachtungen miteinander kombiniert wurden (Juan 2005; Delcroix 2010). Dies ermöglichte es, Lebenserzählungen der interviewten Personen durch ihre *Praktiken* zu ergänzen. Insgesamt wurden 40 biographische Interviews mit Familienmitgliedern verschiedener Generationen durchgeführt. Dabei konnten zehn Familien genauer kennengelernt werden, indem Aktivitäten und Feiern wie gemeinsame Mahlzeiten, Verlobungsfeste oder Hochzeiten geteilt wurden.

Das Kernstück der Studie bestand aus einem Feldforschungsaufenthalt in Marokko, der sich als zentraler Baustein der Studie herausstellte. Dort konnten im Sinne einer *multi-sited ethnography* (Marcus 1995) Familien während ihres Sommeraufenthaltes besucht werden, deren Bekanntschaft zuvor in Europa gemacht worden war. Es wurden ebenfalls Interviews mit Familienmitgliedern geführt, die nur in Marokko lebten. Dieser Forschungsaufenthalt stellte sich als besonders bedeutend heraus, da er es ermöglichte, im Sinne einer postkolonialen Dekonstruktion der hegemonialen Vorstellung eines *Zentrums* und einer *Peripherie* (Saïd 1978; Bhabha 1990), die MigrantInnen an ihren verschiedenen Lebensorten zu treffen und zu vergleichen. Dies ermöglichte es, die Sichtweise des *hier* mit der des *dort* zu kombinieren (Delcroix/Pape 2010).

Der vorliegende Artikel konzentriert sich auf die grenzüberschreitenden und transnationalen Beziehungen von MigrantInnenfamilien marokkanischer Herkunft in Europa und Marokko, die in der Analyse des empirischen Materials identifiziert wurden. Um den Hintergrund der Handlungsmuster dieser Familien besser zu verstehen, ist es zunächst notwendig, auf die Geschichte Marokkos und der Migrationsbewegungen von Marokko nach Europa einzugehen.

3 Zur Geschichte Marokkos

Das Königreich Marokko ist seit seiner Entstehung durch einen Konflikt zwischen den BerberInnen, den UreinwohnerInnen des Landes, und der arabischen Bevölkerung, die im 8. Jahrhundert das Land eroberte, gekennzeichnet. Bis zum Beginn des Protektorats Marokkos durch Frankreich und Spanien 1912 gelang es den arabischen Regierenden nicht, die vollkommene Macht über die ländlichen, von BerberInnen bewohnten Gebiete, zu erhalten (Lacoste/Lacoste 1991, 48; Lugan 2011, 43). Berberische MuttersprachlerInnen bilden bis heute 35-45 % der Bevölkerung Marokkos (Aïd Kaki 2003, 106). Die berberischen EinwohnerInnen des Landes erfuhren lange Zeit Diskriminierung durch den arabischen Zentralstaat. Seit den 2000er Jahren sehen einige Gesetzesänderungen Verbesserungen ihrer Rechte vor, z. B. durch die Einführung des Tamazights (der berberischen Sprache) in öffentlichen Schulen und durch größere Redefreiheit in den Medien. Diese Gesetze wurden jedoch bis heute nur eingeschränkt umgesetzt, so dass nach wie vor von einer Diskriminierung der berberischen Bevölkerung gesprochen werden kann (Dalle 2013).

Die Geschichte Marokkos war frühzeitig mit der Geschichte Europas verbunden. Im 15. Jahrhundert versuchte Spanien, das Land zu erobern. Die Spanier schufen Enklaven im Norden des Landes, unter anderem Melilla und Ceuta, die bis heute noch spanisches Gebiet sind (Lacoste/Lacoste 1991, 23; Courcelle-Labrousse/Marmié 2008, 11; Lugan 2011, 198). Der Kolonialisierungsprozess an sich begann im 19. Jahrhundert. 1860 unterschrieb Marokko, das durch eine interne Krise geschwächt war, ungleiche Handelsabkommen mit Frankreich und Großbritannien, was den Beginn seiner ökonomischen Abhängigkeit markierte (Courcelle-Labrousse/Marmié 2008, 12; Lugan 2011, 198). Nach 1880 wurden Handelsabkommen mit weiteren Ländern geschlossen und Länder wie Deutschland, Österreich oder die Niederlande weiteten ihre Besitzansprüche in Marokko aus. Einige europäische Länder begannen, Mineralienquellen zu erschließen und Infrastrukturen aufzubauen. Frankreich übernahm nach und nach die militärische Macht über das Land. Konflikte brachen mit Deutschland aus, das gegen diese Machtausweitung Frankreichs protestierte. Um diese Konflikte zu lösen, wurde 1906 die Algeciras-Konferenz einberufen, die Marokko unter den „Schutz" von zwölf europäischen Ländern setzte. Tatsächlich besaßen jedoch Frankreich und Spanien die größten Rechte und den größten Einfluss über das Land. Als Deutschland 1911 ein Kriegsschiff nach Agadir sandte, um nochmals gegen dieses Ungleichgewicht zu protestieren, überschrieb ihm Frankreich einige Kolonialgebiete in Äquatorialafrika (unter anderem im heutigen Kamerun), damit das Deutsche Reich im Gegenzug auf seine Ansprüche in Marokko verzichtete (Kunz/Müller 1990; Lugan 2011, 229).

1912 teilte das Protektoratsabkommen Marokko in zwei Zonen: Die französische Zone, die den Großteil des Landes umfasste, und die spanische Zone, die den Norden des Landes beinhaltete sowie einen Teil der Sahara im Süden. Tanger wurde 1923 zur internationalen Freizone erklärt (Vermeren 2001, 12; Taferssiti/ Ouettassi 2002, 28). Frankreich und Spanien unterschieden sich in ihrer Art, Marokko zu beherrschen. Im Norden verwalteten die spanischen BesatzerInnen insbesondere die Hafenstädte und weniger das Innere des Landes. Dies lässt sich unter anderem dadurch erklären, dass das spanische Gebiet die Region darstellte, die am schwierigsten zu kontrollieren war. Die berberische Bevölkerung dieser Region des Nordens, des „Rifs", galt als die rebellischste Bevölkerungsgruppe Marokkos. Sie hatte in der Vergangenheit den arabischen Staat am wenigsten anerkannt und akzeptierte nun noch weniger eine fremde Besatzungsmacht (Kunz/Müller 1990, 45; Courcelle-Labrousse/Marmié 2008, 19). Ab 1921 wurde im Rif unter der Führung von Abdelkrim ein Widerstandskrieg gegen Spanien geführt. 1922 riefen die Widerstandstruppen die Republik des Rifs aus, deren Präsident, Abdelkrim, im selben Jahr gewählt wurde (Lugan 2011, 251). Französische Truppen unterstützten die spanische Armee gegen den berberischen Widerstand ab 1924. 1926 erst wurde die Armee des Rifs besiegt. Der entscheidende Faktor für den Sieg der europäischen Mächte war der – seit dem Versailler Vertrag von 1919 strengstens untersagte – Einsatz von chemischen Waffen, die 1925 heimlich von Deutschland an Spanien verkauft worden waren. Dieser Hintergrund blieb und bleibt in der Geschichte der Kolonisierung Marokkos weitgehend verschwiegen (Kunz/Müller 1990).

Die Beziehungen zwischen Marokko und Europa wurden während der beiden Weltkriege intensiviert. Ca. 35.000 marokkanische Soldaten wurden in jedem der beiden Weltkriege auf Seite der französischen Truppen eingezogen, meistens unter Zwang. Während des Spanischen Bürgerkrieges kämpften außerdem zahlreiche

Soldaten aus der spanischen Besatzungszone auf Seiten der Truppen Francos (El Moubaraki 1989, 72ff.; Gershovich 2000, 174). Die Proteste gegen die koloniale Besatzung verstärkten sich ab den 1940er Jahren. Nachdem Marokko 1956 seine Unabhängigkeit erlangt hatte, trat unter der Herrschaft des Königs Hassan II zwischen 1961 und 1999 eine lange Phase der harschen politischen Unterdrückung ein. Aufstände, die aufgrund der ökonomischen Situation des Landes und wegen der restriktiven Bildungspolitik ausbrachen, wurden brutal niedergeschlagen. Die Politik der Repression verschärfte sich nach den zwei Putschversuchen 1971 und 1972. Der rebellische Norden wurde vom Zentralstaat besonders vernachlässigt und geriet nach Aufständen ab dem Ende der 1960er Jahre weiter unter Druck (Vermeren 2010; Dalle 2013). Die Emigration von MarokkanerInnen in dieser Zeit wurde einerseits durch die politischen Repressionen und andererseits durch das europäische Anwerben von Arbeitskräften motiviert (de Haas 2005). Einen dritten, nicht zu vernachlässigenden Faktor stellte die damalige Struktur des Arbeitsmarktes in der Rifregion dar – ein Großteil der Arbeitskräfte arbeitete im marokkanischen Bergbaugewerbe, wo, bei rasch wachsender Bevölkerung, zahlreiche Firmen geschlossen wurden, während in Deutschland damals insbesondere Zechenarbeiter gesucht wurden (vgl. dazu detaillierter den Beitrag von Klemm in diesem Band).

4   Zur Geschichte der Auswanderungen nach Europa

Migrationsbewegungen nach Europa, insbesondere nach Frankreich, begannen bereits im Kontext der beiden Weltkriege. Zu Beginn der 1960er Jahre, nach dem Einsetzen der Anwerbebemühungen von GastarbeiterInnen durch verschiedene europäische Staaten, nahm die Emigration aus Marokko stark zu (Charef 2003, 6). Die Migration konzentrierte sich zwar auf Frankreich, richtete sich jedoch auf mehr Länder Europas aus, als dies z. B. in Algerien oder Tunesien der Fall war. Dies lag unter anderem daran, dass der Norden Marokkos, der eine starke Emigrationsregion bildete, durch Spanien kolonisiert worden war und somit weniger an Frankreich orientiert war als andere Kolonialgebiete (de Haas 2007, 53). Anwerbeabkommen wurden 1963 mit Frankreich und Deutschland sowie in den darauffolgenden Jahren mit Belgien und den Niederlanden abgeschlossen (Belbah/Veglia 2003, 23; Ouali 2003, 72). Trotz dieser Verträge war die Emigration von Marokko nach Europa weitgehend selbstorganisiert; sie verlief häufiger über familiäre Netzwerke als über tatsächlich abgeschlossene Arbeitsverträge (Piepho 2005, 71; de Haas 2007).

Bereits in ihrem Verlauf war die Migration von Marokko nach Europa von grenz-
überschreitendem Charakter. Die EmigrantInnen durchquerten gleich mehrere
europäische Länder. Zahlreiche Migranten hielten sich mehrere Monate, manchmal
mehrere Jahre in diesen Transitländern auf und lebten in zwei, drei oder manchmal
noch mehr europäischen Ländern, ehe sie sich in einem dauerhaft niederließen
(Waltner 1988, 97; Bousetta/Martiniello 2003, 95).

Marokko ist bis heute stark durch Emigration geprägt. Aktuell leben ca. 3,2
Millionen MarokkanerInnen, d. h. etwa 10 % der Gesamtbevölkerung Marokkos,
im Ausland. 85 % von ihnen leben in der Europäischen Union, womit Marokkaner
nach den Türken die zweitgrößte MigrantInnengruppe Europas bilden. Verschiedene
AutorInnen sprechen angesichts des hohen Anteils und der weiten geographischen
Verbreitung auch von einer „europäischen Migration" (Chattou 1998; Schüttler
2008). Das Thema der Emigration ist in Marokko aktuell noch sehr präsent. Studien
zeigen, dass bis heute ein Großteil der jungen MarokkanerInnen den Wunsch hegt,
ins Ausland zu emigrieren (Vermeren 2001, 98).

Heute leben ca. 1.131.000 Menschen marokkanischer Herkunft in Frankreich
und bilden dort die drittgrößte MigrantInnengruppe (INSEE/FASILD 2005, 7).
Sie sind insbesondere in den Regionen der Ile-de-France, Provence-Alpes-Côte
d'Azur, Alpen und Nord-Pas de Calais stark vertreten.

In Deutschland werden EinwohnerInnen marokkanischer Herkunft auf ca.
170.000 Personen geschätzt (Haug et al. 2009, 76; vgl. hierzu auch den Beitrag
von Bouras-Ostmann in diesem Band, Kapitel 2.2). Dies entspricht gut 1 % der
ausländischen Bevölkerung (ca. 16 Mio; vgl. Statistisches Bundesamt 2012). Im
Vergleich zu MigrantInnen türkischer Herkunft, die knapp drei Millionen Personen (knapp 20 % der MigrantInnenbevölkerung) ausmachen, stellen sie somit eine
Minderheitengruppe dar (Schüttler 2008, 14). Dennoch bilden MarokkanerInnen
in Deutschland die größte Gruppe mit „arabischer" Herkunft und eine der ältesten
Gastarbeitergruppen (Waltner 1988, 99; Schüttler 2008, 7). In Deutschland konzentriert sich die Bevölkerung marokkanischer Herkunft räumlich insbesondere in
Nordrhein-Westphalen und in Hessen, dabei vor allem in Düsseldorf und Frankfurt
am Main (Maas/Mehlem 2003, 33; Piepho 2005, 66; Schüttler 2008, 9).

5   Eindrücke vor Ort in Marokko –
ein ausgeprägter Kosmopolitismus

Während meines Forschungsaufenthaltes in Marokko war ich besonders beeindruckt
vom Kosmopolitismus, dem ich dort begegnete und dem ich in dieser Form niemals

zuvor begegnet war. Die Mehrfachzugehörigkeiten marokkanischer BürgerInnen drückten sich bereits während meiner ersten Begegnung am Flughafen auf dem Weg nach Marokko aus.

Am Flughafen lerne ich im Wartebereich Anissa[2] kennen. Sie spricht mich an und wir setzen uns im Flugzeug nebeneinander. Anissa ist 26 Jahre alt. Während der Reise erzählt sie mir ihre Lebensgeschichte. Sie lebt mit ihrem italienischen Ehemann in Luxemburg. Sie erzählt, dass sie sich niemals vorgestellt hatte, außerhalb Marokkos zu leben, ehe sie ihren Ehemann kennen lernte. Sie erklärt, sie sei Marokkanerin, aber väterlicherseits vietnamesischer Herkunft. Ihre Mutter habe spanische Vorfahren. Mütterlicherseits stamme sie ebenfalls, wie sie hinzufügte, von schwarzen SklavInnen ab.
Sie erzählt mir die Geschichte ihrer Eltern. Ihr Vater ist eigentlich halb Vietnamese und halb Marokkaner. Der Großvater von Anissa, der Marokkaner war, wurde während des Indochinakrieges als Soldat von Frankreich nach Vietnam geschickt. Dort lernte er seine Ehefrau kennen und lebte 40 Jahre lang dort. Seine Kinder kamen im Vietnam zur Welt. Nach langen Jahren – Anissa kennt die Gründe für diese Entscheidung nicht – kehrte die Familie nach Marokko zurück. Anissas Vater war damals 13 Jahre alt und sprach nur vietnamesisch. Die Familie, insbesondere Anissas vietnamesische Großmutter, erlebte in Marokko eine starke Diskriminierung.

Dieser Kosmopolitismus begleitete mich während meines gesamten Aufenthaltes. Er drückte sich unter anderem durch eine hohe Mehrsprachigkeit aus. Auf Grund der Kolonialisierung sprechen die BewohnerInnen Marokkos neben der arabischen und berberischen Sprache meistens auch Französisch und/oder Spanisch. Oft lernen sie darüber hinaus Englisch oder Deutsch an der Schule. Die Personen, denen ich begegnete, erklärten, dass Fremdsprachen in Marokko an der Schule einen hohen Stellenwert und einen ähnlichen Status haben wie das Fach Mathematik, das oftmals mit einem besonderen Schwierigkeitsgrad verbunden wird. Fremdsprachen spielen eine umso wichtigere Rolle, weil ein Großteil der jungen Menschen, denen ich begegnete, stark hoffte, eines Tages nach Europa auswandern zu können und somit besonderen Fleiß in das Erlernen von Fremdsprachen steckte. Hinzu kamen die Sprachen, die die Emigranten und ihre Nachkommen während ihres Ferienaufenthaltes in Marokko untereinander sprachen: Niederländisch, Französisch, Deutsch, Norwegisch, Schwedisch ...

---

2 Alle verwendeten Namen oder Vornamen wurden anonymisiert.

Der Kosmopolitismus wurde durch die Existenz der Enklaven im Norden des Landes verstärkt. Ich lernte eine Familie kennen, die in der Nähe einer dieser Enklaven lebte. Sie besaß auf der marokkanischen Seite der Enklave ein Haus. Die Familie lebte jedoch unter der Woche innerhalb der Enklave, die spanisches Gebiet ist, da beide Elternteile dort arbeiteten. Die Kinder besuchten in der Enklave die Schule und sprachen untereinander Spanisch. Lediglich an den Wochenenden und in den Ferien hielt sich die Familie – wie andere marokkanische Familien auch – in ihrem Haus in Marokko (lediglich wenige Kilometer entfernt) auf.

Nach diesen Erfahrungen in Marokko wurde mir die hohe internationale Vernetzung der Familien, die ich bereits in Europa beobachtet hatte, und die Selbstverständlichkeit, mit der sie diese lebten, noch bewusster. Die transnationalen *europäischen* Praktiken der Familien wurden vor dem Hintergrund der Komplexität der Zugehörigkeiten, der ausgeprägten Mehrsprachigkeit und des hohen Kosmopolitismus, die in Marokko zu finden waren, verständlich.

6   Transnationale europäische Praktiken in Familien marokkanischer Herkunft

Auf Familienfesten in Europa oder Marokko, wie z. B. auf Hochzeiten oder Namensfeiern, und während ihrer Sommeraufenthalte in Marokko hatten die Familien, die über mehrere Länder Europas verteilt waren, die Gelegenheit, sich zu treffen. Bei diesen Gelegenheiten tauschten sie sich über die Länder aus, in denen sie lebten, zum Beispiel über die dortigen Arbeitsmarktregelungen, Staatsangehörigkeitsgesetze, Schulsysteme oder die Möglichkeiten, ihre Religion auszuleben. Je nach Bildungs- oder Arbeitsmöglichkeiten fand eine innerfamiliäre Migration statt. In manchen Familien zog eine Nichte oder ein Cousin nach Belgien, da dort in ihrer Berufsbranche bessere Arbeitsmöglichkeiten herrschten. Es kam außerdem zu grenzüberschreitenden Hochzeiten zwischen MarokkanerInnen in verschiedenen europäischen Ländern. Transnationale Praktiken und Austausche fanden somit *innerhalb* der Familien statt. Die Familien *an sich*, und nicht lediglich ihre Praktiken, waren darüber hinaus transnational. Bryceson und Vuerola (2002) haben transnationale Familien als Familien definiert, deren Mitglieder in unterschiedlichen Staaten leben. Die Konstruktion einer Familie wird oftmals mit der einer Nation verbunden (vgl. dazu z. B. Fanon 1952). Die Familien der Fallstudie hingegen stellen mit ihren charakteristischen transnationalen Ausprägungen das übliche Gleichsetzen von Nation und Familie in Frage. Ein grenzüberschreitender „europäischer mentaler Raum" wurde im Alltag und innerhalb der Familiengründung gelebt. Während

meines Aufenthaltes in Marokko nahm ich an einem Hochzeitsfest einer solchen
transnationalen Familie teil. Dort machte ich folgende Beobachtungen:

*Auf der Hochzeit der Familie von Aziza lerne ich Malika kennen. Sie ist unge-
fähr 30 Jahre alt. Sie ist in Marokko geboren. Als sie 10 Jahre alt war, wanderte
sie mit ihrer Familie nach Deutschland aus. Dort lebte sie zehn Jahre lang, bis
zu ihrer Heirat. Wir unterhalten uns auf Deutsch. Nach ihrer Hochzeit mit
einem Marokkaner, der in den Niederlanden lebte, wanderte sie dorthin aus.
Sie erzählt, dass es zu Beginn schwierig war, dort zu leben, weil sie die Sprache
und das Land nicht kannte. Sie sagt, dass sie sich inzwischen gut eingewöhnt
habe. Ihre Kinder, die in den Niederlanden geboren sind, besuchen eine nieder-
ländische Schule und sprechen Niederländisch. Sie erzählt, dass ihre Familie in
Deutschland sie dazu ermutige, ihren Kindern Deutsch beizubringen, damit
die Cousins und Cousinnen untereinander Deutsch sprechen können. Sie sagt,
sie würde dies aber nicht tun, weil es ab einem bestimmten Punkt zu viele
Sprachen seien und man durcheinander käme. Sie erzählt, dass die Großfamilie
auf ihren Familientreffen immer viele Themen zu diskutieren habe und die
europäischen Länder miteinander vergleichen würde. Tatsächlich beobachtete
ich während des Hochzeitsfestes, wie ein Cousin, der in Frankreich lebt, einen
anderen nach niederländischen Wörtern fragt. Mehrere Mütter vergleichen
während einer Unterhaltung die verschiedenen Schulsysteme Deutschlands
und der Niederlande miteinander.*

Die Transmission der *Sprachen* spielte in den transnationalen europäischen Praktiken
der Familien eine besondere Rolle. Das Beherrschen verschiedener Sprachen war
zentral, denn es ermöglichte erst die transnationalen Praktiken in der beobachteten
Form. Möglich wurde durch das Beherrschen mehrerer Sprachen die Kommunikation zwischen Nachkommen der MigrantInnen und ihren Großeltern sowie ihren
Verwandten in Marokko und verschiedenen Ländern Europas. Wie oben erwähnt,
entspricht eine Multilingualität darüber hinaus mehr der sprachlichen Situation,
die die Familien aus Marokko kennen, als dem „monolingualen Habitus" (Gogolin 2008), den sie an deutschen oder französischen Schulen antreffen. Die Wahl
der Transmission der Sprachen war komplex, denn die Familien mussten oftmals
zwischen mehreren, vier oder fünf Sprachen, wählen.

Die Nähe zur deutschen Grenze in der französischen Großstadt, in der die Studie durchgeführt wurde, motivierte zahlreiche der gesprochenen und begleiteten
Personen dazu, ihren Kindern das Erlernen dieser Sprache nahezulegen. Dies war
insbesondere durch den Besuch bilingualer deutsch-französischer Schulen möglich,
die seit 2002 in der Grenzregion beiderseits des Rheins verstärkt wurden. Verschie-

dene Familien hatten ihre Kinder in solchen Schulen angemeldet. Das Erlernen einer Sprache ging dabei für sie über die sprachliche Kompetenz hinaus, es ermöglichte ihren Kindern die soziale Horizont- und Zugehörigkeitserweiterung. Farida, zum Beispiel, die selbst keinen Bezug zu Deutschland hatte, hatte ihre Kinder in eine Schule mit einem deutsch-französischen bilingualen Schulprogramm eingeschult. Während der einen Hälfte der Woche fand der Unterricht auf Deutsch, während der anderen Hälfte auf Französisch statt. Die junge Frau erklärte: „Weil, das ist nicht nur eine Sprache für die Sprache, das ist – eine Sprache, das ist eine Kultur, das ist eine Horizonterweiterung. Das ist alles, was dahintersteckt."

Warda, die in Frankreich aufgewachsen war und einen Marokkaner geheiratet hatte, der in Deutschland gelebt hatte, schulte ihre Kinder ebenfalls in eine deutsch-französische Schule ein. Sie erzählte:

„Was ich meinen Kindern weitergeben möchte?[3] Die Sprache. Die arabische Sprache. Ich finde das wichtig. Ich danke meinen Eltern, mir erstmal den marokkanischen Dialekt weitergegeben zu haben, damit ich mit meinen Großeltern kommunizieren kann, das ist wichtig. Ich möchte aber etwas mehr für meine Kinder, ich möchte, dass sie echte Zweisprachler sind, ich möchte, dass sie fließend Arabisch sprechen und dass sie es schreiben. Dass sie es schreiben, wie sie auf Französisch schreiben, wie sie in jeder Sprache schreiben. Das ist wichtig für mich, aber sie werden nicht zweisprachig sein, sie werden dreisprachig sein. Weil ich hatte nicht vorgesehen, einen Mann zu heiraten, der Deutsch spricht (lacht), und jetzt mein Kleiner – der lernt Arabisch und Deutsch. Zusätzlich zur französischen Sprache. Das hat sich so ergeben, das war nicht so geplant (lacht) und so, die Sprachen – Deutsch, das ist mir sehr wichtig, und Arabisch. Das sind Dinge, die ich möchte, die sie lernen. (...) Weil, schon allein wegen der Nähe zu Deutschland, aber das ist auch ein Reichtum. Darüber hinaus können sie sich dann auch mit ihren Cousins unterhalten, die ihrerseits in Deutschland leben. So haben sie dann wenigstens eine gemeinsame Sprache."

---

3   Diese Interviewpassage wurde von der Autorin vom Französischen ins Deutsche übersetzt.

7 Ein Bezug zu Europa durch die wechselnde Kolonialgeschichte – der historische Transnationalismus

Die Interviews mit der Großelterngeneration erweiterten diese Einsichten in den Bezug zu Europa um einen zusätzlichen Punkt. Sie zeigten, wie intensiv sich MigrantInnen aus Marokko mit der Geschichte Marokkos – aber auch mit der Geschichte Deutschlands, Frankreichs und Europas – auseinandergesetzt hatten. Besonders wichtig dabei war, dass sie Zeitzeugen der Zerstörung und des Wiederaufbaus Europas gewesen waren.

Ahmed El Asri war 1961 nach Deutschland ausgewandert. Er lebte zunächst in Rannstadt,[4] einer westdeutschen Großstadt, die nach dem zweiten Weltkrieg unter amerikanischer Besatzung stand. Da er dort keine Arbeit fand, migrierte er bald danach nach Riesstadt weiter, eine westdeutsche Stadt, die damals wiederum unter britischer Besatzung stand. Ahmed El Asri verglich die beiden Städte miteinander. Er erzählte:

„1961 war Rannstadt. Die ganze Stadt war nur amerikanisch. Es war schwer, Arbeit zu finden, wenn du die Sprache nicht verstandst. Aber Riesstadt war englisch. Die Menschen in Riesstadt, die Leute waren ganz anders als in Rannstadt. Sie halfen viel. (...) Aber in Riesstadt, nein. Es war ganz anders. In Riesstadt redeten die Menschen viel, sie waren nett. Rannstadt war, hart. Riesstadt war eine Kolonie Englands. In Rannstadt waren die Amerikaner. Amerikaner waren überall in der Stadt und so, alles nur Amerikaner. Du hast keine deutschen Polizisten gesehen, nur amerikanische. Wenn die Leute gekämpft oder gestritten haben, ist die Polizei gekommen und hat geschoben. Amerikaner waren sofort da, die Leute hatten Angst vor den Amerikanern. (...) Riesstadt war ganz anders, ja, ja. In Rannstadt hast du auch mehr Lohn bekommen, es war nicht dasselbe wie in Riesstadt. Das war besser. Hast du ungefähr eine Mark bekommen, hast du in Riesstadt 50 Pfennige weniger bekommen, aber es war alles billiger, die Wohnung und die Arbeit und so. Aber in Rannstadt hattest du mehr Lohn als in Riesstadt, ja."

Besonders auffallend ist Ahmeds Begriff der „Kolonie", die Deutschlands Besatzung durch die Alliierten bezeichnete. Dieser Begriff war auch in anderen Interviews mit Mitgliedern der Großelterngeneration gefallen. Er betraf in ihren Augen z. B. auch

---

4 Alle Namen von Städten wurden in dieser Studie anonymisiert und durch fiktive Namen ersetzt.

Frankreich unter der deutschen Besatzung im Zweiten Weltkrieg. Die Großeltern bedienten sich in ihren Erzählungen dem Vokabular und den Erfahrungen, die sie aus ihrem Herkunftsland kannten. Ihr Vokabular, in dem sowohl Marokko als auch Deutschland oder Frankreich zu „Kolonien" werden konnten, war besonders bedeutend, da es die Starrheit bestehender Machtverhältnisse in Frage stellte und zeigte, wie schnell ein Land, das andere kolonialisiert hatte, nun selbst in einer unterlegenen Position gesehen werden konnte.

Nach seiner Ankunft in Deutschland setzte sich Ahmed El Asri als Zeitzeuge der deutschen Geschichte intensiv mit seinen Erlebnissen und Beobachtungen im Deutschland der Nachkriegszeit auseinander. Er verglich zwei Besatzungsregionen miteinander. Diese Erfahrung des Vergleichs war ihm vertraut, da er in Nordmarokko aus der Grenzregion zwischen dem ehemaligen französischen und dem spanischen Protektorat stammte. Dadurch war er es gewohnt, verschiedene Besatzungsformen miteinander zu vergleichen. Er stellte fest, dass die Bevölkerung in der einen Besatzungszone „härter" erschien als in der anderen. Dies führte er auf die unterschiedlichen Besatzungsstile der BritInnen und der AmerikanerInnen zurück, die er wiederum daran maß, welche Polizisten – ob von deutscher Seite oder von Seite der BesatzerInnen – in Konfliktfällen intervenierten. Dadurch entwickelte er eine Annahme, der zufolge ein bestimmter Besatzungsstil einen Einfluss auf das Verhalten und Empfinden der Bevölkerung hatte. Er verglich auch das Lohnniveau der beiden Zonen differenziert miteinander: Lag das Lohnniveau in der einen Zone höher als in der anderen, so galt dies ebenfalls für die unterschiedlichen Lebenskosten. Ahmed El Asri bediente sich seiner Erfahrungen über die komplexe Kolonialgeschichte Marokkos, um die Geschichte Deutschlands, die er beobachtete und zu der er durch seine Erwerbstätigkeit als Gastarbeiter beitrug, besser zu verstehen.

Eine ähnliche Reflexion über die Geschichte Nordafrikas und Europas war in der Erzählung von Abdullah Benazzouz zu finden. Abdullah Benazzouz war in Nordmarokko geboren. Ende der 1930er Jahre wanderte er auf Grund der Armut in seinem Herkunftsdorf mit seiner Familie nach Algerien – damals französisches Staatsgebiet – aus. Er lebte dort bis in die 1960er Jahre, als er nach Frankreich auswanderte. Am Ende des Zweiten Weltkrieges erlebte er die Landung der amerikanischen Truppen in Algerien. Diese schilderte er wie folgt:

„Damals, als die Amerikaner hier gekommen sind, haben sie gesehen, dass sie gekommen waren, um zu sterben. Für den Krieg. Nicht um Torte zu essen oder um ruhig zu bleiben, nein sie waren hierhergekommen, um zu sterben. Mit wem führten sie damals Krieg? Mit den Deutschen. Und die Deutschen, die waren hart, die schlugen. Weil damals, damals waren es nicht die Amerika-

ner, es war Deutschland, das Frankreich kolonialisiert hatte, und Frankreich hatte keine Kraft."

Rekonstruiert man Abdullahs Argumentation, so ist folgende Verkettung komplexer internationaler Beziehungen zu beobachten: Die Amerikaner kamen deshalb nach Algerien, weil Algerien durch Frankreich kolonialisiert worden war und Frankreich nun selbst durch Deutschland kolonialisiert wurde. In diesen Erzählungen wurde deutlich, dass Ahmeds und Abdullahs Reflexionen auf einer besonderen Erfahrung beruhten.

Forschungsarbeiten zum Transnationalismus haben bislang den Aspekt des *Raums* und die Art, wie dieser konzipiert werden kann und sollte, wiederholt diskutiert (vgl. z. B. Vertovec 1999; Faist 2000; Pries 2008). Der transnationale Ansatz wurde dabei bisher kaum mit den postkolonialen Studien und ihrer Betonung der Zeitlichkeit verbunden. Eine solche Verbindung wäre jedoch, so legen es die Ergebnisse dieser Studie nahe, zentral. Ahmed, Abdullah und zahlreiche weitere InterviewpartnerInnen hatten im Laufe ihrer Biographie die Erfahrung eines (von mir sogenannten) *historischen Transnationalismus* gemacht. Personen, die in einst kolonialisierten Ländern gelebt hatten, erlebten während ihrer Lebensgeschichte den Übergang von einem Staat in einen anderen *ohne jemals migriert zu sein. Auch ohne jegliche räumliche Bewegung* hatten sie durch die wechselnden kolonialen Herrschaftsformen den Übergang einer nationalgeprägten Staatsform in eine andere erfahren. Manche Länder, wie Algerien, waren sogar zu französischem Staatsgebiet geworden. Nicht nur eine physisch-räumliche Migration kann daher, so ein Ergebnis, zu einem Transnationalismus führen, sondern auch eine zeitliche Veränderung, in diesem Fall ausgelöst durch die historischen Geschehnisse und kolonialen Machtwechsel.

Gegenwärtig lässt sich noch eine weitere Ausprägung des *historischen Transnationalismus* in Marokko beobachten. So werden aufgrund der kolonialen Vergangenheit Marokkos bis heute verschiedene Institutionen durch unterschiedliche nationale Modelle regiert. Während die Institutionen Schule und Justiz z. B. den französischen Institutionen gleichen, beruht das Familienrecht nach wie vor größtenteils auf muslimischen religiösen Bestimmungen (Lacoste-Dujardin 1991; Othman 1991; Combe 2001; Mouaqit 2008). Auf diese Weise erfahren die EinwohnerInnen Marokkos bis heute je nach besuchten Institutionen einen regelmäßigen Übergang zwischen unterschiedlichen national geprägten Modellen innerhalb einer Gesellschaft.

Die Erfahrung des *historischen Transnationalismus* war es, die Ahmed, Abdullah und weiteren InterviewpartnerInnen und ihren Kindern zu einer solch ausgeprägten Reflexion über komplexe internationale Beziehungen und bestehende

Machtgefüge verhalf. Sie führte dazu, dass die MigrantInnen und ihre Nachkommen
die Geschichte Europas als besonders dynamisch betrachteten, als fortwährenden
Prozess, in dem sich die Grenzen nicht nur durchkreuzen, sondern auch, je nach
politischer Situation, verändern können. Der Kosmopolitismus vieler Marokkaner,
die koloniale Vergangenheit Marokkos und die enge europäische Vernetzung der
MigrantInnenfamilien marokkanischer Herkunft führen zu einem besonders
ausgeprägten Bezug dieser Familien zu Europa sowie zu einzelnen europäischen
Staaten und ihrer Geschichte.

8   Schluss

Dieser Beitrag beschäftigte sich mit einem besonders ausgeprägten Bezug von
MigrantInnenfamilien marokkanischer Herkunft zu Europa. Dieser Bezug ist nicht
nur dadurch gegeben, dass BürgerInnen aus Marokko eine MigrantInnengruppe
bilden, die in Europa sehr weit verstreut ist. Vielmehr speist er sich ebenfalls aus der
Kolonialerfahrung, der Mehrsprachigkeit und dem Kosmopolitismus Marokkos.
Mehrsprachigkeit und Mehrfachzugehörigkeiten sind zentrale Bestandteile des
Lebensalltags vieler BürgerInnen Marokkos, die sie auf ihren Wanderungen nach
und durch Europa begleiten.

Familien marokkanischer Herkunft sind nicht nur durch ihre transnationalen
Praktiken gekennzeichnet; durch grenzüberschreitende Ehen innerhalb Europas
sind viele Familien *an sich* transnational. Ein „europäischer mentaler Raum"
(Schütze/Schröder-Wildhagen 2012) ist für sie daher bereits in ihren alltäglichen
Familieninteraktionen gegeben.

Darüber hinaus konnte dieser Beitrag zeigen, dass ein intensiver Bezug zu Eu-
ropa auch durch das, was ich die Erfahrung des *historischen Transnationalismus*
zu nennen vorschlage, erklärt werden kann. Die gesprochenen und beobachteten
Familien haben nicht nur durch ihre physische Migration eine Bewegung von einem
Land zu einem anderen erfahren. Vielmehr haben sie schon durch die Erfahrung der
Kolonialisierung einen Übergang von einem Staat zu einem anderen erlebt – *ohne
jemals migriert zu sein*. Diese Erfahrung trägt zu ihren besonders ausgeprägten
Fähigkeiten bei, internationale Beziehungen zu reflektieren sowie die Geschichten
europäischer Staaten miteinander zu kontrastieren, zuweilen auch in subversiver
Perspektive. MigrantInnen marokkanischer Herkunft haben, so dieser Beitrag,
einen ausgeprägten Bezug zu Europa, in dem Europa im Sinne von Schütze und
Schröder-Wildhagen (2012) nicht als eine kollektive Einheit oder Identität aufge-

fasst wird, sondern als ein kollektiver Referenzrahmen, in dem Grenzen zugleich überschritten, verbunden und in Frage gestellt werden.

Literatur

Aïd Kaki, M. (2003). Les Etats du Maghreb face aux revendications berbères. *Politique étrangère 68 (1)*, 103-118.
Belbah, M., & Veglia, P. (2003). Pour une histoire des Marocains en France. *Hommes et Migrations. Marocains de France et d'Europe, Hors Série 1242*, 18-31.
Bhabha, H.K. (1990). *Nation and Narration*. London: Routledge.
Bousetta, H., & Martiniello, M. (2003). Marocains de Belgique: du travailleur immigré au citoyen transnational. *Hommes et Migrations. Marocains de France et d'Europe, Hors Série 1242*, 94-106.
Bryceson, D.F., & Vuorela, U. (2002). Transnational Families in the Twenty-First Century. In: D.F. Bryceson & U. Vuorela (Hrsg.), *The Transnational Family: New European Frontiers and Global Networks* (3-30). Oxford: Berg.
Charef, M. (2003). Des hommes passerelles entre l'Europe et le Maghreb. *Hommes et Migrations. Marocains de France et d'Europe, Hors Série 1242*, 6-17.
Chattou, Z. (1998). *Migrations marocaines en Europe: le paradoxe des itinéraires*. Paris: L' Harmattan.
Combe, J. (2001). *La condition de la femme marocaine*. Paris: L'Harmattan.
Courcelle-Labrousse, V., & Marmié, N. (2008). *La guerre du Rif*. Paris: Tallandier.
Dalle, I. (2013). *Maroc: histoire, société, culture*. Paris: La Découverte.
De Haas, H. (2005). Morocco's Migration Transition: Trends, Determinants and Future Scenarios. In: Global Commission on International Migration (Hrsg.), *Global Migration Perspectives* (No. 28). Geneva: Global Commission on International Migration.
De Haas, H. (2007). Morocco's Migration Experience: A Transitional Perspective. *International Migration 45 (4)*, 39-68.
Delcroix, C. (2010). S'engager dans la durée. De la relation d'enquête aux effets de la publication. In: J.-P. Payet, F. Giuliani & D. Laforgue (Hrsg.), *La relation d'enquête au défi des acteurs faibles* (131-142). Rennes: Presses Universitaires de Rennes.
Delcroix, C., & Pape, E. (2010). Conducting Field Research Abroad – A Socioanthropological Approach. *ZQF 10 (2)*, 265-278.
Faist, T. (2000). Jenseits von Nation und Postnation. Eine neue Perspektive für die Integrationsforschung. In: T. Faist (Hrsg.), *Transstaatliche Räume. Politik, Wirtschaft und Kultur in und zwischen Deutschland und der Türkei* (339-392). Bielefeld: Transcript.
Fanon, F. (1952). *Peau noire, masques blancs*. Paris: du Seuil.
Frey, Y. (2008). Les Alsaciens venus d'Ailleurs. *hommes & migrations 1273*, 52-73.
Gershovich, M. (2000). *French Military Rule in Morocco: Colonialism and its Consequences*. London: Cass.
Gogolin, I. (2008). *Der monolinguale Habitus der multilingualen Schule*. Münster: Waxmann.

232 Elise Pape

Haug, S., Müssig, S., & Stichs, A. (2009). *Muslimisches Leben in Deutschland. Im Auftrag der Deutschen Islamkonferenz* (Forschungsbericht 6). Nürnberg: BAMF.

INSEE & FASILD (2005). *Atlas des Populations Immigrées. Chiffres pour l'Alsace.* Strasbourg: INSEE-Alsace.

Juan, S. (2005). La « Socio-Anthropologie »: champ, paradigme ou discipline? Regards particuliers sur les entretiens de longue durée. *Bulletin de Méthodologie Sociologique 87*, 61-79.

Kunz, R., & Müller, R.-D. (1990). *Giftgas gegen Abd-el-Krim: Deutschland, Spanien und der Gaskrieg in Spanisch-Marokko 1922-1927.* Freiburg im Breisgau: Rombach.

Lacoste-Dujardin, C. (1991). Les codes de statut personnel ou l'influence de la « Charia » dans le droit familial. In: C. Lacoste & Y. Lacoste (Hrsg.), *L'Etat du Maghreb* (218-220). Paris: La Découverte.

Lacoste, C., & Lacoste, Y. (Hrsg.) (1991). *L'Etat du Maghreb.* Paris: La Découverte.

Lugan, B. (2011). *Histoire du Maroc des origines à nos jours.* Paris: Critérion.

Maas, U., & Mehlem, U. (2003). *Schriftkulturelle Ressourcen und Barrieren bei marokkanischen Kindern in Deutschland (Abschlussbericht zu einem Projekt der VolkswagenStiftung)* (Materialien zur Migrationsforschung 1). Osnabrück: IMIS.

Marcus, G. (1995). Ethnography in/of the World System: The Emergence of Multi-Sited Ethnography. *Annual Review of Anthropology 24*, 95-117.

Mouaqit, M. (2008). *L'idéal égalitaire féminin à l'œuvre au Maroc.* Paris: L'Harmattan.

Othman, B. (1991). Droits et libertés. Des progrès inégaux et souvent contrariés. In: C. Lacoste & Y. Lacoste (Hrsg.), *L'Etat du Maghreb* (360-366). Paris: La Découverte.

Ouali, N. (2003). Les Marocaines en Europe: diversification des profils migratoires. *Hommes et Migrations. Marocaines de France et d'Europe, Hors Série 1242*, 71-82.

Piepho, M. (2005). *Die Bedeutung des Islam in Alltagsleben und den Formen moderner Lebensführung bei Marokkanern der zweiten Generation in Frankfurt am Main – der Faktor Religion im Kontext von Migrations- und Integrationsprozessen.* Frankfurt a. M.: Goethe-Universität Frankfurt.

Pries, L. (2008). *Die Transnationalisierung der sozialen Welt.* Frankfurt a. M.: Suhrkamp.

Saïd, E.W. (1978). *Orientalism.* London: Routledge & Kegan.

Schüttler, K. (2008). *La Diaspora Marocaine en Allemagne. Sa Contribution au Développement du Maroc.* Eschborn: Deutsche Gesellschaft für Technische Zusammenarbeit.

Schütze, F., & Schröder-Wildhagen, A. (2012). European Mental Space and its Biographical Relevance. In: R. Miller & G. Day (Hrsg.), *The Evolution of European Identities: Biographical Approaches* (255-277). Basingstoke u. a.: Palgrave Macmillan.

Statistisches Bundesamt (Hrsg.) (2012). *Statistisches Jahrbuch. Deutschland und Internationales 2012.* Wiesbaden.

Taferssiti, R., & Ouettassi, R. (2002). *Tanger: cité de rêve.* Casablanca: La Croisée des Chemins.

Vermeren, P. (2001). *Le Maroc en transition.* Paris : La Découverte.

Vermeren, P. (2010). *Histoire du Maroc depuis l'indépendance* (3. Aufl.). Paris: La Découverte.

Vertovec, S. (1999). Conceiving and Researching Transnationalism. *Ethnic and Racial Studies 22 (2)*, 1-14.

Waltner, F. (1988). *Migration und soziokultureller Wandel in einer nordmarokkanischen Provinz. Strukturelle und kulturelle Aspekte der Aus- und Rückwanderung marokkanischer Arbeitskräfte vor dem Hintergrund von Unterentwicklung und wiedererwachtem islamischem Selbstbewusstsein. Eine empirische Untersuchung* (Dissertation). Zürich.

Wihtol de Wenden, C. (2001). *L'Europe des migrations.* Paris: La Documentation Française.

Ein Weg nach Deutschland und zwei zurück
Marokkanische Studierende in Deutschland

Ines Braune

1 Einleitung

Die in den Debatten um Migration und die mit Migration verbundenen Probleme konstruierte Kohärenz und Homogenität verdeckt die Verschiedenartigkeit, Ungleichzeitigkeit und teilweise auch interne Widersprüchlichkeit einzelner Migrationswege. In den auch massenmedialen Diskussionen über irreguläre Migration, Zuwanderung hochqualifizierter Arbeitnehmer, Integration von Arbeitsmigranten oder Sicherheitsbedenken gegenüber Muslimen in Deutschland verschwinden oft die individuellen Bemühungen und Handlungsoptionen der Menschen, die in Bewegung sind. Deren Wege verlaufen nicht selten quer zu den geführten Debatten. Auf Grundlage ethnographischer Studien rückt dieser Beitrag daher drei exemplarische Werdegänge von jungen Marokkanern in Deutschland in den Mittelpunkt. Auf den ersten Blick ähneln sich die drei als sogenannte Bildungsmigranten. Erst die genauere Betrachtung lässt höchst unterschiedliche Dynamiken erkennen. Ziel des Beitrags ist es, die einzelnen Migranten trotz ihres Einbezugs in vielfältige gesellschaftliche, politische und ökonomische Strukturen als selbstbestimmte Akteure sichtbar zu machen und derart ihre Handlungsoptionen und Spielräume aufzuzeigen, die zu höchst komplexen und verschiedenen, manchmal auch widersprüchlichen Migrationswegen führen. Diese Betrachtungsweise lässt nicht zuletzt die Kategorie „Bildungsmigrant(in)" fraglich erscheinen.

Im Folgenden werden zunächst konzeptionelle Überlegungen angestellt sowie die daraus resultierende Methode und die Auswahl der Fallbeispiele skizziert. Im Anschluss werden entlang chronologisch angeordneter Phasen ihres Migrationsverlaufs die drei jungen Marokkaner als Akteure dargestellt, die permanent eigenständige Entscheidungen treffen und dabei in komplexe Gefüge eingebettet sind. Im abschließenden Teil wird herausgearbeitet, in welchem Verhältnis die verschiedenen Handlungsspielräume zu den unterschiedlichen Migrationsverläufen stehen, die vor allem durch Ungleichzeitigkeit geprägt sind.

2 Konzeptionelle Überlegungen und Auswahl der Fallbeispiele

Perspektiven auf Migration und Migrationsprozesse sind so vielfältig wie Akteure, Institutionen und Staaten, die davon betroffen bzw. darin eingebunden sind. Genauso verhält es sich mit der wissenschaftlichen Auseinandersetzung, die versucht, Migrationsprozesse zu fassen und dabei zugleich Bilder, Akteure, Sichtweisen von und auf Migration schafft. In diesem Aufsatz wird der Blick auf die Migranten als Akteure und auf ihre individuellen Migrationswege gelenkt.

Da mit Migration immer auch Fragen von Grenzziehungen und Selbstzuschreibungen (Wer sind wir? Wie wollen wir leben?) verbunden sind, ist Migration ein höchst politisiertes und umkämpftes Feld. Vor diesem Hintergrund, so Mecheril und Rose, sind Forschungsprojekte und -ergebnisse immer auch „mit politischen Aussagen verbunden" (2012, 116). Sie führen weiter aus, dass sich Migrationsforschung in Deutschland vor dem Hintergrund von „Migration als Problem" und diesen Diskurs verstärkend als Auftragsforschung etabliert hat (Mecheril/Rose 2012, 116). Die Auffassung, dass Migration ein Problem darstellt, überträgt sich dabei auch auf die Wahrnehmung der Migranten, die als Problem bzw. Opfer konstruiert werden. Dabei enthält die Zuordnung einer Person zu der Gruppe der „Migranten" noch keinerlei Aussagekraft über die von den Einzelnen zu bewältigenden Herausforderungen und Probleme.

Im Folgenden wird nachgezeichnet, wo und wie in der wissenschaftlichen Migrationsforschung der Blick auf die Migranten selbst gerichtet wird. Dabei kristallisiert sich heraus, dass die diskursive Erschaffung des Migranten als Problem bzw. Opfer Tradition hat. Silverstein (2005) deckt beispielsweise anhand einer Analyse der Perspektive auf Migranten in migrationswissenschaftlichen Arbeiten über die Einwanderung nach Europa die Einbindung akademischer Migrationsforschung in einen von politischen und ökonomischen Interessen begleiteten Diskurs über Migration auf. Er arbeitet zwei Aspekte auf unterschiedlichen Ebenen heraus: Auf einer strukturellen Ebene macht er die Wechselbeziehungen und Interdependenzen zwischen wissenschaftlicher Wissensproduktion und bestimmten historischen, ökonomischen und politischen (Macht-)Verhältnissen sichtbar; auf einer inhaltlichen Ebene zeigt er, dass die anhaltende Rassialisierung der Einwanderungspolitik zu einer Objektivierung immigrierender Subjekte führt.

Auch andere Autoren, wie beispielsweise Glick Schiller et al. (1995) arbeiten heraus, dass die Art und Weise der Darstellung der migrierenden Subjekte zu einer Objektivierung individueller Wege und zur Konstruktion des Migranten als Opfer führt. Die Darstellung von Migration als Bruch und Entwurzelung entspricht insofern nicht dem Alltag der Migranten, als diese ihr Leben „ungebrochen" weiter über nationalstaatliche Grenzen hinweg gestalten (vgl. Glick Schiller et al. 1995; Strasser 2009a).

Auch die *postcolonial studies* üben Kritik an der Opferkonstruktion von Migranten. Dabei wird eine fortdauernde koloniale Migrationspolitik Europas ebenso kritisiert und dekonstruiert wie Rassismus- und Diskriminierungserfahrungen von Migranten in Europa (Steyerl/Gutiérrez Ródriguez 2003).[1]

Im Rahmen der anthropologischen Migrationsforschung kommt es seit Mitte der 1990er Jahre unter den Schlagwörtern *Transnationalismusforschung* und *transnational turn* zu einer Verschiebung der Blickrichtung einerseits hin zu transnationalen Verflechtungen von Migrationsbiographien und andererseits hin zu Migranten „als AkteurInnen und in Beziehungsgeflechten operierende Subjekte" (Armbruster 2009, 63).[2]

Transnationale Studien nehmen die „Handlungsfähigkeit von MigrantInnen" und deren soziale Praktiken in den Blick, indem sie sich der Festschreibung der Migranten als Opfer ebenso widersetzen, wie sie einfache, nationalstaatlich verortete, lineare Konzepte von Migration überwinden (Strasser 2009a, 73). Dabei diagnostiziert Strasser einen Trend zur Glorifizierung der Handlungsspielräume von Migranten, der mit dem Perspektivenwechsel einsetzt. Sie warnt: Indem die Handlungen der *transnationalen* Migranten als innovativ, kreativ, gegenhegemonial und subversiv beschrieben werden, wird leicht übersehen oder übergangen, dass (auch) Migranten in nationale und internationale soziale, politische und ökonomische Strukturen eingebunden sind.

Pointiert formuliert, bedeutet die veränderte Perspektive auf die Praktiken der Migranten keine Veränderung oder Verbesserung ihrer praktischen Lebenssituation. Jedoch vermeidet die Konzeptionalisierung der Migranten als handelnde und selbstbestimmte Akteure eine Fortführung des Opferdiskurses und macht Handlungsspielräume vor dem Hintergrund ökonomischer, politischer und gesellschaftlicher (Macht-) Strukturen deutlich. Dem folgend stehen hier die Migranten als selbstbestimmte Akteure und ihre Migrationsbiographien im Mittelpunkt.

---

1   Siehe auch die Arbeiten des *Frankfurt Research Center for Postcolonial Studies (FRCPS)*.
2   Siehe Strasser (2009b) sowie Levitt und Jaworsky (2007) für weitere Arbeiten zum Transnationalismus innerhalb der Migrationsforschung.

Die Auswahl der folgenden drei Fallbeispiele liegt in der scheinbar ähnlichen Ausgangssituation und der tatsächlichen Unterschiedlichkeit ihrer Migrationswege begründet. Bei den drei ethnographisch untersuchten Fällen handelt es sich um Bildungsmigranten, die als Studierende nach Deutschland kamen. *Zahra, Mohammed* und *Abdul* sind Mitte der 1980er Jahre in Fès geboren. Später studieren sie zeitgleich an der Universität Fès Germanistik und Ende der 2000er Jahre sind sie alle Studierende in Deutschland. Ich lerne sie 2002 an der Universität Fès als Studierende der Germanistik kennen. Von da an kreuzen sich unsere Wege mehrmals. Mit Zahra verabrede ich mich 2005, kurz nachdem sie in Deutschland ankommt. Von Mohammed erfahre ich 2006, dass er sich an einer deutschen Universität einschreiben konnte und Abdul treffe ich zufällig 2007 an der Universität in Leipzig wieder.

Irritiert und inspiriert durch die bis dahin äußerst unterschiedlichen Wege nach und in Deutschland, interessiert mich die Frage, welche Momente für die unterschiedlichen Wege ausschlaggebend waren. 2011 kontaktiere ich die drei ausgewählten Personen mit der Bitte um biographische Interviews, um ihre Migrationswege zu rekonstruieren. Das heißt, dass ich neben der teilnehmenden Beobachtung auch auf biographische Interviews zurückgreife. Als zentral für die Rekonstruktion der eingeschlagenen Wege kristallisierten sich folgende chronologisch angeordnete Momente heraus, entlang derer die drei Fallbeispiele dargestellt werden. Erstens: Auf welche Ressourcen können die jungen Marokkaner zurückgreifen, um ihr Leben und den zukünftigen Migrationsprozess zu gestalten? Zweitens: Wie gestaltet sich die imaginative Annäherung an Deutschland? Drittens: Wie gelingt die Einreise nach Deutschland. Und viertens: Welche Aspekte prägen den Migrationsverlauf in Deutschland?

3   Kontexte und Ressourcen

In diesem Kapitel steht die Kontextualisierung der Positionen der drei ausgewählten Fallbeispiele im Mittelpunkt. Es wird gezeigt, welche Ressourcen ihnen zur Gestaltung ihrer Lebenswege, die später auch zu Migrationswegen werden, zur Verfügung stehen, oder, um mit dem Vokabular von Pierre Bourdieu zu sprechen, auf welches soziale, kulturelle und ökonomische Kapital bei der Ausgestaltung der Lebenswege zurückgegriffen werden kann. Bevor dies herausgearbeitet wird, wird die Relevanz von Migration im marokkanischen Kontext skizziert, um sichtbar zu machen, wie grundlegend Migration in der marokkanischen Gesellschaft verankert ist. Vor diesem Hintergrund wird für die drei Einzelfälle erkenntlich, dass sie in einem Umfeld aufwachsen, welches von Migrationserfahrungen und -bemühungen geprägt ist. Emigration erscheint somit nicht als exklusive Entscheidung, sondern als eine mögliche, sozial tradierte und kulturell akzeptierte Option.

Über drei Millionen Marokkaner leben außerhalb Marokkos in anderen nationalen Kontexten, die Mehrheit von ihnen in verschiedenen Ländern Europas. Das entspricht einem Zehntel der marokkanischen Bevölkerung. Der physischen und räumlichen Abwesenheit dieses Zehntels der marokkanischen Bevölkerung steht ihre psychische und ökonomische Präsenz gegenüber. Das heißt, dass die im Ausland lebenden Marokkaner in Marokko sehr präsent sind – sei es in Form von Rücküberweisungen, sei es in Form von persönlichen Beziehungen, die aufgrund von mobiler Kommunikation intensiviert und oftmals während der Sommerurlaube der im Ausland lebenden Marokkaner aktualisiert werden oder sei es in Form von verschiedenen Institutionen auf staatlicher sowie auf zivilgesellschaftlicher Ebene. Wohl jede Familie kennt jemanden im näheren und weiteren Bekannten- oder Verwandtschaftskreis, der im Ausland lebt. Auf dieser Basis haben sich enge transnationale Netzwerke und Beziehungen gebildet.

Auch aus staatlicher Perspektive bilden die im Ausland lebenden Marokkaner einen wichtigen Bestandteil ihres Heimatlandes. So wird eine Vielzahl von Maßnahmen ergriffen, um die Bindung der Migranten an Marokko zu stärken. Die im Ausland lebenden Marokkaner bedeuten einerseits eine Entlastung für den einheimischen Arbeitsmarkt und garantieren andererseits mit ihren Rücküberweisungen wichtige Deviseneinkommen für den marokkanischen Staat (vgl. Bouoiyour 2006; de Haas 2009). Neben umfassenden Informationen und Bemühungen, direkte finanzielle Mittel der Auslandsmarokkaner an Marokko zu binden, indem beispielsweise detaillierte Informationen über die besten Investitionsmöglichkeiten angeboten werden, stehen Programme und Maßnahmen, um eine kulturelle und zugleich emotionale Verbundenheit mit Marokko zu schaffen.

Das Thema Migration ist außerdem ein wichtiger Bestandteil der Alltagskultur: Beispielsweise werden Witze erzählt, Hochzeitstermine werden auf den Sommer gelegt, damit die im Ausland lebenden Familienmitglieder teilnehmen können etc. Tarik Sabry spricht im Falle von Marokko von „Emigration als Populärkultur" und verweist auf drei nicht-institutionalisierte, populärkulturelle Phänomene: Neben den Witzen handelt es sich dabei um Alltagsgespräche im Viertel und die Warteschlangen vor den europäischen Botschaften (Sabry 2005).

In einem gesellschaftlichen Umfeld, in dem Migration auf breiter politischer Ebene verhandelt wird und ein wichtiger, transnational geformter Bestandteil der Alltagskultur ist, beginnt die Geschichte aller drei Fallbeispiele Anfang der 1980er Jahre in Fès. Sie beginnt allerdings in unterschiedlichen Stadtteilen und ist gekennzeichnet durch unterschiedliche Zugänge zu sozialem, kulturellem und ökonomischem Kapital.

Zahra wird als viertes von sechs Kindern in dem ältesten Teil von Fès, in der Medina (Altstadt) geboren. Auch ihre Eltern sind dort geboren und aufgewachsen und die meisten Verwandten leben ebenso nach wie vor in der Altstadt. Ihre Kindheit und frühe Schulzeit verbringt sie überwiegend in der Medina, wo sie mit ihrer Familie zwei Zimmer in der oberen Etage eines traditionellen Altstadthauses (Riad) bewohnt, das jedoch aufgrund des in der Altstadt äußerst begrenzten Wohnraums zu einem Mehrfamilienhaus umstrukturiert wurde. Zu ihrem Wohnbereich gehört das Dach des Hauses, auf dem ihre Familie Hühner hält, um die prekäre ökonomische Situation abzufangen. Ihr Vater verdient ein kleines, aber unsicheres Einkommen als Zwischenhändler von Metallkunsthandwerk auf dem Markt der Altstadt und ihre Mutter ist Hausfrau. Trotz des geringen Bildungsniveaus ihrer Eltern – beide sind Analphabeten – besuchen alle Kinder das Gymnasium. Sie verstehen Bildung als Investition in eine bessere, ökonomisch abgesicherte Zukunft. Obwohl *Zahra* maßgeblich in der räumlich engen, scheinbar traditionelle Einstellungen und Verhaltensmuster konservierenden Struktur der Altstadt aufwächst und niemand aus ihrer unmittelbaren Verwandtschaft im Ausland lebt, hat sie Kontakt zu vielen Ausländern, die sich gerade aufgrund der scheinbar seit Jahrhunderten unveränderten engen Wege und Gassen der Medina mitten im Orient zu befinden glauben. *Zahra* liebt es, die verschiedenen Touristengruppen zu beobachten, mit ihnen ins Gespräch zu kommen und sie zu begleiten.

Mohammed wird als zweites von drei Kindern in Fès geboren; er hat eine ältere Schwester und einen jüngeren Bruder. Er wächst in einem in den 1980er Jahren neugebauten Wohnviertel, der Ville Nouvelle, auf. Während des französischen Protektorats Anfang bis Mitte des 20. Jahrhunderts lässt Frankreich abseits der Altstädte neue administrative Stadtzentren erbauen, die sich durch klare Strukturen und großzügige Stadtplanung auszeichnen. Dort entstehen die neuen Verwaltungsgebäude, Bildungs- und Gesundheitseinrichtungen und Unterhaltungsangebote. In der Folge entstehen um die neu geschaffenen Stadtzentren zahlreiche Wohnviertel. Diese sich an die Ville Nouvelle anschließenden Wohnviertel sind Ausdruck der zunehmenden Verstädterung einer vormals rural geprägten Gesellschaft. So wird Mohammeds Vater noch in einem Dorf in der Nähe von Fès geboren, absolvierte aber bereits die Schule in Fès. Als Angestellter bei der marokkanischen Post kann er es sich leisten, mit seiner Familie in ein Neubauviertel in relativer Nähe zum Stadtzentrum zu ziehen. Mohammeds Mutter ist Hausfrau und kümmert sich um die Kinder und Familienangelegenheiten. Auch in Mohammeds Familie besuchen alle drei Kinder das Gymnasium. Die engere Verwandtschaft lebt in Fès und in verschiedenen marokkanischen Städten. Verwandte der Nachbarschaft kommen jedoch jeden Sommer aus Frankreich und bringen Süßigkeiten mit, die unter den Kindern der Nachbarschaft sehr begehrt sind.

Abdul ist der ältere von zwei Brüdern und lebt mit seiner Familie wie auch Mohammed in einem Wohnviertel, welches sich an das Stadtzentrum der Ville Nouvelle anschließt. Sie bewohnen dort in einem Einfamilienhausviertel ein kleines Haus, was sie sich von dem Geld des kleinen Unternehmens des Vaters, welches Hochzeiten und andere große Feiern ausstattet, kaufen konnten. Wenn Feiern ausgestattet werden und es gewünscht wird, bereitet Abduls Mutter mit anderen Frauen aus der Verwandtschaft Gebäck oder andere Speisen und trägt somit zum Familieneinkommen bei. Abduls Vater wuchs in der Medina von Fès auf und ist beispielhaft für die etwas wohlhabenderen Familien, die sich aufgrund des sinkenden Lebensstandards in der Altstadt ein Haus in den neu entstehenden Wohnvierteln bauen. In der weiteren Verwandtschaft gibt es mehrere Personen, die im Ausland leben; besonders wichtig ist jedoch ein Bruder des Vaters, der in Frankreich lebt und dort mit einer Französin verheiratet ist, mit der er zwei Kinder hat. Jeden Sommer verbringt sein Onkel ein paar Wochen in Marokko, wo Abdul und sein Bruder mit Cousin und Cousine aus Frankreich zusammen sind. Neben den neuesten Küchengeräten und der neuesten Unterhaltungstechnik werden vor allem Geschichten vom guten Leben in Europa mitgebracht.

Gemeinsam ist allen drei jungen Marokkanern, dass sie das Gymnasium besuchen und auch einen dementsprechenden Abschluss erwerben. Damit können sie trotz unterschiedlicher Bildungsniveaus ihrer Eltern alle drei auf das gleiche kulturelle Kapital in Form eines Gymnasialabschlusses zurückgreifen. Unterschiedlich gestaltet sich die sozioökonomische Lage, was ihren Ausdruck unter anderem in der unterschiedlichen Wohnsituation findet. Während Zahra in einer ökonomisch sehr prekären Situation in einem Wohnviertel mit niedrigem sozioökonomischen Niveau aufwächst, können Mohammeds und Abduls Familien auf ein höheres ökonomisches Kapital zurückgreifen. Ähnlich verhält es sich mit der sozialen Einbindung in transnationale Beziehungen. So verfügen alle drei über Kontakte zu im Ausland lebenden Personen, die jedoch verschieden strukturiert sind und auf die in unterschiedlichem Maße zurückgegriffen werden kann. Während Zahra nicht unmittelbar von im Ausland lebenden Familienmitgliedern oder Bekannten profitiert, hat sie doch Kontakt zu einer Vielzahl im Ausland lebender Touristen, die sie in der Altstadt von Fès trifft oder getroffen hat. Im Fall von Mohammed leben ebenfalls keine Familienmitglieder im Ausland. Die Auswirkungen der Sommerbesuche der im Ausland lebenden Marokkaner erfährt er durch die Aufenthalte der in Europa lebenden Familienmitglieder in der Nachbarschaft. Was Abdul betrifft, so lebt der Bruder des Vaters in Frankreich; zu diesem Bruder und Onkel in

Frankreich bestehen enge Beziehungen, auch während seiner jährlichen Aufenthalte in Marokko. Der in Frankreich lebende Onkel unterstützt die Familie finanziell. Obwohl alle drei Marokkaner in Fès geboren sind und dort aufwuchsen, leben sie ihr Leben mit unterschiedlichen Voraussetzungen, sowohl, was ihre gesellschaftliche und ökonomische Teilhabe in Marokko angeht, als auch, was die Kontakte und Beziehungen zu Personen außerhalb Marokkos betrifft.

4   Imaginative Annäherung an Deutschland

Nach der Darstellung der individuellen Einbettung in spezifische soziale, kulturelle und ökonomische Strukturen, wird im nächsten Schritt der Kontakt der drei Studierenden mit Deutschland bzw. mit der deutschen Sprache nachvollzogen. Noch bevor konkrete Migrationsabsichten geäußert werden, findet eine imaginative Annäherung an Deutschland statt, indem die deutsche Sprache gelernt wird. Was war also rückblickend der ausschlaggebende Punkt, sich mit Deutsch bzw. Deutschland auseinanderzusetzen und welche Dynamiken und Handlungsoptionen sind damit verbunden?

Der Ausgangsimpuls, sich der deutschen Sprache zuzuwenden, ist bei Zahra, Mohammed und Abdul jeweils ein anderer. Die Entscheidung wird konkret, als sie sich in der Schule für eine zweite Fremdsprache neben Französisch als Bestandteil des marokkanischen Abiturs entscheiden müssen. Zahra kennt niemanden in ihrem näheren oder weiteren Bekannten- oder Verwandtenkreis, der im Ausland oder gar in Deutschland lebt. In ihrem Alltag, der sich bis zum Eintritt ins Gymnasium maßgeblich in der Medina von Fès abspielt, kommt sie jedoch häufig in Kontakt mit Touristen. Wie bereits angedeutet, hat sie Spaß daran, die Touristengruppen einen Stück des Weges durch die Altstadt zu begleiten und mit ihnen ins Gespräch zu kommen. Meistens kann sie bereits von Weitem erkennen, woher die einzelnen Touristen kommen. Besonders sympathisch erscheinen ihr Touristen aus Deutschland. Mit einer Frau aus einer Reisegruppe tauscht sie Adressen aus und beginnt zunächst einen Briefwechsel auf Französisch. Aufgrund dieser Erfahrung wählt Zahra als zweite Fremdsprache Deutsch.

Zufällig und eher unbeabsichtigt gerät dagegen Mohammed in Kontakt mit der deutschen Sprache. Er hat Deutsch als zweite Fremdsprache nicht in Erwägung gezogen. Gemeinsam mit seinen Freunden wählt er Englisch. Als er nach den Sommerferien in die Schule kommt, muss er feststellen, dass ihn die Schulverwaltung dennoch in den Deutschkurs eingetragen hat. Er vermutet, dass sich zu wenige Schüler für den Deutschkurs gemeldet hatten, dieser aber stattfinden sollte, so dass er und ein weiterer Freund Deutsch lernen sollten. Eine erste Beschwerde bei der Schulverwaltung wird abgelehnt, so dass er an dem Deutschkurs teilnehmen muss. In Abduls Fall ist es eine bewusste Entscheidung, Deutsch zu lernen. Er interessiert sich für Deutschland und sieht die Sprache als eine Herausforderung an. Seine Freunde wollen Englisch oder Spanisch lernen, aber er will ihnen beweisen, dass er es ernst meint mit einem zukünftigen Germanistikstudium. Alle wollen nach Frankreich, wo auch schon sein Onkel lebt, er aber hat Deutschland im Blick, nicht um dort zu leben, aber um das Land einmal zu besuchen und sich von der „hohen Qualität deutscher Produkte und der Disziplin der Menschen"[3] zu überzeugen. Nicht zuletzt der deutsche Fußball fasziniert ihn, wohingegen seine Freunde entweder FC Barcelona-Fans oder Anhänger von Real Madrid sind.

Alle drei spätere Migranten schaffen mit dem Erlernen der deutschen Sprache auf dem Gymnasium die Grundlage, sich für ein Germanistikstudium einzuschreiben. Zahra und Abdul entscheiden sich auch direkt nach ihrem Abitur für ein Germanistikstudium. Mohammed dagegen strebt zunächst ein Psychologiestudium an, was er jedoch aufgrund von Wartezeiten nicht unmittelbar nach seinem Abitur beginnen kann. Er entscheidet sich, die Wartesemester bis zur Aufnahme eines Psychologiestudiums mit einem Germanistikstudium zu überbrücken.

Im Laufe des Germanistikstudiums nähern sich Zahra, Mohammed und Abdul zumindest imaginativ Deutschland an; sie verfassen Arbeiten in deutscher Sprache, lesen Romane von Goethe und beherrschen den Konjunktiv besser als viele Muttersprachler. Für Zahra entwickelt sich die Option, ihr Studium in Deutschland fortzusetzen und mit einem deutschen Studienabschluss und einer möglichen Promotion nach Marokko zurückzukommen zur zentralen Zukunftsvision. Der deutsche Studienabschluss erscheint als Garantie für eine Stelle in der marokkanischen Hochschullandschaft. Mohammed hat kein direktes Interesse an einem Aufenthalt in Deutschland, d. h. er hat diesbezüglich keine Ambitionen und entwickelt auch keine Perspektive für einen möglichen Deutschland-Aufenthalt. Abdul möchte gerne einen Teil seines Studiums in Deutschland absolvieren, aber mit einer Zukunftsperspektive in Marokko.

---

3 Persönliches Interview, Juni 2011, Leipzig

5   Einreise nach Deutschland

Zwischen dem Wunsch, in Deutschland zu studieren, und einem tatsächlichen Aufenthalt in Deutschland stehen zunächst die restriktiven Einreisebestimmungen und die damit verbundenen hohen finanziellen Aufwendungen. An dieser Stelle wird die Einbindung in politische Machtstrukturen sichtbar, die es den Studierenden in Marokko nicht erlauben, einen unbürokratischen Auslandsaufenthalt in Deutschland zu absolvieren. In diesem Zusammenhang stellt sich die Frage, wie die drei Studierenden mit den restriktiven Einreisebestimmungen umgehen. Auf welche Handlungsoptionen können sie zurückgreifen und welche Wege gestalten sie damit? Die Einreise nach Deutschland ist nicht per se verboten, jedoch bedarf jegliche Form der Einreise der Beantragung eines gebührenpflichtigen Visums. Für die Beantragung eines Visums zum Studium in Deutschland wird neben der Visagebühr eine hohe finanzielle Absicherung verlangt, die für viele kaum zu erbringen ist.[4] Ferner ist die Einreichung kompletter Visaunterlagen keine Garantie für die tatsächliche Erteilung eines Visums. Das heißt, es müssen zunächst nicht geringe administrative und finanzielle Hürden überwunden werden, um einen Studienaufenthalt zu realisieren.

Zahra, die auf keinerlei ökonomisches Kapital ihrer Familie zurückgreifen kann, um die erforderliche Sicherheitsleistung zu erbringen, weiß, dass für sie die einzige Möglichkeit für ein Studium in Deutschland darin besteht, als eine der besten ihres Studiengangs für ein DAAD-Stipendium ausgewählt zu werden. Für sie ergibt sich in der Folge die Möglichkeit, in den Semesterferien zwischen ihrem dritten und vierten Studienjahr mit einem zweimonatigen Stipendium vom Deutschen Akademischen Austauschdienst (DAAD) für einen Deutschkurs nach Deutschland zu kommen. Ihr gelingt es, sich während dieser Zeit an einer deutschen Universität für Germanistik einzuschreiben. So kann sie im Wintersemester 2004/2005 das Germanistikstudium an einer deutschen Hochschule aufnehmen. An diesem Beispiel wird die individuelle Handlungsfähigkeit Zahras sichtbar. Sie kann ihre schlechte finanzielle Situation (bzw. ihre geringe Ausstattung mit ökonomischem Kapital) durch ihre Leistung im Bildungssystem (bzw. durch den Erwerb von kulturellem Kapital) ausgleichen. In Deutschland angekommen, ist sie in der Lage, alle rechtlichen Schritte einzuleiten, um über das zweimonatige Stipendium hinaus ihr Studium in Deutschland zu organisieren.

---

4   Für weitere Bedingungen für ein Studium in Deutschland siehe: Merkblatt zur Beantragung eines Visums zum Studium in Deutschland, http://www.rabat.diplo.de/contentblob/2484924/Daten/2220261/downloaddatei _visum_studium.pdf.

Abdul greift zur Erfüllung der Visabestimmung maßgeblich auf das soziale und ökonomische Kapital, welches sein in Frankreich lebender Onkel zur Verfügung stellt, zurück. So stellt er bereits während seines Germanistikstudiums in Marokko einen ersten Visumsantrag, um das Studium in Deutschland fortzusetzen und abzuschließen. Dieser erste gestellte Antrag mit den vollständigen Unterlagen einschließlich der Immatrikulationszusage einer deutschen Hochschule und der finanziellen Bürgschaft seines Onkels aus Frankreich wird jedoch abgelehnt. Die Ablehnung des Visumsantrags empfindet er einerseits als Abweisung und andererseits als Eingriff in seine zukünftige Planung, da er davon ausging, sich mit dem Visumsantrag die Grundlage für die Fortsetzung seines Studiums in Deutschland geschaffen zu haben. Daraufhin beendet Abdul das Germanistikstudium an der Universität in Fès. Da sich für ihn aber keine Arbeitsaussichten in Marokko ergeben, stellt er einen zweiten Antrag. Dieser Antrag wird positiv beschieden, so dass er im Wintersemester 2005/06 das Studium der Germanistik an einer deutschen Hochschule aufnehmen kann.

Da Mohammed nicht beabsichtigt, Zeit in Deutschland zu verbringen, setzt er sich auch nicht mit den restriktiven Visabestimmungen auseinander. Er absolviert sein Germanistikstudium komplett an der Universität in Fès. Aufgrund der schlechten Arbeitsmarktsituation in Marokko – vor allem für junge Menschen mit einem akademischen Abschluss – entscheidet sich Mohammed, nachdem er zwei Jahre erfolglos versucht hat, einen Arbeitsplatz zu finden, für die Aufnahme eines Übersetzerstudiums für die Sprachen Arabisch, Französisch und Deutsch an dem renommierten Institut *Ecole Supérieure Roi Fahd de Traduction* (ESRFT) in Tanger. Im Rahmen dieses Studiums nimmt er an einem zweiwöchigen, vom DAAD finanzierten Austauschprojekt teil und kommt somit 2006 das erste Mal nach Deutschland.

6 Wege in Deutschland

Dass Deutschland ein Einwanderungsland ist, ist nunmehr ein Allgemeinplatz. Nach dem Zensus von 2011 leben knapp 170.000 „Personen mit marokkanischem Migrationshintergrund" in der Bundesrepublik – mit oder ohne marokkanischer Staatsangehörigkeit (vgl. den Beitrag von Bouras-Ostmann in diesem Band, Kapitel 2.2). Was die Präsenz der Menschen aus Marokko betrifft, verweist Berriane auf die Tatsache, dass die relativ geringe Anzahl der in Deutschland lebenden Marokkaner hinter der großen Anzahl der in Deutschland lebenden Menschen, die aus der Türkei stammen, oft verschwindet und dass die marokkanischen aufgrund ihrer gleichen Religion oftmals mit türkischen Migranten gleichgesetzt werden (2007, 261). Die statistische Zuordnung zu der Gruppe „Marokkaner in Deutschland" enthält jedoch noch keinerlei Aussagekraft über die von einzelnen Personen zu bewältigenden Herausforderungen und Probleme. Dies trifft in gleicher Weise auf die Kategorisierung „Migrant" zu. Einerseits ist dies oftmals eine Fremdzuschreibung, eine machtvolle Kategorie, von der das Ausmaß an gesellschaftlicher Teilhabe mit abhängt. Andererseits korreliert die Zuordnung einer Person zur Gruppe der Migranten nicht unbedingt mit dem, was die Person tatsächlich und alltäglich erlebt – d.h. mit welchen strukturellen Schwierigkeiten, Vorurteilen und Diskriminierungen sie konfrontiert wird und sich auseinandersetzen muss.

Zahra also kommt aufgrund eines zweimonatigen Stipendiums für einen Deutschkurs an die Universität Freiburg. Ihr Ziel ist es, sich während dieser Zeit regulär an einer deutschen Universität einzuschreiben, um über die Dauer des Stipendiums hinaus ihr Studium in Deutschland fortzusetzen. Ein deutscher Hochschulabschluss und eine mögliche Promotion scheinen die Garanten für eine spätere Anstellung an einer marokkanischen Universität zu sein. Diese Stellen überzeugen in Marokko weniger durch die Bezahlung als durch das soziale Prestige und die soziale Absicherung, die mit ihnen verbunden sind. So könnte Zahra den Traum ihrer Familie, aufgrund von Investitionen in die Bildung ihrer Kinder zu einem gewissen Reichtum oder zumindest zu sozialem Aufstieg zu gelangen, realisieren. Aus sehr einfachen Verhältnissen kommend zur Universitätsprofessorin aufsteigen: Dieser Traum und auch die Erwartungshaltung motivieren und lassen mögliche Schwierigkeiten in den Hintergrund treten. „Es ist mein großes Ziel und irgendwie eine Verpflichtung, das meinen Eltern zurückzugeben. Ich möchte, dass sie stolz auf mich sein können."⁵ Als Zahra in Freiburg ankommt, muss sie sich zunächst dem Gegensatz zwischen ihrer Wohnsituation in einer achtköpfigen Familie in Marokko und der in einem Einzelzimmer in einem Studentenwohnheim stellen. In ihrem Stipendium ist das Zimmer im Studentenwohnheim inbegriffen, jedoch nicht Bilder, Menschen, die auf einen warten, oder ein Radio, welches die Anwesenheit Anderer zumindest suggerieren könnte. In Fès haben acht Personen zwei Zimmer bewohnt; irgendjemand war immer zu Hause und im Hintergrund lief immer das Radio oder der Fernseher. Zahra muss sich mit der neuen und ungewohnten Situation auseinandersetzen, noch nie alleine übernachtet zu haben und zumindest anfangs alle täglichen Wege, die anstehen, alleine zu bewältigen. Mit Beginn des Sprachkurses trifft sie auf die anderen Stipendiaten und auch Kommilitonen von der Universität Fès, denen sie sich anschließt. Bald gelingt es ihr – wie auch den anderen marokkanischen Kursteilnehmern –, sich für Germanistik an der Uni-

5   Persönliches Interview, Juni 2011, Freiburg

versität Freiburg einzuschreiben. Die dazu notwendigen Ämtergänge setzt sie mit ihrem Ziel vor Augen, später mit einem deutschen Hochschulabschluss und einer Promotion nach Marokko zurückzukehren, Schritt für Schritt um. Viel mehr als mit deutschen Ressentiments, die sie zunächst überhaupt nicht wahrnimmt, sieht sie sich mit ihrer eigenen Sozialisation konfrontiert. Sie hat nicht gelernt, allein zu sein – allein zu sein in einem Zimmer, allein in einem Café, allein in der Nacht. In dieser Situation besinnt sie sich auf ihren Briefwechsel mit der deutschen Touristin und besucht diese alsbald in ihrem Wohnort, in Reutlingen, nur wenige Stunden von Freiburg entfernt. Sie nimmt ihren Mut zusammen und fragt die Bekannte, ob sie zu ihr in ihr Haus ziehen könne. Die Rentnerin stimmt zu. Zahra zieht nach Reutlingen und setzt von dort aus ihr Studium an der Universität Freiburg fort. Mit dem sozialen Rückhalt und der Einbindung, die sie durch ihre Bekannte hat, schließt sie ihr Germanistikstudium erfolgreich ab. Im Anschluss arbeitet sie tatsächlich an einer Promotion, um nach ihrer Fertigstellung wieder nach Marokko zurückzukehren – eine Anstellung an einer marokkanischen Hochschule nach wie vor fest im Blick.

Mohammed kommt erstmals im Sommer 2006 für zwei Wochen im Rahmen eines Austauschprojektes und gemeinsam mit einer Gruppe von Kommilitonen des Sprachinstitutes in Tanger nach Deutschland. Zwei Wochen verbringt er gemeinsam mit einer Gruppe ägyptischer, marokkanischer und deutscher Studierender der Übersetzungswissenschaft. Der Aufenthalt ist organisiert und gut strukturiert. Mohammed wohnt gemeinsam mit drei weiteren deutschen Studierenden in einer Studenten-WG bei einem der deutschen Workshopteilnehmer. Er ist mittendrin: tagsüber mit den anderen Teilnehmern beim Übersetzen verschiedener Texte, nachmittags bei den organisierten Veranstaltungen und Ausflügen und abends gemeinsam mit „seiner" WG beim Ausgehen. Mohammed ist offen für alles, was ihm in Leipzig begegnet. Er nimmt alle Einladungen an, um Orte, Personen, Musik und verschiedene Perspektiven kennen zu lernen. „Ich war neugierig und wollte alles genau wissen. Ich habe alles aufgesogen, aber ich hatte nicht vor, in Deutschland zu bleiben."[6] Nach zwei Wochen fliegt er – verliebt in eine der deutschen Teilnehmerinnen – zurück nach Tanger, setzt dort sein Studium fort und beendet es erfolgreich. Mit den zwei Studienabschlüssen in Germanistik und Übersetzungswissenschaft erhält er, wie er selbst sagt, eine gut bezahlte Arbeitsstelle bei einer deutschen Firma, für die er Übersetzungen anfertigt. Er lebt in Tetuan, einer marokkanischen Stadt im Nordosten des Landes, seine deutsche Freundin lebt nach wie vor in Leipzig und setzt dort ihr Studium der Informatik fort. Mit Hilfe des Internets und von Skype halten sie ihre Beziehung auch auf Distanz aufrecht. Dennoch entschließt

---

6 Persönliches Interview, Juni 2011, Leipzig

sich Mohammed, seine Arbeitsstelle in Marokko aufzugeben, um nach Deutschland zu gehen, da seine Freundin noch zwei weitere Jahre studieren muss. Er schreibt sich in Leipzig in einen Masterstudiengang ein und beendet diesen mit seinem dritten Universitätsabschluss. Während der gemeinsamen Zeit in Leipzig heiraten sie. Nach dem Studienabschluss findet seine Frau eine Stelle als Informatikerin in Ludwigshafen, wohin sie dann gemeinsam ziehen. Mohammed etabliert sich als selbstständiger Übersetzer für Französisch, Arabisch und Deutsch. Gemeinsam mit einer kleinen Tochter leben und arbeiten sie nun zusammen in Ludwigshafen.

Abdul hat sich an der Universität Frankfurt a. M. eingeschrieben und kommt dort eine Woche vor Beginn des Wintersemesters 2005/06 an. Er kennt bereits ein paar Freunde aus Marokko, die in Frankfurt leben und studieren, und freut sich auf die Möglichkeit, endlich in Deutschland das Studium aufnehmen zu können. Ein langgehegter Traum wird wahr. Ein Traum, der über die Jahre des Germanistikstudiums, des Bemühens um die deutsche Sprache, aber auch aufgrund der Abweisung und der dann zweiten erfolgreichen Visumantragstellung immer größer zu werden schien. Als er ankommt, erwartet ihn eine Vielzahl an Behördengängen, die seinen Alltag in Deutschland bestimmen: Zur Ausländerbehörde, um den Aufenthaltsstatus zu klären, zur Bank, um ein deutsches Bankkonto zu eröffnen, und zu verschiedenen Stellen innerhalb der Universität, zur Einschreibung und zur Anerkennung von Leistungen. Abdul fühlt sich verloren im Behördendeutsch, zwischen Ämteröffnungszeiten und Unterlagen, Abkürzungen, Kopien, Beglaubigungen, Geburtsurkunde, Schulabschluss und Bankkonto. Er fühlt sich nicht willkommen. Und immer wieder Erklärungen, Statements, Bemerkungen über den Islam. „Klar, ich bin ein guter Muslim. Aber ich mach das einfach so. Ich will mich nicht erklären, ich will das nicht erklären, und ich will das Handeln Anderer nicht erklären."[7] Die ständige Ansprache als Muslim lässt ihn nicht zur Ruhe kommen; vielleicht weil die Religion für ihn persönlich sehr wichtig ist, weil er sie nicht permanent nach außen erklären und verteidigen möchte. Er findet Orientierung in einer Frankfurter Moschee. Dort fühlt er sich verstanden und aufgehoben. Dort versteht man seine Fragen und gibt Antworten. Antworten und Einsichten, die ihn jedoch zunehmend überzeugen, dass er in Deutschland kein dem Islam gerechtes Leben führen kann. Er lernt seine zukünftige Frau kennen, eine in Deutschland geborene Marokkanerin. Abdul fasst im deutschen Universitätssystem nicht Fuß. So verschieden sind die Anforderungen und Arbeitsweisen, so unverbindlich scheint das Studieren, wo es niemanden kümmert, ob er an Lehrveranstaltungen teilnimmt oder nicht. Ohne das Studium abzuschließen, aber mit seiner deutsch-marokkanischen Ehefrau geht

---

7   Persönliches Interview, Juni 2011, Frankfurt a. M.

er zurück nach Marokko. Dort übernimmt er das Kleinunternehmen seines Vaters und lebt mit seinen beiden Kindern wieder in Fès.

7 Schlussbetrachtung

Entlang der einzelnen, für den Migrationsverlauf entscheidenden Etappen wurden einerseits die verschiedenen Handlungsoptionen der drei Migranten deutlich, andererseits aber auch die Ungleichzeitigkeit einzelner, den Migrationsverlauf bestimmender Momente.

Im ersten Schritt wurde herausgearbeitet, dass Zahra, Mohammed und Abdul über unterschiedliche Zugänge zu sozialem, kulturellem und ökonomischen Kapital verfügen, um ihr Leben und den späteren Migrationsprozess zu gestalten. Während Zahra kaum auf ökonomisches Kapital zurückgreifen kann, kann Abdul auf das soziale und ökonomische Kapital in Form von in Frankreich lebenden engen Familienmitgliedern bauen. Zahra hat keinen Zugang zu einem Netzwerk von bereits emigrierten Personen; sie nutzt aber schon früher etablierte und nur auf den ersten Blick oberflächliche Beziehungen zu Touristen, mit denen sie Adressen austauscht. Ein vor der Migration entstandener, loser Briefkontakt mit einer deutschen Touristin erwies sich als starker sozialer Rückhalt während Zahras Deutschlandaufenthalt. Zahra hatte sich bemüht, diesen Briefkontakt zu der bereits im beruflichen Ruhestand lebenden Frau zu pflegen. Sie hat sich damit letztlich die Unterstützung geschaffen, die sie für die Durchführung ihres Studiums in Deutschland benötigt.

Gemeinsam ist den drei jungen Marokkanern trotz ihrer unterschiedlichen sozioökonomischen Situation der erfolgreiche Gymnasialabschluss, mit dem sie die formale Voraussetzung für ein zukünftiges Studium in Deutschland erlangt haben.

Die Frage, warum sich die drei Studierenden überhaupt der deutschen Sprache zugewandt und Deutsch als zweite Fremdsprache gewählt hatten, macht die Relevanz auch offensichtlich unbeabsichtigter Entscheidungen sichtbar. Zahra und Abdul wählten bewusst Deutsch, aber aufgrund unterschiedlicher Beweggründe. Mohammed hatte die deutsche Sprache und Deutschland zunächst nicht im Blick und wurde von der Schulverwaltung zu dem Deutschkurs eingeteilt. Mit dem Erlernen von Deutsch eröffnen sie sich alle zunächst die Option, ein Germanistikstudium aufzunehmen, was sie in der Folge auch alle tun und auch abschließen. Obwohl sich Zahra, Mohammed und Abdul während ihres Studiums alle gleichermaßen mit deutscher Sprache, Literatur und Kultur auseinandersetzen, verbinden sie ganz Unterschiedliches mit Deutschland.

Auch für das Zustandekommen des ersten Deutschland-Aufenthaltes spielen unterschiedliche Momente in unterschiedlichen zeitlichen Konfigurationen eine Rolle. So ist es Abdul möglich, auf ökonomisches Kapital zurückzugreifen, um die offizielle Beantragung eines Visums zum Studieren in Deutschland als Handlungsoption in Erwägung zu ziehen. Die Bereitstellung der benötigten finanziellen Mittel für ein reguläres Visums kann dagegen Zahra aufgrund der prekären ökonomischen Situation ihrer Familie in keinster Weise gewährleisten. Und für Mohammed stellt sich die Frage, bestimmte Einreisebestimmungen zu erfüllen, erst gar nicht, da er keinen Deutschlandaufenthalt beabsichtigt. Es ist Zahra, die als erste ihr Studium in Deutschland fortsetzt, da sie für ein Stipendium ausgewählt wurde, mit dem sie an einem zweimonatigen Sprachkurs an der Universität Freiburg teilnehmen kann. Abdul greift auf die finanzielle Unterstützung seines in Frankreich lebenden Onkels zurück und stellt einen regulären Visumsantrag, der erst beim zweiten Versuch genehmigt wird. Mohammed, der Deutschland nicht direkt im Blick hatte, kommt im Rahmen eines universitären Austauschprogramms für zwei Wochen erstmals nach Deutschland und lernt dabei seine zukünftige Frau kennen.

Für die weitere Entwicklung der Migrationswege sind wiederum ganz verschiedene Momente von Bedeutung. Auch die persönlichen Motive für einen Deutschlandaufenthalt gestalten den Prozess. Für Zahra führt ihre Ambition, mit einem deutschen Universitätsabschluss erfolgreich nach Marokko zurück zu kehren, zu der Haltung, dem Erreichen des Abschlusses alles unterzuordnen und sich durch Schwierigkeiten nicht abbringen zu lassen. Mit diesem klaren Ziel vor Augen bewältigt sie komplexe Herausforderungen. Im Fall von Abdul scheint die bereits im Vorfeld aufgebaute Vision eines Deutschlandaufenthalts eher zu einer schnellen Frustration beizutragen. Seine vergleichsweise diffusen Vorstellungen über einen Deutschlandaufenthalt sind wenig hilfreich für das alltägliche Meistern komplexer Herausforderungen in Deutschland. Mohammed verbindet mit dem Aufenthalt in Deutschland keine Vision und kein großes persönliches Ziel; er ist daher recht offen für alles, was ihm in Deutschland begegnet. In der Folge sind es die Beziehung mit seiner in Deutschland lebenden Freundin und pragmatische Entscheidungen, die sein Leben in Deutschland strukturieren.

Für die weitere Ausgestaltung der Migrationswege innerhalb Deutschlands ist die soziale Einbindung in Deutschland entscheidend. Zahra schafft sich, wie beschrieben, eine soziale Einbettung durch den Umzug zu einer deutschen Bekannten. Diese kann ihr keine Unterstützung hinsichtlich der notwendigen bürokratischen oder studientechnischen Abläufe gewährleisten; aber sie bietet ihr den persönlichen und emotionalen Rückzugsraum und die Einbettung in ein stabiles soziales Gefüge. Abdul gelingt es nicht, auch Beziehungen jenseits der marokkanisch- bzw. arabischstämmigen Diaspora aufzubauen. Halt bietet ihm ein Moscheeverein in

Frankfurt am Main, der seinen Bezug zu Marokko verstärkt und die Abwendung von Deutschland forciert. Mohammed gestaltet seinen Deutschlandaufenthalt mit der Unterstützung seiner zukünftigen Frau und ihrer Familie, die ihn sehr willkommen heißen.

Bei der Analyse der drei Fallbeispiele wird ersichtlich, dass sich hinter dem Begriff der Bildungsmigranten drei verschiedene und höchst komplexe Migrationsbiographien verbergen. Diese werden von drei jungen Menschen gestaltet, die eine individuelle Handlungsfähigkeit besitzen und nicht Opfer der sie umgebenden Bedingungen sind. Die drei Beispiele sind keinesfalls repräsentativ; ihre Aussagekraft liegt vielmehr darin, dass die vielfältigen, mit Migration verbundenen Aspekte in ihrer Komplexität und ihrem Zusammenwirken exemplarisch sichtbar gemacht werden können. Abseits von Pauschalurteilen, Klischees und Verallgemeinerungen werden alltägliche Bemühungen und Hindernisse deutlich, auch in ihrer teilweisen Widersprüchlichkeit. Der Einblick, den die drei Fallbeispiele in aktuelle Formen marokkanischer Migrationsrealität gewähren, schärft den Blick auch für Ungleichzeitigkeiten. Er wirft die Frage auf, wer sich hinter dem homogenisierenden Begriff der Bildungsmigranten eigentlich verbirgt.

Literatur

Armbruster, H. (2009). Anthropologische Ansätze zur Migration. In: M. Six-Hohenbalken & J. Tošić (Hrsg.), *Anthropologie der Migration. Theoretische Grundlagen und interdisziplinäre Aspekte* (52-69). Wien: Facultas.

Auswärtiges Amt (Hrsg.) (2011). *Auswärtige Kultur- und Bildungspolitik in Zeiten der Globalisierung.* http://www.auswaertiges-amt.de/cae/servlet/contentblob/595030/publicationFile/161962/AKBP-Konzeption-2011.pdf. Zugegriffen: 22.10.2013

Berriane, M. (2007). Les Marocains d'Allemagne. In: Fondation Hassan II pour les Marocains Résidant à l'Etranger (Hrsg.), *Marocains de l'Extérieur 2007* (261-308). Rabat.

Bouoiyour, J. (2006). *Migration, diaspora et développement humain.* http://mpra.ub.uni-muenchen.de/37014/1/MPRA_paper_37014.pdf. Zugegriffen: 30.07.2014.

De Haas, H. (2009). Marokko *(focus Migration – Länderprofile).* http://www.bpb.de/gesellschaft/migration/dossier-migration/57704/hintergrund. Zugegriffen: 16.01.2013.

Fondation Hassan II pour les Marocains Résidant à l'Etranger (Hrsg.) (2007). *Marocains de l'Extérieur.* http://www.alwatan.ma/html/Publication_Fondation/Publication_2006/Publicat ion/MARCAIN_DE_ %20L %2EXTERIEUR2007.pdf. Zugegriffen: 25.11.2012.

Glick Schiller, N., Basch, L., & Szanton Blanc, C. (1995). From Immigrant to Transmigrant. Theorizing Transnational Migration. *Anthropological Quarterly 68,* 48-63.

Levitt, P., & Jaworsky, N. (2007). Transnational Migration Studies: Past Developments and Future Trends. *Annual Review of Sociology 33,* 129-156.

Mecheril, P., & Rose, N. (2012). Qualitative Migrationsforschung – Standortbestimmungen zwischen Politik, Reflexion und (Selbst-)Kritik. In: F. Ackermann, T. Ley, C. Machold & M. Schrödter (Hrsg.), *Qualitatives Forschen in der Erziehungswissenschaft* (115-134). Wiesbaden: Springer.

Sabry, T. (2005). Emigration as Popular Culture. The Case of Morocco. *Cultural Studies 8*, 5-22.

Silverstein, P.A. (2005). Immigrant Racialization and the New Savage Slot: Race, Migration, and Immigration in the New Europe. *Annual Review of Anthropology 34*, 363-384.

Six-Hohenbalken, M., & Tošić, J. (Hrsg.) (2009). *Anthropologie der Migration. Theoretische Grundlagen und interdisziplinäre Aspekte*. Wien: Facultas.

Steyerl, H., & Gutiérrez Ródriguez, E. (Hrsg.) (2003). *Spricht die Subalterne Deutsch? Migration und postkoloniale Kritik*. Münster: Unrast.

Strasser, S. (2009a). Transnationale Studien: Beiträge jenseits von Assimilation und „Super-Diversität". In: M. Six-Hohenbalken & J. Tošić (Hrsg.), *Anthropologie der Migration. Theoretische Grundlagen und interdisziplinäre Aspekte* (70-91). Wien: Facultas.

Strasser, S. (2009b). *Bewegte Zugehörigkeiten. Nationale Spannungen, transnationale Praktiken und transversale Politik*. Wien: Turia & Kant.

Marokkanischstämmige Fachkräfte als Akteure in der Entwicklungszusammenarbeit

Rahim Hajji und Soraya Moket

1 Einleitung

Die Migrations- und Transnationalismusforschung hat wiederholt gezeigt, dass politische Akteure aus dem Herkunftsland der Migranten aktiv werden, um die Verbundenheit der Migranten zum Herkunftsland zu stärken und das Potential der ausgewanderten Fachkräfte für die wirtschaftliche und technische Weiterentwicklung des Herkunftslandes weiter nutzen zu können (Vertovec 1999; Faist 2008). Die marokkanische Regierung hat beispielsweise mit dem Programm *Forum International des Compétences Marocaines Résidant à l'Étranger* (FINCOME) ein Instrument geschaffen, um hochqualifizierte Fachkräfte im Ausland für einen Know-how-Transfer zu gewinnen. Gefördert werden innovative Unternehmensideen, entwicklungsbezogene Projekte, die Schaffung von Austauschnetzwerken und -plattformen sowie Beratungsangebote.

Im Bereich des entwicklungsbezogenen transnationalen Engagements konzentriert sich die Forschung bisher auf die Frage, welche Akteure im Bereich der Entwicklungszusammenarbeit auftreten und unter welchen Bedingungen entwicklungsbezogenes transnationales Engagement realisiert wird (Itzigsohn/ Giorguli Saucedo 2002, 2005; Portes et al. 2008; Hajji 2011). Der vorliegende Beitrag knüpft an diesen Forschungsstand an. Er verfolgt das Ziel, das entwicklungsbezogene transnationale Engagement in Abhängigkeit von feldspezifischen Kontextbedingungen und Qualifikationen zu erklären. Er geht dazu Fragen nach, in welchen gesellschaftlichen Handlungsfeldern sich hochqualifizierte Migranten im Rahmen der Entwicklungszusammenarbeit einbringen und welchen Einfluss die selbstzugeschriebenen Fähigkeiten sowie die ausbildungs- und berufsbedingten Kompetenzen dieser Fachkräfte auf Form und Inhalt ihres Engagements haben.

Der Artikel ist in fünf Abschnitte gegliedert. Zunächst wird der Forschungsstand dargestellt und darauf aufbauend ein theoretisches Modell entwickelt. In einem

zweiten Schritt wird die methodische Herangehensweise dargelegt. Auf dieser
Basis werden die durchgeführten statistischen Analysen vorgestellt. Zum Schluss
werden die Ergebnisse diskutiert und ein kurzes Fazit gezogen.

2   Forschungsstand und theoretische Überlegungen

Studien, die einen Beitrag zur Erklärung dafür leisten, weshalb sich nur bestimmte
Mitglieder von Migrantenorganisation in ausgewählten Handlungsfeldern im
Bereich der Entwicklungszusammenarbeit einbringen, sind rar. Riester (2011)
unterscheidet zwischen Hochqualifizierten und Arbeitsmigranten und zeigt in
ihrer vergleichenden Analyse, dass sich hochqualifizierte Migranten eher in Projekte mit einem technologischem Wissens- und Know-how-Transfer einbringen,
während Arbeitsmigranten sich in Projekten engagieren, die zum Ziel haben, die
Armut zu mindern und die Lebensverhältnisse zu verbessern. Die Frage, weshalb
manche Mitglieder sich gerade in bestimmten Bereichen – wie der Gesundheit, der
Wirtschaft oder des Sozialen – einbringen, ist unseres Erachtens bislang unberücksichtigt geblieben. Im Folgenden soll deshalb ein theoretischer Rahmen entwickelt
werden, der helfen kann, das entwicklungsbezogene transnationale Engagement in
unterschiedlichen gesellschaftlichen Handlungsbereichen zu verstehen.

Im Fokus der Untersuchung steht das entwicklungsbezogene transnationale
Engagement von hochqualifizierten Migranten. Darunter sind Aktivitäten zu
verstehen, die zum Ziel haben, die Entwicklung des Herkunftslandes im Rahmen
von Entwicklungsprojekten zu forcieren. Diese Projekte werden von Migranten,
teilweise unter Mitwirkung Dritter, in verschiedenen gesellschaftlichen Bereichen
des Herkunftslandes aus dem Aufnahmeland heraus initiiert. Als Beispiele für
Kooperationspartner seien die Deutsche Gesellschaft für Internationale Zusammenarbeit (GIZ; früher: Deutsche Gesellschaft für Technische Zusammenarbeit)
und das Centrum für Internationale Migration und Entwicklung (CIM) genannt,
die zahlreiche entwicklungsbezogene Projekte von Migrantenorganisationen im
Herkunftsland unterstützt und dazu teilweise wissenschaftliche Begleitstudien
durchgeführt haben (Baraulina et al. 2006; Dreusse 2008; Schmelz 2009).

Bei der Durchsicht der Evaluationsstudien der GIZ zeigen sich interessante
Zusammenhänge. So findet sich in der Studie mit dem Titel „Die armenische
Diaspora in Deutschland" die Darstellung von Armenischstämmigen in unter-
schiedlichen Vereinen, die sich im Herkunftsland in gesellschaftlichen Bereichen
einbringen, für die sie aufgrund ihres Ausbildungsweges prädestiniert sind. Als
Beispiel aus der Studie sei der Verein der armenischen Mediziner erwähnt, der im

Herkunftsland das Gesundheitswesen als ein zentrales Handlungsfeld begreift und dort die Weiterentwicklung vorantreibt. Ähnliche Konstellationen zeigen sich in der ghanaischen und in der afghanischen Migrantencommunity (Baraulina et al. 2006; Dreusse 2008; Schmelz 2009). Aus den Studien lässt sich ableiten, dass die ausbildungsbedingt angeeigneten Kompetenzen in einem Zusammenhang mit dem spezifischen Handlungsfeld des entwicklungsbezogenen Projekts stehen.

Der hier zu entwickelnde theoretische Rahmen knüpft an die Beobachtungen in den qualitativen Studien der GIZ an und fußt auf der Annahme, dass die ausbildungsbedingt angeeigneten Kompetenzen erklären können, in welchem Handlungsfeld die entwicklungsbezogenen Projekte durchgeführt werden. Die Annahme beruht auf der theoretischen Überlegung, dass die ausbildungsbedingt angeeigneten Kompetenzen die Möglichkeit eröffnen, aufgrund einer selektiven, aber qualitativ hochwertigen Befähigung gerade in ausgewählten Bereichen handlungsfähig zu sein.

Darüber hinaus wird angenommen, dass neben den in der beruflichen Ausbildung angeeigneten Kompetenzen auch die Branche, in der jemand tätig ist, Einfluss auf das gewählte Handlungsfeld der Entwicklungszusammenarbeit haben kann. Der Erwerb von branchenspezifischen Kenntnissen sowie die Pflege von branchenspezifischen Kontakten vermittelt dem individuellen Akteur Know-how und Ressourcen und erhöht damit seine Zugänglichkeit zu dem weiteren Handlungsfeld, im dem die Branche eingebettet ist.

So ist es beispielsweise den Vereinsmitgliedern des *Deutsch-Marokkanischen Kompetenznetzwerks (DMK) e. V.* gelungen, Motoren eines namhaften Autoherstellers in Deutschland zu erhalten, um diese nach Marokko zu transferieren, mit dem Ziel, dort die Ingenieursausbildung zu unterstützen. Dies war nur möglich durch die Nutzung beruflicher Kontakte und durch die großzügige Spende des Autoherstellers. Darüber hinaus finden sich auch Beispiele aus dem Bereich der Medizin: So konnten durch in Krankenhäusern tätige Vereinsmitglieder Sachspenden gesammelt und in das Herkunftsland überführt werden, um beispielsweise eine Dialysestation aufzubauen. Die Beispiele zeigen, dass die in der jeweiligen beruflichen Branche genutzten Kontakte und Ressourcen die Anschlussfähigkeit für ausgewählte Handlungsfelder im Herkunftsland erhöhen und damit die Durchführung eines Entwicklungsprojektes in diesem Feld wahrscheinlicher machen (siehe DMK-Tätigkeitsbericht 2010).

Des Weiteren lässt sich vermuten, dass auch eine selbstzugeschriebene handlungsfeldbezogene Befähigung für Felder jenseits des eigenen Ausbildungsweges und jenseits der Branche, in der man beruflich tätig ist, von Bedeutung sein kann. Die Selbstzuschreibung spezifischer Befähigungen kann zur zusätzlichen Kompetenzaneignung in der Freizeit oder zum ehrenamtlichen transnationalen

Engagement motivieren. Daher sollte die selbstzugeschriebene handlungsfeldbezogene Befähigung als weiterer möglicher Einflussfaktor berücksichtigt werden.

Fasst man die Überlegungen und Beobachtungen zusammen, kommt man zu der modelltheoretischen Annahme, dass entwicklungsbezogene transnationale Projekte in einem kontextuellen Setting verortet sind, das für die Projektrealisierung seinerseits charakteristische Anforderungen an die beteiligten Migranten stellt (vgl. Abbildung 1): Die Durchführung entwicklungsbezogener Projekte setzt Kompetenzen und Ressourcen voraus, die durch die berufliche Ausbildung oder die Branche, in der man tätig ist, erworben werden können. In Einzelfällen kann außerdem die selbstzugeschriebene Befähigung für einzelne Handlungsfelder die nötigen Kompetenzvoraussetzungen schaffen.

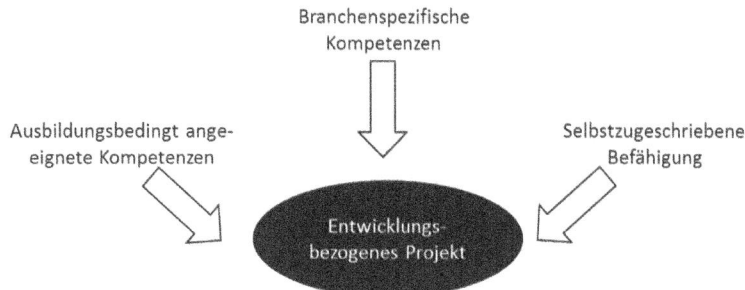

Abb. 1   Berufliche Ausbildung, Branche und selbstzugeschriebene Befähigung als
Erklärungsfaktoren für die Durchführung von entwicklungsbezogenen
Projekten

Quelle: Eigene Darstellung

Inwieweit die entwickelten modelltheoretischen Annahmen empirisch messbar sind und sich prüfen lassen, ist Thema der folgenden Kapitel.

3   Methodische Herangehensweise

Zur Überprüfung der theoretischen Überlegungen und Hypothesen ist eine empirische Studie auf der Basis einer quantitativen Befragung entwickelt worden. Aufgrund der eigenen Mitgliedschaft der Autoren bot es sich an, das *Deutsch-Marokkanische*

Kompetenznetzwerk (DMK) und sein Netzwerk als empirische Fallstudie für die Untersuchung zu wählen. Das DMK ist ein Verein, der sich zum Ziel gesetzt hat, durch entwicklungsbezogene Projekte das Herkunftsland zu unterstützen. Der Verein verfügt über ein Netzwerk, das sich aus ordentlichen Vereinsmitgliedern und aus weiteren Netzwerkmitgliedern zusammensetzt, die Interesse an der Arbeit des Vereins haben. Dem Netzwerk gehören Personen an, die unterschiedliche Studien und Ausbildungen absolviert haben und die heute in unterschiedlichen Branchen tätig sind. Damit eignet sich das Netzwerk des Vereins für die empirische Prüfung des Modells, da seine ausbildungs- und branchenheterogene Mitgliederzusammensetzung es erlaubt, die Zusammenhänge zwischen dem Feld des entwicklungsbezogenen transnationalen Engagements, den ausbildungsbedingt erworbenen, den branchenspezifisch angeeigneten sowie den selbstzugeschriebenen Kompetenzen zu untersuchen.

Da die Vereins- und Netzwerkmitglieder in verschiedenen Teilen Deutschlands leben, lag es nahe, die Vereins- und Netzwerkmitglieder mit Hilfe eines Online-Fragebogens zu befragen. Der Fragebogen ist mit Hilfe der Software *Survey Monkey* entwickelt und per Email an die Vereins- und Netzwerkmitglieder versendet worden. Die Erhebung erfolgte zwischen Februar und April 2011.

3.1   Operationalisierung

Zur Messbarmachung der theoretischen Überlegungen sind sechs Fragen entwickelt und erhoben worden, die sich aus der Tabelle 1 ablesen lassen. Die Aufforderung „Bitte schreiben Sie nieder, welches Ziel Sie mit Ihrem zuletzt durchgeführten Entwicklungshilfeprojekt verfolgt haben." und die Frage „Ist das von Ihnen zuletzt durchgeführte Entwicklungshilfeprojekt ein …?" zielten darauf ab, die kontextuellen Anforderungen respektive den gesellschaftlichen Bereich des entwicklungsbezogenen Projekts zu erheben.

Tabelle 1   Relevante Messinstrumente

Messinstrumente	Subdimensionen	Dimension
Bitte schreiben Sie nieder, welches Ziel Sie mit ihrem zuletzt durchgeführten Entwicklungshilfeprojekt verfolgt haben - unabhängig davon wie erfolgreich es war.		
Ist das von Ihnen zuletzt durchgeführte Entwicklungshilfeprojekt ein …	soziales , wirtschaftliches , humaniäteres, Bildungs-, technisches, künstlerisches/musisches, ökologisches/Umwelt-, Gesundheits-/medizinisches, oder politisches Projekt?	Erhebung der Zielsetzung des Projekts um den Kontext abzuleiten
Es gibt viele Möglichkeiten sich in Marokko zu engagieren. In welchen Bereich könnten Sie sich einbringen? Im …	sozialen, wirtschaftlichen, humanitären, Bildungs, technischen, künstlerischen/musischen, ökologischen/Umwelt-, Gesundheits-/medizinischen oder politischen Bereich?	selbstzugeschriebene Kompetenzen
Wie lautet die Bezeichnung Ihres angestrebten oder bereits erlangten beruflichen Ausbildungsabschlusses? Welches Studienfach haben Sie studiert/studieren Sie?		ausbildungsbedingte Kompetenzen
In welcher Branche sind Sie zurzeit beschäftigt?		branchenspezifische Kompetenzen

Quelle: Eigene Darstellung

Die offenen Angaben der Befragten bei der Beschreibung des Projekts sind anschließend kategorisiert worden, um die systembezogenen Kontextbedingungen
des entwicklungsbezogenen Engagements messbar zu machen. Aus der Tabelle 2
lässt sich die Kategorisierung der offenen Fragen entnehmen.

Die Frage „Es gibt viele Möglichkeiten, sich in Marokko zu engagieren. In welchen
Bereichen könnten Sie sich einbringen?" zielte darauf ab, die selbstzugeschriebene
Befähigung zu erfassen. Anhand einer fünfstufigen Ratingskala konnten die Befragten einschätzen, wie gut bzw. passend ihre selbst wahrgenommenen Kompetenzen
für die unterschiedlichen Bereiche sind.

Die beiden offenen Fragen „Wie lautet ihre Berufsbezeichnung?" und „Welches
Studienfach haben Sie studiert?" ermöglichten, die im Rahmen der beruflichen und
akademischen Ausbildung erworbenen Ausbildungsabschlüsse für das Konstrukt
der ausbildungsbedingt angeeigneten Kompetenzen zu operationalisieren. Die Frage
„In welcher Branche sind Sie zurzeit beschäftigt?" machte das Branchenumfeld
der Befragten messbar und damit auch ihre branchenspezifischen Kompetenzen.

Tabelle 2 Offene Angaben zum Projekt und die entsprechende Kodierung

Offene Nennung	Katagorie
Humanitäre Hilfe	Humanitär
Armut bekämpfen	Humanitär
Geld, Lebensmittel sowie Kleidung an Kinderheime gespendet. Futter für Tierheime gespendet	Humanitär
Die Würde des Menschen gewährleisten	Humanitär
Verbesserung der Lebensqualität	Humanitär
Unterstützung von Kindern aus ärmeren Verhältnissen durch Kleidungsstücke, Spiele, Bildungsmaterial..	Humanitär
Hilfe an Bedürftige leisten	Humanitär
Humanitäre Zwecke	Humanitär
Unterstützung von Hilfebedürftigen	Humanitär
Verbesserung der Situation der Marokkaner	Humanitär
Engagement im Entwicklungsbereich	Humanitär
Eine Kultur vor dem Aussterben bewahren	Humanitär
Bildung	Bildung
Ausbildungsplätze und nachträglich dauerhafte Arbeit schaffen	Bildung
Verbesserung der Ausbildung	Bildung
Zusammenarbeit im Bereich Bildung und Lehrerausbildung	Bildung
Einem taubstummen Kind eine Therapie zu ermöglichen	Gesundheit
Renovierung von Kliniken und Bau neuer Krankenhäuser	Gesundheit
Weiterentwicklung des Gesundheitssystems	Gesundheit
Kleinkläranlage	Ökologisches / Umwelt
Know-how-Transfer (im Umweltbereich)	Ökologisches / Umwelt
Studenten bei der Durchführung umweltanalytischer Verfahren unterstützen	Ökologisches / Umwelt
Unterstützung beim Bau einer Moschee	Sozial
Missbrauchte Mädchen, die in die Prostitution abgerutscht sind, von der Straße holen	Sozial
Verbesserung der Straßenverhältnisse in ländlicher Umgebung	Technik
Wirtschaftliche Hilfe	Wirtschaft
Mehr Rechtsstaatlichkeit	Politik

Quelle: Eigene Darstellung

3.2 Stichprobenbeschreibung

An der Befragung haben insgesamt 117 Vereins- und Netzwerkmitglieder teilgenommen. Davon haben 73 Befragte den Fragebogen vollständig beantwortet. Der Altersdurchschnitt der Stichprobe weist mit 38,84 Jahren darauf hin, dass es sich eher um Mitglieder handelt, die im erwerbsfähigen Alter sind. Frauen sind mit einem Anteil von 29 % in der Minderheit. Die Verteilung der Generationszugehörigkeit zeigt, dass das Netzwerk mit 81 % insbesondere aus Marokkanischstämmigen mit eigener Migrationserfahrung besteht. Der Anteil der Mitgliedern mit einem gymnasialen Schulabschluss liegt mit 86 % ebenfalls sehr hoch. 78 % der Mitglieder haben einen Fach- oder Hochschulabschluss, 79 % der Befragten sind erwerbstätig.

Zusammenfassend betrachtet sind die befragten Vereins- und Netzwerkmitglieder des DMK überwiegend männlich, sie gehören der ersten Einwanderungsgeneration an, sind erwerbstätig und verfügen über einen hohen Schul- und Berufsabschluss. Dies sind Kennzeichen eines Netzwerks aus qualifizierten Fachkräften, die größtenteils als Bildungsmigranten nach Deutschland kamen, um zu studieren, und die sich nach Abschluss ihres Studiums für einen Verbleib in Deutschland entschieden haben.

4 Ergebnisse

Der Ergebnisteil ist in zwei Abschnitte gegliedert. Im ersten Teil werden die deskriptiven Ergebnisse vorgestellt. Im zweiten Teil wird geprüft, inwieweit Zusammenhänge zwischen dem Handlungsfeld, in welches das entwicklungsbezogene Projekt eingebettet ist, sowie den selbstzugeschriebenen, ausbildungsbedingt und/oder branchenspezifisch angeeigneten Kompetenzen bestehen.

4.1 Deskriptive Ergebnisse

Mehr als ein Drittel der Vereins- und Netzwerkmitglieder (38 %, siehe Tabelle 3) hat in den letzten 12 Monaten mindestens ein Entwicklungsprojekt durchgeführt. Davon entfielen 46 % der Projekte auf den humanitären Bereich mit dem Ziel, die Lebensverhältnisse der marokkanischen Bevölkerung zu verbessern. 14 % der engagierten Vereins- und Netzwerkmitglieder haben angegeben, Bildungsprojekte verwirklicht zu haben. Jeweils 11 % der Befragten führten an, Projekte im Bereich der Umwelt/Ökologie und des Gesundheitswesens durchgeführt zu haben. 7 % haben Projekte im sozialen Bereich geleistet, um gesellschaftliche Missstände zu mindern. Entwicklungsprojekte aus dem Bereich Wirtschaft, Technik und Politik sind jeweils von 4 % der Vereins- und Netzwerkmitglieder realisiert worden.

Aus der Tabelle lässt sich ablesen, dass der Zusammenhang zwischen der selbstzugeschriebenen Kompetenz und dem Handlungsfeld, in dem das Entwicklungsprojekt eingebettet ist, insbesondere darin zum Ausdruck kommt, dass die meisten der Befragten mindestens über eine selbstzugeschriebene partielle Kompetenz für das konkrete realisierte Entwicklungsprojekt verfügen. Außerdem geben die Befragten meistens eine gute bis sehr gute selbstzugeschriebene Kompetenz für das entsprechende weitere Handlungsfeld an.

Humanitäre Projekte werden beispielsweise von Befragten durchgeführt, die sich sowohl im sozialen als auch im humanitären, Bildungs- und im wirtschaftlichen Bereich selbst eine gute bis sehr gute Kompetenz zuschreiben und die sich gleichzeitig als eher nicht kompetent für Projekte im Bereich von Gesundheit, Kunst/Musik und Politik einschätzen.

Tabelle 3   Humanitäre und Bildungs-Projekte dominieren

Handlungsfeld des letzten Projekts	Humanitär	Bildung	Ökologie / Umwelt	Gesundheit/Medizin	Soziales	Wirtschaft	Technik	Politik	kein Projekt	Insg.
n=	13	4	3	3	2	1	1	1	45	73
alle Befragte (in Zeilen%)	18%	5%	4%	4%	3%	1%	1%	1%	62%	100%
nur Befragte mit Projekte	46%	14%	11%	11%	7%	4%	4%	4%		100%
Befähigung (in Spalten%, nur Befragte mit einem Projekt)										
Soziales (sehr) gut	77%	75%	67%	33%	50%			100%		66%
teilweise	15%	25%		33%	50%	100%	100%			24%
(sehr) schlecht	8%		33%	33%						10%
Wirtschaft (sehr) gut	54%	75%	100%		50%	100%		100%		55%
teilweise	8%			33%			100%			14%
(sehr) schlecht	38%	25%		67%	50%					31%
Humanitär (sehr) gut	54%	75%	33%	33%	50%			100%		52%
teilweise	31%	25%	33%	67%	50%					31%
(sehr) schlecht	15%		33%			100%	100%			17%
Bildung (sehr) gut	92%	100%	100%	100%	100%		100%	100%		93%
teilweise						100%				3%
(sehr) schlecht	8%									3%
Technik (sehr) gut	46%	25%	100%	33%			100%	100%		45%
teilweise	8%			33%						7%
(sehr) schlecht	46%	75%		33%	100%			100%		48%
Kunst/Musik (sehr) gut	23%	25%			50%					17%
teilweise	15%		33%							10%
(sehr) schlecht	62%	75%	67%	100%	50%	100%	100%	100%		72%
Politik (sehr) gut	31%	50%		33%		100%				28%
teilweise	15%		67%				100%			21%
(sehr) schlecht	54%	50%	33%	67%	100%			100%		52%
Ökologie / Umwelt (sehr) gut	31%	25%	100%	67%	50%					38%
teilweise	38%			33%		100%	100%	100%		34%
(sehr) schlecht	31%	75%			50%					28%
Gesundheit / Medizin (sehr) gut	15%			67%	50%					17%
teilweise	15%									10%
(sehr) schlecht	69%	100%	100%	33%	50%	100%	100%	100%		72%
Berufliche Ausbildung (in Spalten%, nur Befragte mit einem Projekt)										
BWL u.ä.	23%	25%			50%					17%
Soziologie / Politik / Psychologie u.ä.	15%						100%			10%
Bauwesen, Architektur	8%		33%							7%
Elektrotechnik	8%					100%				7%
Maschinenbau		25%	33%							7%
Sprachen u. ä.	8%	25%								7%
Wirtschaftsinformatik	8%					100%				7%
Biologie				33%						3%
Biologie / Medizin				33%						3%
Chemie			33%							3%
Informatik	8%									3%
Kommunikation						50%				3%
Logistik		25%								3%
Kunststofftechnik	8%									3%
Physik	8%									3%
Sonstiges	8%									3%
keine Angabe										3%
keinen Abschluss				33%						3%
Branche (in Spalten%, nur Befragte mit einem Projekt)										
Information / Kommunikation	31%	25%								17%
freib. techn. wissen. Dienstl.			33%		50%	100%		100%		14%
Produktion	8%	25%			50%					10%
Erziehung / Unterricht	15%	25%								10%
Wasserversorgung	8%			67%						10%
Bauwesen	8%									3%
Energieversorgung		25%								3%
sonstige wirtschaftl. Dienstl.								100%		3%
Gesundheitswesen				33%						3%
Handel	8%									3%
Öffentliche Verwaltung	8%									3%
keine Angabe	15%			67%						17%

Quelle: Eigene Berechnung und Darstellung

Ähnlich verhält es sich mit Befragten, die Projekte im Bildungsbereich oder im sozialen Bereich realisiert haben. Diese geben tendenziell an, sich in Projekte in den Bereichen Bildung, Soziales und Humanitäres gut einbringen zu können, während ihre selbstzugeschriebenen Kompetenzen für die Bereiche Gesundheit/Medizin, Umwelt/Ökologie und Technik eher gering ausfallen. Befragte, die ein Entwicklungsprojekt im Bereich Umwelt/Ökologie durchgeführt haben, äußern, dass sie sich in diesem Feld sehr gut einbringen können. Wirtschaft, Bildung und Technik sind ebenfalls Bereiche, in denen sie sich als kompetent wahrnehmen, während sie sich für die Bereiche Gesundheit/Medizin, Kunst/Musik und Politik eher eine geringere Kompetenz attestieren. Befragte, die Projekte im Bereich Gesundheit/Medizin realisiert haben, geben hierfür eine gute bis sehr gute selbstzugeschriebene Kompetenz an. Sie schreiben sich auch für die Bereiche Bildung und Umwelt/Ökologie Kompetenzen zu und können sich jedoch eher schlecht in die Bereiche Kunst/Musik, Politik und Technik einbringen. Befragte, die Projekte im Bereich der Wirtschaft und Technik umgesetzt haben, schreiben sich dafür eine sehr gute Feldkompetenz zu. Dies verhält sich für Befragte mit Entwicklungsprojekten im Bereich der Politik anderes. In diesem Feld geben die Befragten überwiegend an, sich nur teilweise dafür befähigt zu sehen.

Vergleicht man die selbstzugeschriebenen Kompetenzen miteinander, stellt man fest, dass für den Bereich Bildung die meisten befragten Personen ihre Kompetenzen gut bis sehr gut einschätzen. Die hohe Ausprägung ist möglicherweise darauf zurückzuführen, dass es sich bei den Befragten um Hochqualifizierte handelt, die selbst eine gute Allgemein- und Ausbildung genossen haben. Die selbstzugeschriebene Kompetenz für die spezialisierten Bereiche Gesundheit/Medizin oder Kunst/Musik ist unter den Befragten dagegen eher gering ausgeprägt.

Stellt man die berufliche Ausbildung, die Branche und das Projektfeld gegenüber, so ergeben sich für die Bereiche Umwelt/Ökologie, Gesundheit/Medizin, Technik und Politik weitgehend plausible Zusammenhänge. Befragte, die Projekte im Bereich Umwelt/Ökologie realisierten, arbeiten zum Teil in der Wasserversorgung und haben Chemie oder Maschinenbau studiert. Befragte, die Projekte im Bereich Gesundheit/Medizin durchgeführt haben, sind im Gesundheitswesen tätig und haben ein Biologie- oder Medizinstudium absolviert. Befragte, die Projekte im Bereich der Technik realisierten, haben erfolgreich technische Ausbildungswege abgeschlossen. Befragte mit Projekterfahrung im Bereich Politik weisen eine sozial- und politikwissenschaftliche Ausbildung auf und erbringen entsprechende wissenschaftliche Dienstleistungen. Weniger eindeutig verhält es sich bei Projekten mit einem humanitären, sozialen, bildungs- und wirtschaftsbezogenen Charakter. Insbesondere Befragte, die Projekte im humanitären und bildungsbezogenen Bereich umgesetzt haben, weisen ganz unterschiedliche Ausbildungswege und

Branchenzugehörigkeiten auf. Die erfolgreiche Durchführung dieser Projekte scheint unabhängig von dem Ausbildungsweg und der Branche, in welcher der Befragte tätig ist, zu sein.

4.2   Multivariate Ergebnisse

Zur Prüfung des theoretischen Modells wurde eine multivariate Korrespondenzanalyse durchgeführt. Die Korrespondenzanalyse erlaubt, kategoriale Daten zu analysieren, um ihre Zusammenhänge zu visualisieren. Der berufliche Ausbildungsweg, die Branche und die Handlungsbereiche, in denen die Entwicklungsprojekte im Herkunftsland realisiert worden sind, sind kategoriale Merkmale. Daher bot sich die Korrespondenzanalyse an, um die Zusammenhänge zwischen diesen Merkmalen zu identifizieren. Darüber hinaus eignet sich die Korrespondenzanalyse in besonderer Weise für Studien mit kleinen Fallzahlen, wie Blasius (2001) beispielhaft gezeigt hat.

Die Korrespondenzanalyse ist ein Verfahren, das die kategorialen Merkmale in einem n-dimensionalen Raum positioniert (wobei n von der Zahl der Merkmalsausprägungen abhängt) und dabei Geraden so in diesen Raum projiziert, dass die Varianz der kategorialen Variablen bestmöglich erklärt werden kann. Die Geraden stellen latente Dimensionen dar und erlauben es, den Raum der manifesten Merkmalsausprägungen zu beschreiben.

In unserem Fallbeispiel ist ein zweidimensionaler Raum aufgespannt worden, den Abbildung 2 verdeutlicht. Die schwarzen Achsen stellen die relevanten latenten Dimensionen dar, die mit Hilfe der Merkmalsausprägung inhaltlich interpretiert werden können. Es zeigt sich, dass die latente Dimension, die ausgehend vom ersten Quadranten in den dritten Quadranten verläuft, zwischen den Befragten unterscheidet, die entweder im Bereich Gesundheit/Medizin oder im Bereich Umwelt/Ökologie entwicklungsbezogene Projekte durchgeführt haben. Vom zweiten in den vierten Quadranten verläuft die zweite latente Dimension, die zwischen Befragten unterscheidet, die entweder Projekte im Bereich der Bildung und des Humanitären oder im Bereich der Wirtschaft und der Technik realisiert haben.

Im ersten Quadranten befinden sich die Befragten, die mindestens ein entwicklungsbezogenes Gesundheits-/Medizinprojekt realisiert haben (schwarzes Dreieck: „Ges"). Die Merkmalsausprägung liegt weit oberhalb der latenten Dimension zusammen mit der Befähigung für Projekte im Bereich Gesundheit/Medizin („g++", „g+"), mit dem Branchenmerkmal Gesundheitswesen („br.Ges") und mit den Ausprägungen Biologie („BIO") und Medizin („MED"), die für die beruflichen Ausbildungsabschlüsse stehen. Die hohen Werte der Merkmalsausprägungen implizieren, dass die latente Dimension inhaltlich von diesen Merkmalen geprägt ist.

Befragte mit einem hohen positiven Wert auf der latenten Dimension haben eher Biologie/Medizin studiert, arbeiten im Gesundheitswesen, fühlen sich befähigt, im Bereich der Gesundheit entwicklungsbezogene Projekte zu realisieren, und haben in den letzten zwölf Monaten mindestens ein Projekt im Bereich Gesundheit/ Medizin durchgeführt.

Im dritten Quadranten finden sich die Befragten, die eher ein entwicklungs-bezogenes Umwelt-/ Ökologie-Projekt in Marokko realisiert haben („Öum"). Die entsprechende Merkmalsausprägung weist einen hohen negativen Wert auf der ersten latenten Dimension auf. Des Weiteren weisen die Merkmale Chemie („CH") und Physik („PHY"), die für den beruflichen Ausbildungsabschluss stehen, die Merkmale Energie- („br.Energ") und Wasserversorgung („br.Wasser"), welche die Branche erfassen, und die Merkmale für eine sehr gute technisch- („t++") und umwelt-/ ökologiebezogene („u++") Handlungsbefähigung mittlere bis hohe Aus-prägungswerte auf der ersten latenten Dimension auf. Folglich sind Befragte mit einem hohen negativen Wert auf der ersten latenten Dimension solche, die Physik oder Chemie studiert haben, in der Energie- oder Wasserversorgungsbranche arbeiten, ihre technisch- und umwelt-/ökologiebezogene Handlungsbefähigung als sehr gut bewerten sowie umwelt-/ökologiebezogene Projekte realisieren oder realisiert haben.

Im vierten Quadranten finden sich die Merkmalsausprägungen zur Durchfüh-rung von Projekten im Bereich der Wirtschaft („Wir") und Technik („Tec"). Diese weisen einen hohen Wert auf der zweiten latenten Dimension auf, zusammen mit den Merkmalen Elektrotechnik („ET") und Wirtschaftsinformatik („WI"), die für den beruflichen Ausbildungsabschluss stehen, und den Merkmalen Handel („br.handel") und sonstigen wirtschaftlichen Dienstleistungen („br.sons. wirt. Dienstl"), welche die Branche abbilden. Die als gut bewertete wirtschaftliche („w+") und technische („t+") Befähigung weisen als Merkmale mittlere Werte auf der latenten Dimension auf. Folglich lässt sich daraus ablesen, dass die Befrag-ten, die ein entwicklungsbezogenes wirtschaftliches oder technisches Projekt im Herkunftsland realisiert haben, eher ein wirtschaftlich oder technisch geprägtes Studium absolviert haben, in einer Branche arbeiten, in der sie wirtschaftliche oder technische Dienstleistungen erbringen, und über eine gute wirtschaftliche und technische Befähigung verfügen.

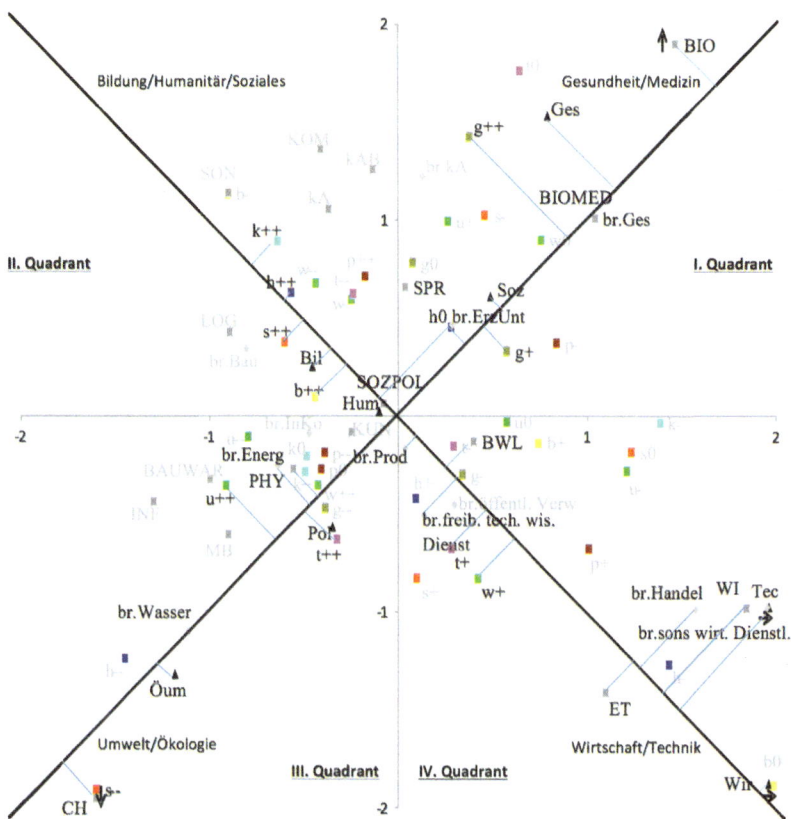

Legende: Art des EZ-Projektes: Bil = Bildung, Ges = Gesundheit, Hum = Humanitäres, Öum = Umwelt/Ökologie, Pol = Politik, Soz = Soziales, Tec = Technik, Wir = Wirtschaft. Selbstzugeschriebene Kompetenzen: b = Bildung, g = Gesundheit, h = Humanitäres, k = Kunst, p = Politik, t = Technik, u = Umwelt, w = Wirtschaft: (+)+ (sehr) gut, 0 teils/teils, (-)- (sehr) schlecht. Branche: br.Bau =Baubranche, br.Energie = Energiewirt., br.ErzUnt = Erziehungs-/Unterrichtswesen, br.freib. tech. wis. Dienst = Freiberufl., technis., wissen. Dienstl., br.Ges = Gesundheitswesen, br.Handel = Handel, br.öffentl. Verw = Öffentl. Verwaltung, br.Prod = Produktion, br.sons wirt. Dienstl. = wirtschaftl. Dienstleist., br.Wasser = Wasserversorg., br.KA = keine Angabe. Berufliche Ausbildung: BAUWAR = Bauwesen, Architektur, BIO = Biologie, BIOMED = Biologie/Medizin, BWL = BWL, CH = Chemie, ET = Elektrotechnik, INF = Informatik, KOM = Kommunikation, LOG = Logistik, MB = Maschinenbau, SOZPOL = Sozial-/Politikwis. u. ä., SON = Sonstiges, SPR = Sprachen, WI = Wirtschaftsinformatik, kAB = kein Abschluss

Abb. 2   Ergebnis der Korrespondenzanalyse

Quelle: Eigene Berechnung und Darstellung

Im zweiten Quadranten laden auf der zweiten latenten Dimension die Merkmale
für die Durchführung von Projekten im Bereich der Bildung („Bil") und des
Humanitären („Hum"). Des Weiteren finden sich auf dem Abschnitt der latenten
Dimension Befragte mit einem Studium in den Bereichen der Sozialwissenschaften,
Politik, Soziologie („SOZPOL") und der Kommunikation („KOM"). Die Ausprägung
für die Merkmale, welche die entwicklungsbezogenen Projekte abbilden, weisen
vergleichsweise geringe Werte auf der zweiten latenten Dimension auf, da diese
ein hohes relatives Gewicht haben und damit stärker beim Achsenkreuz verortet sind, das den Durchschnitt der Befragten abbildet. Die geringe Ausprägung
ist darauf zurückzuführen, dass relativ betrachtet ein großer Teil der Befragten
bildungsbezogene und humanitäre Projekte realisiert und diese Projekte nicht im
engen Zusammenhang mit der Handlungsbefähigung für die Durchführung von
Projekten im Bereich der Bildung („b++") und des Humanitären („h++") stehen,
die eine hohe Merkmalsausprägung auf der zweiten latenten Dimension aufweisen.
Etwas anders verhält es sich bei den Befragten mit einem sozialen („Soz") und politischen („Pol") Projekt. Diese liegen auf der latenten Dimension, die vom ersten
Quadranten in den dritten Quadranten verläuft. Sie stehen nicht im Zusammenhang
mit den erwarteten ausbildungsbedingten, branchenspezifisch angeeigneten und
selbstzugeschriebenen Kompetenzen.

5   Diskussion

Die bivariaten Ergebnisse (siehe Abschnitt 4.1) haben gezeigt, dass zwischen der
Durchführung eines entwicklungsbezogenen Projekts und der selbstzugeschriebenen handlungsfeldspezifischen Kompetenz ein Zusammenhang besteht. Befragte,
die entwicklungsbezogene Projekte durchführen, schreiben sich gute bis sehr
gute Kompetenzen für das Handlungsfeld zu. Der Zusammenhang zwischen der
selbstzugeschriebenen Kompetenz und dem Handlungsfeld des Projekts kann nicht
kausal interpretiert werden, denn die wahrgenommene Kompetenz kann zum Teil
auch durch das Engagement in Marokko selbst entstanden sein.
    Die bivariate Betrachtung des Zusammenhangs zwischen Branche, beruflicher
Ausbildung und dem Handlungsfeld des Projekts kann eher kausal interpretiert
werden – unter der Annahme, dass die berufliche Ausbildung zeitlich *vor* der
Durchführung des entwicklungsbezogenen Projekts lag. Dies dürfte in den meisten
Fällen gewährleistet sein, da bei der Analyse nur Projekte berücksichtigt worden
sind, die in den vorherigen 12 Monaten durchgeführt worden waren. Die Analyse
zeigt, dass die Durchführung eines entwicklungsbezogenen Engagements in den

Bereichen Technik, Politik und Gesundheit/Medizin mit der beruflichen Ausbildung korrespondiert. Zusammenhänge zwischen der beruflichen Branche und dem Handlungsfeld des entwicklungsbezogenen Projekts finden sich in den Bereichen Umwelt/Ökologie und Gesundheit/Medizin. Demnach ist davon auszugehen, dass mit jeder beruflichen Ausbildung und Branchentätigkeit handlungsfeldspezifische Zugänglichkeiten und Kompetenzen für ausgewählte Bereiche erworben werden.

Die multivariate Korrespondenzanalyse kann mit Hilfe der visualisierten latenten Dimensionen zeigen, dass es tatsächlich einen Zusammenhang zwischen Branche, beruflicher Ausbildung, selbstzugeschriebenen Kompetenzen und der Durchführung von entwicklungsbezogenen Projekten gibt. Denn die latenten Dimensionen differenzieren sehr gut zwischen den Befragten, die Projekte in den Bereichen der Umwelt/Ökologie, der Gesundheit/Medizin oder der Wirtschaft bzw. Technik realisieren; sie verdeutlichen den Zusammenhang zwischen den Projektmerkmalen und den entsprechenden selbstzugeschriebenen handlungsfeldspezifischen Kompetenzen, der beruflichen Ausbildung und der Branche.

Hierbei zeigt sich unter anderem, dass Befragte mit einem Biologiestudium in der Lage sind, Projekte im Bereich Gesundheit/Medizin zu realisieren. Es ist anzunehmen, dass die Zugänglichkeit von Befragten mit einem Biologiestudium für dieses Feld möglicherweise höher ist als für solche mit einem Studium der Physik oder der Chemie. Letztere sind nämlich eher bei der Durchführung von Projekten im Bereich Umwelt/Ökologie engagiert. Befragte mit einem wirtschaftlichen oder technischen Ausbildungsweg haben dagegen Projekte in eher ausbildungsnahen Bereichen realisiert. Die Analyse zeigt außerdem, dass technische Ausbildungswege, Ideen und Erfahrungswerte oft und gerade in wirtschaftlich orientierte Projekte eingebracht werden.

Für Projekte im Bereich der Bildung und des Humanitären treffen diese Zusammenhänge nicht zu, da in diesem Feld Projekte relativ unabhängig von der Branche und der beruflichen Ausbildung durchgeführt werden. Es ist anzunehmen, dass für solche Projekte die fachlichen Anforderungen von den Befragten selbst als leistbar eingeschätzt werden. An der bivariaten Verteilung ist abzulesen, dass sich viele Befragte – wahrscheinlich aufgrund ihrer Hochschulausbildung –kompetent dafür fühlen, Projekte im Bildungsbereich umzusetzen. Daraus lässt sich möglicherweise der vergleichsweise hohe Anteil der durchgeführten Bildungsprojekte erklären. Sucht man auch nach einer Erklärung für den hohen Anteil der humanitären Projekte, so fällt zunächst auf, dass die Anforderungen in Projekten, die zum Beispiel Spenden sammeln, nicht so hoch sind, weshalb an ein diesbezügliches humanitäres Engagement auch keine hohen fachspezifischen Erwartungen gestellt werden. Hinzu tritt vielleicht die Verbundenheit vieler Migranten mit ihrer Herkunftsregion. Die von den Migranten selbsterlebte Erfahrung schlechter Lebensbedingungen vor Ort könnte ein Motiv darstellen, sich gerade für humanitäre Projekte in ihren Herkunftsregionen zu engagieren, um dortige Lebensverhältnisse zu verbessern. Dieses Motiv freilich würde auch für andere Projekte gelten; in ihnen jedoch bestehen teilweise höhere und spezifischere Anforderungen in Bezug auf die fachlichen Kompetenzen der beteiligten Migranten (s. o.).

Schließlich ist auch für Projekte mit einem sozialen und politischen Charakter kein enger Zusammenhang zwischen, Branche, Ausbildung und selbstzugeschriebenen Kompetenzen zu erkennen. Die geringe Fallzahl macht es schwierig, hier zu belastbaren Aussagen zu kommen. Für den Bereich des Sozialen ist zu vermuten, dass die Durchführung ebenfalls aufgrund der niedrigschwelligen Anforderungen relativ unabhängig von Ausbildung und Branche ist.

6 Fazit

Als ein zentrales Ergebnis lässt sich aus der durchgeführten Untersuchung ableiten, dass das entwicklungsbezogene Engagement nicht nur mit den Qualifikationen der beteiligten Migranten, sondern auch mit den gesellschaftlichen Feldern, auf die das Engagement in Marokko gerichtet ist, korrespondiert. Die weiteren Ergebnisse legen nahe, dass der humanitäre und bildungsbezogene Bereich für Hochqualifizierte einen Bereich darstellt, der relativ unabhängig von ihrem beruflichen Ausbildungsweg und der Branche, in der sie arbeiten, zugänglich ist. Wirtschaftliche Projekte können scheinbar auch von Akteuren realisiert werden, die technische Fächer studiert haben. Möglicherweise lassen sich in diesen Fällen ausgewählte Kompetenzen für den Bereich der Wirtschaft gewinnbringend transformieren. Die Bereiche Umwelt/Ökologie, Gesundheit/Medizin und Technik stellen dagegen Felder dar, die spezielle Fähigkeiten erfordern und in denen sich offenbar nur Akteure aktiv einbringen können, die dafür ausbildungs- und branchenbedingt angeeignete Kompetenzen mitbringen. Aufgrund der höheren Anforderungen dürfte in diesen Bereichen ein Know-how- und Technologietransfer vergleichsweise häufiger vorkommen als im humanitären Bereich.

Literatur

Baraulina, T., Bommes M., El-Cherkeh, T., Daume, H., & Vadean, F. (2006). *Ägyptische, afghanische und serbische Diasporagemeinden in Deutschland und ihre Beiträge zur Entwicklung ihrer Herkunftsländer.* Eschborn: Deutsche Gesellschaft für Technische Zusammenarbeit (GTZ) GmbH.

Blasius, J. (2001). *Korrespondenzanalyse.* Wien: Oldenbourg Verlag.

Deutsch-Marokkanisches Kompetenznetzwerk (Hrsg.) (2010). *Tätigkeitsbericht 2010.* http://dmk-online.org/sites/default/files/T%C3%A4tigkeitsbericht_2010_final.pdf. Zugegriffen: 30.07.2014.

Dreusse, M. (2008). *Die armenische Diaspora in Deutschland. Ihr Beitrag zur Entwicklung Armeniens.* Eschborn: Deutsche Gesellschaft für Technische Zusammenarbeit (GTZ) GmbH.

Faist, T. (2008): Migrants as Transnational Development Agents. An Inquiry into the Newest Round of the Migration–Development Nexus. *Population, Space and Place 14,* 21-42.

Hajji, R. (2011). Herkunftslandbezogene kulturelle Kompetenzen als Einflussfaktoren bei der Durchführung von entwicklungsbezogenen Projekten. In: T. Baraulina, A. Kreienbrink & A. Riester (Hrsg.), *Potenziale der Migration zwischen Afrika und Deutschland* (Beiträge zu Migration und Integration 2) (240-274). Nürnberg: BAMF.

Itzigsohn, J. & Giorguli Saucedo, S. (2002). Immigrant Incorporation and Sociocultural Transnationalism. *International Migration Revue 36 (3),* 766-798.

Itzigsohn, J. & Giorguli Saucedo, S. (2005). Incorporation, Transnationalism, and Gender: Immigrant Incorporation and Transnational Participation as Gendered Processes. *International Migration Revue 39 (4),* 895-920.

Portes, A., Escobar, C., & Arana, R. (2008). Bridging the Gap: Transnational and Ethnic Organizations in the Political Incorporation of Immigrants in the United States. *Journal of Ethnic and Migration Studies 31 (6),* 1056-1090.

Riester, A. (2011). Diasporas im Vergleich: Bedingungen des entwicklungspolitischen Engagements afrikanischer Migranten in Deutschland. In: T. Baraulina, A. Kreienbrink, & A. Riester (Hrsg.), *Potenziale der Migration zwischen Afrika und Deutschland* (Beiträge zu Migration und Integration 2) (275-291). Nürnberg: BAMF.

Schmelz, A. (2009). *Die ghanaische Diaspora in Deutschland. Ihr Beitrag zur Entwicklung Ghanas.* Eschborn: Deutsche Gesellschaft für Technische Zusammenarbeit (GTZ) GmbH.

Vertovec, S. (1999). Conceiving and Researching Transnationalism. *Ethnic and Racial Studies 22 (2),* 447-462.

Die marokkanische Migration nach Deutschland aus der Sicht Marokkos[1]

Mohamed Berriane

1 Einleitung

Die Anfänge der internationalen Migration aus Marokko sind bereits in der Zeit der französischen Kolonialisierung zu suchen, weiterreichende Strukturen sind jedoch erst allmählich im Laufe des 19. Jahrhunderts und dann im letzten Jahrhundert entstanden. Seitdem die ersten aus der Rifregion stammenden Bauern gegen Ende des 19. Jahrhunderts aufbrachen und auf den kolonialen Bauernhöfen des von Frankreich besetzten Algeriens Arbeit suchten, entwickelten sich im 20. Jahrhundert enge und vielfältige Migrationsbeziehungen zwischen Marokko und Europa. Die jüngsten Impulse und Verflechtungen im marokkanisch-europäischen Migrationsraum werden gegenwärtig von den jungen, in Italien oder Spanien lebenden Absolventen marokkanischer Universitäten gestiftet.

Die seit mehr als einem Jahrhundert andauernden Migrationsbewegungen haben zur Entstehung recht stabiler informeller Netzwerke geführt. Diese wiederum ermöglichten eine gut funktionierende und familienbasierte transnationale Wirtschaft sowie eine internationale Öffnung Marokkos. Auf diese Weise fand auch Marokko Zugang zum dynamischen Globalisierungsprozess. Vor allem aber hat das von internationaler Migration geprägte 20. Jahrhundert für Marokko einen tiefgreifenden Wandel hervorgebracht, der die gesamte marokkanische Gesellschaft, ihre Städte und auch ihre stark ländlich geprägten Gebiete erfasst hat. Die Regionen Marokkos wurden von der internationalen Migrationsbewegung auf unterschiedliche Weise beeinflusst, sowohl, was den zeitlichen Beginn anbelangt, als auch in Bezug auf die Beziehungen, die die Migranten nach dem Weggang mit ihren Herkunftsregionen unterhielten. Die zeitliche Reihenfolge war eng mit geographischen Mustern

---

1 Diesem Beitrag liegt ein französisches Manuskript des Verfassers zugrunde, das für die vorliegende Publikation übersetzt wurde.

gekoppelt. Die Wechselbeziehungen und Rücküberweisungen erreichten zunächst
nur die frühen Auswanderungsregionen. Deswegen wurden die Regionen der atlan-
tischen Ebenen und Plateaus außerhalb der Städte bis zu Beginn der 1970er Jahre
vom marokkanisch-europäischen Migrationssystem nur wenig und nur indirekt
erfasst. Als das Migrationsphänomen dann auch die zuletzt genannten Gebiete
erreichte, hatte die Schließung der traditionellen Zielländer Frankreich, Belgien,
Deutschland und Niederlande längst begonnen; ihre Anwerbepolitik war beendet
und ihre Migrationspolitik wurde (noch) restriktiver. Aus diesem Grund suchten
sich die neuen Migrationsbewegungen, die von den Küstenstädten und der Mitte
des Landes ausgingen, *new frontiers* und orientierten sich hauptsächlich nach Italien
und Spanien. Daher gibt es heute enge Verbindungen zwischen den ehemaligen
Abwanderungsgebieten und den traditionellen Zielen in Nord- und Westeuropa
einerseits sowie zwischen den neuen marokkanischen Auswanderungsregionen und
den neuen südeuropäischen Zielländern andererseits. Um die Beziehungsmuster
zwischen den Auswanderern und ihren Heimatregionen zu erklären, müssen also
die Faktoren Raum und Zeit gemeinsam betrachtet werden.

Von den als traditionell zu bezeichnenden Verbindungen war das Paar *Ost-Rif*
als Herkunftsregion und *Deutschland* als Zielland lange Zeit prägend für die marokkanische Migration. Denn abgesehen von ihrem relativ späten Beginn zeichnet
sich die Auswanderung aus Marokko nach Deutschland durch ihre große Anzahl an
Auswanderern aus dem Rif und hier vor allem aus dem Ost-Rif aus. Auch wenn die
Abwanderung der Rifeinwohner nach Deutschland in vielen Punkten der allgemeinen
internationalen Migration aus Marokko gleicht, weist sie mit ihrer Konzentration
auf das Ost-Rif doch einige besondere Merkmale auf. In der Forschungsliteratur
zur Abwanderung von Marokko hingegen vermischen sich oft Untersuchungen
und Aussagen zur Auswanderung aus Ostmarokko im Allgemeinen mit denen
zur Auswanderung aus dem Ost-Rif im Besonderen.

Die Auswanderung aus der Rifregion beginnt schon im 18. Jahrhundert und
damit sehr früh, sie orientiert sich aber erst relativ spät nach Europa. Die anfangs
saisonale und zeitlich begrenzte Emigration wird mit der Orientierung auf Europa
in den 1960er Jahren zunehmend langfristiger und schließlich sogar dauerhaft. Mit
den Jahren kommen immer mehr Zielländer hinzu. Schon bald laufen Aufnah-
meländer wie die Niederlande, Belgien und vor allem Deutschland Frankreich als
klassischem Hauptzielland den Rang ab, später kommen Länder wie Spanien und
sogar Skandinavien hinzu. Trotz einiger Fortschritte im produzierenden Gewerbe
basiert die lokale ländliche Wirtschaft im Ost-Rif noch immer auf einer relativ
armen Landwirtschaft und dem Handel mit der spanischen Enklave Melilla. Daher
motivieren die Erfolgsgeschichten der ersten Auswanderer und die Herausbildung

einer generationen- und gruppenübergreifenden Migrationskultur alle Rifbewohner, denen es möglich ist, dazu, selbst den Weggang nach Europa zu versuchen. Insgesamt erfährt die Auswanderung aus dem Rif verschiedene tiefgreifende strukturelle Veränderungen: Bestand die Rifgemeinschaft der Auswanderer in den 1970er Jahren hauptsächlich aus Männern aus dem ländlichen Raum, die in der Industrie arbeiteten, so handelt es sich heute – nach diversen Familienzusammenführungen – um eine bunt gemischte Gemeinschaft, die aus Mitgliedern der ersten Migrantengeneration und den Jugendlichen der zweiten Generation besteht. Zudem weist sie heute ein ausgeglichenes Verhältnis zwischen Männern und Frauen auf; auch sind ihre Mitglieder heute häufig im Dienstleistungssektor beschäftigt. Nach der Ausweitung der Migration auf ganz Marokko ist der Anteil der Auswanderer aus Nador und dem Ost-Rif zugunsten anderer Regionen gesunken. Deutschland als Zielland marokkanischer Auswanderung wurde inzwischen von Spanien und Italien überholt, auch andere Länder außerhalb Europas kristallieren sich als neue Einwanderungsziele der Marokkaner heraus, so beispielsweise Nordamerika und die arabischen Länder.

Der vorliegende Beitrag versucht, die Veränderungen des Migrationssystems, welches das Ost-Rif – und hier vor allem die Stadt Nador und die umliegende Region – mit Deutschland verbunden hat, aus der Sicht Marokkos aufzuzeigen. In einem ersten Teil wird der Migrationsraum („*espace migratoire*", Simon 1979) Ost-Rif / Deutschland behandelt, ein Kontext, der mehrere Jahrzehnte lang dominant war. Im zweiten Teil wird die geringer werdende Bedeutung dieses Migrationssystems sowie das Auftreten neuer europäischer Ziele zusammen mit der Ausweitung der Migration auf ganz Marokko untersucht. Schließlich werden in einem letzten Schritt die Beziehungen zwischen der in Deutschland lebenden marokkanischen Gemeinschaft und ihrer Herkunftsregion betrachtet.

Als empirische Grundlage der Ausführungen werden die Ergebnisse unserer in den 1990er Jahren betriebenen Forschungen über die marokkanische Auswanderung aus dem *Grand Nador* nach Deutschland herangezogen (Berriane/Hopfinger 1999). Unter Grand Nador wird der im Entstehen begriffene Agglomerationsraum, der die Stadt Nador und ihre Satellitenstädte Segangane, Beni Nsar, Al Aaroui, Arkmane und Selouane umfasst, verstanden. Die Beobachtungen der 1990er Jahre werden mit neueren, ab dem Jahr 2000 erzielten Forschungsergebnissen zur marokkanischen Migration in die neuen südeuropäischen Zielländer verglichen, wodurch die Rolle, die Deutschland für die marokkanische Migration spielt(e), genauer bestimmt werden kann (Cohen/Berriane 2011). Überdies werden auf der Basis unserer seit 2010 durchgeführten Forschungen die Bilder Europas und Deutschlands vorgestellt, die potentielle Migranten in Marokko haben.

2   Die Auswanderung aus Marokko nach Deutschland als Auswanderung aus der Rifregion

Lange Zeit hatte die Abwanderung von Marokkanern nach Deutschland ihren Ursprung in der Stadt Nador und im Ost-Rif im Besonderen sowie in der Stadt Oujda und Ostmarokko im Allgemeinen. Diese Stadt und ihr Umland bilden eine Quellregion, in der sich eine Migrationskultur entwickelt hat, die auf Deutschland und die nördlichen Länder zielt.

Die erste Besonderheit dieser Auswanderung aus dem Rif ist das verspätete Einsetzen der Migrationsströme mit dem Ziel Europa, denn die ersten Reisen in europäische Länder erfolgten erst gegen 1958-60 (Bossard 1979). Zu Beginn der 1960er Jahre noch sehr gering im Umfang, gewinnt diese Auswanderung ab 1967 an Fahrt und nimmt dann schnell eine vorherrschende Rolle ein, da sie hier umfangreicher als im restlichen Teil Marokkos ist. Gegen Ende der 1960er Jahre ergaben die Zählungen der lokalen Behörden, dass insgesamt 33.000 Arbeiter aus der gleichen Provinz im Ausland lebten. Mehrheitlich kamen diese vom Lande. Im Jahr 1973, dem Jahr in dem die ersten Maßnahmen zur Schließung der europäischen Grenzen vorgenommen wurden, ging man von 40.000 bis 45.000 Personen aus, was einem Anteil von 20 % der zu jener Zeit in Europa arbeitenden Marokkaner entspricht (Bonnet/Bossard 1973, 15).

2.1   Weit verbreitete Migrationserfahrungen in den Familien der Region Nador

Seit den 1970er Jahren ist die internationale Auswanderung zu einem wirklichen Gesellschaftsphänomen in diesen Regionen geworden. Das belegen auch die Zahlen: Es kann zweifelsfrei nachgewiesen werden, dass es in *jeder zweiten Familie* im Grand Nador mindestens ein Familienmitglied gibt, das ausgewandert ist oder war. Die Ergebnisse unserer in den 1990er Jahren bei Händlern, Handwerkern und Dienstleistern in Nador und den Satellitenstädten durchgeführten Befragungen zeigen, dass zwar nur etwas mehr als ein Viertel der befragten Geschäftseigentümer selbst Auswanderer oder ehemalige Auswanderer waren, dass aber tatsächlich fast die Hälfte ihrer Familien von der Auswanderung eines oder mehrerer Familienmitglieder betroffen waren (siehe Tabelle 1).

Diese Zahlen schwanken von einer Satellitenstadt zur nächsten und spiegeln manchmal die komplexen Situationen in den verschiedenen Zentren des Grand Nador wider. So ist der schwache Anteil der ausgewanderten Kaufleute oder ehemaligen Auswanderer aus *Segangane* (Satellitenstadt von Nador) mit dem Bergbau, der vormals hier stattfand und auf dem die Wirtschaft des Zentrums beruhte, zu erklären. Während der 1990er Jahre und während der ersten Umfragen lebten viele Haushalte dieser Stadt noch von den Löhnen oder Renten aus der Bergbauwirtschaft. Außerdem begannen in dieser Zeit bereits die ernsthaften Probleme bei SEFRIF, dem Unternehmen, das die Eisenminen betrieb, so dass Entlassungen unter Zahlung von Abfindungen vorgenommen wurden. Diese Gelder wurden von ehemaligen Bergleuten zur Eröffnung kleiner Geschäfte verwendet, weshalb unter den ehemaligen Auswanderern nicht viele Händler sind. Allerdings ist in der gleichen Stadt ein sehr hoher Prozentsatz von Händlern auszumachen, die einen oder mehrere ausgewanderte Angehörige haben. Insgesamt wurden also viele Haushalte dieser Stadt, die wirtschaftlich lange vom Bergbau lebte(n), von der Auswanderungswelle ergriffen.

Der Ort *Kariat Arkmane* in der Region Grand Nador bestand ursprünglich nur aus einem *Souk*[2] und einem kleinen Block von Häusern und Geschäften, die noch aus der Kolonialzeit stammten. Dann ließen sich Auswanderer aus Kebdana mit ihren Familien in der neu gegründeten Wohnungsgenossenschaft nieder, wodurch der Ort eine gewisse überlokale Bedeutung erhielt. Im Zentrum wohnen heute fast ausschließlich Auswandererfamilien und ihr Anteil ist sehr hoch: 77,6 % der Befragten erklären, ausgewanderte Verwandte zu haben, 41 % der Geschäftseigentümer sind ehemalige Auswanderer, die wieder in die Heimat zurückgekehrt oder noch ausgewandert sind.

In den anderen Städten und ihren Zentren ist der Anteil der ausgewanderten oder ehemals ausgewanderten Händler zwar geringer, was wahrscheinlich mit den dort diversifizierteren Wirtschaftszweigen zusammenhängt. Aber der Anteil der ausgewanderten Familienmitglieder liegt immer noch sehr hoch (zwischen 40 und 78 %). Dies belegt, dass die Migration tatsächlich ein sehr weit verbreitetes Phänomen ist. Untermauert wird diese Feststellung durch die Tatsache, dass andere lokale Akteure, die von der durchgeführten Befragung nur indirekt erfasst wurden (z. B. Gesellschafter und Angestellte der Geschäftsinhaber), ebenfalls an Migrationsprozessen beteiligt bzw. von Migration betroffen sind (siehe Tabelle 1).

---

2   Ein Souk ist ein kommerzielles Viertel bzw. ein Geschäftsviertel.

Tabelle 1   Bedeutung der internationalen Auswanderung im *Grand Nador*. Anteil der
              Auswanderer oder ehemaligen Auswanderer unter Geschäftsinhabern und
              in ihrem Umfeld

	Nador	Al Aaroui	Segangane	Selouane	Kariat Arkmane	Ins-ges.
			Spalten %			
Geschäftsinhaber	26,3	22,8	13,8	32,3	40,9	25,0
Familienmitglieder	43,5	55,2	78,2	58,4	77,6	49,9
Gesellschafter	21,9	19,1	21,4	------	------	21,1
Angestellte	------	6,7	------	15,2	14,2	12,4

------ = keine Angaben; Mehrfachnennungen möglich
Quelle: Umfrage Berriane und Hopfinger 1996

Um nicht nur die Informationen dieser besonderen Stichprobe zu berücksichtigen, die sich nur auf die Haushalte der Geschäftsinhaber beschränkt, wollten wir
den Umfang der Migration auch auf andere Weise ermitteln. Daher wurden drei
Haushaltsbefragungen (in der Wohnungsgenossenschaft El Fath im Zentrum von
Kariat Arkmane, in drei Vierteln von Segangane und im Zentrum von Al Aaroui) durchgeführt, die wir mit den Beobachtungen und Informationen aus dem
Grand Nador kombiniert haben. Zusammen bringen beide Untersuchungen das
ganze Ausmaß des Phänomens ans Licht: Im Siedlungsabschnitt Al Fath in Kariat
Arkmane gehörten fünf Sechstel der Wohnungen Auswanderern oder ehemaligen
Auswanderern. In Segangane gehörten zum Zeitpunkt der Befragung zwei Drittel
der Häuser und Wohnungen Personen, die in Europa arbeiteten oder dort gearbeitet
haben. Im Zentrum von Al Aaroui wurden 262 Haushalte befragt, die *alle* von der
Auswanderung betroffen waren. Die Zahlen sind beeindruckend: Die 262 Haushalte
bestehen aus 1.884 Personen, was einer durchschnittlichen Haushaltsgröße von 7,2
Personen entspricht. Davon sind 1.353 Auswanderer, im Durchschnitt zählen wir
also 5,2 Auswanderer pro Haushalt. Damit wird der oben genannte Durchschnitt,
demzufolge jeder zweite Haushalt von der Auswanderung nach Europa betroffen
ist, bei weitem überschritten.

2.2   Die Auswanderung: ein Gesellschaftsphänomen

Noch auffallender als die statistischen Zahlen ist, wie sehr der Weggang aus der
Heimat das kollektive Bewusstsein in Nador sowie in den Städten und Dörfern

des Ost-Rif beeinflusst hat: Mehr als in jeder anderen auswanderungsstarken Region kursiert in Nador ein Mythos der Fremde; die Auswanderung wird zur Normalitätserwartung.

Viele unserer Gesprächspartner betonten, dass es nötig sei, zumindest einen Teil der Jugend fernab der Heimat zu verbringen, um zu erfahren, was Leben bedeutet. Entgegen der landläufigen Meinung sind wirtschaftliche Überlegungen nicht immer der alleinige Grund für den Weggang. Ohne verallgemeinern zu wollen, gehörten zahlreiche Rückkehrer, die in Europa arbeiteten, zum Zeitpunkt ihrer Auswanderung nicht zu den ärmsten Familien. Ihre wirtschaftliche Existenz war vor der Auswanderung durch von den Eltern geerbte Immobilien, Geschäfte oder familiengeführte und ziemlich rentable Handwerksunternehmen relativ gut gesichert.

Andere, weniger vom Schicksal Begünstigte gaben an, dass sie zu einem bestimmten Zeitpunkt ihres Lebens das Bedürfnis verspürten, ihr Land zu verlassen, weil das „eben so sei". Für einige Einwohner von Nador geht dieser „Auswanderungsbrauch" auf das Erbe der Phönizier und Punier zurück, diese Völker der Reisenden und der Händler, die sich in der Vergangenheit an den Küsten der Region niedergelassen hatten. Für andere Gesprächspartner ist der Aufenthalt in Europa zur Verbesserung des sozialen Ansehens nötig. Aus dieser Erwartung heraus sollte die lokale Gesellschaft auf der Suche nach größerer Freiheit mindestens einmal im Leben verlassen werden. Und diejenigen Personen schließlich, die dem Auswanderungsbedürfnis nicht nachkommen konnten oder ihren Auslandsaufenthalt verkürzen mussten, sind wie der in Segangane befragte Händler frustriert oder melancholisch: Er musste seinen Aufenthalt im Ausland abbrechen und in seinen Worten schwingen noch immer nostalgische Kindheitserinnerungen mit.[3]

Die Angaben der in Al Aaroui durchgeführten Befragung unterstreichen diese Erklärungen und Beobachtungen. Die Gründe für den Weggang werden keineswegs auf bloße wirtschaftliche Erwägungen beschränkt, auch wenn diese die Hauptgründe darstellen (Tabelle 2). Ein Vergleich der Beweggründe von 262 Familienvorständen, die als erste aufgebrochen waren, mit denen von Familienmitgliedern, die ihnen nachgefolgt sind, führt zu zwei Erkenntnissen: Bei der ersten Generation stehen

---

3   Wir waren stark von dem Gespräch mit einem Rückkehrer beeindruckt, der uns von seinem Leben berichtete. Seit seiner Jugend war in ihm die fixe Idee herangereift, nach Deutschland auszuwandern. Noch heute, nach fast fünf Jahrzehnten, kann er den Text eines Liedes über Deutschland und die Deutschen, das seine Mutter und andere Familienmitglieder vor sich hin trällerten, nicht vergessen: „Aléman, Aléman" ist der Refrain, der mit zunehmender Lautstärke und zu mehreren gesungen wurde und seine Kindheit prägte. Dieser Gesprächspartner war nicht der Einzige, der seinen Aufbruch nach Europa als Schicksal verstand. Zahlreiche Jugendliche betonten in den Gesprächen, dass sie hofften, wenigstens einmal, wenn auch nur für kurze Zeit, in Europa leben zu können; und zwar in Deutschland.

wirtschaftliche Gründe an erster Stelle, was typisch für eine bestimmte Phase in der Geschichte der Auswanderung aus dem Rif im Besonderen und aus Marokko im Allgemeinen ist. Dennoch stellen wir fest, dass auch Beweggründe genannt werden, die in der einschlägigen Literatur weniger gebräuchlich sind. Als „persönliche Gründe" fassen wir diejenigen auf, die mit dem Wunsch, der Gesellschaft des Rif und ihren Zwängen zu entfliehen, dem Wunsch, eine bereichernde Erfahrung zu machen, oder der Notwendigkeit, das Land für eine kurze Zeit zu verlassen, zusammenhängen. Gründe dieser Kategorie werden von 16 % der Befragten der ersten Generation angegeben. Mitglieder der zweiten Auswanderergeneration dagegen geben als Motivation verständlicherweise überwiegend die Familienzusammenführung an. Auch überwiegen bei ihnen die persönlichen Gründe die wirtschaftlichen eindeutig.

Tabelle 2   Auswanderungsgründe des Haushaltsvorstandes und von zwei weiteren ausgewanderten Haushaltsangehörigen (*Al Aaroui*)

Gründe für die Auswanderung	Haushalts- vorstand		Haushalts- angehöriger 1		Haushalts- angehöriger 2	
	n	Spalten %	n	Spalten %	n	Spalten %
Wirtschaftliche Gründe	180	68,7	24	13,5	5	6,4
Familienzusammen- führung	40	15,3	116	65,2	62	79,5
Persönliche, bereichernde Gründe	42	16,0	38	21,3	11	14,1
Insgesamt	262	100,0	178	100,0	78	100,0

Quelle: Umfrage Berriane und Hopfinger 1996

All dies hat zur Folge, dass die Gesellschaft in Nador und dem Ost-Rif eine wahre Migrations- und Mobilitätsgesellschaft geworden ist. Die spanische Enklave Melilla und die engen zwischen ihr und Nador bestehenden Beziehungen verstärken dieses Merkmal und fördern die internationale Auswanderung zusätzlich. Die über Melilla vermittelte Mobilität ist interessanterweise keineswegs auf Spanien beschränkt, was man aufgrund der Nähe und der nationalstaatlichen Bindung vermuten könnte, sondern hat vielmehr Deutschland zum Ziel.

2.3   Die Bedeutung Deutschlands als Auswanderungsziel

Mehrere Jahrzehnte lang haben sich die Bewohner Nadors eher Deutschland und den nordeuropäischen Ländern zugewandt als Spanien (vgl. Tabelle 3). Daher nennen 45 % der bei den Umfragen der 1990er Jahre Befragten Deutschland als Auswanderungsziel, viel seltener werden die Niederlande (17 %), Frankreich (14 %) und Belgien (11 %) genannt. Mit 9,8 % steht Spanien ziemlich weit hinten auf der Liste. Diese Rangfolge ist in allen Teilen des Grand Nador in etwa gleich, mit Ausnahme von Al Aaroui, wo die Niederlande erstes Zielland sind. Zur Erklärung der minimalen Unterschiede zwischen den Siedlungszentren erinnern wir uns an die Tatsache, dass diese Orte meist nicht Ausgangspunkt der internationalen Migrationsbewegungen waren, sondern eher eine Art Auffangbecken der internen Bewegungen und Rückkehrziele internationaler Auswanderungen (Berriane/Hopfinger 1999). So kam es zu engen Verbindungen zwischen der Ausgangsregion (Douar oder Stamm), dem Aufnahmeland – manchmal auch der Stadt, dem Arbeitsort und dem Wohnviertel im Aufnahmeland –, sowie der Stadt in Marokko, in der Wohneigentum erworben wird oder in die man zurückkehrt. Daher rühren die Unterschiede zwischen den einzelnen Agglomerationszentren: Sie nahmen unterschiedliche Ströme aus unterschiedlichen Einwanderungsländern auf, die wiederum selbst mit unterschiedlichen Ausgangsregionen verbunden waren.

Tabelle 3   Aufenthaltsland der Auswanderer und der ehemaligen Auswanderer aus dem *Grand Nador* (Geschäftsinhaber, ihre Angestellten, Gesellschafter und Familienmitglieder)

Aufenthaltsland	Nador	Al Aaroui	Segangane	Selouane	Arkmane	Insgesamt
			Spalten %			
Deutschland	41,6	25,4	66,5	43,9	56,4	45,0
Niederlande	17,0	26,9	9,3	16,3	15,3	16,8
Frankreich	15,5	17,3	10,4	12,6	10,9	14,3
Belgien	12,0	1,7	6,5	10,5	6,9	10,8
Spanien	10,0	14,6	5,3	12,1	8,8	9,8
Skandinavien	1,7	1,3	1,3	3,8	1,1	1,7
Übriges Europa	10,3	0,4	0,2	0,4	0,7	0,7
Arabische Länder	1,1	0,4	0,3	0,4	0,0	0,8
Andere (Amerika)	0,1	0,0	0,2	0,0	0,0	0,1

Mehrfachnennungen möglich

Quelle: Umfrage Berriane und Hopfinger 1996

Fest steht jedoch, dass Nador eher Deutschland als anderen Einwanderungsländern zugewandt ist. Diese Tradition kommt deutlich in einer im Alltag zu beobachtenden regelrechten Faszination für Deutschland zum Ausdruck: Die Fernseher, die auf den Terrassen vieler Cafés stehen, senden stets deutsche Sender und nicht spanische, wie das in anderen Städten im Norden Marokkos der Fall ist. Kleine Kinder kennen Städte wie Düsseldorf und Frankfurt am Main eher als manche marokkanische Stadt. Und um die Herkunft des Wortes „Arkmane" ranken sich Legenden, denn es wird mit einem Deutschen in Verbindung gebracht, der sich vor langer Zeit vor Ort aufgehalten haben soll.[4] Außerdem wird vermutet, dass die deutsche und die berberische Sprache einen gemeinsamen Ursprung haben.

Das war das in Nador und den Zentren der Satellitenstädte vorherrschende Stimmungsbild. Es sorgte für eine Güter- und Personenmobilität, auf die sich die Bevölkerung und die städtische Wirtschaft gleichermaßen stützten. Die Menschen waren dabei zwar offen für die Außenwelt, aber dennoch in ihrer Heimat verwurzelt. Die Bewohner der Region bewegten sich immer schon mit Leichtigkeit zwischen verschiedenen Gebieten hin und her. Sie bewirkten so eine beachtliche Loslösung der wirtschaftlichen und räumlichen Praktiken von ihrem ursprünglichen Gebiet und eine immer weiter zunehmende Verdichtung der transnationalen Netzwerke. Durch den beständigen, migrationsinduzierten Zufluss von externen Geldern profitierte die Auswanderungsregion stark von dieser Situation. Die Migrations- und transnationalen Netzwerke trugen auch wesentlich zur Urbanisierung der Region bei. Dies sollte so lange fortdauern, bis Europa in den 1970er Jahren die Anwerbung von Arbeitskräften aus Marokko einstellte. Die Rifeinwohner reagierten darauf, indem sie die Möglichkeiten der Familienzusammenführung nutzten, um sich fortan dauerhaft in Europa niederzulassen. Für den Fortbestand der Beziehung der Auswanderer zu ihren marokkanischen Herkunftsstädten oder -regionen war diese Veränderung jedoch problematisch (siehe unten).

Die Abbildungen 1 und 2 veranschaulichen zum einen die geographische Verteilung der Marokkaner in Europa und zum anderen die der Migranten aus der Rifregion (am Beispiel der im Rif ansässigen Stämme Kebdana und Oulad Setout, denen die meisten Migranten angehören). Die Abbildung zeigt, dass sich die Auswanderer aus der Rifregion zu Beginn der 1970er Jahre in den großen Industrieregionen in Nordwesteuropa niedergelassen hatten: Sie lebten in Deutschland – vor allem im Ruhrgebiet und im Frankfurter Raum –, in Belgien, den Niederlanden und sogar in Norwegen sowie, natürlich, in Frankreich, wobei es hier eine starke Konzentration im Pariser Großraum, in den Vorstädten und auf Korsika gab. Ins-

---

4   Diese Erklärung ist mehr als ein bloßer Mythos, denn in der offiziellen Monographie der Gemeinde wird sie als Tatsache dargestellt.

gesamt war die Gruppe der Marokkaner in Frankreich viel größer als in anderen Ländern Europas. Zwar lebten in Frankreich Anfang der 1970er Jahre weniger als ein Drittel der nach Europa gegangenen Auswanderer aus der Rifregion, dafür aber zwei Drittel aller in Europa niedergelassenen Marokkaner.

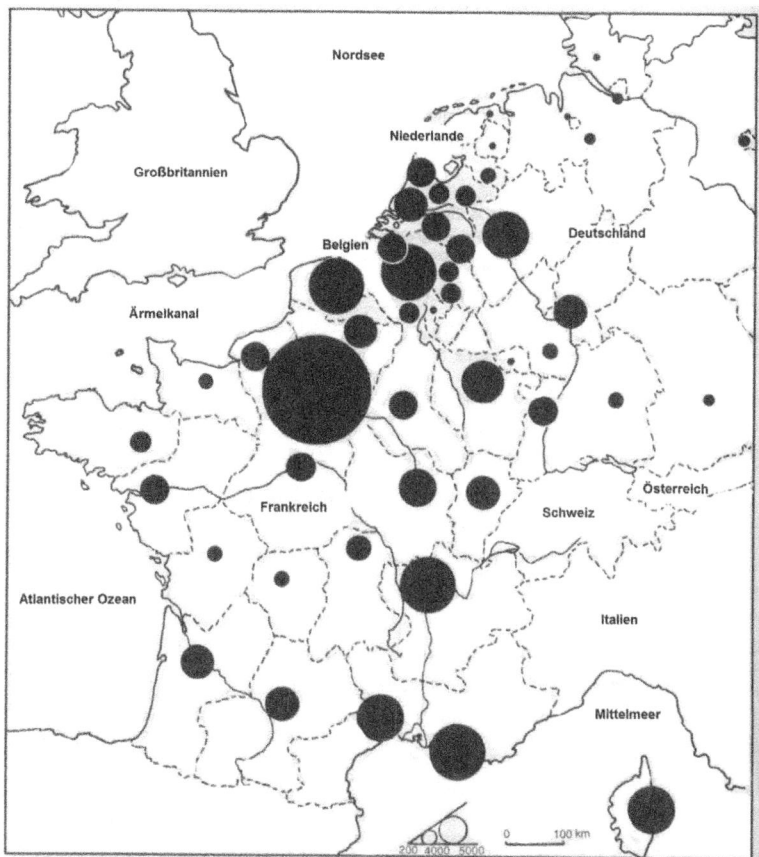

Abb. 1 Zielgebiete der marokkanischen Gastarbeiter in Europa in den 1970er Jahren

Quelle: Bossard 1979, 28

Zu klären bleibt, warum sich die Migration aus dem Rif vor allem nach Deutschland und in die Niederlande richtete, während die marokkanischen Migranten im Besonderen und die maghrebinischen Migranten im Allgemeinen bevorzugt Frankreich als Zielland wählten. Um diese Besonderheit der Auswanderung aus dem Rif zu verstehen, verweist Bossard auf die Umstände, unter denen deutsche Steinkohlebergwerke und die deutsche Stahlindustrie bereits vor der Unterzeichnung des deutsch-marokkanischen Abkommens zur Anwerbung von Arbeitskräften im Jahr 1963 Einwohner aus dem Rif anwarben (Bossard 1979, 64).

So scheint es, als hätte Deutschland zunächst vermieden, im ehemaligen französischen Protektoratsgebiet, das als „Revier" Frankreichs galt, anzuwerben. Denn auch Frankreich begann zu dieser Zeit, massiv marokkanische Arbeiter zu rekrutieren. Bossard spricht allerdings von engen Beziehungen Deutschlands mit dem Rif, die durch den deutschen Ankauf von Eisenerz aus dem Rif zustande kamen. Nach den ersten offiziellen Anwerbemaßnahmen entstand bald ein „neuer Einwanderungsweg über Beziehungen", da die ersten ausgewanderten Arbeiter in Deutschland neue Verträge für ihre Angehörigen erhielten. Wir haben diese erste Gruppe marokkanischer Arbeiter, die offiziell nach Deutschland kamen, ausfindig gemacht. Es waren 1.800 Personen, die 1967 im Rif von einer deutschen Kommission angeworben worden waren (Khateeb/Basten 1991; vgl. zur historischen Entwicklung detailliert auch den Beitrag von Klemm in diesem Band).[5]

Eine zweite Erklärung lautet: Die Suche nach anderen Zielen wie beispielsweise den Niederlanden, Deutschland oder den skandinavischen Ländern hängt mit der kolonialen Vergangenheit zusammen, die die Beziehungen zu Frankreich belastete. Spanien, die in der östlichen Rifregion vertretene Kolonialmacht, hatte in jener Zeit keinen erhöhten Bedarf an Arbeitskräften.

Bei unseren vor Ort in Nador und Deutschland durchgeführten Untersuchungen haben wir eine weitere Erklärung gefunden, die die voranstehenden ergänzt. Sie knüpft an der auffallend großen räumlichen Mobilität der Rifauswanderers an: Ein großer Teil der Befragten durchquerte vor ihrer Ankunft in Deutschland oder Skandinavien mehrere andere Länder. Die Verbindungen zu Frankreich kamen über Algerien zustande, wo die Einwohner des Rif zunächst bei französischen Siedlern arbeiteten, anschließend einen Pass vom marokkanischen Konsulat erhielten und dann nach Frankreich auswanderten. Aber häufig war Frankreich nur ein Zwischenziel. Bossard (1979) berichtet von mehreren Auswanderern aus dem Rif, die nach einem mehr oder weniger langen Aufenthalt erst in Frankreich und dann in Deutschland schließlich in den Niederlanden arbeiteten. Er beruft sich vor allem auf den Fall des Douar Iabbouten, der zur ländlichen Gemeinde Boudinar gehört und

---

5   Den offiziell gekommenen Arbeitergruppen gingen natürlich Dutzende Einzelpersonen voraus, die wahre Pioniere waren und zuvor bereits andere Länder erkundet hatten.

in dem mehr als 87 % der Auswanderer, die sich im Juli 1974 in den Niederlanden aufhielten, zuvor in Frankreich gearbeitet hatten.

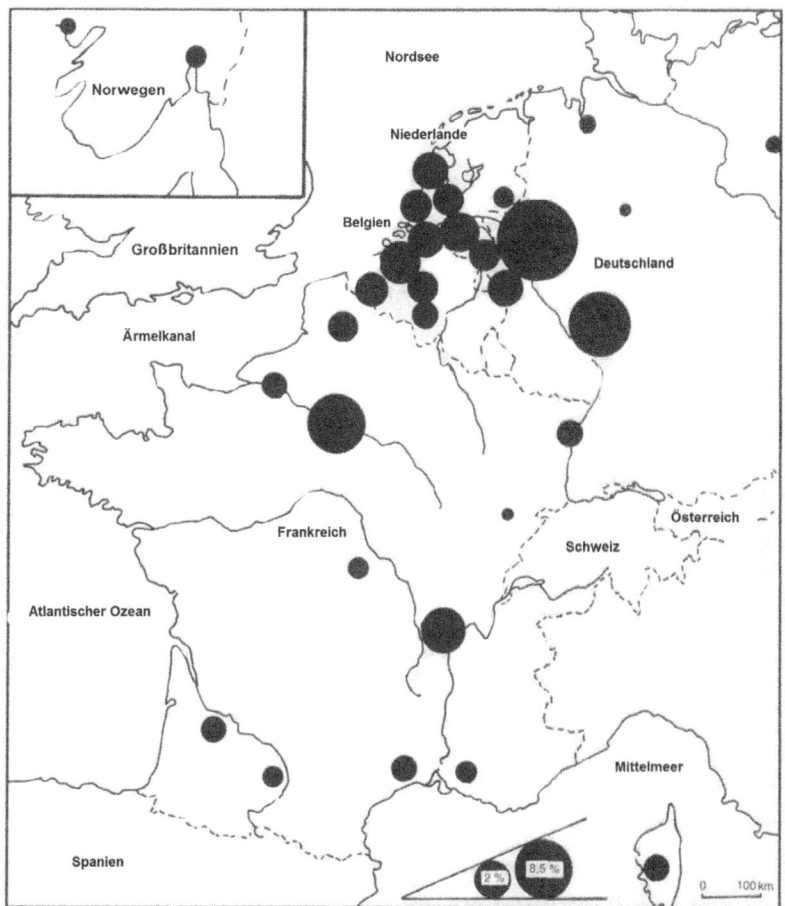

Abb. 2   Zielgebiete der marokkanischen Gastarbeiter aus dem Rif in Europa in den 1970er Jahren am Beispiel der Kebdana und der Oulad Setout

Quelle: Bossard 1979, 28

Die hohe Anzahl der Rifauswanderer in Deutschland kann durch die große Mobilität und die Auswanderungstradition, die zuvor am Beispiel des Weges über
Algerien aufgezeigt wurde, erklärt werden. Hauptsächlich wurde die Entscheidung
für Deutschland und gegen Frankreich wegen höherer Löhne getroffen. Wir haben
einen der ersten marokkanischen Arbeitsmigranten in Deutschland getroffen und
befragt. Er erklärte uns, weshalb er sich für Deutschland als Auswanderungsziel
entschieden hatte:

Dieser Einwanderer aus Midar kam vor 1960 in Begleitung von zwei Kollegen
aus dem gleichen Dorf über Frankreich, wo sie bereits einige Jahre gearbeitet hatten.
Er gehört zu den ersten Auswanderern der Rifregion, die nach Deutschland gingen.
Er begründet seine Entscheidung mit dem damaligen Wechselkurs: Beim Wechsel
einer Deutschen Mark blieb mehr übrig als beim Wechsel eines Französischen
Franc. Einer seiner Kollegen führte im gleichen Interview an, dass er in Frankfurt
Amerikaner getroffen und so erfahren hatte, dass der Amerikanische Dollar noch
besser dotiert war. Ohne zu zögern begann er daraufhin die Vorbereitungen für
seine Reise zum neuen Kontinent. Nachdem er alle für die Auswanderung nötigen
Papiere beisammen hatte, ließ er sein Vorhaben jedoch fallen, weil er keine Wegge-
fährten fand. Er berichtete uns aber von Auswanderern, die im gleichen Zeitraum
Richtung Amerika aufgebrochen waren.

Bis vor kurzem machten die Auswanderer aus der Rifregion also den größten
Anteil der marokkanischen Gemeinschaft in Deutschland aus. Sie kamen hauptsächlich aus der Provinz Nador. Bei einer Stichprobe von 303 der beim Konsulat
in Frankfurt im Jahr 1975 registrierten Personen stammten 73,3 % aus der Provinz
Nador, wohingegen die Provinzen Fès und Oujda an zweiter und dritter Stelle mit
jeweils 4,6 % und 3,3 % relativ weit hinten rangierten. Ein sehr großer Teil der
migrantischen Bevölkerung in Deutschland (ca. drei Viertel) hatte also Mitte der
1970er Jahre noch dieselben geographischen Wurzeln und kam aus demselben
ländlichen Raum, was eine gewisse kulturelle Homogenität vermuten lässt.

3   Ausweitung der Migration auf das übrige Marokko
und auf andere Länder

Ab den 1990er Jahren sollte diese klassische Migration, die das Rif fast ausschließlich
mit den Niederlanden und Deutschland verband, tiefgreifend erschüttert werden.
Ausgelöst wurde dieser Wandel durch die Familienzusammenführung Mitte der
1970er Jahre, die an anderer Stelle genauer untersucht wurde (Berriane 1995; Berri-
ane/Hopfinger 1999). Beschränken wir uns hier auf die geographische Dimension,

die durch die abnehmende Bedeutung des Paares östliche Rifregion / Deutschland zum Ausdruck kommt.

3.1   Ankunft der nicht aus der Rifregion stammenden Auswanderer

Ab den 1980er Jahren beschränkt sich das Auswanderungsphänomen in Marokko nicht mehr nur auf die traditionellen Regionen in den stark bevölkerten Bergen und auf die ländlichen Räume. Ausgehend von Souss, den Oasen und dem Ost-Rif erreicht das Phänomen das Vorderrif (frz. Prérif), einen großen Teil des Ostens und paradoxerweise die modernen Landwirtschaftsebenen wie Tadla, die nach der Logik des Push-Pull-Erklärungsmodells eigentlich zu den anziehenden Regionen gehören müssten. Die Auswanderung erfasst außerdem die Städte und insbesondere die Hauptstädte der Regionen, in denen sich bereits Abwanderer aus den stark durch internationale Migration geprägten ländlichen Gegenden – wie Agadir, Fès, Meknès, Nador, Al Hoceïma, Taza, Oujda und Tanger – befinden. Auch die große Metropole Casablanca bleibt nicht mehr außen vor, sie gewinnt im internationalen Wanderungsgeschehen eine wachsende Bedeutung (Berriane/Aderghal 2008).

Diese Migrationsausweitung hat zur Folge, dass die marokkanischen Einwanderer in Deutschland ab den 1980er Jahren nicht mehr hauptsächlich aus der Rifregion bzw. dem Ost-Rif kommen. Unter Bezugnahme auf die Daten der marokkanischen Konsulate in Frankfurt und Düsseldorf sowie unter der Annahme, dass die Neuanmeldungen in etwa den Zahlen der tatsächlich neu in Deutschland Angekommenen entsprechen, haben wir eine Stichprobe von Neuangemeldeten herausgegriffen und ihre Herkunftsorte untersucht. Lag der Anteil der insgesamt gemeldeten Marokkaner aus der Provinz Nador im Jahr 1975 noch bei 73,3 %, so fällt ihr Anteil ab 1977 auf 59,6 %, 1993 auf 48,1 % und blieb seitdem unter 50 %. Dieser Rückgang des Anteils der Migranten aus der Region um Nador wird durch die Ankunft von Migranten aus Fès, Oujda, Tanger, Rabat, Casablanca und Marrakesch ausgeglichen, weshalb die marokkanische Gemeinschaft in Deutschland seitdem heterogener zusammengesetzt ist.

3.2   Andere Migrationsziele als Deutschland

Parallel zu dieser Tendenz der zunehmenden Heterogenität der Herkunftsorte haben sich andere Trends entwickelt: Neben dem Bedeutungszuwachs transnationaler Netzwerke und zirkulärer Migrationsformen lässt sich eine gewisse Reorientierung der Migration hin auf neue europäische Ziele beobachten – trotz der Hürden, die von Europa errichtet werden. Außerdem hat die „illegale" Einwanderung zugenommen. Die Ergebnisse einer aktuellen Untersuchung zur marokkanischen Auswanderung nach Spanien (Berriane et al. 2012) zeigen eindeutig, dass mit Beginn des neuen Jahrtausends die marokkanischen Migrationsbewegungen entgegen aller Erwartungen zunahmen und sich auf neue Ziele – Spanien und Italien – ausrichteten (Abbildung 3).

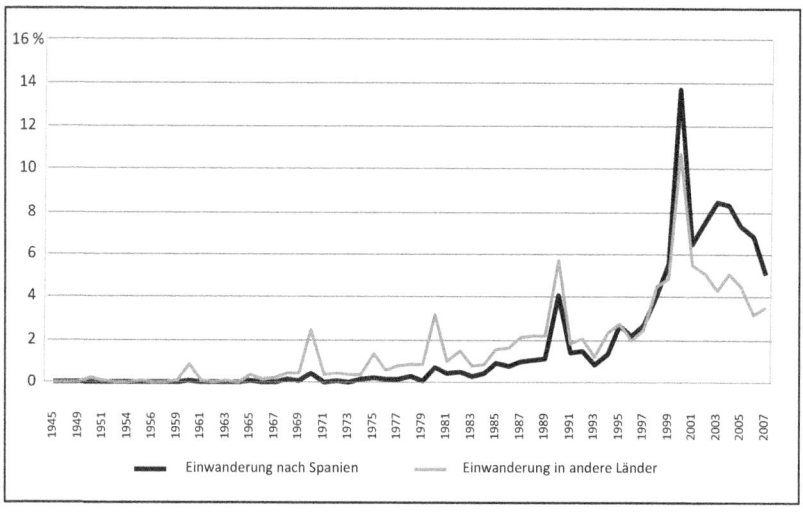

Abb. 3   Auswanderungsjahr laut den Familien der Auswanderer

Quelle: Umfrage E3R – Marokko 2007

Die Auswanderung aus Marokko nimmt ab der Mitte der 1960er Jahre kontinuierlich zu, wobei die Kurve, welche die Migration in alle Zielländer beschreibt, starke Schwankungen aufweist. Die Jahre des Anstiegs sind von Auswanderungsspitzen während der entscheidenden Übergangsjahre von einem Jahrzehnt zum nächsten geprägt: 1969-70, 1979-80, 1989-90 und 1999-2000. Die Jahre mit einer geringeren Auswanderungshäufigkeit weisen nicht die gleiche Regelmäßigkeit auf wie die Jahre mit hoher Auswanderungshäufigkeit. Letztere hängen vielmehr mit Phasen politischer Spannungen zusammen, z.B. mit der Erdölkrise von 1973, der Wirtschaftskrise Mitte der 1980er Jahre, dem ersten Golfkrieg zu Beginn der 1990er Jahre sowie den terroristischen Attentaten zu Beginn der 2000er Jahre. Von allen Auswanderern, deren Familien angaben, dass sie einen Wohnsitz in Europa haben, sind nach dem Jahr 2000 64,3 % nach Spanien gegangen, 53 % nach Italien und 35 % nach Frankreich, Belgien und in die Niederlande (Mehrfachnennungen waren möglich). Nach Deutschland wanderte nur ein zu vernachlässigender Prozentsatz. Hier zeigt sich eine deutliche Kehrtwende, denn in der Zeit zwischen 1980 und 2000 sowie auch in den Jahren davor hatten die neuen Zielländer zunächst nur einen geringen Zulauf, der dann aber exponentiell zunahm. Nach Spanien kamen zum Beispiel vor 1980 nur 2,2 %, zwischen 1980 und 1990 waren es 11,2 % und zwischen 1990 und 2000 22,3 %. Erst ab dem Jahr 2000 setzen sich Länder wie Spanien und Italien als neue Ziele durch; Deutschland ist nur noch ein zweitrangiges Ziel.

Die Ursachen für die beständigen und insgesamt sogar ansteigenden Migrationsströme nach Europa sind in der „illegalen" Einwanderung zu suchen. Denn seit Ende des 20. Jahrhunderts, seit von den südlichen EU-Staaten strengere Mobilitätskontrollen und damit auch Migrationsbeschränkungen für Menschen aus Regionen südlich des Mittelmeeres durchgeführt und umgesetzt werden, kann die Migration nach Europa in zwei Kategorien von Migranten unterteilt werden: die regulär bzw. legal Eingewanderten und die irregulär bzw. illegal Eingewanderten. „Legalität" oder „Illegalität" soll hier vor allem im juristischen Sinne verstanden werden: Auswanderer können sich legaler und/oder illegaler Mittel bemächtigen, um ihr Migrationsvorhaben umzusetzen. Illegalität kann damit also sowohl den „illegalen" Migranten, der die Grenze ohne vorschriftsgemäße Papiere überquert, betreffen, als auch den Touristen, Studenten oder Saisonarbeiter mit Vertrag, der sich nach Ablauf der zeitlich begrenzten Aufenthaltsgenehmigung dauerhaft ohne Arbeits- oder Aufenthaltserlaubnis in Europa aufhält oder niederlässt.

Bei der Betrachtung der „illegalen" Einwanderung stechen drei Ausgangsregionen hervor: das Dreieck Béni Mellal – Khouribga – Casablanca, die Region Larache – Tétouan und der Osten Marokkos. Der Großteil dieser „illegalen" Einwanderung orientiert sich nach Spanien und Italien. Die Aufschlüsselung der „illegalen" Abwanderung in Länder der Ersteinwanderung zeigt die Rolle Spaniens und Italiens, die jeweils 32,8 % und 28,9 % aufnehmen, wohingegen traditionelle Zielländer weit hinten liegen und Deutschland dabei den niedrigsten Prozentsatz aufweist (Abbildung 4).

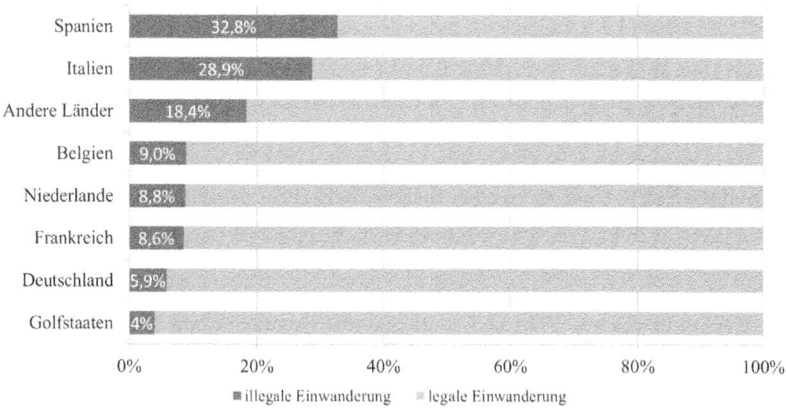

Abb. 4   Legale und illegale Einwanderung pro Aufnahmeland

Quelle: Umfrage E3R – Marokko 2007

3.3   Die schwächer werdende Anziehungskraft Deutschlands

„Eumagine" ist eines der jüngeren Forschungsprojekte zur marokkanischen
Einwanderung nach Europa. Es versucht, das Bild, das die Marokkaner von
Europa haben, und ihre Migrationsbestrebungen zueinander in Beziehung zu
setzen. Berücksichtigt werden dabei die verschiedenen bei der Entwicklung die-
ses Bildes zum Tragen kommenden Elemente. Dazu gehören beispielsweise die
Wahrnehmung der Menschenrechte und der Demokratie sowohl in Marokko
als auch in Europa, aber auch die Zufriedenheit mit den Lebensbedingungen
(Berriane et al. 2013). Zu Demonstrationszwecken konzentrieren wir uns – auf
der Basis der Ergebnisse dieser Forschung – auf die geographische Wahrnehmung
Europas (verglichen mit anderen Kontinenten) sowie auf die Rolle Deutschlands.[6]

---

6   Das Projekt Eumagine wurde im Rahmen des 7. EU-Rahmenprogramms für Forschung,
    Technologische Entwicklung und Demonstration (FP7) unter Mitwirkung von mehr als
    30 Forschern aus sieben verschiedenen Ländern, darunter auch Marokko, durchgeführt.
    Forschungsgegenstand war, inwieweit die Wahrnehmung der Menschenrechte und der
    Demokratie den Wunsch, nach Europa auszuwandern, beeinflusst und wie das Euro-
    pabild entsteht. Das Marokko-Teilprojekt dauerte 3 Jahre und konzentrierte sich auf
    das Zusammentragen von quantitativen (2000 Fragebögen) und qualitativen Daten (80
    Interviews). Die Daten stammen aus vier Regionen, die auf der Grundlage verschiedener
    Kriterien ausgewählt wurden (siehe Projekt-Webseite: http://www.eumagine.org/).

Sowohl die tatsächliche als auch die in den Köpfen existierende Vorstellung über Migration nach Europa und ihre Möglichkeiten bezieht sich vor allem auf die (potentiellen) Zielländer. Dabei bewirken von den Migranten übermittelten Bilder und Botschaften, dass einige Zielländer im kollektiven Bewusstsein einen größeren Platz einnehmen als andere. Wir haben daher versucht, die Entstehung dieses Europabildes zu verstehen, ausgehend von der Annahme, dass es auf die durch die vergangene Auswanderung gewonnenen geographischen Kenntnisse über Europa zurückzuführen ist.

Zunächst ist festzustellen, dass Europa in den Köpfen der befragten Marokkaner[7] sehr präsent ist. Unabhängig von der Region, dem Geschlecht oder dem Vorhandensein eines Auswanderungswunsches zeigen die Angaben der Befragten bezüglich der bevorzugten Wohn- und Lebensorte außerhalb Marokkos, dass Ziele außerhalb Europas eine geringe Rolle spielen. Anders ausgedrückt: Die meisten, die Marokko verlassen wollen, um im Ausland zu leben, geben Europa als Ziel an.

Diese führende Rolle Europas bei den bevorzugten Zielen ist verbunden mit der Vormachtstellung einiger Länder (Tabelle 4). Folgende Frage wurde gestellt: „Wenn eine Marokkanerin oder ein Marokkaner im Ausland leben oder arbeiten müsste, wohin sollte sie/er Ihrer Meinung nach gehen?" Von allen Befragten der Stichprobe nennen 82,4 % Frankreich an erster Stelle, 15,3 % Spanien und zwischen 3,5 % und 4,4 % nennen Belgien und die Niederlande. Deutschland hingegen wird nur von 3,7 % genannt und scheint damit, verglichen mit anderen traditionellen Zielländern wie Frankreich oder neueren Zielen wie Spanien, nur wenig attraktiv zu sein. Dennoch liegt Deutschland vor Italien, auch wenn Italien neuerdings zu den beliebten Zielländern gehört.

In Tinghir (Todgha Valley) wird Deutschland weit hinter Frankreich an zweiter Stelle genannt. Tinghir ist eine Oase im Süden Marokkos und eine ehemalige Auswanderungsregion, die die Migranten in traditionelle Zielländer der internationalen Migration aus Marokko geführt hat. Aber auch hier setzten sich seit den 1980er Jahren neue Zielländer wie z. B. Spanien durch.

---

7   Die quantitative und qualitative Untersuchung konzentrierte sich auf die 18- bis 40-Jährigen und damit auf die Altersklasse, die potentiell Auswanderungsbestrebungen verfolgt.

Tabelle 4 Wenn ein(e) Marokkaner(in) im Ausland leben oder arbeiten müsste, wohin
sollte er/sie Ihrer Meinung nach gehen?

Zielland	Todgha Valley	Central Plateau	Tanger	Tounfite	Insgesamt
			Spalten %		
Frankreich	82,4	65,4	23,0	62,4	58,3
Spanien	3,6	11,5	31,1	15,0	15,3
Belgien	1,0	1,3	13,7	1,4	4,4
Niederlande	2,5	1,3	8,2	3,7	3,9
Deutschland	3,7	2,8	7,9	1,1	3,9
Italien	1,4	6,5	1,6	4,7	3,5
andere Länder	5,4	11,2	14,6	11,7	10,7
Insgesamt	100,0	100,0	100,0	100,0	100,0

Quelle: Eumagine Studie, Einzelfragebogen (gewichtete Daten) 2011

In Tanger ist die Reihenfolge anders. Die Stadt ist eine regionale Metropole, die sich
durch ihre Beziehungen zu Spanien schon vor langer Zeit nach Europa orientiert
hat und die nicht nur historisch, sondern auch durch die geographische Nähe und
kulturell immer schon eng mit Spanien verbunden war. Hier denken 31,1 %, dass
Jugendliche der Region nach Spanien sollten, unmittelbar gefolgt von Frankreich
mit 23 %, Belgien mit 13,7 % und den Niederlanden mit 8,2 %. Obwohl Deutschland
an sechster Stelle steht, ist es mit 7,9 % relativ stark vertreten, was an den zurückge-
kehrten Migranten aus dem Rifgebiet liegt, die sich in Tanger niedergelassen und
von Deutschland erzählt haben.

Tounfite (im östlichen Hohen Atlas) und Oulmès (im Zentralplateau) liegen in
Regionen, die sowohl von der traditionellen als auch von der neuen Auswanderung
wenig geprägt wurden. Hier tun sich nur zwei Zielländer hervor: Frankreich, das in
Marokko aufgrund der kolonialen Vergangenheit bekannt ist, und Spanien als neues
Ziel in unmittelbarer Nachbarschaft. Deutschland hingegen spielt fast keine Rolle.

Diese enge Verknüpfung zwischen der Wahrnehmung, dem Europabild und
dem Einfluss der internationalen Auswanderung aus Marokko wird noch offen-
kundiger, wenn man die Menschen fragt, was für sie das Wort Europa bedeutet.
Auf die Frage „*An welche Länder denken Sie, wenn Sie das Wort Europa hören?*"
werden tatsächlich die oben genannten Länder als Antwort angeführt. Um genauere Ergebnisse zu erhalten, haben wir gezählt, wie häufig welches Land genannt

wurde und dabei die ersten fünf Angaben festgehalten. Das Ergebnis ist in der nachfolgenden Tabelle dargestellt:

Tabelle 5 Häufigkeit der Länderangaben in Prozent

Land	in % (n=2000)
Frankreich	76,1
Spanien	56,0
Italien	25,8
Niederlande	14,8
Belgien	13,6
Deutschland	12,8
Vereinigtes Königreich	5,3
Portugal	3,7
Skandinavien	0,2

Mehrfachnennung möglich; es wurden die ersten fünf Angaben berücksichtigt.
Quelle: Eumagine Studie, Einzelfragebogen (gewichtete Daten) 2011

Bei der Betrachtung dieser Tabelle drängt sich ein Vergleich mit der (auf offiziellen Daten beruhenden) Verteilung der in Europa lebenden Marokkaner auf. Es besteht tatsächlich ein enger Zusammenhang zwischen der „im Geiste" gezeichneten Karte Europas und der Verteilung der migrierten Marokkaner in Europa. Beide Quellen zeigen, dass Frankreich, Spanien und Italien jeweils den gleichen Rang einnehmen, gefolgt von den Niederlanden, Belgien und Deutschland. Es sei daran erinnert, dass dies auf eine seit mehr als einem Jahrhundert andauernde Migration zurückzuführen ist, die zwei Generationen von Einwanderungsländern hervorbrachte (Berriane/ Aderghal 2008). Trotz dieser quantitativen Gewichtung wird Deutschland bei den qualitativen Gesprächen vergleichsweise häufig genannt und hier durchaus mit anderen Ländern verglichen:

„Natürlich gibt es Unterschiede zwischen den europäischen Ländern, beispielsweise in Sachen Wirtschaftskrise (…): Es gibt die Länder, die die Krise getroffen hat, und diejenigen, die ihr ausweichen konnten. Zu diesen Ländern gehört zum Beispiel Deutschland, das nicht von der Krise betroffen wurde und das die schwierige wirtschaftliche Situation dank seiner starken Wirtschaft durchstehen konnte. Auch Frankreich scheint sich gegen die Wirtschaftskrise heftig

zur Wehr zu setzen. Ganz im Gegensatz dazu wurden Spanien und Italien in besonderem Maße von der Krise getroffen. Folglich gibt es auf verschiedenen Ebenen klare Unterschiede zwischen den verschiedenen europäischen Ländern."[8]

In diesem Zitat zeigt sich die Bedeutung, die Deutschland für das Europabild der Marokkoner hat: Auch wenn es sowohl in der quantitativen Migrationsrealität als auch auf der „geistigen" Liste nur einen hinteren Rang als Migrationsziel einnimmt, ist es doch in der Vorstellung, die Marokkaner von Europa haben, nach wie vor sehr präsent.

4   Die Beziehungen der marokkanischen Gemeinschaft in Deutschland zu ihrer Herkunftsregion

Trotz des zurückgehenden Interesses an Deutschland verjüngt sich die marokkanische Gemeinschaft in diesem Land und stabilisiert sich weiter. In den von der ersten Generation aufgebauten Haushalten leben nunmehr auch jüngere Auswanderer, die im Rahmen der Familienzusammenführung kamen oder die in Deutschland geboren wurden. Dadurch ist die Gruppe der Marokkaner in Deutschland heute insgesamt durch eine relativ ausgewogene demographische Struktur gekennzeichnet. Es ist anzunehmen, dass ihre dauerhafte Niederlassung mit einer gewissen Verwurzelung in Deutschland einhergeht (Berriane/Hopfinger 1999). Vor diesem Hintergrund stellt sich die Frage nach den Auswirkungen der erfolgten Stabilisierung der Einwanderungssituation auf die Beziehungen zum Ursprungsland und zur Herkunftsregion.

4.1   Das Desinteresse an einer Rückkehr

Diejenigen, die sich mit der Auswanderung aus Marokko im Allgemeinen und der marokkanischen Auswanderung nach Deutschland im Besonderen beschäftigen, fragen sich besorgt, welche Folgen die Verwurzelung im Aufnahmeland für die Beziehungen mit dem Herkunftsland hat und demnach auch für die positiven Auswirkungen durch Rücküberweisungen. Einige Beobachter erwarten bereits, dass die marokkanischen Auswanderer künftig vor allem in den Zielgebieten ihrer Migration investieren werden; andere behaupten, dass wie in anderen Beispielen der

---

8   Gespräch 14308, qualitative Eumagine-Befragung (Berriane et al. 2013)

Migrationsgeschichte ab der dritten Generation keine Beziehungen von Bedeutung mehr zum Ursprungsland bestehen werden.

Eine Antwort auf die Frage nach der Zukunft der Beziehungen der in Deutschland lebenden Marokkaner zu ihrem Ursprungsland und ihren Herkunftsregionen ist nicht einfach zu finden. In der Tat deuten Familienzusammenführungen in großem Umfang, zunehmende Einbürgerungen oder wachsende Langzeitaufenthalte auf eine Stabilisierung und Verwurzelung der marokkanischen Gemeinschaft in Deutschland hin (Berriane/Hopfinger 1999). Außerdem scheinen die Ergebnisse einer von uns in Nador (Al Aaroui) durchgeführten kleinen Studie mit in Deutschland lebenden Jugendlichen und jungen Erwachsenen, die während ihres Marokkourlaubs befragt wurden, die genannten Sorgen zu rechtfertigen.[9] Zwar halten sich 30 der 41 befragten Jugendlichen an den Ramadan, aber nur 9 praktizieren das Gebet, nur 12 von 41 beherrschen die arabische und 19 die berberische Sprache richtig, und nur 13 haben geographische und geschichtliche Grundkenntnisse in Bezug auf Marokko. Die Aussagen in Bezug auf die Zukunft sind noch signifikanter: 10 Jugendliche ziehen eine Heirat mit einem Partner aus dem Aufnahmeland in Betracht, 5 leben bereits mit einer nicht aus Marokko stammenden Person ohne Trauschein zusammen, 12 wollen die Staatsbürgerschaft des Gastlandes erwerben, 7 von ihnen sind bereits eingebürgert, 8 wissen nicht, ob sie definitiv in die Heimat zurückkehren werden und 32 geben an, nicht endgültig in die Heimat zurückkehren zu wollen. Und von einem konkreten Rückkehrvorhaben spricht niemand der 41 Befragten. Außerdem liegen die Ferienaufenthalte in Marokko immer weiter auseinander; 44,3 % der ausgewanderten Haushaltsvorstände, die in Al Aaroui bei ihrem jährlichen Aufenthalt angetroffen wurden, tun kund, nur noch alle zwei Jahre anstatt einmal im Jahr in die Heimat reisen zu wollen. Die wichtigste Angabe betrifft jedoch 35,5 % der aktuell Ausgewanderten und der Angehörigen der ersten Generation: Sie sind die einzigen, die ernsthaft mit dem Gedanken spielen, endgültig zurückzukehren. Alle anderen (64,5 %) beabsichtigen dies zum Zeitpunkt der Umfrage nicht.

Die Gründe der 41 Befragten, in Deutschland bleiben zu wollen, lassen sich in sechs Kategorien einteilen (siehe Tabelle 6). Es besteht nahezu ein Gleichgewicht zwischen den Gründen, die mit dem Aufnahmeland und dem Grad der Eingliederung in die deutsche Gesellschaft zu tun haben, und den Gründen, die auf eine Furcht vor der Rückkehr nach Marokko oder sogar eine gewisse Ablehnung gegenüber dem Herkunftsland verweisen.

---

9   Befragt wurden 41 Jugendliche und junge Erwachsene (16 sind in Deutschland geboren, 20 sind ihren Familien im Rahmen der primären und 5 im Rahmen der sekundären Familienzusammenführung gefolgt).

Tabelle 6   Gründe für fehlende Rückkehrbereitschaft von in Deutschland lebenden
Auswanderern (befragt in Al Aaroui)

	n	Spalten %
Im Zielland integriert oder dabei, integriert zu werden	7	17,1
Soziale und wirtschaftliche Vorteile im Zielland der Migration	5	12,2
Investitionshindernisse und mangelnde Infrastruktur in Marokko	8	19,5
Ablehnende Haltung gegenüber Marokko	11	26,8
Familiäre Gründe	6	14,6
Furcht vor der Rückkehr und Angst vor Wiedereingliederungs-schwierigkeiten	4	9,8
Insgesamt	41	100,0

Quelle: Vor-Ort-Befragung des Verfassers

Zu den Gründen, weshalb die Ausgewanderten keine Rückkehr beabsichtigen,
gehören unter anderem die lokalen wirtschaftlichen Strukturen insbesondere in
den Provinzen Nordmarokkos, die für Investitionen kaum geeignet seien, sowie
die Furcht vor Schwierigkeiten bei der Wiedereingliederung.

Diese Ansichten und Fakten zeigen eine eindeutige Tendenz zur Verwurzelung
in Deutschland, die zugleich eine Beeinträchtigung der Beziehungen zur Herkunftsregion, ihrer Bevölkerung und Kultur bedeutet.

Dennoch wäre es gewagt, aus diesen Beobachtungen ein endgültiges Fazit zu
ziehen. Ergebnisse anderer in Marokko durchgeführter Untersuchungen weisen
in die entgegengesetzte Richtung. Daher sollte versucht werden, auch den Hinweisen auf den Fortbestand der Beziehungen zwischen Marokko bzw. Nador auf
der einen Seite und den in Deutschland lebenden Marokkanern auf der anderen
Seite nachzugehen.

4.2   Eine beachtliche Rückkehrquote

Die erste Generation ging um der Arbeit willen und die Rückkehr war Teil des Migrationsprojektes. Es handelte sich um eine wirtschaftlich motivierte Abwanderung,
die eine Rückkehr von vorneherein vorsah. Dies lässt vermuten, dass die endgültige
Rückkehr spätestens mit dem Renteneintritt erfolgen und eine „Rückkehrmigration"
auslösen sollte, die an diese Lebensphase gekoppelt ist. Allerdings haben wir in der
Region Grand Nador nur sehr wenige Rückkehrer aus Deutschland angetroffen, die

diese Vermutung bestätigen können. Ein Teil der Befragten gab an, dass sie nach einem mehr oder weniger langen Aufenthalt zurückgekehrt waren. Die Rückkehr im Rahmen des mit der Anwerbepolitik verknüpften Rotationsprinzips ist für eine genauere Eingrenzung ebenfalls problematisch, wenn es um Großfamilien geht, die sowohl in Deutschland als auch in Nador Familienunternehmen leiten und deren Familienmitglieder abwechselnd zurückkehren, um in beiden Unternehmen arbeiten oder sie betreuen zu können.

Die genauere Erforschung von Umfang, Form und Folgen der Rückkehrmigration erfordert daher eigentlich das Heranziehen umfangreicherer statistischer Daten. Nur leider geben die vorliegenden Statistiken über die internationale Migration aus Marokko keinen Aufschluss über die Rückkehrrealität im Verhältnis zu den Weggängen aus Marokko. So müssen wir uns einstweilen auf eigene, in Nador und der umgebenden Region durchgeführte Umfragen stützen, die bestätigen, dass es Rückkehrer gibt. Wir trugen deshalb alle von Geschäftsinhabern in Nador und Familienvorständen in Al Aaroui sowie von ihren Angehörigen gegebenen Antworten auf die Frage nach dem Jahr des Weggangs und der Rückkehr zusammen. Auf diese Weise gelang es, mit einer Stichprobe von knapp 2.500 Personen wenigstens den zeitlichen Verlauf des Aufbruchs und der Rückkehr nachzuzeichnen (Tabelle 7).

Tabelle 7   Aufbruch und Rückkehr der Migranten in *Nador* und *Al Aaroui*

	50er Jahre	60er Jahre	70er Jahre	80er Jahre	90er Jahre	Insg.
Aufbruch	41	781	669	615	364	2470
Rückkehr	5	98	160	162	114	539
Anteil Rückkehrer %	12,2	12,5	23,9	26,3	31,3	21,8

Quelle: Vor-Ort-Befragung des Verfassers

Von 2.470 zwischen 1954 (erster angegebener Aufbruch) und 1994 (letztes erhobenes Jahr) ausgewanderten Migranten sind 539 zurückgekehrt, was einer durchschnittlichen Rückkehrquote von 22 % entspricht. Auffallend ist, dass die Auswanderungen trotz ihres Rückgangs in den 1970er, 1980er und 1990er Jahren und trotz restriktiverer Einwanderungspolitiken über die Jahre hinweg weiter anhielten. Dies bestätigen auch die aus den Konsulaten stammenden Zahlen. Am interessantesten aber sind die Informationen zur Rückkehrquote: Lag diese in den 1950er und 1960er Jahren noch bei 12 %, so nehmen die Rückkehrerzahlen in den nachfolgenden Jahrzehnten zu und die Quote erreicht mehr als 31 %. Zwar liegt die Rückkehrhäufigkeit noch

deutlich unter der Zahl der dauerhaften Weggänge. Auch erfolgt eine Rückkehr
oft bereits nach mehr oder weniger kurzen Aufenthalten im Gastland. Dennoch
liegen Rückkehrhäufigkeit und insbesondere Rückkehrquote zu hoch, um diese
Dimension der internationalen Migrationsbeziehungen zu ignorieren.

4.3   Die Rückkehr nach einem Kurzaufenthalt im Ausland

Eine hohe Anzahl an Personen, die sich als ehemalige Auswanderer definieren,
wurde aus der Gruppe der befragten Geschäftsinhaber herausgegriffen und gesondert betrachtet: 428 der befragten Geschäftsinhaber in Marokko, also 15,9 %
von insgesamt 2.680 Befragten gaben an, einst Auswanderer gewesen zu sein. Von
den 262 in Al Aaroui befragten Haushaltsvorständen kehrten 30 und damit 11 %
endgültig zurück. 17 von ihnen taten dies nach dem Renteneintritt, die anderen
mussten aus Krankheitsgründen, aufgrund auslaufender Verträge, Abschiebung
oder Arbeitsunfällen zurückkehren. Aber nur 112 der ehemaligen Auswanderer
waren länger als 20 Jahre im Ausland. Die meisten von ihnen waren kürzer weg
und kehrten dann in die Heimat zurück, um die Pläne, für die sie einst das Land
verließen, zu verwirklichen.

Die befragten Rückkehrer, die zwischen einem und zehn Jahren im Ausland lebten, machen etwa die Hälfte der gesamten Stichprobe aus: Es sind 44 % in Selouane,
63,7 % in Segangane, 57,7 % in der Stadt Nador und 52,3 % im Grand Nador. Zwar
mögen diese ehemaligen Kurzzeit-Auswanderer auf den ersten Blick nicht dem
Bild des erfolgreichen Auswanderers entsprechen: Oft haben sie nur kleine Läden
oder bieten nur einfache Dienstleistungen an. Dennoch könnte man behaupten,
dass die relativ kurzzeitige Auswanderung eng mit einem beruflichen Erfolg in der
Auswanderungssituation zusammenhängt (Berriane/Hopfinger 1999). Denn es ist
sehr wahrscheinlich, dass diejenigen Auswanderer, die länger als geplant im Ausland
bleiben, gerade deshalb nicht die ursprünglich geplante Rückkehr antreten, weil
sie das Ziel ihres Migrationsprojektes noch nicht erreicht haben. Eine frühzeitige
Rückkehr, sofern sie nicht von außen auferlegt ist, könnte daher auf einen Migra-
tions-,Erfolg' hindeuten. Aus diesem Grund kommt den kurzzeigen (1 bis 10 Jahre)
Auswanderern eine besondere Bedeutung zu: Sie konnten ihr Migrationsprojekt
wie geplant umsetzen, das heißt, sie erwarben im Ausland innerhalb relativ kurzer
Zeit Geld und Wissen, mit dem sie anschließend in die Heimat zurückkehrten.

Ein Kurzaufenthalt von vier, fünf oder maximal sieben Jahren scheint die Regel zu sein. Ehemalige Auswanderer führen für diese relativ kurzen Aufenthalte
seltener wirtschaftliche als soziale Gründen an: Die Erziehung und Betreuung
der in der Heimat zurückgelassenen Kinder, der Wille, die Familie nicht zu lange

alleine zu lassen usw. Oft aber wurde diese kurze Dauer bereits zum Zeitpunkt des Aufbruchs aus der Heimat festgesetzt; das Migrationsprojekt war also im Sinne eines Kurzzeitaufenthalts geplant, um entweder Geld anzusparen oder das für die Gründung eines Kleinunternehmens nötige Wissen zu erwerben.

4.4   Rückkehr ohne Rückkehr

Das ursprüngliche Migrationsprojekt beinhaltete die Rückkehr bereits zum Zeitpunkt des Weggangs. Wie genannt, gab ein Drittel der befragten Jugendlichen und jungen Erwachsenen in Al Aaroui an, endgültig nach Marokko zurückkehren zu wollen. Die übrigen zwei Drittel blieben bei ihren Zukunftsplänen zwar vage, eine grundsätzliche Rückkehr wurde aber auch von ihnen nicht ausgeschlossen. Der Traum und der Wunsch zurückzukehren, spielt für viele Auswanderer aus Nador nach wie vor eine wichtige Rolle.

Verschiedene Indizien unterstreichen diese Haltung, allen voran die Regelmäßigkeit der Rückkehr im Urlaub. Die Statistiken der Grenzübergänge zeigen, dass Auswanderer und ihre Familien insbesondere im Sommer in größerer Menge zurückkehren. Was die Häufigkeit anbelangt, haben wir bereits festgestellt, dass zwar 116 von den 262 in Al Aaroui Befragten nur noch alle zwei Jahre, jedoch 110 jährlich und 15 gar zwei Mal im Jahr in die alte Heimat reisen.

Außerdem ist die Verbundenheit mit der Region weiterhin die Regel, wie der Umfang und die Vielschichtigkeit der Waren- und Geldströme zeigen: 46 % der 262 in Al Aaroui Befragten überweisen mehr als einmal im Jahr Geld nach Marokko (28,2 % einmal im Monat, 13,7 % einmal im Quartal und 4 % einmal im Halbjahr) und 255 haben einmal oder mehrmals in die Region investiert (241 in städtischen Grund und Boden und in den Wohnungsbau, 8 in den Landwirtschaftssektor und 6 in den Handels- und Dienstleistungssektor). Am deutlichsten drückt sich diese Verbindung in den Geldsummen, die in den Banken der Region lagern, aus: 88 % der Spareinlagen gehören Auswanderern, wodurch Nador zum zweitgrößten Finanzplatz in Marokko geworden ist. Die Geldströme fließen nicht nur auf Sparkonten, sondern auch in die lokale Wirtschaft. Damit kommen sie den zurückgelassenen Familienmitgliedern zugute, weil so Wohnungen gekauft oder kleine Handels- oder Dienstleistungsgeschäfte finanziert werden, in denen dann ein Angehöriger wohnen bzw. arbeiten kann. Diese Investitionen sind nicht nur eine Unterstützung der in der Heimat gebliebenen Familie, sondern auch Investitionen in die eigene, sich hinauszögernde Rückkehr. Sie sind, mit anderen Worten, eine Form der gedanklich vollzogenen, zumindest vorbereiteten und nur (noch) nicht verwirklichten Rückkehr.

5   Fazit

Die Auswanderung aus Marokko nach Deutschland verliert gegenwärtig die Besonderheit, die sie viele Jahrzehnte lang kennzeichnete. In den vergangenen Jahren hat die Ausweitung des Migrationsphänomens auf alle Regionen Marokkos zur Entstehung neuer, sich mit der Mobilität aus dem Rif und der Region Nador vermischender Migrationsbewegungen geführt. Außerdem hat das Auftreten neuer Zielländer wie Spanien oder Italien die Bedeutung Deutschlands geschmälert. Allerdings fällt die in Deutschland lebende Bevölkerungsgruppe aus dem Rif nach wie vor durch ihre engen Beziehungen mit der Herkunftsregion auf. Dieser Punkt ist für die Erforschung der marokkanischen Migration aus Sicht des Südens von besonderem Interesse, denn eine Schwächung dieser mit der Herkunftsregion gepflegten Beziehungen dürfte negative Auswirkungen auf die weitere Entwicklung der Rifregion haben.

Dass sich die Beziehungen zwischen den Auswanderern und ihren Herkunftsregionen ändern, liegt angesichts der Veränderungen der internationalen Auswanderung aus Marokko im Allgemeinen und der Auswanderung aus dem Rif im Besonderen auf der Hand:

> „Zu einer Zeit, als die Einwanderung von Delegationen alleinreisender Männer die materielle Stärkung der bäuerlichen Gesellschaft zur Aufgabe hatte, wurde die Rückkehr weniger thematisiert, weil ja alle Einwanderer zurückkehrten. Der Auslandsaufenthalt dauerte zu jener Zeit kaum länger als zwei oder drei Jahre" (Zahraoui 1981).

Aufgrund der Familienzusammenführung und der strukturellen Veränderungen der Rifgemeinschaft im Ausland hat sich die Rückkehr immer häufiger und länger verzögert. Die transnationalen Beziehungen sind deshalb jedoch nicht weniger stark. Im Gegenteil: Es scheint, als ob die nicht erfolgte Rückkehr teilweise sogar durch eine Intensivierung der Beziehungen in Form von Geldüberweisungen oder häufigeren Heimreisen im Urlaub kompensiert würde. Die endgültige Niederlassung der Auswandererfamilien im Zielland geht dank des Fortschritts der Technologie, insbesondere der Kommunikationstechniken, interessanterweise mit einer Verdichtung der Beziehungen zur alten Heimat einher. Im Roman von Mohamed Mhaimah (1992) träumt die fiktive Romanfigur davon, dass Dortmund an Casablanca grenzt. Dank Mobiltelefonen, Satellitenschüsseln und des Internets sind die Entfernungen zwischen der Rifregion und Deutschland erheblich reduziert worden, so dass Nador heute tatsächlich „näher" an Düsseldorf oder Frankfurt liegt. Auch wird die Niederlassung der Auswandererfamilien von einer starken Mobilität zwischen dem Ursprungsort und dem heutigen Wohnort begleitet. Diese Mobilität erfolgt innerhalb der internationalen Netzwerke, die auf beiden Seiten des Mittelmeers aufgebaut und andernorts beschrieben wurden (Ma Mung et al. 1998). Migrationsforscher zögern nicht mehr, mit Bezug auf die in Europa lebenden nordafrikanischen Migranten von einer maghrebinischen Diaspora zu sprechen. War dieser Begriff lange Zeit der jüdischen Gemeinschaft vorbehalten, hat insbesondere die angelsächsische Forschung ihn längst auch auf andere Gruppen ausgeweitet (Armstrong 1976; Sheffer 1986). Die Entstehung diasporischer Verhältnisse sowie die geographische Zersplitterung und die zunehmende soziale Heterogenität der marokkanischen Auswanderung entsprechen einer neuen empirischen Wirklichkeit, zu deren Erforschung der Blick noch stärker als in der Vergangenheit auf transnationale Netze und zirkuläre Migrationen zu richten ist. Nimmt man diese Perspektive ein, würde man – trotz Diversifizierung der Herkunfts- und Zielorte, trotz neuer Migrationsformen (z. B. Bildungsmigration) und trotz zunehmender Sesshaftigkeit der marokkanischen Auswanderer in Deutschland – nicht von einer Schwächung der Beziehungen zwischen den Rifauswanderen und der Stadt Nador bzw. Grand Nador ausgehen. Man würde vielmehr erwarten, dass die Entwicklung von Stadt wie Region wahrscheinlich noch lange unter dem Einfluss der Migration nach Deutschland stehen wird.

Literatur

Armstrong, J.A (1976). Mobilized and Proletarian Diasporas. *American Political Sciences Review 70 (2)*, 393-408.

Berriane, M. (1993). Impact de la migration internationale du travail sur la croissance du cadre bâti: le cas du centre de Zeghanghane. In: M. Berriane (Hrsg.), *Les effets de la migration internationale du travail sur les régions de départ* (RGM 15, 1-2).

Berriane, M. (1995). L'image de l'Allemagne et des Allemands chez les émigrés marocains. In: M. Berriane & A. Bendaoud (Hrsg.), *Marocains et Allemands: la perception de l'autre* (Série Colloques et Séminaires 44) (67-98). Rabat: Faculté des Lettres et des Sciences Humaines, Université Mohammed V.

Berriane, M. (1996). Die Provinz Nador: Eines der wichtigsten Herkunftsgebiete der marokkanischen Emigration. In: M. Berriane, H. Hopfinger, A. Kagermeier & H. Popp (Hrsg.), *Remigration Nador I: Regionalanalyse der Provinz Nador (Marokko)* (Maghreb-Studien 5) (157-192). Passau: Passavia Universitätsverlag.

Berriane, M., & Aderghal, M. (2008). *The State of Research into International Migration from, to and through Morocco.* http://www.imi.ox.ac.uk/pdfs/morocco-country-paper-english-translation. Zugegriffen: 28.07.2014.

Mohamed Berriane

Berriane, M., & Hopfinger, H. (1992). Migration internationale de travail et croissance urbaine dans la province de Nador (Maroc). *Revue Européenne des Migrations Internationales 8 (2)*, 171-190.

Berriane, M., & Hopfinger, H. (1996). *Auswirkungen von internationalen Arbeitskräftewanderungen auf Prozesse der Mikro-Urbanisation in den Herkunftsgebieten: Die Geburt einer Kleinstadt in den Außenbezirken von Nador/Nordostmarokko*. Gotha: Justus Perther Verlag.

Berriane, M., & Hopfinger, H. (1999). *Nador, une petite ville parmi les grandes* (Collection Villes du Monde Arabe, URBAMA/CNRS). Tours: Université de Tours.

Berriane, M., Aderghal, M., & Amzil, L. (2012). Migratory Flows and Profiles of Moroccan Migrants in Spain, Methodological Elements for a Quantitative Analysis of Moroccan Emigration to Andalusia (Spain). In: M. Berriane & H. de Haas (Hrsg.), *African Migrations Research: Innovative Methods and Methodologies* (71-92). Trenton et al.: Africa World Press.

Berriane, M., & Aderghal, M., & Jolivet, D. (2013). *Within Country Analysis: Morocco*. http://www.eumagine.org/outputs/Project%20Paper%2010%20-%20Morocco%20FINAL.pdf. Zugegriffen: 28.07.2014.

Bonnet, J., & Bossard, R. (1973). Aspects géographiques de l'émigration marocaine vers l'Europe. *Revue de Géographie du Maroc 23-24*, 5-50.

Bossard, R. (1979). *Un espace de migration: les travailleurs du Rif oriental (Province de Nador) et l'Europe*. Montpellier: Université Paul Valéry.

Cohen, A., & Berriane, M. (2011). *De Marruecos a Andalucia: migracion y espacio social*. Granada: Editorial Universidad de Granada.

Khateeb, I., & Basten, B. (1991). *Les Marocains à Francfort*. Frankfurt a.M.: Amt für Multikulturelle Angelegenheiten.

Ma Mung, E., Dorai, K., Loyer, F., & Hily, M.A. (1998). La circulation migratoire, bilan des travaux. *Revue de synthèse sur l'immigration et la présence étrangère en France 84*, 1-12.

Mhaimah, M. (1992). *Wenn Dortmund an Casablanca grenzen würde*. Herdecke & Bonn: Scheffer.

Sheffer, G. (Hrsg.) (1986). *Modern Diasporas in International Politics*. New York: Saint Martin Press.

Simon, G. (1979). *L'espace des travailleurs tunisiens en France. Structures et fonctionnement d'un champ migratoire international* (Thèse d'Etat). Poitiers: Université de Poitiers.

Tarrius, A. (1996). Territoires circulatoires des migrants et espaces européens. In: M. Hirschorn & J.M. Berthelot (Hrsg.), *Mobilités et ancrages*. Paris: L'Harmattan.

Zahraoui, A. (1981). Le retour: mythe ou réalités? *Annuaire de l'Afrique du Nord 20*, 229-245.

Autorinnen und Autoren

Prof. Dr. Mohamed Berriane forscht und lehrt als Geograph an der Universität Euro-Méditerranéenne von Fès (UEMF), Marokko. Er ist Co-Direktor vom Laboratoire Mixte International MediTer am Institut de Recherche pour le Développement in Frankreich (IRD) sowie Mitglied der Académie Hassan II des Sciences et Techniques in Rabat und des International Migration Institute an der Universität Oxford. In seiner Forschung widmet er sich insbesondere Fragen lokaler und regionaler Entwicklung sowie dem Einfluss der internationalen marokkanischen Migration auf ihre Herkunftsregionen.

Dr. Khatima Bouras-Ostmann ist Sprachwissenschaftlerin und Dozentin im Seminar für Orientalistik und Islamwissenschaft der Ruhr-Universität Bochum. Ihre Forschungsschwerpunkte liegen in der Soziolinguistik und der Sprachlehrforschung, insbesondere in den Bereichen Migrationsforschung, Migrantenliteratur und Bildungspolitik. Zurzeit forscht sie zur Geschichte und aktuellen Entwicklung der marokkanischen Migration sowie zur Methodologie der deutschen und arabischen Sprachdidaktik. Sie ist Fördermitglied des Deutsch-Marokkanischen Kompetenznetzwerks (DMK).

Dr. Ines Braune arbeitet als Arabistin im Centrum für Nah- und Mittelost-Studien (CNMS) an der Universität Marburg. Sie promovierte zur Internetnutzung marokkanischer Jugendlicher im Kontext gesellschaftlicher Transformationsprozesse. Ihre Arbeitsschwerpunkte umfassen die Umbrüche in der arabischen Welt, Jugendkulturen, neue Medien, Alltagspraktiken und Widerstand, Migration, Cultural Studies und Ethnographie.

Dr. Sarah Carol ist Sozialwissenschaftlerin und als Research Fellow am Mannheimer Zentrum für Europäische Sozialforschung (MZES) tätig. In ihrer Dissertation untersuchte sie die soziale Distanz zwischen muslimischen Migranten und Mitgliedern der Aufnahmegesellschaft in Westeuropa und die Rolle von Religiosität, Familien- und Geschlechterwerten.

Dr. Maike Didero arbeitet als Geographin im Lehr- und Forschungsgebiet Kulturgeographie an der RWTH Aachen. In ihrer Dissertation beschäftigte sie sich mit dem Einfluss des deutschen Islambildes auf die Alltagsgestaltung und die raumbezogene Identitätsbildung muslimischer Araber in Nordrhein-Westfalen. Ihre Arbeitsschwerpunkte umfassen die Migrationsforschung, die Stadtgeographie sowie die Diskurs- und Praxistheorie.

Daniel Ehebrecht, M.A., ist Sozialgeograph und arbeitet am Institut für Geographie der Universität Osnabrück. Seine Interessenschwerpunkte sind die sozialgeographische Migrationsforschung, sozialräumliche Ungleichheiten sowie informelle Siedlungen und öffentliche Wohnraumversorgung im Globalen Süden. Zurzeit untersucht er Dynamiken und Konflikte aktueller Stadtentwicklungsprozesse im Kontext von Megaevents in Brasilien.

Prof. Dr. Rahim Hajji lehrt als Soziologe im Fachbereich Sozial- und Gesundheitswesen an der Hochschule Magdeburg-Stendal. In der Forschung beschäftigt er sich zurzeit vor allem mit der Migration und Integration von Marokkanischstämmigen in Deutschland. Einen Schwerpunkt bildet ihr entwicklungsbezogenes Engagement in Marokko. Seit 2009 ist er Mitglied des Deutsch-Marokkanischen Kompetenznetzwerks (DMK).

Thomas Kemper, Dipl. Sozialwissenschaftler, arbeitet als Doktorand in der Abteilung „Steuerung und Finanzierung des Bildungswesens" am Deutschen Institut für Internationale Pädagogische Forschung (DIPF) in Frankfurt am Main. Er forscht zu regionalen Bildungsdisparitäten, Bildungssegregation und migrationsspezifischen Aspekten in der amtlichen Schulstatistik.

Dr. Ulf-Dieter Klemm, Jurist und Diplomat, war von 2008 bis 2011 deutscher Botschafter in Marokko. Zuvor war er u. a. im Auswärtigen Amt tätig, arbeitete in den deutschen Botschaften in Griechenland und Japan und war von 2002 bis 2005 deutscher Botschafter in Mosambik. Er ist Ehrenvorsitzender des Deutsch-Marokkanischen Kompetenznetzwerkes (DMK).

Prof. Dr. Ruud Koopmans ist Soziologe und Direktor der Forschungsabteilung „Migration, Integration, Transnationalisierung" am Wissenschaftszentrum Berlin für Sozialforschung (WZB). Er hat eine permanente Gastprofessur im Fachbereich Politikwissenschaften der Universität Amsterdam inne und lehrt außerdem an der Humboldt Universität zu Berlin. Neben Fragen der Migration- und Integrationsforschung beschäftigt er sich mit sozialen Bewegungen, der Soziologie der Europäischen Integration sowie der Globalisierung.

Prof. em. Dr. Utz Maas war Professor für Allgemeine und Germanische Sprachwissenschaft und Mitglied des Instituts für Migrationsforschung und Interkulturelle Studien (IMIS) an der Universität Osnabrück. Seit seiner Emeritierung arbeitet und forscht er als Honorarprofessor für Sprachwissenschaft an der Karl-Franzens-Universität Graz in Österreich. Schwerpunkte seiner wissenschaftlichen Arbeit sind unter anderem die Sprachen im Maghreb, Sprache und Schriftkultur sowie Sprache(n) in der Migrationsgesellschaft.

Dr. Soraya Moket ist Soziologin. In ihrer Dissertation befasste sie sich mit Demokratie und der Gleichstellung der Geschlechter in Marokko. Sie ist Gründungsmitglied des Deutsch-Marokkanischen Kompetenznetzwerks (DMK) und war bis zum 1. März 2014 ehrenamtliche DMK-Vorsitzende. Schwerpunktmäßig beschäftigt sie sich mit Fragen der Migration und Integration sowie entwicklungspolitischen Fragen.

Dr. Elise Pape ist Lehrbeauftragte für Soziologie im Fachbereich Sozialwissenschaften und assoziiertes Mitglied am Institut DynamE („Dynamiques Européennes") an der Universität Straßburg. Ihre Arbeitsschwerpunkte umfassen Migrationsprozesse, intergenerationelle Beziehungen, Transmission, Transnationalismus, postkoloniale Studien und die Sozialanthropologie.

Spogmai Pazun, M.A., ist wissenschaftliche Hilfskraft in der Abteilung „Steuerung und Finanzierung des Bildungswesens" am Deutschen Institut für Internationale Pädagogische Forschung (DIPF) in Frankfurt am Main. Sie beschäftigt sich mit dem Themenfeld Bildung und Migration sowie mit der Situation afghanischer Jugendlicher und junger Erwachsener im deutschen Bildungswesen.

Dr. Ronald Perlwitz, Literaturwissenschaftler und Diplom-Kaufmann, ist Maître de Conférences an der Université Paris Sorbonne. Seine Arbeitsschwerpunkte umfassen die deutsche Romantik, zeitgenössische deutsche Lyrik, französisch-deutsche und deutsch-französische Übersetzungen sowie die interkulturelle Germanistik. Seit 2014 arbeitet er für die Abu Dhabi Authority for Culture and Heritage und leitet dort das Musikprogramm „Abu Dhabi Classics".

Prof. Dr. Carmella Pfaffenbach ist Leiterin des Lehr- und Forschungsgebietes Kulturgeographie an der RWTH Aachen. Zu ihren Arbeitsschwerpunkten gehören die Migrationsforschung, die sozialgeographische Stadtforschung und der demographische Wandel. Zurzeit leitet sie u.a. ein Forschungsprojekt zur Bedeutung der internationalen Migration für die Raum- und Gesellschaftsproduktion in Muscat/Oman.

Prof. Dr. Andreas Pott ist Sozialgeograph und Direktor des Instituts für Migrationsforschung und Interkulturelle Studien (IMIS) an der Universität Osnabrück. In seinen aktuellen Forschungen untersucht er die räumliche Dimension von Migrationsregimen, globale Bildungsmigrationen sowie erfolgreiche Aufstiegsprozesse in der zweiten Migrantengeneration.

Zakariae Soltani, M.A., promoviert im Bereich der Neueren Deutschen Literatur an der Albert-Ludwigs-Universität Freiburg. Seine Arbeitsschwerpunkte sind Migrationsliteratur, Orientalismus, Alteritätskonstruktionen in der Literatur, Konstruktivismus, literaturwissenschaftliche Diskursanalyse und die Theorien des Postkolonialismus.

Dr. Naima Tahiri ist Assistenzprofessorin im Département de Langue et Littérature Allemandes der Faculté des Lettres et des Sciences Humaines an der Université Mohammed V in Rabat, Marokko. Zu ihren Forschungs- und Arbeitsschwerpunkten gehören Zweitspracherwerb und Mehrsprachigkeit, Sprachkontakt, Interferenzforschung, kontaktinduzierter Sprachwandel, Ethnolektforschung sowie die Herkunftssprachen Tarifit und marokkanisches Arabisch der Deutschmarokkaner.

Anhang

Anwerbeabkommen zwischen Deutschland und Marokko

(Quelle: Politisches Archiv des Auswärtigen Amtes (Hrsg.) (1963). *Deutsch-marokkanische Vereinbarung vom 21. Mai 1963 über die vorübergehende Beschäftigung marokkanischer Arbeitnehmer in der BRD. BILAT-MRO 10.* Bonn)

1 Deutsch-marokkanische Vereinbarung vom 21. Mai 1963

V E R E I N B A R U N G

zwischen der Regierung der Bundesrepublik Deutschland
und der Regierung des Königreichs Marokko über die
vorübergehende Beschäftigung marokkanischer Arbeitnehmer in der Bundesrepublik Deutschland

----

Die Regierung der Bundesrepublik Deutschland

u n d

die Regierung des Königreichs Marokko

haben die folgende Vereinbarung geschlossen:

Artikel 1

1) Im Interesse einer geregelten Vermittlung marokkanischer
   Arbeitnehmer für eine Beschäftigung in der Bundesrepublik
   Deutschland bildet die Bundesanstalt für Arbeitsvermittlung
   und Arbeitslosenversicherung (nachstehend Bundesanstalt
   genannt) eine Auswahlgruppe.

2) Die Auswahlgruppe wird jeweils nach Marokko entsandt, wenn
   die Bundesanstalt es für angebracht hält.

3) Für die Durchführung ist auf marokkanischer Seite das
   marokkanische Ministerium für Arbeit und soziale Angelegenheiten (nachstehend Arbeitsministerium genannt) zuständig. Dieses unterstützt die Auswahlgruppe bei der Erfüllung ihrer Aufgaben; insbesondere schafft es die Voraussetzungen für die notwendigen ärztlichen Untersuchungen
   und stellt die hierfür erforderlichen Einrichtungen sowie
   geeignete Räumlichkeiten, die mit den üblichen Möbeln ausgestattet sind, kostenlos zur Verfügung.

Artikel 2

1) Die Bundesanstalt und das Arbeitsministerium unterrichten
   sich gegenseitig über Beschäftigungsangebote für marokkanische Arbeitnehmer und entsprechende Bewerbungen marokkanischer Arbeitnehmer. Die Mitteilungen der Bundesanstalt
   enthalten nähere Angaben über die geforderte berufliche
   Qualifikation der Bewerber, die Art und die etwaigen Besonderheiten der vorgesehenen Beschäftigung sowie ihre
   voraussichtliche Dauer. Sie enthalten weiter Angaben über
   die für die Betriebe geltenden Löhne und sonstigen Arbeitsbedingungen, die Unterkunftsverhältnisse und Möglichkeiten
   der Verpflegung sowie andere Einzelheiten, die für die
   Entscheidung des Bewerbers von Bedeutung sind.

2) Die Bundesanstalt stimmt alsdann mit dem Arbeitsministerium
den Zeitpunkt der jeweiligen Einreise der Auswahlgruppe
nach Marokko sowie Einzelheiten ihrer dortigen Tätigkeit
ab.

Artikel 3

1) Das Arbeitsministerium sammelt die Gesuche der Bewerber für
eine Beschäftigung bei deutschen Arbeitgebern, trifft unter
ihnen eine berufliche Vorauslese und stellt die ihr geeignet
erscheinenden Bewerber der deutschen Auswahlgruppe zur Vermittlung vor. Bewerber, für die im Strafregister eine Frei-
heitsstrafe eingetragen worden ist, werden nicht vorgestellt.
Das gleiche gilt für Bewerber, denen die zuständigen marokkanischen Behörden die Ausstellung eines Passes verweigern
können.

2) Die Auswahlgruppe stellt fest, ob die von dem Arbeitsministerium
vorgestellten Bewerber die beruflichen und gesundheitlichen
Voraussetzungen für die angebotene Tätigkeit erfüllen.

Artikel 4

1) Nach Abschluß der Prüfung wird über die Einstellung des
Bewerbers entschieden; diese Entscheidung treffen die deutschen
Arbeitgeber; sie können die Entscheidung auch bevollmächtigten
Vertretern oder der Auswahlgruppe übertragen. Jedem angenommenen marokkanischen Arbeitnehmer wird ein schriftlicher Arbeitsvertrag in deutscher und in der Landessprache ausgestellt. Der
Arbeitsvertrag wird einerseits von dem Arbeitgeber oder seinem
bevollmächtigten Vertreter und andererseits von dem Arbeitnehmer
unterschrieben sowie von der zuständigen marokkanischen Behörde
und der Auswahlgruppe mit einem Durchgangsvermerk versehen. Eine
unterzeichnete Ausfertigung wird dem marokkanischen Arbeitnehmer
vor der Ausreise durch das marokkanische Arbeitsministerium aus-
gehändigt.

2) Die Auswahlgruppe unterrichtet das Arbeitsministerium über
   die Einstellung oder Ablehnung der Bewerber. Mit dem jeweiligen
   Musterarbeitsvertrag wird dem Arbeitsministerium eine Liste der
   eingestellten Arbeitnehmer übersandt.

Artikel 5

Die Auswahlgruppe wird die marokkanischen Arbeitnehmer vor
ihrer Einreise in das Bundesgebiet über die allgemeinen Lebens-
und Arbeitsbedingungen in der Bundesrepublik unterrichten
und über die Höhe der Abzüge vom Arbeitslohn für die Lohn-
steuer, die Beiträge zur Sozial- und Arbeitslosenversicherung
sowie die Leistungen auf dem Gebiet der Sozialen Sicherheit
aufklären. Dabei ist darauf hinzuweisen, daß ein Anspruch
auf Familienhilfeleistungen aus der sozialen Krankenversicherung
und auf das gesetzliche Kindergeld für ihre Angehörigen mit
Wohnsitz oder gewöhnlichem Aufenthalt im Ausland nach deutschem
Recht nicht besteht.

Artikel 6

1) Die marokkanischen Behörden tragen dafür Sorge, daß die
   marokkanischen Arbeitnehmer im Besitze eines Passes sind,
   der eine Gültigkeit von mindestens einem Jahr, vom Tage der
   Einreise in die Bundesrepublik an gerechnet, hat. Die marokkanischen Konsulate in der Bundesrepublik Deutschland werden dafür
   Sorge tragen, daß der Paß erforderlichenfalls einen Monat
   vor Ablauf seiner Gültigkeitsdauer verlängert wird.

2) Die Auswahlgruppe der Bundesanstalt stellt dem angenommenen
   Arbeitnehmer kostenlos eine Legitimationskarte aus. Die
   Legitimationskarte ersetzt die nach den Vorschriften über
   die Ausübung einer Beschäftigung durch nichtdeutsche Arbeitnehmer erforderliche Arbeitserlaubnis für längstens ein Jahr,
   und sie befreit den Inhaber für die Dauer ihrer Gültigkeit
   vom Einreisesichtvermerkszwang.

Artikel 7

1) Die Anreise der marokkanischen Arbeitnehmer zum jeweiligen
Beschäftigungsort in der Bundesrepublik Deutschland wird in
Zusammenarbeit mit dem Arbeitsministerium je nach den Erfordernissen von der Auswahlgruppe während ihres Aufenthalts
in Marokko oder anschließend von der Bundesanstalt veran-
laßt.
Das Arbeitsministerium sorgt dafür, daß sich die marokkanischen
Arbeitnehmer rechtzeitig zum vereinbarten Abreiseort begeben.
Die Reisekosten von diesem Abreiseort bis zum Beschäftigungsort (einschließlich der Kosten der Reiseverpflegung) und die
durch die Tätigkeit der Auswahlgruppe entstehenden Kosten werden
von der Bundesanstalt vorgelegt und von dem künftigen Arbeitgeber durch Zahlung eines Pauschalbetrages an die Bundesanstalt
getragen.

2) Eine Regelung für die Übernahme der Rückreisekosten ist der
Vereinbarung zwischen dem Arbeitgeber und dem Arbeitnehmer im
Arbeitsvertrag vorbehalten.

Artikel 8

Die deutschen Arbeitgeber, bei denen die marokkanischen Arbeitnehmer beschäftigt werden, tragen Sorge dafür, daß die Arbeitnehmer sich unverzüglich nach ihrer Ankunft in der Bundesrepublik
Deutschland bei der örtlichen Meldebehörde anmelden und spätestens
innerhalb von drei Tagen, jedoch möglichst vor der Arbeitsaufnahme, bei der Ausländerbehörde die Aufenthaltserlaubnis bean-
tragen.

Artikel 9

Die marokkanischen Arbeitnehmer können ihr Arbeitsentgelt nach
den deutschen devisenrechtlichen Bestimmungen nach Marokko
überweisen.

Artikel 10

Die marokkanische Regierung verpflichtet sich, die in der
Bundesrepublik Deutschland befindlichen marokkanischen Staatsangehörigen, die nach den deutschen Bestimmungen die Voraussetzungen für einen ordnungsmäßigen Aufenthalt im Bundesgebiet
nicht oder nicht mehr erfüllen, jederzeit formlos zurückzunehmen,
die für die Rückreise erforderlichen Reiseausweise auszustellen,
die notwendigen Durchreisesichtvermerke zu beschaffen und ihre
Rückführung auf ihre Kosten zu übernehmen.

Artikel 11

1) Die marokkanische Regierung wird alle nötigen Maßnahmen treffen,
um die Ausreise solcher marokkanischer Arbeitnehmer in das Bundesgebiet zu verhindern, denen kein Sichtvermerk oder keine Legitimationskarte ausgestellt worden ist. Dies gilt insbesondere für
diejenigen marokkanischen Staatsangehörigen, die vorgeben,
Touristen zu sein, während sich aus den Umständen ergibt, daß
sie im Bundesgebiet arbeiten wollen.

2) Darüberhinaus werden die marokkanische Regierung und die Bundesregierung sich bemühen, die Tätigkeit von Agenten, privaten
Vermittlungsstellen, Reiseunternehmen und Einrichtungen ähnlicher
Art insoweit zu unterbinden, als deren Tätigkeit darauf gerichtet
ist, marokkanische Staatsangehörige für eine Arbeitnehmertätig-
keit in der Bundesrepublik Deutschland anzuwerben oder zum Zwecke
einer solchen Tätigkeit dorthin zu bringen.

Artikel 12

1) Auf Wunsch einer der beiden Regierungen kann eine Gemischte
Kommission, bestehend aus höchstens fünf deutschen und fünf
marokkanischen Mitgliedern, gebildet werden. Die Mitglieder
der Kommission können Sachverständige hinzuziehen. Die
Kommission kann in der Bundesrepublik oder in Marokko zusammentreten.

2) Die Gemischte Kommission kann
   - die Anwendung dieser Vereinbarung überprüfen und erforder-
     lichenfalls Änderungen der Vereinbarung vorschlagen;

   - Vorschläge unterbreiten, wie die Vorschriften dieser
     Vereinbarung mit multilateralen internationalen Ver-
     pflichtungen, die künftig von den beiden Regierungen
     übernommen werden, in Übereinstimmung zu bringen sind.

Artikel 13

Die Anlagen I) und II) bilden einen Bestandteil dieser
Vereinbarung.

Artikel 14

1) Diese Vereinbarung tritt am Tage ihrer Unterzeichnung in
   Kraft.

2) Sie gilt für die Dauer eines Jahres und verlängert sich
   jeweils um ein weiteres Jahr, falls sie nicht von einer der
   beiden Regierungen spätestens drei Monate vor Ablauf ihrer
   Gültigkeit gekündigt wird.

GESCHEHEN zu Bonn am 21. Mai 1963 in deutscher und französischer
Sprache in je zwei Ausfertigungen, wobei der Wortlaut in beiden
Sprachen verbindlich ist.

Für die Regierung der   Für die Regierung des
Bundesrepublik Deutschland   Königreichs Marokko

2 Anwendungsbereich der Vereinbarung

Anlage I

ANWENDUNGSBEREICH DER VEREINBARUNG

vom 21. Mai 1963

a) Die Vermittlung marokkanischer Arbeitnehmer in die Bundesrepublik Deutschland auf Grund dieser Vereinbarung bezieht
sich nur auf eine Beschäftigung im deutschen Kohlenbergbau,
falls diese Anlage nicht im Einvernehmen beider Regierungen
geändert wird.

b) Die Auswahlgruppe setzt sich zusammen aus Bediensteten der
Bundesanstalt, Vertretern von Unternehmen des deutschen Kohlen-
bergbaus und Ärzten, die von der Bergbehörde zur Vornahme von
Anlegeuntersuchungen zugelassen sind.

c) Die den marokkanischen Bergleuten erteilte Arbeitserlaubnis
beschränkt sich auch bei Verlängerung auf eine Beschäftigung
im Kohlenbergbau.

d) Jeder eingestellte marokkanische Bergmann wird in seine Tätigkeit planmäßig eingewiesen. Während der Einweisungszeit müssen
die Bergleute die deutsche Sprache soweit erlernen, daß sie
mündliche Anweisungen ihrer Vorgesetzten und Mitarbeiter
richtig auffassen und wiedergeben können und die für sie notwendigen grubensicherheitlichen Bestimmungen verstehen. Der
erforderliche Sprachunterricht wird auf Veranlassung der
deutschen Bergwerksgesellschaften kostenlos erteilt. Die Beschäftigung im untertägigen Bergwerksbetrieb hat das erfolgreiche Ablegen einer Sprachprüfung zur Voraussetzung.

Mit Arbeiten, von deren Ausführung das Leben und die Gesundheit anderer Personen besonders abhängen, dürfen nur solche

Bergleute beschäftigt werden, die deutsch sprechen, deutsch
schreiben und deutsch lesen können.

e) Die Reisekosten der Bergleute vom Abreiseort in Marokko bis
    zum Beschäftigungsort in der Bundesrepublik Deutschland (ein-
    schließlich der Kosten der Reiseverpflegung) sowie die Kosten,
    die für die Tätigkeit der Auswahlgruppe entstehen, tragen die
    Unternehmen des deutschen Kohlenbergbaus. Die Übernahme dieser
    Kosten regelt die Bundesanstalt mit den Unternehmen des deut-
    schen Kohlenbergbaus unmittelbar.

f) Etwaige Kosten für notwendige Rückführungen marokkanischer
    Bergleute werden von den Unternehmen des Kohlenbergbaus ge-
    tragen, unbeschadet der Bestimmungen des Artikels 10 der
    Vereinbarung.

g) Die Unternehmen des deutschen Kohlenbergbaus werden sich
    bemühen, im Rahmen der betrieblichen Möglichkeiten Wünsche
    der Arbeitnehmer auf Gewährung tariflichen Urlaubs anläßlich
    religiöser Feste zu berücksichtigen.

3 Musterarbeitsvertrag

Anlage II

ARBEITSVERTRAG

für die Beschäftigung eines
marokkanischen Bergmannes

Zwischen dem Arbeitgeber ....
mit dem Sitz in ....
vertreten durch ....
und dem Arbeitnehmer ....
geboren am .... wohnhaft in ....
Familienstand: ledig/verheiratet/verwitwet x)

wird folgender Arbeitsvertrag geschlossen:

§ 1

Der Arbeitgeber verpflichtet sich, den Arbeitnehmer als Bergmann
zur Kohlengewinnung im Untertagebetrieb einer Schachtanlage des/
der .... vom Tage des Eintreffens des Arbeitnehmers am Beschäftigungsort ab. im Dauerarbeitsverhältnis, das
frühestens nach Ablauf eines Jahres gekündigt werden kann, zu
beschäftigen.

Der Arbeitnehmer verpflichtet sich, während der genannten Zeit
bei dem Arbeitgeber eine Tätigkeit dieser Art auszuüben.

§ 2

Der marokkanische Arbeitnehmer erhält hinsichtlich des Arbeitsent-
gelts, der sonstigen Arbeitsbedingungen und des Arbeitsschutzes
die gleiche Behandlung wie die vergleichbaren deutschen Arbeit-

x) Nichtzutreffendes streichen

nehmer des Betriebes.

Im einzelnen finden auf das Arbeitsverhältnis die Bestimmungen
des Tarifvertrages für den .... Steinkohlenbergbau
vom .... oder des neuen Tarifvertrages, der etwa an die
Stelle des früheren Tarifvertrages treten wird, Anwendung. xx)

§ 3

Die Arbeitszeit richtet sich nach den für den Betrieb geltenden
Bestimmungen. Die regelmäßige tägliche Arbeitszeit im Untertagebetrieb beträgt zur ˮeit an 5 Tagen in der Woche je 8 Stunden
einschließlich der Pausenzeit, im Übertagebetrieb je 8 1/4 Stunden,
zusätzlich 1/2 Stunde Pausenzeit.

§ 4

Für die Arbeit als Bergmann zur Kohlengewinnung wird der Arbeitnehmer im Untertagebetrieb angelernt. Zur späteren Beschäftigung
unter Tage ist die Ablegung einer Sprachprüfung erforderlich. Der
Arbeitnehmer muß daher an dem vom Arbeitgeber erteilten Sprachunterricht teilnehmen.

§ 5

Der Arbeitgeber stellt dem Arbeitnehmer eine vom Arbeitsamt als
angemessen befundene Unterkunft zur Verfügung.

Die Unterkunft ist vorgesehen in einem Bergmannsheim mit 2 - 3
Betten je Zimmer.

Für die Unterkunft hat der Arbeitnehmer täglich z.Zt. ....DM
bis ......DM zu zahlen.

Der Arbeitgeber gibt dem Arbeitnehmer die Möglichkeit, täglich
ein Mittagessen gegen Bezahlung von z.Zt. DM ....einzunehmen.

- 3 -

xx) Zur zusätzlichen Unterrichtung über alle wesentlich
    Lohn- und Arbeitsbedingungen erhält der Arbeitne h____ ___
    Merkblatt.

Die Verpflegung für Frühstück und Abendessen ist dem Arbeitnehmer
durch Selbstversorgung auf eigene Kosten überlassen. Einkaufsmög-
lichkeiten sind in der Kantine des Bergmannsheimes vorhanden.

§ 6

Der gesetzliche Mindesturlaub für den Arbeitnehmer beträgt 15 Werktage je Kalenderjahr nach einer ununterbrochenen Beschäftigungs-
dauer von 6 Monaten. Er erhöht sich nach Vollendung des 35. Lebens-
jahres auf 18 Werktage. Für den Betrieb geltende günstigere Rege-
lungen kommen dem Arbeitnehmer zugute.

§ 7

Der Arbeitgeber übernimmt / übernimmt nicht die Kosten der Rückreise des Arbeitnehmers von dem Beschäftigungsort bis nach .....
........., wenn der Arbeitnehmer den Arbeitsvertrag erfüllt hat.

§ 8

Für das durch diesen Vertrag begründete Arbeitsverhältnis gilt
das deutsche Recht. Ansprüche aus diesem Vertrag können nicht
gegen den bevollmächtigten Vertreter des Arbeitgebers, sondern
nur gegen den Arbeitgeber selbst geltend gemacht werden.

Für alle sich aus diesem Vertrag ergebenden Streitigkeiten sind
die deutschen Gerichte für Arbeitssachen zuständig.

..................., den ...., den ....

Unterschrift des Arbeitgebers   Unterschrift des Arbeitnehmers

Durchgangsvermerk der   Durchgangsvermerk der
Auswahlgruppe   marokkanischen Behörde

The manufacturer's authorised representative in the EU is Springer

Nature Customer Service Centre GmbH, Europaplatz 3, 69115 Heidelberg,

Germany. If you have any concerns regarding our products, please

contact ProductSafety@springernature.com

Printed and bound by CPI Group (UK) Ltd, Croydon, CR0 4YY

27/04/2026

02097612-0001